BARRY CUNLIFFE

Professor für Europäische Archäologie, Universität Oxford

DIE KELTEN
UND IHRE GESCHICHTE

Gestaltet von

EMIL M. BÜHRER

Ins Deutsche übertragen von

INGRID LEBE

GUSTAV LÜBBE VERLAG

1. Auflage 1980
2. Auflage 1987
3. Auflage 1991
4. Auflage 1992
5. Auflage 1995
6. Auflage 1996

© 1980 für die deutsche Ausgabe
Gustav Lübbe Verlag GmbH,
Bergisch Gladbach
© 1979 McGraw-Hill Book Company (UK)
Limited, Maidenhead
Originaltitel: THE CELTIC WORLD
Produktion: EMB-Service für Verleger

Satz: Friedrich Pustet, Regensburg
Druck und Einband:
G. Canale & C. S.p.A., Turin

INHALT

*Die Kelten sind von furcht-
erregendem Anblick, ihre
Stimmen tieftönend und rauh.
In Gesprächen machen sie nicht
viele Worte, vielmehr drücken
sie sich rätselhaft aus und
deuten vieles nur mit halben
Worten an; dagegen sprechen
sie viel und überschwenglich,
um sich ins beste Licht zu
setzen und andere herab. Sie
drohen gern und drücken sich
hochfahrend und dramatisch
aus. Dabei besitzen sie einen
scharfen Verstand und sind
zum Lernen keineswegs un-
geschickt. Es gibt bei ihnen
Liederdichter, die sie Barden
nennen. Diese tragen ihre
Lieder – Lobgesänge oder
Schmählieder – unter Begleitung
von Instrumenten vor, die der
Lyra ähnlich sind.*

Diodoros Siculus,
1. Jahrhundert v. Chr.

Wann und wo immer man sie herausfordert,

Die Römer sahen in den Kelten exotische, kraftstrotzende Wilde. Diese kleine Bronzefigur, die bei Rom gefunden wurde und vermutlich aus dem 3. Jahrhundert v. Chr. stammt, stellt einen Kelten in der Schlacht dar, der nur Helm, Halsring und Gürtel trägt. Polybios schildert, wie die Gaesaten – nackt bis auf den Halsring – in den Kampf stürmten.

Vergleichsweise zahm wirkt dagegen der Krieger auf dem Kessel von Gundestrup *(rechts),* einem großen Silbergefäß aus dem 2. oder 1. Jahrhundert v. Chr., das in einem dänischen Moor entdeckt wurde. In enganliegenden Hosen, mit Schild, Speer und wohl auch einem Schwert bewaffnet, marschiert der Krieger in den Kampf.

6

PORTRÄT EINER ZIVILISATION

scheuen sie keine Gefahr, obwohl sie im Kampf außer Kraft und Kühnheit nichts einzusetzen haben. – Strabo

Die Kelten, Europas Bewohner in vorrömischer Zeit, hielten einen Lebensraum besetzt, der sich von den Pyrenäen bis zum Rhein, von Irland bis nach Rumänien erstreckte. Sie waren Barbaren im klassischen Verständnis des Wortes, voller Tatendrang, leicht erregbar und »kriegsbesessen«; gleichwohl schufen ihre Künstler einen einzigartigen Kunststil, und bis zum 1. Jahrhundert v. Chr. hatten sich in vielen ihrer Regionen unverkennbar urbane Gesellschaften entwickelt. Gegen diese Stämme zogen in den ersten vor- und nachchristlichen Jahrhunderten die römischen Legionen zu Felde und ließen nur eine keltische Randzone in Schottland, Irland, Wales und der Bretagne unerobert fortbestehen. Als das Römische Reich im 5. Jahrhundert zusammenbrach, tauchten die Kelten noch einmal aus dem Dunkel ihrer rauhen atlantischen Regionen auf. Ganze Völkerschaften zogen von Irland nach Britannien, von Cornwall in die Bretagne, während einzelne Männer – vornehmlich Mönche – die Ideale des irischen Klosterlebens tief nach Europa hineintrugen. Politisch und kulturell sind die westlichen Kelten stets verfolgt und unterdrückt worden, doch heute wird ihr Ruf nach Anerkennung ihrer Individualität immer lauter . . . Wir haben uns die Aufgabe gestellt, den Kelten durch ihre gesamte Geschichte zu folgen, die im Dunkel der europäischen Vorgeschichte beginnt. Weit mehr als ein chronologischer Bericht macht uns das Studium keltischer Leistungen in ihrer ganzen Mannigfaltigkeit mit einem Volk vertraut, das zu oft als unkultiviert abgetan, zu lange vernachlässigt und immer wieder mißverstanden worden ist: Es schält sich das Porträt einer komplexen Zivilisation heraus, facettenreich in ihren Ausprägungen, doch von grundsätzlicher Einheitlichkeit.

Gegen Ende des 7. Jahrtausends v. Chr. war Europa noch weitgehend von Gemeinschaften bevölkert, die von der Jagd und dem Sammeln wilder Früchte und Pflanzen lebten. Doch schon viertausend Jahre später hatte mit den kretisch-mykenischen Kulturen des östlichen Mittelmeerraums die Entwicklung der ersten europäischen Zivilisation eingesetzt. Danach wurde – mit geringfügigen Rückschlägen – der Mittelmeerraum zum Nährboden der Kulturen Griechenlands und Roms, während die Barbarenvölker in den Tiefen Mitteleuropas abseits standen, gelegentlich vom lebhaften Handel und Tausch mit ihren südlichen Nachbarn profitierten oder auch hitzige Attacken gegen sie führten. Als Rom seine Militärmaschinerie perfektionierte und sie zur kolonialen Expansion einsetzte, wurden diese Barbarenvölker schließlich unterworfen und weitgehend absorbiert.

EIN VOLK AUS DEM DUNKEL DER VORGESCHICHTE

Gegenüber: Die Lebensweise der Jungsteinzeit gewährte dem Menschen ein gewisses Maß an Muße, die ihm künstlerische Betätigungen erlaubte. Natürlich kreisten seine künstlerischen Aktivitäten vor allem um die Gottheiten, die er in der späten Jungsteinzeit und in der Bronzezeit in vielerlei Gestalt darstellte. Die kleine Keramikstatuette einer Göttin aus dieser Epoche wurde im rumänischen Cîrna gefunden.

Umseitig (S. 10–11): Das Donautal war bereits im 6. Jahrtausend v. Chr. einer der Hauptwege für Wanderungen nach dem Westen. Völkerschaften aus Südosteuropa nahmen diese Route und drangen auch bis zu den Nordküsten des Mittelmeers vor.

Die Kelten in der Sicht der Griechen

Einer der zahlreichen kulturellen und intellektuellen Fortschritte, die der griechischen Zivilisation entsprangen, war die Entwicklung des wissenschaftlichen Studiums von Geschichte und Geographie. Nachdem das Interesse an den Barbarenvölkern, mit denen die Griechen in Berührung kamen, einmal erwacht war, begannen griechische Autoren die weitere Welt und ihre Völker systematisch zu beschreiben. Im 4. Jahrhundert v. Chr. zählte Ephoros in der bekannten Welt vier große Barbarenvölker: die Lybier in Afrika, die Perser im Orient und die Skythen und Kelten in Europa.

Zu dieser Zeit waren die Kelten (griechisch *Keltoi*) den klassischen Schriftstellern bereits gut bekannt. Zum erstenmal wurden sie im frühen 6. Jahrhundert in einem Bericht über eine Küstenreise von Cadiz nach Marseille erwähnt. Das Original ist zwar seit langer Zeit verloren, doch ist der Bericht als Zitat in einer »Beschreibung der Küste« – *Ora Maritima* – des römischen Dichters Festus Rufius Avienus überliefert, der 366 n. Chr. Prokonsul von Afrika war. Wenngleich im Detail ungenau, läßt der Bericht darauf schließen, daß an der Nordsee, in Frankreich und in Südwestspanien Stämme lebten, die man zusammen als Kelten bezeichnen konnte. Diese geographische Verbreitung wird um 500 v. Chr. indirekt von Hekataios von Milet bestätigt, der zwei keltische Städte erwähnt, Narbo (Narbonne) in Südfrankreich und Nyrax – vermutlich in Kärnten – und bei der Beschreibung der griechischen Kolonie Massalia (Marseille) anmerkt, daß sie in der Nähe des Keltenlandes liege. Etwa ein halbes Jahrhundert später berichtet der große Historiker Herodot, daß die Kelten im oberen Donautal, in der Nähe der Pyrenäen und in Spanien lebten.

So unpräzise diese spärlichen Zeugnisse auch sind, vermitteln sie doch den Eindruck, daß Europa um 600 v. Chr. von Österreich bis zum Atlantik von Stämmen besiedelt war, die so viele kulturelle Gemeinsamkeiten aufwiesen, daß man sie für ein einziges Volk halten konnte – und die sich selbst mit einem Namen bezeichneten, der im Griechischen *Keltoi* lautete.

Die Anfänge der Seßhaftigkeit in Europa

Wie und wann sich diese kulturelle Einheitlichkeit entwickelte, läßt sich nur an den archäologischen Zeugnissen über die Entfaltung des Menschen in Europa vom 6. bis zum 1. Jahrtausend ablesen. Irgendwann innerhalb dieser für die Weltgeschichte so entscheidenden Zeitspanne muß die Ethnogenese der Kelten stattgefunden haben. Die Ausbreitung der Nahrungsmittelproduktion – im Gegensatz zum bloßen Sammeln – war für die Entwicklung der europäischen Gesellschaft von entscheidender Bedeutung. Sie befreite den Menschen von der Notwendigkeit, zum Erwerb seiner Nahrung riesige Gebiete zu durchstreifen, und erlaubte ihm, in der Nähe

Drauf nachdem sie
Hütte, Felle und
Feuer bereitet und dem
Mann die Frau vermählt
und der Ehe heilige
Bande wurden erkannt,
sie sahen, wie Nachwuchs
ihnen entstanden,
da hat das

Menschengeschlecht
zuerst zu er-
schlaffen begonnen . . .
Damals fingen sie an,
auch Freundschaft zu
schließen, begierig,
weder einander, als Nach-
barn, zu schaden, noch
Schaden zu leiden.

Lucrez

seiner heranreifenden Feldfrüchte feste Be-
hausungen anzulegen. Diese seßhaftere Lebensweise ließ größere Gemeinschaften entstehen, führte zu Bevölkerungswachstum
und einer Spezialisierung des Handwerks und
legte so den Grundstein für die Entwicklung
einer Zivilisation.

Die ersten Nahrungsmittel produzierenden
Wirtschaften traten in Europa gegen Ende des
7. Jahrtausends auf Kreta, in Griechenland
und Bulgarien in Erscheinung, wo man zweifellos von den Ackerbau treibenden Gesellschaften im nahen Anatolien gelernt hatte.
Nachdem der Ackerbau einmal auf dem europäischen Festland Fuß gefaßt hatte, breitete er
sich rasch aus. Innerhalb von 1500 Jahren (bis
4500 v. Chr.) hatte sich der Ackerbau nach
Westen bis Holland ausgedehnt; kurz nach
4000 v. Chr. drang er nach Süd- und Westfrankreich vor; um 3000 v. Chr. hatten sich
auf den Britischen Inseln bäuerliche Gesellschaften entwickelt, und wenige Jahrhunderte
später wurden auch in Dänemark Nahrungsmittel produziert. Es dauerte also nur dreiein-
halb Jahrtausende, bis die Gesellschaften des
Mittelmeerraums und der gemäßigten Zonen
Europas die zur Sicherung einer ständigen
Nahrungsmittelversorgung notwendigen Fähigkeiten erworben hatten und imstande waren, ihren Bedarf durch eigene Fertigkeiten zu
decken.

Im Gebiet der ersten bäuerlichen Besiedlung
– in Griechenland und im Südbalkan – entstanden bald feste Dörfer. Rechteckige Häuser
aus sonnengetrockneten Lehm- oder Tonzie-
geln mit hölzernen Satteldächern wurden immer wieder an derselben Stelle, jeweils auf
dem Schutt ihrer Vorgänger, neu errichtet.
Die baulichen Aktivitäten waren so intensiv,
daß sich viele Dörfer zu großen Hügeln (sogenannten Tells) auswuchsen. Im bulgari-
schen Karanovo ließ die jungsteinzeitliche
Besiedlung einen zwölf Meter hohen Hügel
entstehen, und Versuchsgrabungen unter
dem jüngsten Palast von Knossos auf Kreta
haben den Nachweis einer sieben Meter dik-
ken Schicht jungsteinzeitlichen Schutts er-
bracht. Im Lauf der Zeit dehnten sich die neo-
lithischen Dörfer aus. In Knossos nahm die
früheste Siedlung eine Fläche von einem halben Hektar ein; bis zum Ende der Jungsteinzeit war sie neunmal so groß, während die
Siedlung Sesklo auf dem griechischen Festland
schließlich auf zehn Hektar anwuchs.
Dem drastischen Bevölkerungswachstum
entsprach die Schnelligkeit, mit der sich die
Ackerbau treibenden Gemeinschaften über

Und das Menschengeschlecht war dort auf den Fluren um vieles härter, wie sich's gehört, da hartes Land sie geboren, und auf mächtigern mehr und festeren Knochen gegründet, innen, hindurch durch das Fleisch mit kräftigen Sehnen versehen, und derart, daß es sich weder von Hitze noch Kälte schaden ließ noch wieder von Neuheit der Nahrung und Seuchen. Viele Jahre der Sonne am Himmel kamen und gingen, während sie führten nach Art der schweifenden Tiere das Leben. Und es war noch keiner ein starker Lenker des krummen Pfluges, keiner verstand mit Eisen die Scholle zu wenden, keiner ein neues Reis in die Erde zu graben und keiner altes Geäst vom hohen Baum mit der Sichel zu schneiden.
Lucrez

den Rest des Kontinents ausbreiteten. Es gab zwei Hauptrichtungen des Vordringens: durch Mitteleuropa über die leicht zu bearbeitenden Lößböden im Donau- und Rheintal und die Nordküsten des Mittelmeers entlang.

Die bäuerlichen Gesellschaften, die sich westwärts die Donau entlang ausbreiteten, paßten ihre Lebensweise bald der neuen Umwelt an. Da die Region, in der sie sich niederließen, dicht bewaldet war, lag der bedeutsamste Unterschied in dem Umstand, daß hier eine effiziente Landwirtschaft die Brandrodung voraussetzte. Eine Gemeinschaft, die sich in einer

gliedern, während viele der Siedlungen nun Anzeichen von Verteidigungsanlagen aufweisen. Zweifellos war die Phase des raschen Vordringens zu Ende, und die Menschen begannen die Grenzen ihrer Siedlungsgebiete zu markieren, als Bevölkerungswachstum und zunehmender Bodenbedarf sie zwangen, ihre Wohnsitze und Herden zu schützen.

Während so die gemäßigten Zonen Europas erschlossen wurden, bahnten sich andere Gruppen den Weg an den Nordküsten des Mittelmeers und legten in Italien, Sizilien, Südfrankreich und in Teilen Spaniens und Portugals Küstensiedlungen an. Auch hier verlief das Vordringen rasch. Jungsteinzeitliche Gemeinschaften hatten um 5600 v. Chr. in Italien und um 4000 in Südfrankreich Fuß gefaßt. Die Konzentration dieser frühen Siedlungen auf die Küsten läßt darauf schließen, daß die Siedler Seeleute waren, vermutlich Fischer und Bauern zugleich, die von einem Küstenort zum anderen zogen und Siedlungen gründeten, wo immer sie bei der Landung geeigneten Boden vorfanden. In Frankreich begegneten sich die beiden Siedlerströme und verschmolzen miteinander, und von hier aus überquerten dann – um die Mitte des 4. Jahrtausends – Siedler mit ihrem Saatgut, Getreide und Vieh den Kanal nach Britannien und drangen über die Irische See nach Irland vor.

In diesen westlichen Regionen – in Spanien, Frankreich und Britannien – erfuhr das religiöse Leben der jungsteinzeitlichen Bauern seine höchste Ausformung – oder richtiger, hier blieben ihre bemerkenswertesten religiösen Monumente erhalten. Die Toten wurden in Sammelgräbern bestattet – großen Steinkammern unter Erd- und Geröllhügeln. Solche Megalithgräber säumen die Atlantikküsten von Spanien bis Dänemark, und alle scheinen sie in der relativ kurzen Zeitspanne zwischen etwa 3500 und 2500 v. Chr. errichtet worden zu sein. Noch eindrucksvoller sind die Kultstätten, die augenscheinlich mit Bestattungsbräuchen nichts zu tun haben: die schön gebauten Tempel von Malta, die Steinalleen in der Bretagne und England und die kreisförmigen, aus aufrechtstehenden Steinen oder Balken errichteten Monumente, die häufig von Erdwällen und Gräben umgeben waren. Sie sind in England mehrfach anzutreffen, wo als faszinierendes Beispiel der Steinkreis von Avebury in der Ebene von Salisbury zu nennen ist. Es bestehen heute kaum Zweifel, daß die Erbauer dieser Anlagen über eine genaue Kenntnis der Bewegungen

Bevor der Mensch seine Nahrungsmittel selbst zu produzieren vermochte, war er von den jahreszeitlichen Wanderungen der Tierherden, die er jagte, und vom Sammeln wilder Pflanzen und Früchte abhängig. Doch mit der Domestizierung von Tieren und der Kultivierung von Pflanzen war der Seßhaftigkeit der Weg gebahnt. Die »Neolithische Revolution«, wie man

diesen Entwicklungsprozeß einmal genannt hat, fand während des 8. und 7. Jahrtausends v. Chr. in Anatolien und im »Fruchtbaren Halbmond« statt (einer ausgedehnten Region hügeligen Landes, das sich vom Persischen Golf nach Norden bis Syrien und dann wieder nach Süden durch den Libanon erstreckt). Doch hat man im irakischen Zawi Chemi Shanidar – einer Höhle mit dörflicher Siedlung – Spuren für eine bereits im 9. Jahrtausend beginnende Domestizierung von Schafen nachgewiesen.

Die frühen jungsteinzeitlichen Gesellschaften weideten Schaf- und Ziegenherden und bauten zweizeilige Gerste, Emmer, Spelz und Erbsen an. Als sich die Kenntnis der Nahrungsmittelproduktion südwärts ins Euphrat- und Tigristal ausbreitete, paßten sich die Produktionsweisen den andersartigen Umweltbedingungen an, und das Rind wurde zum entscheidenden Wirtschaftsfaktor – wie dieser Siegelabdruck aus dem Ende des 4. Jahrtausends v. Chr. anschaulich beweist.

Urwaldregion ansiedelte, entfernte alles leicht zu bearbeitende Schlagholz, verwandte die besten Baumstämme zum Bau ihrer großen, langgestreckten Häuser und verbrannte alles übrige Holz, dessen Asche die Fruchtbarkeit des Bodens steigerte. Zwischen den verkohlten Baumstümpfen konnte dann das Getreide gesät werden. Nach einer Reihe von Ernten begann freilich die Fruchtbarkeit des Bodens abzunehmen, und die Siedler mußten weiterziehen. Wenn sich der Boden regeneriert hatte, kehrte ein Teil der Gemeinschaft mitunter zu den alten Siedlungsstätten zurück, während andere Familien immer weiter nach Westen zogen, um neuen Boden urbar zu machen. Auf diese Weise wurde in wenig mehr als siebenhundert Jahren ein riesiges Gebiet besiedelt, das sich von Rumänien bis Holland erstreckte.

Um das 3. Jahrtausend lassen sich bedeutsame Veränderungen feststellen. Die kulturelle Einheit der Besiedlungsepoche beginnt sich in verschiedenartige regionale Gruppen aufzu-

von Sonne und Mond verfügten und fähig waren, die Beobachtungen vieler Generationen in ihren Plänen und Bauten zu vereinen. In anderen Regionen Europas, die mit reichen Bodenschätzen gesegnet waren, entfalteten die Menschen unterdessen besondere Fähigkeiten auf dem Gebiet des Abbaus und der Verhüttung von Kupfererz zur Herstellung von Schmuck und Waffen. Der früheste Abbau von Metall fand in Europa bereits im 4. Jahrtausend auf dem östlichen Balkan statt – vermutlich unter Einflüssen aus dem Orient, wo die Kupferverarbeitung mittlerweile in voller Blüte stand. Nur wenig später wurde mit dem Abbau der ostalpinen wie der thüringischen Erzvorkommen begonnen, und um 2400 v. Chr. verstanden sich auch die Gemeinschaften von Almeria, Algarve und Alemtejo in Spanien auf das Verhütten, Legieren und Gießen von Kupfer. Doch trotz ihres Reichtums an Rohstoffen erreichten diese Gebiete nicht die Höhe der Zivilisation, zu der ihre ärmeren Nachbarn in Griechenland und der Ägäis bald emporsteigen sollten.

Die kretisch-mykenische Kultur

Zu den erregendsten Ereignissen der europäischen Geschichte zählt das Auftauchen der kretisch-mykenischen Kultur – doch um ihre Grundlage zu begreifen, müssen wir zuvor einen Blick auf die Entwicklung dieser Region im 3. Jahrtausend werfen. Während dieser Periode bildete sich in der Troas eine kriegerische Gesellschaft heraus, deren Anführer und Gefolgsleute in kleinen befestigten Siedlungen lebten – ähnlich den frühen »Städten« von Troja. Es gab mehrere solcher Siedlungen, die jeweils abgegrenzte Territorien beherrschten und eigene Schmiede beschäftigten. Diese verstanden sich auf das Legieren von Kupfer mit Zinn, das den von ihnen hergestellten Waffen größere Härte verlieh. Das rare Zinn konnte nur durch Tausch über benachbarte Stämme erworben werden, und so entwickelte sich bald ein komplexes Tauschhandelsnetz, in dem Zinn, Gold, Silber und Lapislazuli umgesetzt wurden. Als die griechischen Inseln in das Netz einbezogen wurden, erweiterte sich das Warenangebot: Silber aus Siphnos, Marmor aus Parsos und Obsidian aus Melos trugen zur Expansion des Tauschhandels bei, der Griechenland, Anatolien und Kreta miteinander verband. Gegen Ende des 3. Jahrtausends begann sich eines der Zentren, Kreta, von den übrigen abzuheben. Die relative Fruchtbarkeit der Insel, ihre zentrale Lage, die lange Tradition der Seßhaftigkeit sowie die Bevölkerungsdichte zählten zu den Faktoren, die das Entwicklungstempo beschleunigten. Um 2000–1900 v. Chr. entstand auf der Insel eine um Paläste konzentrierte sozio-politische Organisation, die man als eine ausgeprägte Kultur bezeichnen kann. Die Insel zerfiel in eine Reihe von Territorien, die jeweils von einem Palast – dem administrativen und wirtschaftlichen Zentrum – beherrscht wurden. Diese Paläste dienten vornehmlich der Neuverteilung von Waren, die hier zusammenflossen und gespeichert wurden, sowie als Zentren von Manufakturen. Die kretische Kultur blühte in einer Zeit des Friedens und der Stabilität – als sich um 1750 und 1500 v. Chr. zwei Naturkatastrophen ereigneten, offenbar schwere Erdbeben. Zeugnisse lassen darauf schließen, daß nach der zweiten Katastrophe, die die Kraft der Gemeinwesen schwer erschüttert haben muß, die Macht von einer neuen Hierarchie übernommen wurde, deren vorwiegend Griechisch sprechende Repräsentanten der festländischen mykenischen Kultur angehörten. Die mykenischen Gemeinwesen des griechischen Festlandes wurden jeweils von einem Fürsten oder König – dem *wanax* – regiert, der mit seiner Gefolgschaft in einem befestigten Palast jenes Typs residierte, den man in Mykene und Tiryns angetroffen hat. Ein ungeheurer Luxus wurde auf die Gräber der Aristokratie verschwendet; nicht nur auf den Bau von so gewaltigen Anlagen wie dem sogenannten »Schatzhaus des Atreus« (mit der schönen, fünfzehn Meter hohen Kragkuppel

Das Rind war für die primitive neolithische Wirtschaft von erheblicher Bedeutung. Selbst eine kleine Kuh lieferte mindestens dreimal soviel Fleisch wie ein Schaf – und überdies etliche andere Produkte: Milch, Leder, Horn, Knochen und Blut. (Blut war wegen seines Salzgehalts für die primitiven bäuerlichen Gemeinschaften sehr wichtig.)

Dieser schöne Fries – in Bronze, Stein und Bitumen –, der von einer Tempelfassade im mesopotamischen Tell al-Ubaid stammt, zeigt Vorgänge in einer Meierei des frühen 3. Jahrtausends v. Chr.
Obwohl es in den Wäldern Europas wilde Rinder gab, wurde das domestizierte Rind – ebenso wie Schaf und Ziege – von den frühesten Bauern aus Anatolien nach Südosteuropa eingeführt.

Zu den größten Kultdenkmälern Europas zählt Stonehenge in der südenglischen Ebene von Salisbury – eine komplizierte Anlage, die jahrhundertelang benutzt und wiederholt umgestaltet wurde. In der frühesten Phase bestand sie aus der Umwallung und dem Graben mit einem Kreis von Löchern auf der Innenseite des Walls. Später wurde ein Kreis von – aus Wales herbeigeschafften – Sandsteinen errichtet. In der ersten Hälfte des 2. Jahrtausends v. Chr. sind schließlich die mächtigen Trilithe aufgestellt worden, die heute die Stätte beherrschen.

Keramik ist ein zuverlässiger Indikator kultureller Unterschiede und dient den Archäologen zur Bestimmung regionaler und chronologischer Abwandlungen. Gefäße wie die beiden Aschenurnen der Urnenfelderkultur Süddeutschlands unterscheiden sich deutlich von denen der nahezu tausend Jahre älteren »Glockenbecherkultur« aus Britannien.

und dem imposanten Zugang), sondern auch auf die Beigaben der Toten, die in den etwas älteren Schachtgräbern von Mykene bestattet und mit Gold, Silber, Elfenbein und Edelsteinen versorgt wurden, wie sie in Europa zuvor nicht anzutreffen sind.

Dieser knappe Exkurs über die kretisch-mykenische Kultur der Ägäis im 2. Jahrtausend ist für das Verständnis der kulturellen Einflüsse, die um diese Zeit in Mittel- und Westeuropa wirksam wurden, unerläßlich. Die ägäische Zivilisation mit ihren komplexen Tauschhandelsnetzen und ihrem erheblichen Aufwand zur Verschönerung von Leben und Tod ihrer Herrscher stellte enorme Anforderungen an die europäischen Rohstoffquellen. Zinn wurde aus Norddeutschland, Armorica und Britannien eingeführt, Gold aus Irland und Spanien, Bernstein von der Ostsee, und

zweifellos noch vieles mehr: edle Hölzer, Kräuter, Pelze und eine Fülle anderer Güter, die archäologisch nicht mehr nachzuweisen sind. Die Impulse, die Produktion und Handel von der kretisch-mykenischen Kultur empfingen, pflanzten sich durch fast ganz Europa fort. In Armorica, Wessex, Deutschland, Norditalien und Dänemark entwickelten sich blühende Kulturen. Solange der Puls der kretisch-mykenischen Welt schlug, belebte ein Netz zirkulierenden Tauschhandels ausgedehnte Gebiete Europas.

Das Ende kam bald nach 1200 v. Chr. In Kleinasien brach – nach Angriffen von außen und einer Rebellion im Innern – das Reich der Hethiter zusammen, während zur selben Zeit ägyptische Aufzeichnungen von plündernden Scharen berichten, die das Land vom Meer her heimsuchten und eine Panik auslösten, die

Diese sechs Karten zeigen – graphisch stark vereinfacht – entscheidende Entwicklungsstadien der europäischen vorgeschichtlichen Kultur, die nicht nur von Wanderbewegungen, sondern auch von regionalen Fortschritten bestimmt wurden.

NEOLITHISCHE KULTUREN

Vom 6. bis zum 4. Jahrtausend breitete sich die Nahrungsmittelproduktion erstaunlich rasch nach Europa aus – zu Lande das Donautal entlang und über das Mittelmeer.

MEGALITHBAUTEN

Im 3. Jahrtausend erlebte Europa die Entwicklung einer kultischen Architektur, die riesige Steinblöcke zum Bau von Gräbern und Tempeln verwandte.

BRONZETECHNIK

Die Kenntnis von Kupfer und Bronze (seit dem 5. bzw. 4. Jahrtausend) breitete sich im 2. Jahrtausend rasch von Südosteuropa her aus.

durch Invasionen aus Palästina noch verstärkt wurde. In dieser Zeit der Unruhe brach das kulturelle und wirtschaftliche Gefüge der ägäischen Zivilisation zusammen. Ihr Aufbau war so komplex, so kompliziert gewesen, daß das empfindliche Gleichgewicht ins Wanken geriet, sobald Störungen von außen das lebenswichtige System von Tauschhandel und Neuverteilung zerrissen. Das gesamte Gebäude stürzte in sich zusammen, und der ägäische Raum versank in Dunkelheit, aus der vier Jahrhunderte später eine größere, in der alten Kultur wurzelnde Zivilisation hervortreten sollte: die Kultur Griechenlands.

Die Urnenfelderkultur

Mit dem Erlöschen der Impulse aus der ägäischen Welt verlangsamte sich das Entwicklungstempo in Mittel- und Westeuropa; neue Zentren der Innovation und neue Machtachsen entstanden. Diese Epoche, die sogenannte »Urnenfelderperiode«, wird durch das Auftreten großer Urnenfelder charakterisiert. Der Brauch, die Urnen mit der Asche der Toten zu begraben, entwickelte sich im 13. Jahrhundert v. Chr. in Ungarn und nahm dann rasch seinen Weg nach Westen in das Gebiet zwischen Weichsel und Elbe, nach Süddeutschland und über Alpenraum und Po-ebene auf die italienische Halbinsel. Um das 10. Jahrhundert hatte die gesamte Region an einer weitgehend gleichartigen Kultur teil, obwohl Abweichungen in Keramikstilen und ornamentalen Techniken, vor allem in der nun weitverbreiteten Bronzebearbeitung, re-

gionale Unterschiede erkennen lassen. Es scheint, als ob die Gesellschaften des barbarischen Europa nun – nach Auflösung der Kontakte zur ägäischen Welt – in eigener Regie neue und engere Verbindungen untereinander herstellten, die zu einer bemerkenswert konvergenten Entwicklung führten.

Bald traten Elemente der Urnenfelderkultur auch im Niederrheingebiet, in Frankreich, Spanien und Britannien in Erscheinung. Ob in diesem Phänomen eine Westwanderung von Urnenfelder-Invasoren zu sehen ist oder eine allmähliche Ausdehnung des Handels- und Verteilungsnetzes auf alle westlichen Völkerschaften, ist noch Gegenstand der Diskussion. Eindeutig klar jedoch ist, daß in diesem kulturellen Gefüge der späten Bronzezeit die Kelten ihren Ursprung haben. Die Bezeichnung *Kelten* könnte der Name eines besonders mächtigen Stammes oder gar nur einer führenden Sippe gewesen sein; vielleicht auch ein allgemeiner Begriff, mit dem sich durchaus ungleiche Gruppen von ihren entfernteren Nachbarn abgrenzten. Diese Frage wird wohl offenbleiben müssen. Entscheidend ist, daß die gesamte Region von einer gleichartigen Kultur zusammengehalten wurde und daß die Bevölkerung Dialekte eines Zweigs der indogermanischen Sprachgruppe sprach, die von Linguisten mittlerweile als so weitgehend verwandt bestimmt wurden, daß sie zusammen als eine Sprache – das Keltische – klassifiziert werden konnten. Die Kenntnis dieser Charakteristika erlaubte den frühen griechischen Geographen, die *Keltoi* – eines der vier großen Völker der barbarischen Welt – als eine Einheit darzustellen.

Auch Metallprägungen weisen regionale und chronologische Varianten auf. Eine der Regionen, die eine hochentwickelte Bronzeindustrie besaß (obwohl das gesamte Metall importiert werden mußte), war Dänemark. Diese kunstvoll verzierte Gürtelplatte aus Langstrup auf Seeland stammt aus dem 15. Jahrhundert v. Chr. und ist ein Indiz für das Geschick der dänischen Handwerker. Solche Gürtelplatten wurden auch in einer Reihe von Frauengräbern gefunden.

In der gesamten Jungsteinzeit bis weit in die Bronzezeit hinein war Stein das Hauptmaterial, aus dem leistungsfähige Werkzeuge und Waffen hergestellt wurden. Die Wirksamkeit der Schneiden wurde durch das Schleifen des Steins erhöht. Steingeräte blieben während der gesamten frühen Bronzezeit in Gebrauch, doch läßt sich häufig feststellen, daß sie Imitationen der teureren Bronzegeräte waren. Diese jungsteinzeitlichen Äxte stammen aus der Schweiz.

GLOCKENBECHERKULTUR

Eine mobile Völkerschaft, die sich letztlich nur über ihre charakteristische Keramik identifizieren läßt, ist im frühen 2. Jahrtausend in etlichen Teilen Europas anzutreffen.

URNENFELDERKULTUR

Nach dem Zusammenbruch der ägäischen Zivilisation um etwa 1200 v. Chr. entwickelte sich in Mitteleuropa eine ausgeprägte spätbronzezeitliche Kultur, aus der die Kelten hervorgingen.

HALLSTATTKULTUR

Um 700 v. Chr. erstreckte sich die Hallstattkultur – die Kultur der Kelten – über nahezu ganz Westeuropa. Sie endete im 5. Jahrhundert v. Chr.

Die Ausbreitung der verschiedenen Kulturen in Europa vollzog sich in Phasen: Rot zeigt die erste, Braun die zweite, Gelb die letzte Phase.

Hallstatt und La Tène

Hallstattkultur (8.–5. Jahrhundert v. Chr.): Die früheste Phase der europäischen Eisenzeit – und die erste Phase der keltischen Kultur – ist nach dem Ort Hallstatt in Österreich benannt. Hallstatt erlangte im 8. bis 6. Jahrhundert v. Chr. durch die Ausbeutung der nahen Salzlager Bedeutung. Der Tauschhandel mit Salz machte die

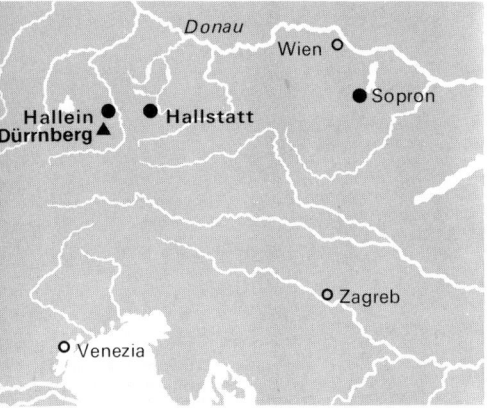

Gemeinschaft wohlhabend. Überdies nahm sie an der Handelsroute, über die der baltische Bernstein in den Mittelmeerraum geliefert wurde, eine wichtige Position ein.

Auf diesen Seiten sind typische Objekte der Hallstatt- und Latènekultur abgebildet. *Von links nach rechts:*

Reiter: Dekor einer Bronzeaxt aus Hallstatt. 6. Jahrhundert.

Bronzeeimer in kunstvoller Treibarbeit. Hallstatt, 6. Jahrhundert.

Als im frühen 19. Jahrhundert der große dänische Prähistoriker C. J. Thomsen für die archäologische Sammlung des Altnordischen Museums in Kopenhagen ein Ordnungsprinzip suchte, drängte sich ihm die Idee auf, die Vorgeschichte Europas in drei Perioden einzuteilen – Steinzeit, Bronzezeit und Eisenzeit. Diese einfache Klassifizierung ist bis heute ein taugliches Kürzel geblieben. Doch als sich dann während des 19. Jahrhunderts die Abfolge weiterer Entdeckungen beschleunigte, verlangte man nach feineren Unterteilungen, um die verwirrende Fülle neuer Funde zu klassifizieren, die in die Museen und Privatsammlungen flutete.

Im Jahr 1846 begann am Ufer des Hallstätter Sees im österreichischen Salzkammergut der damalige Leiter der staatlichen Saline von Hallstatt Georg Ramsauer die Gräber eines prähistorischen Friedhofs freizulegen, auf dem in der ersten Hälfte des 1. Jahrtausends v. Chr. ein blühendes Gemeinwesen seine Toten bestattet hatte. Bis 1862 entdeckte Ramsauer nicht weniger als 980 Skelette. 1876 begann dann die Wiener Akademie der Wissenschaften mit der Ausgrabung der nahe gelegenen prähistorischen Saline. Die Funde,

Kleine Bronzefigur aus der Hallstattperiode in der Kleidung dieser Epoche.

Menschenkopf. Detail eines goldenen Armreifs aus einem Grab in Reinheim (Saarland). 5. Jahrhundert v. Chr.

Eiserne Speerspitze des 3.–2. Jahrhunderts v. Chr. aus La Tène in der Schweiz.

Kunst der Inselkelten: Ausschnitt eines Wagenknaufs, der in der Themse bei Brentford gefunden wurde.

Ausschnitt einer Fibel aus dem frühen 4. Jahrhundert. Oberwittighausen (Franken).

die dort ans Licht kamen, waren spektakulär – nicht wegen ihres Reichtums, sondern wegen ihres Erhaltungszustandes: Der salzhaltige Boden hatte so alltägliche Dinge konserviert wie die Schutzkleidung der prähistorischen Bergleute, ihre ledernen Tragbutten, in denen sie das Steinsalz transportierten, sowie ihre hölzernen Arbeitsgeräte.

Unterdessen wurden in La Tène am Ufer des Neuenburger Sees in der Schweiz weitere bedeutsame Entdeckungen gemacht. Im Winter 1853/54 hatte ein Absinken des Wasserspiegels am Nordufer schwärzliche Balkenstrukturen enthüllt, die aus dem Schlamm ragten. Die Funde wurden unverzüglich von Archäologen aus Zürich untersucht, die auf derlei Ereignisse besonders gut vorbereitet waren, da sie einige Jahre zuvor, als der Wasserstand des Zürcher Sees ungewöhnlich niedrig war, am Ufer die Überreste mehrerer prähistorischer Siedlungen untersucht hatten. In La Tène wurden sie nicht enttäuscht – sie stießen auf Unmengen eisenzeitlicher Metallobjekte: Schwerter in dekorierten Scheiden, Speere, Schildbuckel, Pferdegeschirrteile, Werkzeuge aller Art, Zierat, Münzen und eine Vielzahl anderer Gegenstände. Jahrelang hielt man

diese in La Tène entdeckte Materialfülle übereinstimmend für ein Votivlager, das zur Versöhnung der Götter in den See versenkt worden war. Jüngste wissenschaftliche Forschungen lassen jedoch vermuten, daß es sich wohl eher um eine Wohn- und Industriesiedlung am Seeufer gehandelt haben dürfte, die plötzlich überflutet wurde.

Als man dann die Artefakte von La Tène mit den Funden von Hallstatt verglich, erwiesen

Oben: Hallstatt liegt am Ufer eines Sees in den Bergen des Salzkammerguts. Die Entdeckung und Ausgrabung des Salzbergwerks und des Friedhofs im späten 19. Jahrhundert machten Hallstatt zu einer der berühmtesten prähistorischen Fundstätten Europas. Gemälde von Isidor Engl.

sie sich als deutlich anders und jünger. So konnte der schwedische Archäologe B. E. Hildebrand 1872 in einer Arbeit über die Eisenzeit diese Epoche in eine frühere und eine spätere Periode aufteilen, die er nach den beiden typischen Fundstätten Hallstatt und La Tène benannte. Mit diesem Schema gaben sich die Archäologen aber noch nicht zufrieden und führten weitere Aufgliederungen ein. Danach wurde die Hallstattkultur in vier Perioden – A, B, C, D – unterteilt, während man die Latènekultur in die Perioden I, II und III gliederte. Die Forschung unseres Jahrhunderts hat sich auf weitere Verfeinerungen der periodischen Einteilung und des Datierens konzentriert und für jede regionale zeitliche Abfolge charakteristische Eigenheiten belegt. Als brauchbare Verallgemeinerung gilt jedoch, daß die Perioden Hallstatt A und B der Spätbronzezeit angehören und von 1100 bis 700 v. Chr. datieren; Hallstatt C (die Periode der ersten Eisenbearbeitung) fällt in das 7. Jahrhundert; Hallstatt D umfaßt das 6. und reicht bis in das 5. Jahrhundert hinein. Die Latènezeit beginnt in der zweiten Hälfte des 5. Jahrhunderts und endet mit der römischen Eroberung, für die die Daten in Europa variieren.

Die Hallstatt-Latène-Terminologie stellt natürlich nur ein Ordnungsprinzip dar, das die Archäologen für die wechselnden Kulturen des späten prähistorischen Europa gefunden haben. Die Bezeichnungen stehen nicht für verschiedene ethnische Gruppen. Ganz im Gegenteil – es ist höchst wahrscheinlich, daß alle von dieser Klassifizierung erfaßten Gemeinschaften Kelten gewesen sind.

Latènekultur (ab 5. Jahrhundert): Die für die zweite Periode der europäischen Eisenzeit typische Stätte ist La Tène am alten Lauf des Flusses Thielle, der in den Neuenburger See fließt. Wenngleich in La Tène eine Fülle von

Material ans Licht gekommen ist, nahm es in der späten Eisenzeit keine so zentrale Position ein wie Hallstatt in der früheren.

Das Auftauchen der Kelten

Das keltische Europa der Hallstattzeit – im 7. und 6. Jahrhundert v. Chr. – ist auf der Karte braun wiedergegeben. Um das 2. Jahrhundert erreichten die Kelten ihre größte territoriale Ausdehnung (helleres Braun).

Weiß: Keltische Schwerpunkte

Grün: Keltische archäologische Fundstätten

Rot: Bedeutende nicht-keltische Städte

CORNOVII
CALEDONES
Abernethy
DAM NONII
VOTADINI
Cruachan
Emain Macha
Dun Aengus
Tara
BRIGANTES
PARISII
ORDOVICES
CORITANI
CORNOVII
ICENI
SILURES
Uffington
ATREBATES
Battersea
DUMNONII
REGNI
Gundestrup
NERVII
UBII
ATREBATES
CALETES
BELGAE
REMI
Trier
TREVERI
OSISMII
Paris (Lutetia)
Waldalgesheim
VOLCAE TECTOSAGES
VENETI
Basse Yutz
Mšecké Žehrovice
Reinheim
CARNUTES
Orléans (Cenabum)
Ludwigsburg
BOII
NAMNETES
Mont Lassois
Manching
Neuvy-en-Sullias
Vix
Klein Asperlge
PICTONES BITURIGES
Alise Ste. Reine
Heuneburg
MARCOMANNI
(Alesia)
VINDELICI
Bibracte
SEQUANI
La Tène
LEMOVICES
(Mont Beuvray)
Hallein
BOII
Gergovie
AEDUI
HELVETII
Erstfeld
Hallstatt
Budapest
(Gergovia)
Lyon (Lugdunum)
Genève (Genava)
Magdalensberg
(Aquincum)
ARVERNI
ALLOBROGES
INSUBRES
ERAVI
CADURCI
Milano
Bergamo (Bergamum)
La Coruña
(Mediolanum)
Brescia (Brixia)
TAURISCI
(Brigantium)
VOCONTI
Verona
GALLAECI
Toulouse (Tolosa)
BREUCI
Entremont
BOII
Coimbra
Numantia
Marseille
Marzabotto
DAESITIATES
(Massalia)
SENONES
DELMATA
Roma
Carthago

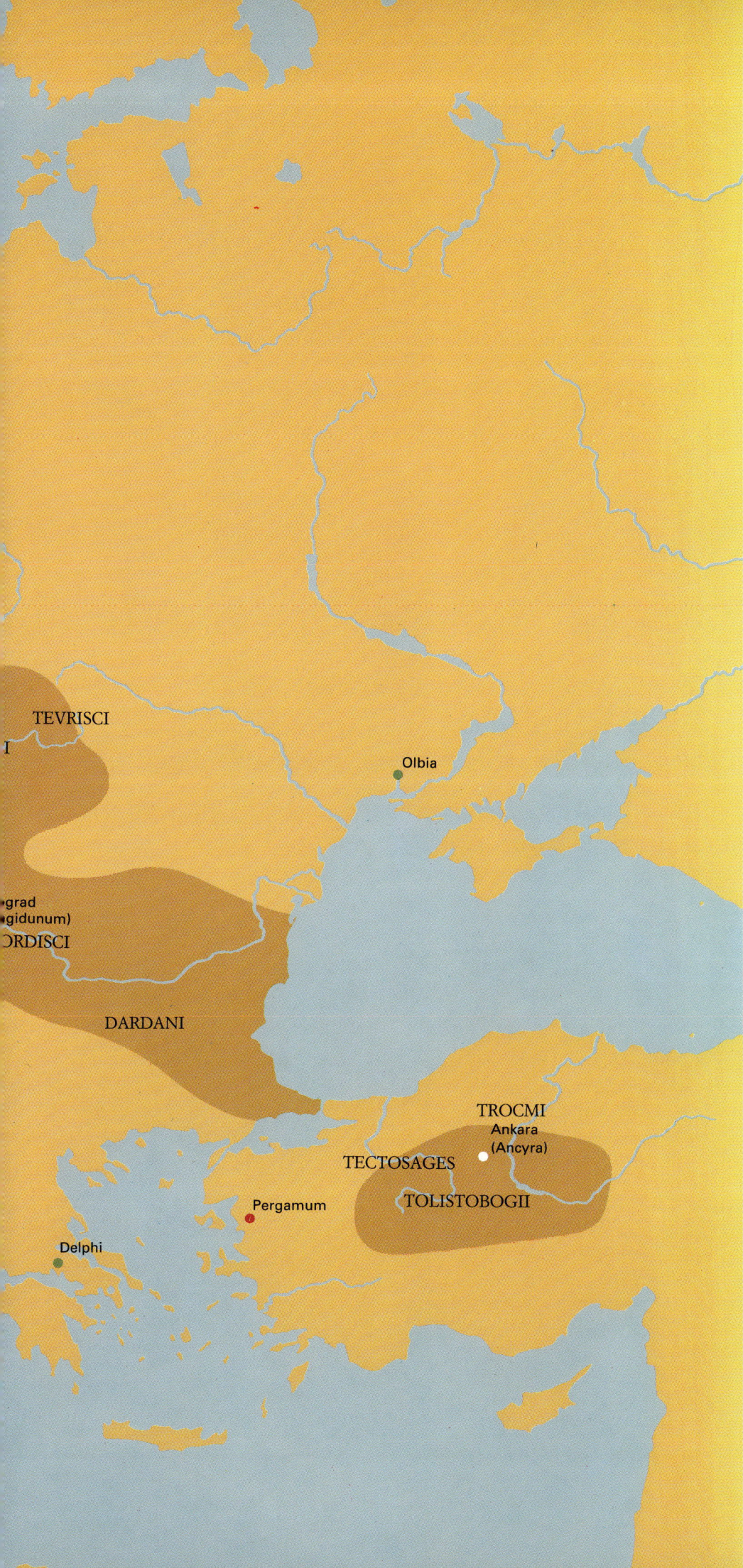

TEVRISCI

Olbia

grad
gidunum)

ORDISCI

DARDANI

TROCMI
Ankara
(Ancyra)

TECTOSAGES

Pergamum

TOLISTOBOGII

Delphi

Das 8. Jahrhundert v. Chr. – eine Phase des Wandels und der Neuorientierung – war die für das Auftauchen der Kelten entscheidende Epoche. Die Urnenfeldergemeinschaften Mittel- und Westeuropas (von etwa 1300 bis 700 v. Chr.) haben wenig Zeugnisse hinterlassen, die für größere Besitzunterschiede zwischen den Häuptlingen und ihren Untertanen sprechen. Zwar sind aus einigen Gräbern kunstvolle Waffen oder persönlicher Schmuck ans Licht gekommen, die auf einen gewissen Reichtum der Häuptlinge schließen lassen; die krassen Unterschiede der vorangegangenen Epochen aber sind zu dieser Zeit unbekannt – bis zum 8. Jahrhundert, in dem wir Indizien für das Emporkommen einer reichen Oberschicht finden. Im bayerischen Hart an der Alz etwa wurden in einem Urnengrab neben Feinkeramik drei Bronzegefäße gefunden, die wohl für das Festmahl des Toten bestimmt waren, sein Schwert und die Bronzebeschläge des Wagens, der ihn zum Scheiterhaufen trug: unverkennbar ein Mann, der über anderen stand. Zu dieser Zeit finden sich auch – in Form von Zaumzeugzubehör – mehr und mehr Beweise für Pferdehaltung. Wir stehen am Beginn eines bedeutsamen Umbruchs im sozio-politischen Gefüge.

Faktoren, die zu diesen sozialen Veränderungen durchaus beigetragen haben könnten, waren die Ereignisse, die sich in Osteuropa, in der Pontischen Steppe und noch ferneren Regionen abspielten. Wir wissen, daß zu dieser Zeit die nomadischen und halbnomadischen Stämme, deren Heimat in den Steppengebieten nördlich des Schwarzen Meeres lag und die den griechischen Schriftstellern als Kimmerier bekannt waren, unter den wachsenden Druck ihrer östlichen Nachbarn, der Skythen, gerieten. Sie gaben dem Druck schließlich nach und brachen auf. Ein Teil drang in Anatolien ein und diente während des ganzen 7. Jahrhunderts als Söldnerpotential in den Kämpfen zwischen dem Königreich Urartu und den Assyrern, die ihren Namen in zeitgenössischen Dokumenten häufig erwähnen. Eine andere Gruppe wanderte westwärts nach Europa, breitete sich die Donau entlang bis nach Bulgarien und westlich bis ins Ungarische Tiefland aus, wo man in jüngster Zeit ihre Begräbnisplätze – mit Anklängen ihrer pontischen Ursprünge – identifiziert hat. Es ist möglich, daß das Auftauchen dieser Fremden mit ihren Pferden die im Entstehen begriffene Aristokratie des Westens in mancher Weise beeinflußt hat.

Spuren der Kelten finden sich in den gemäßigten Zonen Europas fast überall. Reste ihrer Fortifikationen – befestigte Hügel und Oppida – ziehen sich in einem breiten Bogen von Jugoslawien bis nach Nordschottland; die Museen Europas beherbergen Tausende von Objekten, die bei Ausgrabungen von Begräbnisplätzen und Siedlungen, aus Flüssen und Mooren geborgen wurden; und viele unserer modernen Städte – wie Budapest, Paris und Belgrad – gehen auf keltische Gründungen zurück. Doch der Einfluß der Kelten ist noch unmittelbarer: Elemente ihrer Sprache überlebten in zahlreichen europäischen Ortsnamen. Das Element *-dun* in Namen wie etwa

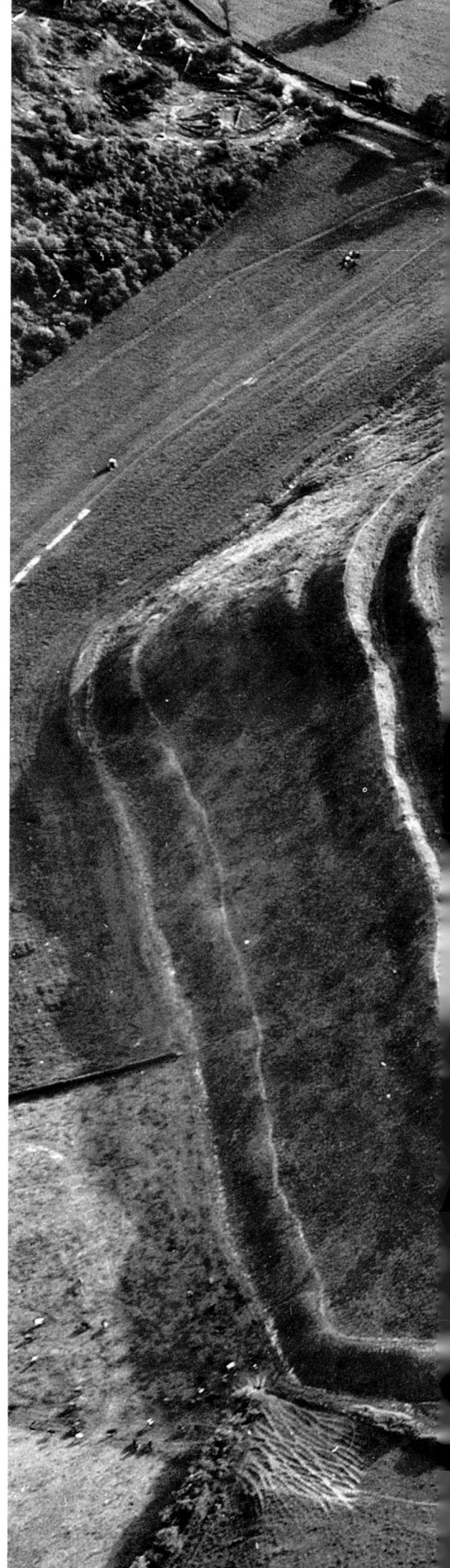

DIE SPUREN DER KELTEN

Zu den faszinierendsten Hinterlassenschaften der Kelten zählen ihre Hügelfestungen – stark befestigte Siedlungen, die noch heute die Landschaft beherrschen. Old Oswestry im walisischen Grenzland wurde während der ganzen zweiten Hälfte des 1. Jahrtausends v. Chr. benutzt. Seine Befestigungen – hier aus der Luft gesehen – repräsentieren viele Phasen des Umbaus.

London ist vermutlich eine Ableitung von *dúnon* mit der Bedeutung »Festung« oder »stark«, während *vindos*, »weiß«, und *maros*, »groß«, Namenselemente sind, die man noch heute immer wieder antrifft. Als beschreibende Wörter, die sich auf natürliche landschaftliche Merkmale bezogen, gingen sie in den allgemeinen Sprachgebrauch ein und überlebten, auch wenn die Region von einer fremden Kultur überflutet wurde. Was aber die Kelten für uns so lebendig macht, ist der Umstand, daß unser Wissen von ihnen nicht nur auf solchen Relikten – archäologischen und linguistischen – beruht, sondern von Beschreibungen illustriert wird, die uns die klassischen Autoren von diesem Volk hinterlassen haben. Besonders aufschlußreich sind die mündlich überlieferten keltischen Heldensagen, die schließlich im 8. Jahrhundert n. Chr. in Irland niedergeschrieben wurden. Wer sie heute liest, fühlt sich unvermittelt in die Welt der Kelten versetzt; und wer heute in den westlichen Randgebieten der Britischen Inseln das dort gesprochene Gälisch, Welsch oder Irisch hört, vernimmt ein wunderliches Echo aus fernster Vergangenheit.

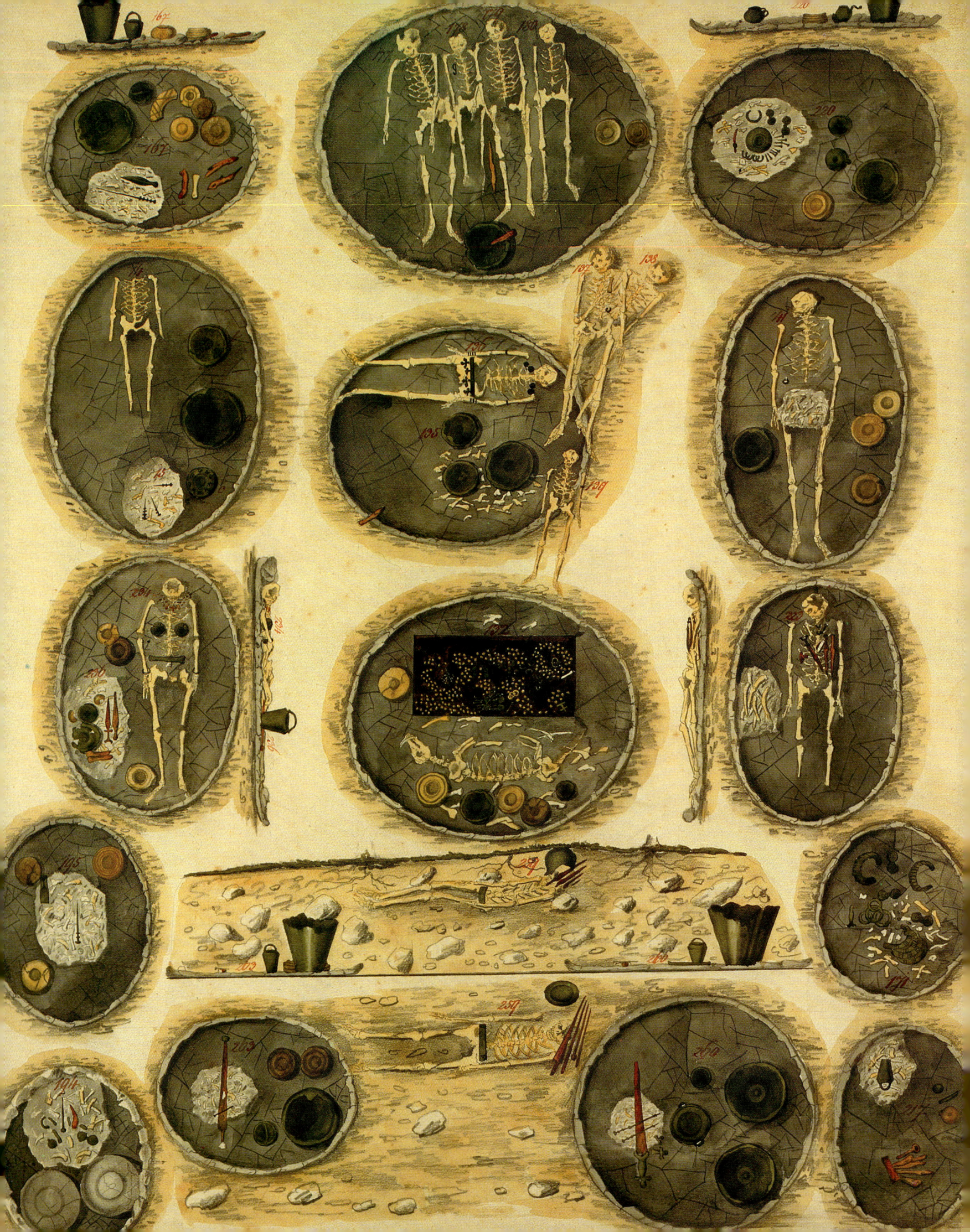

Gräber

Die ergiebigsten Quellen archäologischen Materials über die Kelten stellen ihre Friedhöfe dar: Im Lauf der Zeit hat man in Europa Zehntausende von Hallstatt- und Latènegräbern freigelegt. Viele von ihnen wurden freilich im vorigen Jahrhundert, als ein regelrechtes archäologisches Sammelfieber grassierte, bedenkenlos ausgeplündert. Heute werden Gräber mit minuziöser Sorgfalt abgedeckt, wobei man sich diverser wissenschaftlicher Hilfsmittel bedient, um auch unscheinbarste Relikte zu bergen.

Die Kelten entwickelten sehr ausgeprägte Vorstellungen von einem Leben nach dem Tode: Ein antiker Schriftsteller berichtet, ihr Glaube daran sei so stark gewesen, daß sie selbst das Begleichen von Schulden bis zum Wiedersehen im nächsten Leben verschoben hätten. Ihre Ideen von einem künftigen Leben spiegeln sich deutlich in der Ausstattung der Gräber wider, die alles enthalten, was der Tote brauchen würde – jeder nach seinem Rang. Eine reiche Frau wie etwa die sogenannte »Fürstin« von Vix (Burgund) wurde mit Utensilien für ein ganzes Festmahl begraben: einem großen Bronzekrater, Krügen, Schüsseln und Schalen, die alle in der letzten Dekade des 6. Jahrhunderts aus der klassischen Welt importiert wurden. Sie bekam auch ihren Schmuck mit ins Grab, darunter ein prunkvolles goldenes Diadem, ein Bernsteinhalsband und Fibeln. Am unteren Ende der sozialen Stufenleiter dagegen konnte eine

Frau sich glücklich schätzen, wenn sie eine einzige Brosche oder Fibel besaß.

Auch die Bestattungsrituale unterschieden sich – besonders auffällig in den frühen Hallstattgräbern. Das einfache Volk hielt überwiegend an der Brandbestattung der Urnenfelderzeit fest, während die Fürsten meist in hölzernen Kammern unter riesigen Grabhügeln beigesetzt wurden – häufig zusammen mit dem Wagen, der sie zu Grabe getragen hatte, und einem Stück Schweinefleisch als Wegzehr. Später, in der Latèneperiode (im 3. Jahrhundert v. Chr.), kommt es – obwohl zunächst noch immer Besitzunterschiede ins

Auge fallen – mit dem Entstehen ausgedehnter Körperbestattungsfriedhöfe zu einer Nivellierung: Die einzelnen Gräber weisen nur wenige Indizien für bedeutsame soziale Unterschiede auf.

Wenngleich es sich bei der Mehrzahl der den Toten beigegebenen Gegenstände um persönlichen Schmuck und Hausrat handelte, finden sich gelegentlich auch Spezialgeräte. So wurden aus einem Grab des 2. Jahrhunderts v. Chr. in München-Obermenzing außer dem üblichen Schwert, Speer und Schildbuckel drei chirurgische Instrumente geborgen: eine Sonde, ein Wundhaken und eine Schädelsäge.

Die Grabfunde haben für den Archäologen beträchtlichen Wert. Sie liefern nicht nur eine Fülle von Haushaltsgeräten, an denen sich der Lebensstil der verschiedenen Gemeinschaften ablesen läßt, sondern auch Informationen

über die Zusammensetzung von Bevölkerungen, über Körperbau, Ernährung, Krankheiten und Sterblichkeitsziffern. Überdies hilft uns die Kenntnis ihrer Auffassung vom Tod, den Menschen selbst näherzukommen – ihren Ängsten, Hoffnungen und Sehnsüchten. Caesar berichtet bei der Beschreibung gallischer Bestattungen, daß alles, was der Tote liebte – auch seine Tiere – auf den Scheiterhaufen gelegt und »Sklaven und Hörige, die, wie bekannt war, dem Toten besonders lieb gewesen waren, nach Beendigung der allgemeinen Leichenfeier zusammen mit ihm verbrannt« wurden.

Eine Auswahl keltischer Grabfunde: Oben vier Keramikgefäße, die in den Latène-Gemeinschaften der Marne-Region entstanden. Bei den unten abgebildeten Objekten handelt es sich um individuelle Bronzeschmuckstücke aus Urnengräbern der Urnenfelderperiode in Süddeutschland.

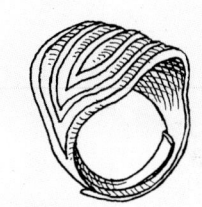

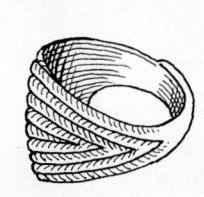

Gegenüber: Was wir über den Friedhof von Hallstatt wissen, beruht vor allem auf den damals angefertigten präzisen Aufzeichnungen, zu denen dieses Bild des österreichischen Malers Isidor Engl gehört. Es veranschaulicht eine Fülle von Bestattungsbräuchen.

23

Gegenstände sprechen zu uns

Die Kelten waren ein technisch sehr begabtes Volk. Bis zum 7. Jahrhundert hatten sie alle zur Bronzebearbeitung notwendigen Techniken gemeistert: Bronze wurde in kunstvollen Formen zu Schmuck und Werkzeugen gegossen oder für die Herstellung von Gefäßen zu Blechen gehämmert, die man entweder von der Rückseite her in Treibarbeit mit einem Reliefmuster oder an der Oberfläche mit graviertem oder zisieliertem Dekor versah. Das Verhütten und Schmieden von Eisen fand bald rasche Verbreitung, da das Metall wegen seiner Härte sehr geschätzt wurde. Rohstoffe

blicke in Lebensbereiche, die mit anderen Methoden nicht erschlossen werden können. So vermitteln die drei auf dieser Seite abgebildeten dekorierten Objekte eine einzigartige Vorstellung von Kriegern – zu Fuß wie zu Pferde –, die in geordneten Reihen in die Schlacht ziehen; mehr noch, sie liefern präzise Details keltischer Kleidung – ein Gegenstand, auf den die klassischen Autoren nicht näher eingehen. Da Textilien nur selten überleben, sind zeitgenössische Darstellungen dieser Art unsere einzige Quelle.

Das Interesse des Archäologen an Fundobjekten reicht freilich noch weiter. Der Mensch hat sich von jeher dem Diktat der Mode unterworfen. Stile und Formen wechseln – mitunter rasch, mitunter kaum wahrnehmbar. Ein reicher Mann wünschte sich natürlich das modernste Schwert, seine Frau die modischste Fibel. Menschliche Zwänge dieser Art sorgten für Wandel, doch vollzog sich dieser Wandel nicht endlos. Sobald etwa ein technisch befriedigender Speerspitzentyp entwickelt worden war, gab es an ihm nur wenig zu verbessern; und da der Speer nur selten verziert wurde, konnte der Handwerker allenfalls noch Form und Gewicht leicht variieren, um die Waffe ihrer Funktion noch gerechter zu machen – beispielsweise als Lanze für die Reiterei oder als Wurfspeer für das Fußvolk. So kam es zwar zu Abwandlungen, jedoch zu

In der Poebene entwickelte sich eine Schule von Handwerkern, die mit besonderer Kunstfertigkeit bronzene *situlae* (Eimer, vermutlich für Wein) in Treibarbeit verzierten. Das Dekor bestand in der Regel aus horizontalen Feldern, auf denen Szenen aus dem Alltagsleben oder – wie in diesem Detail einer *situla* aus der Region Este – Tiere abgebildet waren. 4. Jahrhundert v. Chr.

waren reichlich vorhanden: Eisen gab es praktisch überall; Kupfer und Zinn wurden seit tausend Jahren abgebaut; Graphit und Hämatit zur Verzierung von Keramik kamen häufig vor, während Materialien wie Gold, Silber, Koralle, Bernstein und Glas zur Herstellung von Luxusartikeln den Reichen im Handel jederzeit zugänglich waren. Kurz, die materiellen Relikte beweisen, daß die Kelten über Technologien und handwerkliche Fähigkeiten verfügten, die bis zum 18. Jahrhundert n. Chr. in Europa kaum übertroffen wurden. Erhaltene Gegenstände liefern jedoch nicht nur Informationen über technologische und funktionale Details, sondern bieten auch Ein-

keiner nennenswerten Weiterentwicklung. Das gilt ebenso für die Schwerter. Sobald Schwertklingen statt aus Bronze aus Eisen gefertigt wurden, beeinflußte nur noch ein einziger Faktor von Bedeutung ihre Form: die Art der Kriegführung. Für die Reitereischlacht war das lange Hiebschwert die ideale Waffe, während sich im Zweikampf zu Fuß das Kurzschwert am besten handhaben ließ. Während sich also das Schwert nur in sehr begrenztem Maße veränderte, konnte freilich die häufig verzierte Scheide den Launen der Mode unterworfen werden.

Das Studium der wechselnden Stile, das in der Archäologie als Typologie bezeichnet wird,

spielt bei der Datierung keltischer Gräber oder Siedlungen eine wesentliche Rolle. Die Typologie geht von der einfachen Voraussetzung aus, daß Veränderungen in Stil und Form einem Impuls unterliegen, dessen Richtung erkannt werden kann, so daß sich Fundobjekte in einer Reihenfolge anordnen lassen, die ihr Alter widerspiegelt.

Gewandnadeln (*fibulae*) sind – als Modeartikel – besonders leicht Veränderungen unterworfen und stellen deshalb ein aufschlußreiches Feld für typologische Untersuchungen dar. Technisch gesehen sind Fibeln eine Art Sicherheitsnadel, bei der die Spitze der gefe-

kunstvollen Formen gestaltet waren. Derlei Varianten ermöglichen die Definition regionaler Stile wie die Eingrenzung ihres Verbreitungsgebiets.

Der letzte Schritt beim typologischen Studium von Objekten ist die Bestimmung absoluter Daten in der relativen Chronologie der Aufeinanderfolge. Für die Eisenzeit dienen drei Hauptmethoden: 1. Das Datieren von Holz durch Auszählen der Jahresringe (Dendrochronologie); 2. die Heranziehung datierbarer Importe aus der klassischen Welt; und 3. der Nachweis von Zusammenhängen mit historischen Ereignissen.

Obwohl die Dendrochronologie erst seit kurzem bei Untersuchungen der Eisenzeit angewandt wird, hat sie sich in anderen Forschungsbereichen gut bewährt. Wenn man die Abfolge von Veränderungen der Wachstumsringe im prähistorischen Europa über einen langen Zeitraum hinweg zusammenstellt, läßt sich der Zeitpunkt bis auf einige Jahre genau festlegen, zu dem ein ausreichend gut erhaltenes Stück Holz – etwa aus einer Grabkammer – gefällt wurde. Weitaus häufiger wird gegenwärtig die zweite Methode an-

Links außen: Der berühmte Silberkessel von Gundestrup in Dänemark liefert eine Fülle von Details über die Ausrüstung des Kriegers. Hier ein berittener Krieger, der einen Helm mit einer Zier in Gestalt eines Tieres trägt.

Keltische Waffen stammen nicht nur aus Kriegergräbern, sondern auch aus Votivlagern – den Göttern geweihten Kriegsbeuten. Die Speerspitzen unten aus La Tène (Mitte des 3. bis 2. Jahrhunderts v. Chr.) vermitteln eine Vorstellung der verschiedenen gebräuchlichen Typen. Das wesentlich ältere Bronzeschwert (3. von oben) aus dem 8. Jahrhundert v. Chr. wurde ebenfalls in der Schweiz gefunden.

Unten Mitte: Die dekorierte Bronzescheide für ein Eisenschwert (hier in einer Nachzeichnung) aus Hallstatt beweist, wieviel wir über Menschen erfahren können, die ihren Alltag bildlich darstellten. Diese kriegerischen Szenen schildern einen Ringkampf

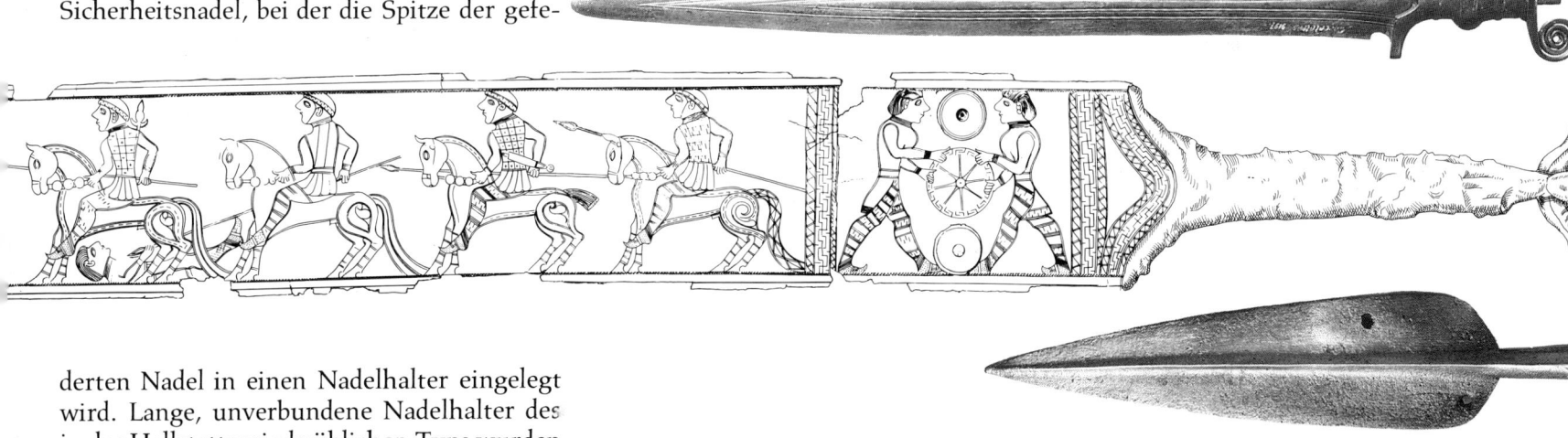

derten Nadel in einen Nadelhalter eingelegt wird. Lange, unverbundene Nadelhalter des in der Hallstattperiode üblichen Typs wurden im frühen Latène »verbessert«, indem man das Ende des Halters in Richtung des Fibelbügels zurückbog, um größeren Halt zu erzielen. Im mittleren Latène wurden die Nadelhalter regelrecht um den Bügel gewickelt, und gegen Ende dieser Periode waren der nun dreieckig geformte Nadelhalter und der Bügel in einem Stück gearbeitet. Diese technische Verbesserung war von einer Fülle dekorativer Variationen begleitet: Die Bügel konnten graviert oder eingelegt sein, während die Halter Fassungen für Korallen aufwiesen oder zu

gewandt. Wenn man in einem keltischen Grab griechische Keramik findet, deren Entstehungszeit bekannt ist, hat die Bestattung vermutlich bald nach diesem Datum stattgefunden. Wenn man schließlich nachweisen kann, daß Fundobjekte mit einem historischen Ereignis in Zusammenhang standen wie etwa die Münzen und Waffen, die 52 v. Chr. während der Belagerung von Alesia am Mont Réa vergraben wurden, dann darf man folgern, daß sie zur Zeit der Belagerung allgemein in Gebrauch waren.

(links außen), Krieger zu Fuß und zu Pferd in typischer Bewaffnung und Ausrüstung, flankiert von Männerpaaren, die das Radsymbol des Krieges halten. Die Scheide aus dem 4. Jahrhundert v. Chr. ist etwa siebzig Zentimeter lang.

Plastik und Münzen

Die Kelten der Hallstattperiode hinterließen nur wenige Abbildungen ihrer Welt und ihrer selbst. Später jedoch, mit der Zunahme der Kontakte zur klassischen Welt und der Einführung von Münzgeld, werden figürliche Darstellungen mehr und mehr üblich, und unter römischer Herrschaft entwickelte die keltische Bevölkerung etwa Galliens einen kraftvollen Stil der figuralen Kunst in Stein, Bronze und Holz, der die Strenge der römischen Klassik weitgehend ignorierte und der angeborenen Liebe der Kelten zur geschwungenen Form huldigte.

Die keltische Plastik war in der Regel sehr schlicht – die Eigenschaften des Materials bestimmten die Form des entstehenden Werks. Bei der Gestaltung der großen Steinstelen aus dem Mittelrheingebiet etwa brauchte der Künstler nur ein Minimum an Stein zu entfernen, um den gewünschten Effekt zu erzielen. Es ist jedoch möglich, daß diese frühen Werke seltene Kopien von Sujets sind, die in der Regel in Holzstämme geschnitzt wurden.

Metall, besonders Bronze und Gold, gewährte den keltischen Künstlern mehr Spielraum, doch blieben im gesamten Latène Abbildungen von Mensch und Tier der Gesamtgestaltung untergeordnet. Ein menschliches Gesicht konnte in ein Dekor hineingearbeitet werden, doch wurde es, den Forderungen des Musters entsprechend, vereinfacht und in seine Bestandteile aufgelöst. Erst unter römischem Einfluß kam die freie menschliche Gestalt zu ihrem Recht.

Die klassischen Kulturen dagegen, mit denen die Kelten in Berührung kamen, waren durchaus fähig, diese fremden Barbaren darzustellen. König Attalos I. von Pergamon ließ im 3. Jahrhundert v. Chr. mit der Bronzestatue »Der sterbende Galater« das wohl berühmteste Bildnis eines Kelten schaffen und in Pergamon aufstellen. Es ist seither häufig kopiert worden (beispielsweise in Marmor im Museo Capitolino von Rom). In Pergamon finden sich auch die berühmten Reliefs mit Darstellungen von Kriegsbeute, die einst den Tempel der Athene Nikepharos schmückten und einen lebhaften Eindruck von keltischer Bewaffnung vermitteln. Plastiken dieser Art sind wegen ihres Realismus und der Genauigkeit der Darstellung eine unschätzbare Quelle der Information.

Im späten 3. Jahrhundert v. Chr. prägten die Kelten Mittel- und Westeuropas ihr erstes Münzgeld – angeregt von den Goldstatern der makedonischen Könige und den Silbermünzen der westgriechischen Kolonien, die wohl als Sold oder Beute heimkehrender Söldner ihren Weg in keltische Hände fanden. Einmal übernommen, breitete sich die Kunst der Münzprägung rasch aus, und Münzen wurden bald zu einem Mittel künstlerischer und politischer Selbstdarstellung. Die Graveure präsentierten ihre Motive mit großem Geschick und interpretierten konventionelle Sujets wie Köpfe, Pferde und Wagen mit typisch keltischer Vitalität und Liebe zur fließenden Form. Jeder Stamm produzierte seine eigenen, unverkennbaren Serien, die später häufig den Namen des Herrschers trugen und gelegentlich seine Herkunft nannten.

Keltischer Geist lebt in der Kunst des römischen Gallien. Einige der schönsten Darstellungen gallischer Kleidung und gallischen Lebensstils stammen aus dieser Mischkultur. Zu den eindrucksvollsten Beispielen zählen diese drei Bronzestatuetten aus dem 1. Jahrhundert n. Chr., die in Neuvy-en-Sullias gefunden wurden: ein Musikant *(unten)*, vermutlich ein Priester *(Mitte)* und ein tanzendes Mädchen *(rechts außen)*.

Münzen sind eine wichtige Quelle
bildlicher Informationen, ob sie nun von
keltischen Stämmen oder klassischen
Kommunen geprägt wurden, mit denen
die Kelten in Kontakt kamen.

Oben, von links nach rechts: Südgallien; Stamm der Redonen; römische
Münze mit gallischen Trompeten und
Schilden; Münze der Aulerker-Cenomanen.

Links: Latènezeitlicher Sandsteinobelisk
aus Pfalzfeld in der Rheinpfalz, 4. Jahrhundert v. Chr. Das Muster mit dem
Kopf in der Nähe der Basis wiederholt
sich auf allen vier Seiten der Säule.
Man hat stilistische Ähnlichkeiten mit
der etruskischen Kunst Italiens nachgewiesen.

27

Schriftliche Zeugnisse

Aus alten Überlieferungen und Reiseberichten sowie eigenen Anschauungen trugen griechische und römische Historiker ihre Beschreibungen der Kelten zusammen, die wir noch heute zur Information heranziehen. Historiker des 5. Jahrhunderts v. Chr. wie Herodot (unten rechts, römische Büste

des 2. Jahrhunderts n. Chr. aus Ägypten) stützten sich weitgehend auf solche Quellen; Herodots Werke sind in der griechischen Geschichtsschreibung unübertroffen geblieben. Die meisten späteren Berichte über die Kelten beziehen sich direkt oder indirekt auf die verlorenen Werke des Poseidonios oder auf Caesar. Das gilt namentlich für Dichter wie Lucanus oder Vergil, die – ähnlich den Dichtern des 19. Jahrhunderts – die Kelten romantisch verklärten.

Oben: Vergil zwischen den Musen des Epos und der Tragödie. Mosaik aus Tunesien.

Oben rechts: Ohne die mittelalterlichen Mönche, die antike Manuskripte vor der Zerstörung bewahrten und immer wieder abschrieben, hätten viele griechische und römische Texte nicht überlebt. Mönche schrieben auch die in jahrhundertelanger mündlicher Überlieferung weitergegebenen keltischen Volkssagen – namentlich die irischen – nieder. Diese Miniatur aus einem mittelalterlichen Manuskript zeigt einen klösterlichen Kopisten bei der Arbeit.

Das ganze Volk,
das man jetzt das
gallische oder galatische nennt,
ist kriegerisch,
mutig und stets kampfbereit,
doch auch aufrichtig
und keineswegs bösartig.
Wenn man sie zum Zorn reizt,
laufen sie scharenweise
zum Kampf zusammen,
offen und ohne Vorsicht,
so daß sie von denen,
die ihnen mit Kriegslist begegnen,
leicht zu bezwingen sind.
Denn wenn man sie herausfordert,
gleich unter welchem Vorwand,
scheuen sie keine Gefahr,
obwohl sie im Kampf außer Kraft
und Kühnheit nichts einzusetzen
haben.

Strabo

Herodot von Halikarnassos
gibt hier eine Darstellung
seiner Forschungen,
damit bei der Nachwelt nicht
in Vergessenheit gerate,
was unter Menschen
einst geschehen ist;
auch soll das Andenken
an große und wunderbare Taten
nicht erlöschen,
die die Hellenen und die
Barbaren getan haben.

Herodot

In den Augen griechischer und römischer Schriftsteller waren die Kelten Barbaren, ein Volk, das keine Kultursprache besaß. Hekataios, Herodot, Xenophon, Aristoteles, Hieronymos, Polybios und Livius – sie alle haben einiges über keltische Sitten und historische Ereignisse im Zusammenhang mit Einfällen der Kelten in die klassische Welt zu berichten, doch die Summe der von ihnen zusammengetragenen ethnographischen Details ist bescheiden. Eine Ausnahme stellt Polybios dar, der seine Beschreibung der keltischen Invasion Italiens mit farbigen Exkursen über keltische Kleidung, Lebensbedingungen und den selbstlosen Mut der Krieger belebt.

Die tiefsten Einblicke in die keltische Gesellschaft verdanken wir jedoch Poseidonios, einem Stoiker des 1. Jahrhunderts v. Chr. Im Buch 23 seiner *Geschichte* leitet er die Schilderung des ersten transalpinen Krieges (113–101 v. Chr.) mit einem detaillierten ethnographischen Bericht über die Kelten ein. Da Poseidonios eine Zeitlang in Südgallien lebte, können wir mit Recht annehmen, daß sein Material das Ergebnis direkter Beobachtung ist. Leider ist seine »keltische Ethnographie« nicht vollständig erhalten und nur in ausführlichen Zusammenfassungen durch die späteren griechischen Autoren Diodoros, Strabo und Athenaios auf uns gekommen. Wenngleich sie natürlich Veränderungen vornahmen und Eigenes hinzufügten, ist ihre eigentliche Quelle Poseidonios.

Außerdem besitzen wir die Schriften Julius Caesars, der zwischen 58 und 51 v. Chr. eine Reihe erbitterter Feldzüge gegen die Kelten Galliens und Britanniens führte. Seine – freilich nicht unparteiische – Schilderung der keltischen Gesellschaft vermittelt ein letztes Bild der freien Kelten auf dem europäischen Festland, bevor ihre Kultur von Rom überschwemmt wurde und einzig die Britannier die keltischen Traditionen fortführen konnten.

ARISTOTELES

Der große griechische Philosoph erläutert um 330 v. Chr. am Beispiel der Kelten das Wesen der Tapferkeit.

POLYBIOS

Im 2. Jahrhundert v. Chr. beschwört er in seiner Geschichte des 3. Jahrhunderts v. Chr. die schonungslose Gewalt der Kelten – zu einer Zeit, da die Kelten in Italien nach wie vor einen Unsicherheitsfaktor darstellten und gerade nach Griechenland und Kleinasien vordrangen.

LIVIUS

In seiner Geschichte Roms, die im späten 1. Jahrhundert v. Chr. entstand, beschreibt Livius den keltischen Angriff auf Rom im frühen 4. Jahrhundert und seine Nachwirkungen. Er bediente sich älterer Quellen, unter anderem der Schriften des Poseidonios.

STRABO

Der griechische Geograph (64 v. Chr.–19 n. Chr.) lebte in Rom und Alexandria und unternahm ausgedehnte Reisen. Seine – weitgehend erhaltenen – siebzehn Bücher über *Geographie* stellen eine wertvolle Sammlung von Fakten über die römische und außerrömische Welt dar. Informationen über die Kelten bezog er vor allem von Poseidonios.

PLINIUS DER ÄLTERE

Plinius (gestorben 79 n. Chr.) liefert in seiner *Naturgeschichte* Informationen über die Druiden und die keltische Medizin. Die von ihm benutzte Quelle ist unbekannt.

JULIUS CAESAR

Caesar (gestorben 44 v. Chr.) konnte während seiner Feldzüge in Gallien (58–51) und auf zwei Expeditionen nach Britannien die keltische Gesellschaft aus allernächster Nähe beobachten; seine Eindrücke schildert er im *Gallischen Krieg*.

CORNELIUS TACITUS

Der Historiker Tacitus (56–120 n. Chr.) behandelt in seinen *Annalen* und *Historien* die Zeit vom Tod des Augustus 14 n. Chr. bis zum Jahr 96. Seine frühen, im Jahr 98 vollendeten Werke *Agricola* und *Germania* enthalten brillante Schilderungen der Germanen und Britannier. Die Informationen über die Britannier empfing er vermutlich aus erster Hand von seinem Schwiegervater Julius Agricola, der 78–84 n. Chr. Statthalter Britanniens war.

Für den Menschen, dem in extremer Weise jede Furchtempfindung fehlt, gibt es keinen eigenen Ausdruck. Man könnte vielleicht sagen: er ist »wahnsinnig« oder »von dumpfer Empfindungslosigkeit«, falls er überhaupt nichts fürchtet, weder Erdbeben noch Sturmeswogen, was man zum Beispiel von den Kelten berichtet . . . Wenn also einer dem Furchtbaren aus Unwissenheit standhält, so ist er deswegen nicht tapfer; wenn er zum Beispiel den herabfahrenden Blitzen trotzt, im Wahnsinn. Und auch dann nicht, wenn er die Größe der Gefahr zwar erkennt, aber in Zorneswut dagegen angeht, wie die Kelten mit den Waffen in der Hand gegen die Sturmflut – und überhaupt ist Barbarentapferkeit wütende Tapferkeit.
Aristoteles

STRABO

Zunächst folgt nun Gallien jenseits der Alpen. Gestalt und Größe des Landes sind oben beschrieben; jetzt aber wollen wir es genauer schildern. Die einen teilen es dreifach, indem sie als seine Bewohner die Aquitaner, Belger und Kelten nennen. Die Aquitaner, nicht nur der Sprache, sondern auch der äußeren Erscheinung nach völlig abweichend, gleichen mehr den Iberern als den Galliern, die übrigen sind zwar der äußeren Erscheinung nach gallisch, haben aber nicht alle dieselbe Sprache, sondern einige weichen in der Sprache ein wenig ab. Auch Staatsverfassung und Lebensweise sind etwas verschieden.
Strabo

JULIUS CAESAR

Gallien ist in drei Hauptteile gegliedert. Den einen bewohnen die Belger, den zweiten die Aquitaner, den dritten die Stämme, die in ihrer eigenen Sprache »Kelten«, in unserer »Gallier« heißen. Sie alle unterscheiden sich durch ihre Sprache, Gebräuche und staatlichen Einrichtungen. Die Garonne trennt die Gallier von den Aquitanern, die Marne und die Seine von den Belgern. Unter all diesen sind die Belger die tapfersten. Sie wohnen nämlich am weitesten entfernt von der Kultur und Zivilisation der römischen Provinz. Sodann kommen zu ihnen ganz selten Kaufleute, die verweichlichende Luxusgegenstände einführen. Sie sind auch unmittelbare Nachbarn der rechtsrheinischen Germanen und liegen mit diesen ständig im Krieg.
Caesar

PLINIUS DER ÄLTERE

Die römischen Heerführer und Imperatoren sind nicht aus Selbstsucht in Gallien eingerückt, sondern weil die Vorfahren sie herbeigerufen haben. Denn unter den immensen Zwistigkeiten hatten diese bis zur Vernichtung zu leiden, während die zu Hilfe gerufenen Germanen ihren Bundesgenossen, gleich als wären es Feinde, das Joch der Knechtschaft auferlegt hatten.
Tacitus

POSEIDONIOS

Mündliche Überlieferung uralter Geschichten

Die irischen Sagen, heroische Überlieferungen der Kelten, wurden im frühen 8. Jahrhundert von irischen Mönchen niedergeschrieben. Die Klöster waren die ersten und zeitweilig einzigen literarischen Oasen in einer ansonsten analphabetischen Welt. In der klösterlichen Stille entstanden Meisterwerke der Kalligraphie wie der Kolophon zum Matthäusevangelium von Durham (England), aus dem unten ein Detail abgebildet ist.

Die römische Invasion Britanniens zwischen 43 und 84 n. Chr. überzog weite Teile der Insel mit einem Anstrich klassischer Zivilisation, der im 5. Jahrhundert durch Germaneneinfälle abrupt zerstört wurde. Diese beiden kulturellen Einschnitte löschten die keltische Zivilisation im Gebiet des späteren England nahezu vollständig aus. Nur in den entlegeneren Regionen der Insel – in Cornwall, Wales und Schottland – überlebten die keltische Sprache und Elemente der keltischen Kultur. In Irland aber, das durch die rauhe Irische See vor den Auswirkungen enger Kontakte zum europäischen Festland geschützt war, konnte der keltische Geist fortleben und sich entfalten. Während Britannien von Rom

Oben: Die Kelten hatten ihre Sagen mündlich von Generation zu Generation weitergegeben. Bezüge zu diesen Überlieferungen tauchen sehr selten auch in bildlichen Darstellungen auf – etwa auf dem Kessel von Gundestrup, der in einem dänischen Moor gefunden wurde. Auf ihm ist offenbar eine Erzählung bildlich wiedergegeben, in der übernatürliche Wesen eine Rolle spielen: Die groteske weibliche Gestalt könnte die Königin Medb aus dem Ulster-Zyklus sein.

Gegenüber: Diese für die klösterliche Kunst des mittelalterlichen Irland typische und besonders schöne Manuskriptillumination aus dem *Book of Durrow* zeigt keltischen Einfluß. Die Handschrift der vier Evangelien aus dem 7. Jahrhundert befand sich einst im Besitz des Columban-Klosters von Durrow bei Tullamore in der irischen Grafschaft Offaly.

regiert wurde, erlebte Irland die Herrschaft einer blühenden Aristokratie. Ihre Heldentaten wurden in einer Reihe von Balladen und Gedichten besungen, die insgesamt eine der großen heroischen Traditionen der europäischen Literatur darstellen.

Diese Sagen – jahrhundertelang bei geselligen Zusammenkünften immer wieder erzählt – wurden ein wesentliches Element der Volkserinnerung, bis schließlich im 8. Jahrhundert n. Chr. die Schreiber der frühen irischen Klöster mit ihrer Niederschrift begannen. Diese ersten Niederschriften sind in späteren mittelalterlichen Kopien auf uns gekommen und ließen sich zu vier Sagenzyklen ordnen. Der erste besteht aus mythologischen Erzählungen über die »Stämme der Göttin Danann« (*Túatha Dé Danann*), ein altes Göttergeschlecht, das Irland in vorkeltischer Zeit bewohnte. Dann folgt der »Ulster-Zyklus«, der

die Heldentaten des Königs Conchobar und seiner Gefolgsleute beschreibt – unter ihnen den berühmten Helden Cú Chulainn, den »Jagdhund von Ulster«. Dritter Part ist der »Finn-Zyklus«, in dem es um die Taten Finn macCumaills und seines Sohnes Oisín geht. Der vierte und letzte Sagenkreis handelt von den Königen, die überlieferungsgemäß in der Zeit vom 3. Jahrhundert v. Chr. bis zum 8. Jahrhundert n. Chr. herrschten.

Am informativsten ist der Ulster-Zyklus, der eine der größten Prosasagen der alten Welt enthält, den »Viehraub von Cooley« (*Taín Bó Cuailnge*). Wenngleich sie erst im 8. Jahrhundert ihre endgültige Form erhielt, bezieht sie sich eindeutig auf eine viel frühere Epoche, und der Erzähler hat sich große Mühe gegeben, die Atmosphäre jener Zeiten zu bewahren. Irland war damals in die vier Provinzen *Ulaid* (Ulster), *Connachta* (Connacht), *Laigin* (Leinster) und *Mumu* (Munster) aufgeteilt. Ulaid, der Schauplatz der Geschichte, wurde von einem Hochkönig – Conchobar – regiert, dessen Hof (*ráth*) sich in Emain Macha bei Armagh befand. Die hier geschilderte Gesellschaft zeigt auffallende Ähnlichkeiten mit der Galliens zur Zeit Caesars. Vor allem die Methoden der Kriegführung gleichen sich auf sonderbare Weise. Die Krieger, die sich durch Mut, Eigensinn und Prahlsucht auszeichnen, kämpfen einzeln oder en masse, die Adligen von ihren Streitwagen herab, die von Wagenlenkern gefahren werden. Viehraub gilt als mannhafte Tat und Kopfjägerei als keineswegs verwerflich. Die Ähnlichkeiten gehen noch weiter: Adlige Frauen wie Medb und Derdriu treten als starke, gottähnliche Gestalten hervor, und die Männer sind pralle Charaktere – im einen Augenblick hitzig und tapfer, im nächsten voller Angst und Panik, gefangen in einem dichten Netz von Aberglauben an die allgegenwärtigen Götter.

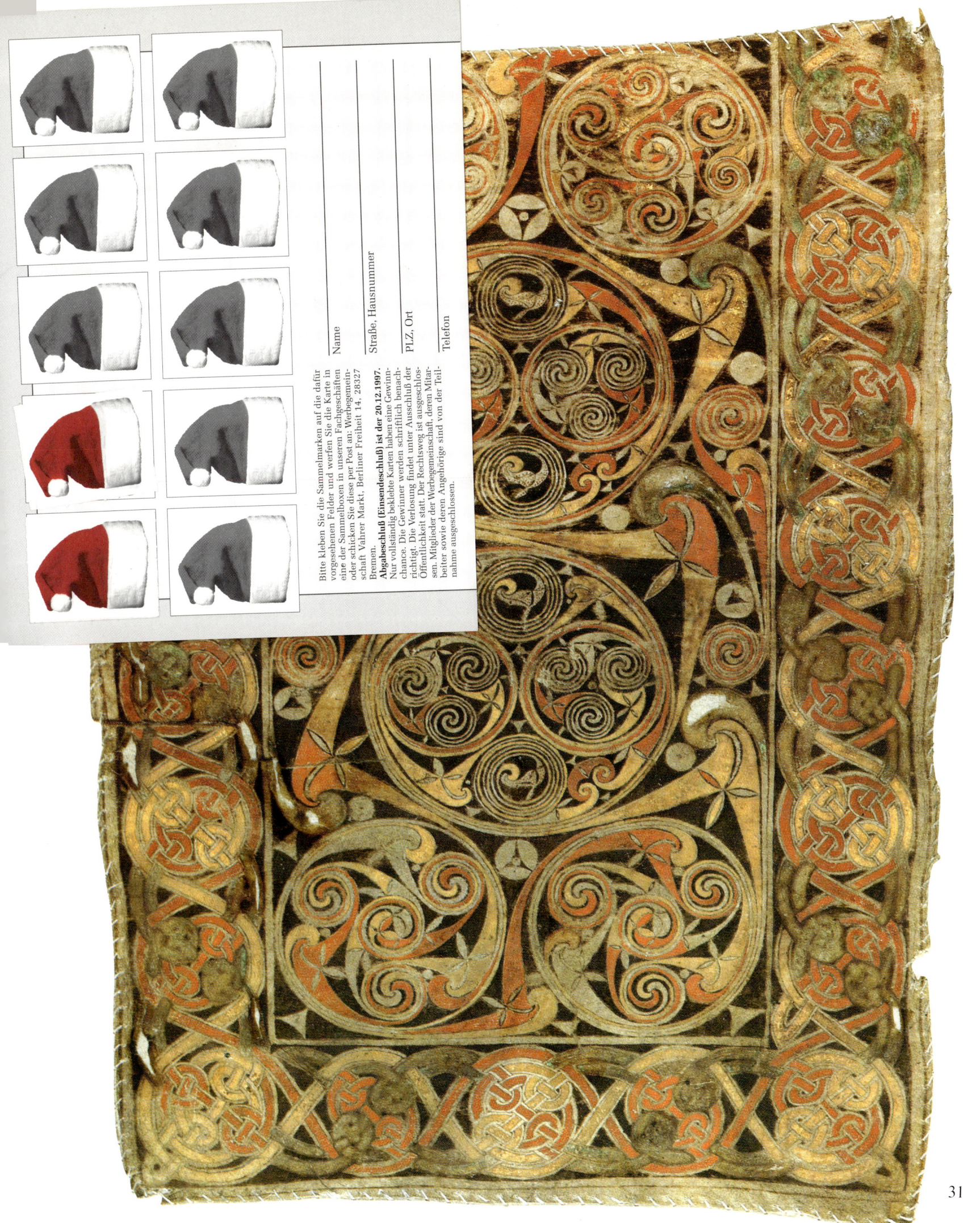

Ansehen und Reichtum der keltischen Aristokratie spiegeln sich in dieser gallo-römischen Plastik aus der Region von Paris wider.

Gegenüber: Münze aus dem Donauraum mit der Abbildung eines keltischen Kriegers zu Pferde. Reich dekorierter Griff eines Bronzeschwerts aus Frankreich, 1. Jahrhundert v. Chr.

DIE KELTISCHE GESELLSCHAFT

Beim Essen sitzt man im Kreise,
der Erlauchteste in der Mitte . . . sei er nun der
tapferste Krieger, der ranghöchste
Adlige oder der Reichste.

Athenaios

Sie erschreckten und faszinierten ihre griechischen und römischen Nachbarn – diese »barbarischen« Bewohner der europäischen Kernlande. Sie besaßen weder eine Schriftsprache noch eine geschriebene Geschichte, noch auch führende Stadtstaaten, nicht einmal Landesgrenzen. Doch als die Keltenstämme seßhaft wurden, sich hier und da in einer Hügelfestung um einen Fürsten scharten, entfaltete sich zivilisiertes Leben. Die Kelten verfügten über viele Fähigkeiten und Talente: Sie waren Meister des Bergbaus und der Metallbearbeitung, vervollkommneten das Rad und galten als verwegene Reiter. Ihre Erfindungsgabe verhalf ihnen zu einer gewissen Beherrschung der rauhen Umwelt und ermöglichte eindrucksvolle kulturelle Entwicklungen. Sie trieben Handel mit den Mittelmeerstädten, häuften überschüssigen Reichtum an, bauten stärkere Festungen und immer imposantere Gräber für ihre Herrscher. Bevor diese alte keltische Welt zerfiel und schicksalhaft mit Rom kollidierte, erlebte sie eine kurze Blüte, die bleibende Spuren hinterlassen hat. Ihre Stämme vererbten über Jahrhunderte hinweg den irischen Kelten ihre soziale Struktur. Ihre Hügelfestungen verwandelten sich in Städte, und als es zum Zusammenstoß mit Rom kam, waren ihre Handwerker zu Künstlern geworden.

Gegen Ende des 8. Jahrhunderts v. Chr. war das Fundament der keltischen Gesellschaft geschaffen, und aus dem amorphen Hintergrund der Urnenfelderkulturen trat ein Volk hervor, dessen Leben und Streben sich mit verblüffender Klarheit erschließen läßt. Die keltische Gesellschaft durchlief in ihrer Heimat Mittel- und Westeuropa drei Hauptphasen der Entwicklung. Zu Beginn, von etwa 700 bis 400 v. Chr., waren ihre Herrscher immens reich. In ihre Hände floß der von der Gesellschaft erwirtschaftete Reichtum aus der Produktion und dem Handel mit der klassischen Welt. Sie lebten in fürstlichen Festungen und wurden mit ihrem Besitz auf den traditionellen Begräbnisplätzen ihres Geschlechts bestattet. Doch sollte all dies bald ein Ende haben. Im Ausgang des 5. Jahrhunderts kam es zu einer Krise, die zum Zusammenbruch der alten Ordnung führte und große Bevölkerungsteile südwärts nach Italien, ostwärts nach Griechenland und Anatolien wandern ließ. Kurz nach 200 v. Chr. verebbten die Wanderungen, und die Gesellschaft kehrte zu einer seßhafteren Lebensweise zurück, die schließlich zur Entwicklung einer völlig urbanen Wirtschaft führte. Wir wollen mit der Untersuchung der blühenden fürstlichen Gesellschaft der frühen Epoche beginnen, die uns nur durch archäologische Zeugnisse bekannt ist, und ihre Geschichte bis zu dem Zeitpunkt verfolgen, da die großen Wanderungen einsetzen. Der Verlauf der Invasionen, die Verluste und Rückzüge, die schließlich folgten, sind das Thema eines weiteren Kapitels (S. 126–159). Zunächst wollen wir die Kelten näher betrachten – ihr Erscheinungsbild, ihre Kleidung, ihre Waffen und ihre Kriegführung sowie die Struktur ihrer Gesellschaft. Wahrscheinlich trifft es zu, daß kein vorgeschichtliches Barbarenvolk in der Antike so ausführlich beschrieben wurde wie die Kelten. Sie stellten eine Bedrohung für Griechenland und Rom dar – eine Macht, die man fürchten und zugleich respektieren mußte. In einer Welt, die zunehmend von Luxus und Dekadenz geschwächt wurde, waren die Kelten aber auch ein Volk, das die klassischen Autoren nicht ohne sehnsüchtigen Neid betrachteten und zu »edlen Wilden« umstilisierten. Eine solche Einstellung trübte natürlich die Objektivität, doch wenn wir die Einfärbungen behutsam abtragen und das Verbleibende neu zusammenfügen, werden die wahren Kelten sichtbar – voller Tatendrang, furchterregend mutig und dennoch zum Untergang verurteilt.

33

Die drei Jahrhunderte von etwa 700 bis 400 v. Chr. erlebten Aufstieg und Untergang einer reichen aristokratischen Kultur, die sich im Herzen der keltischen Welt von Böhmen bis nach Burgund erstreckte. Während die Bauernbevölkerung nach wie vor überwiegend in den schlichten Brandgräbern der Urnenfeldertradition bestattet wurde, trug man ihre Herrscher auf schön gezimmerten, von zwei Pferden gezogenen Kultwagen zu Grabe und bestattete sie mit ihren luxuriösen Besitztümern in hölzernen Grabkammern unter großen Hügeln.

Die Beerdigungen der reichen Hallstattfürsten haben mit den alten Bestattungsritualen, die seit langem weiter östlich im Gebiet der pontischen Steppen praktiziert wurden, vieles gemeinsam: Körperbestattung, hölzerne Wagen, reiche Grabbeigaben, Grabkammern aus Holzbohlen sind charakteristische Merk-

nur eines der Elemente einer sich verändernden Gesellschaft. Neben ihnen gibt es – oft auf denselben Friedhöfen, doch in viel größerer Zahl – die Gräber der Krieger, in denen der Tote jeweils mit seinem Langschwert aus Bronze oder Eisen bestattet wurde. Manche wurden ohne Beigaben bestattet oder nur mit einem Stück Schweinefleisch und einem Messer versehen; andere wiederum erhielten dazu eine Reihe von Keramik- und Bronzegefäßen, während die reicheren Gräber auch noch das Pferdegeschirr des Toten enthielten. Kurz, das Material aus Hunderten von Gräbern dieser Periode, die in Böhmen und Süddeutschland abgedeckt wurden, läßt auf eine streng geschichtete Gesellschaft schließen. Sie basierte auf der Tapferkeit ihrer Krieger und wurde von einer Hierarchie beherrscht, der die Macht ihrer gesellschaftlichen Stellung zu wachsendem Reichtum verhalf.

DIE FRÜHEN HERRSCHER

male, die sich auch bei den Skythen dieser Epoche finden. Die Parallelen sind so eindrucksvoll, daß sie einige Archäologen zu der Schlußfolgerung verleitet haben, die Hallstattfürsten seien das Herrschergeschlecht eines pontischen Reitervolks gewesen, das nach Westen gezogen sei und sich dort zu Oberherren aufgeschwungen habe. Wenn man jedoch die späte Urnenfeldergesellschaft näher betrachtet, finden sich bereits alle entscheidenden Elemente – der zunehmende Gebrauch von Pferden, Kultwagen und eine wachsende Ungleichheit zwischen arm und reich. Das Auftreten der Hallstattfürsten ist also der Höhepunkt eines sozio-politischen Wandlungsprozesses, der seine Wurzeln in der Vergangenheit hat. Neu ist das noch ausgeprägtere Besitzgefälle und der Wunsch, dies zu demonstrieren, ja zu verewigen. Die reichen Bestattungen dieser frühen Hallstattperiode (Hallstatt C) konzentrieren sich auf Böhmen und Bayern, doch sie repräsentieren

Im 6. Jahrhundert verlagerte sich der Brennpunkt der reichen Aristokratenbestattungen weiter nach Westen in das Gebiet zwischen Stuttgart und Zürich, dem Jura und der Côte d'Or (Burgund). Eine der Ursachen dafür, daß sich das Zentrum des Reichtums verschob, ist wohl in der Gründung des griechischen Hafens Massalia (Marseille) in der Nähe der Rhone-Mündung zu sehen. Zweifellos stellte der Hafen nun den Hauptumschlagplatz für Handel und Tausch zwischen der mediterranen Welt und dem keltischen Hinterland dar (S. 38–39). Jene Barbarengemeinschaften, deren Siedlungsgebiete an Handelsrouten lagen oder die über Handelsartikel und Bodenschätze verfügten, konnten diesen lukrativen Kontakt nutzen und Reichtum akkumulieren, der sich auf Grund der sozialen Struktur bald in den Händen der Aristokratie konzentrierte.

Um die Mitte des 5. Jahrhunderts v. Chr. kann eine weitere Verlagerung des Brennpunts nachgewiesen werden: Die reicheren Aristokratengräber finden sich nun am Mittelrhein und im Marne-Gebiet Nordfrankreichs. Der Grund für diese Verschiebung ist nicht unmittelbar ersichtlich, doch könnte sie zum Teil die Folge einer Wiederbelebung von Handelsrouten gewesen sein, zu der es im 5. Jahrhundert kam, als die Etrusker ihre Macht über den Apennin in die Poebene ausdehnten und über die Alpenpässe direkte Handelskontakte mit den Kelten knüpften. Die Verbreitung importierter etruskischer Weinkrüge unter den Barbaren läßt vermuten, daß die neuen Handelswege an Burgund, dem Jura und der oberen Donau vorbeiführten und direkten Handelsverbindungen mit den neuen Machtzentren an Mittelrhein und Marne dienten. Während eine Verlagerung keltischer Macht durchaus von der Entwicklung des etruskischen Handelsnetzes beein-

flußt worden sein könnte, mögen auch andere Ursachen im Spiel gewesen sein, die heute nicht mehr auszumachen sind. Denkbar, daß Erschöpfung des Bodens und Bevölkerungswachstum zu einer Wanderung oder innere Kämpfe zu einem politischen Machtwechsel führten. Wir werden das kaum je klären können.

Unbestreitbar jedoch ist, daß wir in diesen

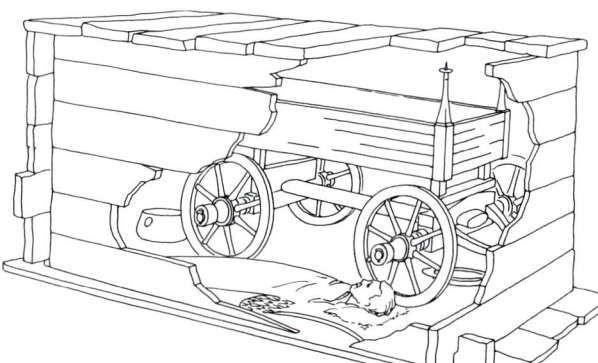

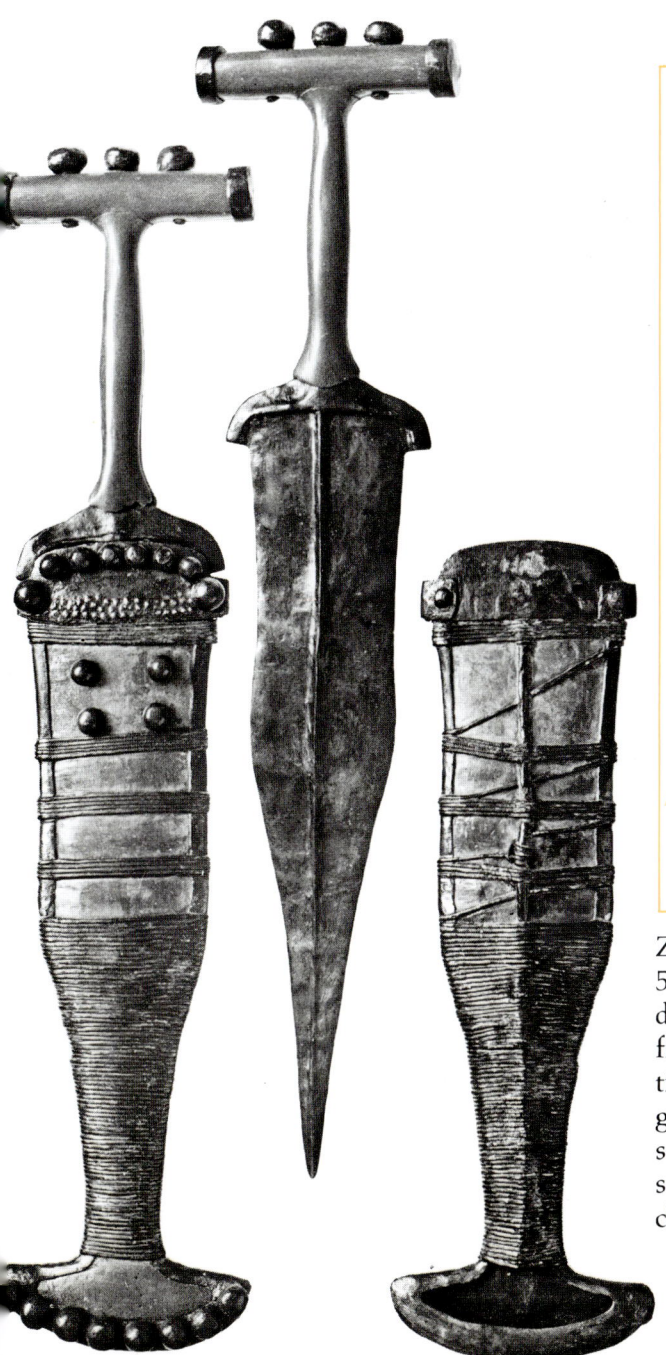

Grabkammer eines wohlhabenden Keltenkriegers, der neben seinem Leichenwagen, seinem Bogen und Köcher sowie anderen Besitztümern zur letzten Ruhe gebettet wurde. Diese Rekonstruktionszeichnung stellt eine der hölzernen Grabkammern im großen Aristokratengrabhügel Hohmichele unweit der süddeutschen Heuneburg aus dem 6. Jahrhundert dar.

Unten links: Ein kunstvoll verzierter Dolch aus einem Fürstengrab im »Magdalenenbergle« bei Villingen.

Zwischen dem 7. und 5. Jahrhundert verlagerte sich der Schwerpunkt der reichen aristokratischen Bestattungen vom ursprünglichen Zentrum in Böhmen und an der oberen Donau nach Westen und Norden. Die Karte veranschaulicht, wie klein das von der reichen Aristokratie beherrschte Territorium innerhalb des gesamten keltischen Gebiets war. Anderswo hat man Hunderte, ja Tausende von Gräbern gefunden, von denen jedoch keines mit einem solchen Luxus ausgestattet war wie die Gräber dieser zentralen Region.

HALLSTATTKULTUR

Vix · Hohenasperg · Heuneburg

Camp du Château ·

SKYTHEN

KELTIBERER

ETRUSKER

ILLYRER

GRIECHENLAND

Zentren von Macht und Reichtum, die sich im 5. Jahrhundert an Rhein und Marne ausdehnten, die letzte und strahlendste Blüte der frühen Keltenkultur antreffen. Mit importierten Luxusartikeln – etruskischen Weingarnituren und griechischen rotfigurigen Vasen – gab man sich nicht mehr zufrieden, sondern entwickelte an den Höfen der Reichen einen völlig neuen, vitalen Kunststil.

Gegenüber: Eine Fülle von Luxusgütern aus der griechischen Welt gelangte an die Höfe – und in die Gräber – der keltischen Fürsten. Die Bronzehydria, ein etwa 60 Zentimeter hohes Wasser- oder Weingefäß aus Grächwil in der Schweiz, ist in griechischem Stil dekoriert; frühes 6. Jahrhundert v. Chr.

Die kleine skythische Reiterfigur ziert einen goldenen Halsring des 4. Jahrhunderts v. Chr. aus Kul'-Oba (Krim).

Reichtum und Macht

Unter den Zentren von Macht und Reichtum in der Hallstatt- und frühen Latènewelt treten zwei besonders hervor: Mont Lassois im oberen Seine-Tal und die Heuneburg am Rande der Schwäbischen Alb. Beide beherrschten wichtige Handelsrouten, und beide entwickelten sich im 6. Jahrhundert als Stützpunkte reicher aristokratischer Herrschaften. Über Mont Lassois ist relativ wenig bekannt, da systematische Grabungen noch ausstehen. Heute fällt die Stätte als isolierter Hügel ins Auge, der die vom Rhone-Tal zur Seine führende Route beherrscht. Probegrabungen haben eine Fülle von Zeugnissen für den Reichtum der Gemeinschaft ans Licht gebracht: Hunderte von Fibeln, reich verzierte einheimische Keramik und eine Reihe griechischer Importe, darunter Bruchstücke von Ampho-

Der riesige Bronzekrater von 1,64 m Höhe, der in der Grabkammer von Vix (Plan oben rechts) gefunden wurde. Dieses Gefäß war so groß, daß es in Einzelteilen vom Mittelmeerraum her transportiert und an Ort und Stelle zusammengesetzt werden mußte. Es ist sogar möglich, daß der griechische Meister mit seinem Werk reiste und es am Ziel selbst zusammenfügte. Bis heute hat man nur ein einziges weiteres Gefäß dieser Art gefunden, das ebenfalls aus einem Barbarengrab (im jugoslawischen Trebenište) stammt. Beide wurden vermutlich eigens für den Export angefertigt – als Diplomatengeschenke mit Zugeständnissen an den Geschmack der Barbaren.

Oben rechts: Detail am Hals des Kraters von Vix.

ren, in denen der Mittelmeerwein transportiert wurde.

In Sichtweite des Mont Lassois, unweit des Dorfes Vix, entdeckten französische Archäologen 1953 das Grab einer Frau, die offensichtlich der herrschenden Schicht angehörte. Eine hölzerne Kammer barg die Leiche, die von einem über sechs Meter hohen Grabhügel mit einem Durchmesser von 42 Metern geschützt wurde. Die etwa 35 Jahre alte Frau lag kostbar geschmückt in der Mitte der Kammer. Den Zeitpunkt der Bestattung verraten die Beigaben: ein Bronzekessel, der einem auf 520 v. Chr. datierten, in einem Grab bei Tarquinia gefundenen Kessel sehr ähnlich ist; eine der griechischen Schalen wurde zwischen 530 und 520 hergestellt, eine andere zwischen 520 und 515. Die Frau muß also irgendwann in den letzten zwanzig Jahren des 6. Jahrhunderts gestorben sein. Die verschwenderische Fürsorge, mit der diese »Fürstin« von Vix be-

stattet wurde, spiegelt die hohe Achtung wider, die Frauen in der keltischen Gesellschaft genießen konnten. Auch der Grabhügel Hohmichele bei Hundersingen vermittelt diesen Eindruck: Archäologen konnten nachweisen, daß das ausgeraubte Hauptgrab einst die Leiche einer Frau barg, die mit Bernstein und Glasperlen geschmückt war. Man hatte ihr den Leichenwagen beigegeben und die Wände der Kammer mit feingewebten Stoffen ausgekleidet. Ganz in der Nähe fand sich eine kleinere – unberührte – Kammer, in der ein Mann und eine Frau auf einem Ochsenfell beigesetzt waren; der Mann hatte seinen Bogen und seinen Köcher mit Pfeilen bei sich (S. 34–35). Die ausgeklügelte Anlage mit insgesamt dreizehn Bestattungen vermittelt einen Eindruck vom Pomp und Zeremoniell, mit denen die keltischen Aristokraten zu Grabe getragen wurden. So auch das 1978 unweit der Festung Hohenasperg in Hochdorf

Grundriß der prächtigen Grabstätte, die 1953 im französischen Vix bei Châtillon-sur-Seine freigelegt wurde.

Die Grabkammer barg das – in der Mitte liegende – Skelett einer Frau, die im Alter 30 bis 35 Jahren gestorben und mit einer Fülle von Schmuckstücken bestattet worden war, darunter Armreife, Halsringe, Fibeln, ein Halsband und ein goldenes Diadem.

An der Nordwestseite befanden sich der große Krater (gegenüber abgebildet) und etliche Schalen.
An der Ostseite standen die losgelösten Räder des Leichenwagens. Das Skelett in der Mitte lag auf dem Wagenkasten.

Kenntnisse auf die Kleine Heuneburg, wo in jüngster Zeit ein umfangreiches Ausgrabungsprogramm abgeschlossen worden ist. Die Hauptbesiedlung fällt in die späte Hallstattperiode (Hallstatt D). Bemerkenswert ist, daß die Befestigungen der Phase Heuneburg IV in einem dem barbarischen Europa völlig fremden Stil wiederaufgebaut wurden: Ein drei Meter breites Steinfundament trug eine über vier Meter hohe Mauer aus luftgetrockneten Lehmziegeln, die an einer Seite in regelmäßigen Abständen von vorspringenden rechteckigen Bastionen geschützt wurde. Wir können nur vermuten, daß der Bau unter der Leitung eines Mannes entstand, der mit griechischen Bautechniken vertraut war. Daß sich die Lehmziegelarchitektur dann freilich für das feuchte mitteleuropäische Klima als un-

Die in Süddeutschland oberhalb der Donau gelegene Heuneburg wurde im späten 6. und frühen 5. Jahrhundert v. Chr. zum stark befestigten Sitz eines keltischen Adelsgeschlechts. Die Bewohner importierten aus dem Mittelmeerraum Wein und Feinkeramik, während die einheimischen Kunsthandwerker Schmuck und hochwertige Keramik herstellten. Der in der Bronzezeit befestigte Hügel wurde im Mittelalter erneut mit Fortifikationen versehen.

entdeckte, unberührte Fürstengrab aus dem späten 6. Jahrhundert: einer der sensationellsten Eisenzeitfunde dieses Jahrhunderts. Der mit goldenem Halsring und Armreif geschmückte Tote lag auf einem prunkvollen Bronzekanapee und war mit einem Wagen zu Grabe getragen worden, der – sehr ungewöhnlich – fast ganz mit Eisen überzogen war. Gürtel, Schuhe und Dolch des Toten trugen goldene Zierbeschläge, und unter den reichen Beigaben befand sich ein Bronzekessel etruskischen Stils. Wie seine Zeitgenossen in Vix und Hohmichele war der Hochdorfer Fürst in einer hölzernen Kammer bestattet worden, die ein mächtiger Steinhügel schützte.
Hohmichele liegt in der Nähe zweier Hügelfestungen, der Kleinen und der Großen Heuneburg. Beide haben vermutlich irgendwann der heimischen Aristokratie als Residenzen gedient, doch beschränken sich unsere

geeignet erwies, läßt sich an dem Umstand ablesen, daß die Befestigungen bald durch traditionell keltische Erdwälle mit Holzgefach ersetzt wurden.
Grabungen innerhalb der Festung haben erwiesen, daß sie dicht mit großen Holzhäusern und Werkstätten bebaut war, die immer wieder durch neue Bauten ersetzt wurden. Die Bewohner lebten in einem Luxus, der sich mit dem der Herren von Mont Lassois vergleichen läßt: Einheimischen Schmuck gab es im Überfluß, Wein und griechische Keramik wurden importiert, während die Töpfer schwarze etruskische Gefäße (Bucchero) kopierten und eigene rot, schwarz und weiß bemalte Gefäße herstellten. So kurzlebig die Dynastie auch war, für das bäuerliche Volk muß sie eine Quelle des Staunens gewesen sein.

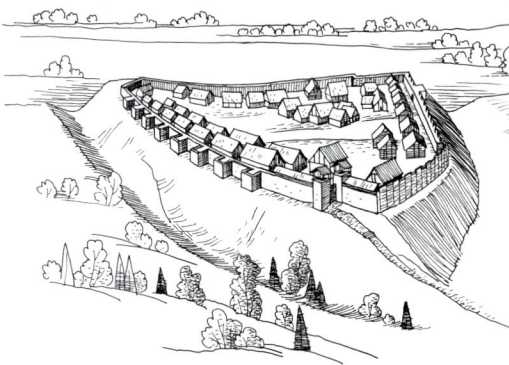

In die Fotografie der Heuneburg oben sind die Befestigungen der Hallstattperiode hineinprojiziert worden. Die Zeichnung darunter vermittelt einen Eindruck von der unüblichen Lehmziegelmauer griechischen Stils mit über vier Meter Höhe und vorspringenden Bastionen.

Die Begegnung zweier Welten

Vom 8. bis zum 5. Jahrhundert v. Chr. hatten die Griechenstädte des griechischen Festlandes und Westanatoliens an den Küsten des Mittelmeers und des Schwarzen Meers eine Kolonie nach der anderen gegründet. Um 700 v. Chr. waren Sizilien, Süditalien und die Bucht von Neapel erreicht, um 600 saßen griechische Kolonisten an der Westküste des Schwarzen Meers und an der Südküste Frankreichs. Um 480 v. Chr. war das Schwarze Meer quasi eingekreist, während sich im Mittelmeerraum die Kolonien an der Küste Iberiens nach Westen ausdehnten.

Die Ausweitung und Konsolidierung der griechischen Handelsinteressen begann bald mit denen der Etrusker zu kollidieren. Für die Etrusker verschlechterte sich die Situation zusätzlich durch die wachsende Macht der Karthager im westlichen Mittelmeer und das Aufkommen Roms in unmittelbarer Nähe.

Die Kelten konsumierten beträchtliche Mengen Wein, den sie aus den Mittelmeerländern importierten. »So dient die gallische Trunksucht der gewöhnlichen Geldgier vieler italischer Kaufleute als willkommenes Bereicherungsmittel«, schrieb der Historiker Diodoros.

Er beschreibt (Zitat rechts) den Weintransport zu Wasser und zu Lande. Dieses gallo-römische Relief zeigt ein mit Weinfässern beladenes Flußboot. Aus Cabrières-d'Aygues in Vaucluse, Frankreich.

Zu Beginn des 4. Jahrhunderts spitzte sich die Krise zu, als die Straße von Messina für die etruskische Schiffahrt gesperrt wurde. Nach zwei griechischen Siegen bei Himera (480 v. Chr.) und Cumae (474 v. Chr.) mußten die Städte Etruriens ihre Handelsinteressen neu orientieren und nach Norden in die Poebene und die reichen Barbarenländer jenseits der Alpen verlagern.

Das barbarische Europa hatte den Städten des Mittelmeerraums viel zu bieten. Von größter Bedeutung waren seltene Metalle wie Zinn, das über ein komplexes Netz von Wasserstraßen aus Cornwall, der Bretagne und Nordwestspanien herangeschafft wurde. Da Zinn zur Herstellung von Bronze unerläßlich war,

Weil das Klima viel zu rauh ist,
gedeihen im Land weder Wein noch Öl,
und da nun den Galliern
das eine wie das andere fehlt,
bereiten sie sich ein Getränk aus Gerste,
das sogenannte Bier.
Außerdem trinken sie das Wasser,
mit dem sie die
Honigwaben ausgespült haben.
Dem Wein aber sind
sie über die Maßen ergeben und
trinken den von Kaufleuten
eingeführten Wein unvermischt.
Sie trinken ihn in ihrer Gier so
reichlich, daß sie berauscht
in Schlaf oder wahnsinnähnliche
Zustände verfallen.
So dient die gallische Trunksucht
der gewöhnlichen Geldgier
vieler italischer Kaufleute als
willkommenes Bereicherungsmittel.
Diese bringen den Wein
entweder auf den schiffbaren
Flüssen oder über das offene Land
auf Wagen herbei
und nehmen dafür einen
unverschämten Preis.
Für einen Krug Wein
erhalten sie einen Sklaven
zum Tausch – sie geben
einen Trunk und erhalten einen
Mundschenk dafür.

Diodoros Siculus

ist es leicht verständlich, warum die frühen griechischen Schriftsteller den westlichen Handelsrouten so große Bedeutung beimaßen. Gold, Silber und Kupfer waren weiter verbreitet, Bernstein von der Ostseeküste ein überaus begehrter Artikel. Salz konnte von

nen die Kelten Schmuck fertigten, dazu natürlich Wein in großen Mengen.
Man darf sich freilich nicht vorstellen, der Warentausch habe sich nach den modernen Methoden des Einkaufs und Verkaufs vollzogen. Wenngleich es zweifellos regelrechte

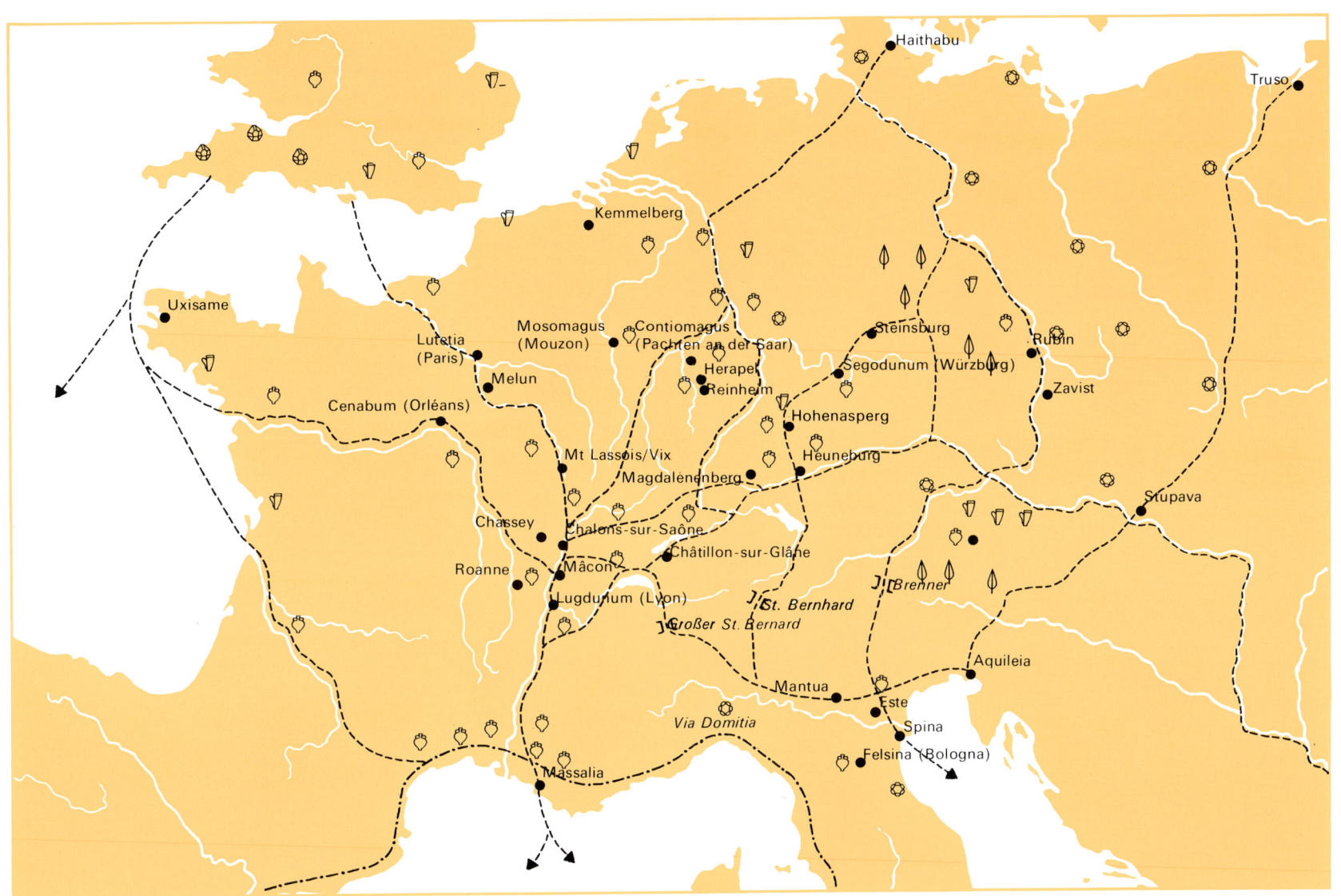

den Salzlagern Österreichs und Deutschlands und den Salinen der Westküsten bezogen werden.
Neben Bodenschätzen spielten auch Güter eine Rolle, die archäologisch weniger greifbare Spuren hinterlassen haben: Pelze aus Mitteleuropa, Getreide aus den skythischen Steppenländern und ein großes Angebot anderer pflanzlicher Produkte. Nicht zu vergessen, daß Strabo bei der Aufzählung britannischer Exporte auch Jagdhunde und Sklaven erwähnt.
Die klassische Welt konnte dafür Manufakturwaren wie Bronzegefäße und die bereits erwähnte attische Keramik liefern, außerdem Materialien wie Rohglas und Koralle, aus de-

Handelsexpeditionen gab – wie etwa jene, die nach Cornwall zogen, um dort durch Tausch Zinn zu erwerben –, war der Prozeß in der Regel viel verwickelter und schloß auch Tauschaktionen unter keltischen Stämmen ein, Aktionen, die von gesellschaftlichen Bräuchen wie Brautkauf, Austausch von Geschenken und Bezahlung des Zehnten bestimmt wurden. Gewiß zählten auch Diplomatengeschenke und Tribute zur Sicherung des Durchreiserechts zu den Usancen, durch die so exotische Artikel wie der Krater von Vix Eingang in die barbarische Welt fanden.

◊ Eisen

⊕ Zinn

⌂ Amphoren (die griechische Handelskontakte belegen)

⊛ Bernstein

▽ Salzproduktion

Karte der von den Kelten benutzten Haupthandelsrouten und ihrer Handelszentren vom 8. bis zum 6. Jahrhundert v. Chr. Waren und Produkte sind durch die oben aufgeschlüsselten Symbole gekennzeichnet.

Revolution und Wanderung

Im Verlauf des 5. Jahrhunderts v. Chr. brach die politische und soziale Ordnung zusammen, von der die fürstliche Aristokratie des westkeltischen Raums getragen wurde. Die Besitzunterschiede verringern sich deutlich, viele der alten Festungen werden aufgegeben (die Heuneburg brannte nieder), und es finden sich Indizien für Unruhe und Bewegung, die im 4. und 3. Jahrhundert in den großen Wanderungen kulminieren und die Kelten mit den Römern, Griechen und hellenistischen Herrschern Kleinasiens zusammenstoßen lassen.

Für klassische Historiker wie Livius ließen sich die Wanderungen der keltischen Stämme mit einfachen Worten erklären – »überzählige Volksmassen« und »abenteuerlustige junge Männer« waren ihm Grund und auslösendes Moment genug. Wir müssen jedoch bedenken, daß Livius seinem Publikum ein schon fast vergessenes Ereignis in verständlichen Begriffen zu erklären versuchte – ähnlich jenen, die von Historikern zur Erklärung der griechischen Kolonisation des Mittelmeerraums herangezogen wurden. Livius hatte keine fundierte sozio-ökonomische Analyse im Sinn – und auch wir sind dazu nicht imstande. Allenfalls können wir einige der wahrscheinlich relevanten Faktoren herauszukristallisieren versuchen. Auf einem einfachen wirtschaftlichen Niveau waren, wie wir gesehen haben, die Tauschmechanismen, an denen die Griechen über Massalia und später die Etrusker über die Alpenpässe teilhatten, für die negativen Rückwirkungen des Reichtums verantwortlich. Es ist vorstellbar, daß sich die wachsende Bedrohung durch römisches Expandieren nach Etrurien auf die etruskische Wirtschaft so störend auswirkte, daß sie sich von den nördlichen Märkten zurückzog. Wenn das zutrifft, muß diese Entwicklung zu den Wandlungen beigetragen haben, die sich nun im barbarischen Europa vollzogen.

Die Gesellschaft der frühen Fürsten war ein sozialer Verband, der auf stattlichem Konsum basierte. Bei den üppigen Festmählern etwa wurden gewaltige Mengen von Wein und erlesenen Speisen aufgetischt, und jedes einzelne Luxusgut muß eine kolossale Ausgabe auf Kosten des von der Gesellschaft erwirtschafteten Überschusses bedingt haben, der in den Händen der Aristokratie zusammenfloß. Wäre dieser Überschuß ständig neuverteilt worden (wie es etwa in der kretischen Gesellschaft der Fall gewesen zu sein scheint), hätte es kaum Probleme gegeben; statt dessen

wurde er – in Form von Grabbeigaben für gestorbene Aristokraten – rituell vernichtet. Allein die Goldmenge, die im Verlauf von etwa zweihundert Jahren im Erdboden verschwand, war enorm. Es ist höchst unwahrscheinlich, daß eine primitive, an eine Region gebundene Wirtschaft ein solches Konsumniveau lange aufrechterhalten konnte. Bezeichnend, daß während der gesamten Periode der frühen Fürsten (700–400 v. Chr.) eine ständige Verlagerung von Siedlungsgebieten zu beobachten ist, die zum Teil auf eine übermäßige Ausbeutung der Umwelt sowie die Suche nach neuem fruchtbaren Land zurückgehen dürfte.

Ein weiterer Faktor, den ja auch Livius erwähnt, ist die Bevölkerungsdichte. Die gesamte Spätbronzezeit und die frühe Hallstattperiode liefern eine Fülle von archäologischen Beweisen für ein kontinuierliches Anwachsen der Bevölkerung – das Land ist mit Siedlungen förmlich übersät. Solange die Umwelt die Bevölkerung zu ernähren vermag, gibt es – theoretisch – keine Spannungen, doch sobald die Grenze der Belastbarkeit erreicht ist, muß die Gesellschaft präventive Maßnahmen ergreifen. Zu ihnen zählt eine Abgrenzung der Territorien, die sich an den Fürstensiedlungen archäologisch deutlich ablesen läßt. Ein weiteres naheliegendes Mittel, der Überbevölkerung Herr zu werden, ist die Kolonisation neuer Gebiete durch den Bevölkerungsüberschuß. Das ist ebendas, was nach Livius' Meinung bei den Kelten geschah. Seine Beschreibung paßt vollkommen ins demographische Modell. Zwangsläufig kam es zur Zeit des Bevölkerungswachstums zu Eruptionen. Daß die Heuneburg wiederholt niedergebrannt wurde, bestätigt diesen Umstand. Die krassen Besitzunterschiede, die in der Archäologie dieser Epoche ins Auge fallen, dürften die Spannungen, die sich in der Gesellschaft aufschaukelten, noch verstärkt haben. Ehrgeizigen jüngeren Aristokratensöhnen blieb, wenn sie ihren Status bewahren wollten, nichts anderes übrig, als Gefolgsleute um sich zu scharen und fortzuziehen, um anderswo ihr Glück zu suchen, während die Heimat in der Hand der Älteren blieb, die an den überkommenen Idealen festhielten.

Freilich ist das Bild dieser Zeit viel zu komplex, als daß wir es je im Detail rekonstruieren könnten. Die Kelten stehen nun an der Schwelle der überlieferten Geschichte, doch bevor wir ihren Weg weiterverfolgen, müssen wir innehalten, um zu umreißen, mit welch einem Menschenschlag wir es zu tun haben.

Von den dichten Wäldern der europäischen Ebene im Norden, dem Atlantik im Westen und den Skythensiedlungen im Osten umgeben, konnten die Kelten nur in einer Richtung wandern – südwärts über die Alpenpässe nach Italien und südostwärts durch das Gebiet der Illyrer (Jugoslawien) nach Griechenland und Anatolien. Alpenpässe wie der St. Gotthard in der Schweiz (gegenüber) waren ihnen vertraut: Luxusgüter aus den Manufakturen des Mittelmeerraums wurden seit langer Zeit über die Gebirgspässe importiert.

DAS PROFIL
DER KELTEN

Zeitgenössische Beschreibungen und archäologisches Material vermitteln uns ein ebenso genaues wie farbiges Bild der Kelten. Wir wissen nicht nur, was sie hervorbrachten, sondern auch, wie sie lebten. Ein wesentliches Element des keltischen Lebens war das Fest. Bei solchen Anlässen konnten die Menschen sich ihrer Zusammengehörigkeit versichern, ihre ruhmreiche Vergangenheit beschwören, ihre Rangordnung und ihre Treue demonstrieren und sich gemeinsam an den reichen

Kessel und Feuerstelle waren Mittelpunkt des keltischen Festmahls. Bronzekessel mit Eisenketten und Fleischhaken zum Herausheben der gesottenen Hauptstücke sind an etlichen Ausgrabungsstätten gefunden worden. Die hier abgebildete Rekonstruktion im Museum von Asparn an der Zaya beruht auf präzisen archäologischen Details.

Geschenken freuen, die ihre Fürsten unter sie verteilten.

Großzügigkeit gegenüber den Untertanen war königliche Pflicht. Poseidonios (von Athenaios zitiert) berichtet von dem gallischen König Luernius, der eigens eine riesige quadratische Fläche einzäunen ließ, auf der »er Fässer mit erlesenen Getränken und eine so große Menge Speisen anbot, daß tagelang jeder, der wollte, eintreten und an dem Festmahl teilnehmen konnte und ohne Pause von den Dienern bedient wurde«. Ob solches Gepränge in der keltischen Welt an der Tagesordnung war, ist ungewiß, doch scheinen die Feste in der Regel intimeren Charakter gehabt zu haben und im Haus gefeiert worden zu sein.

Am wichtigsten war das Trinken. »Das Getränk der Reichen ist Wein, der aus Italien oder der Gegend von Massilia eingeführt wird. Dieser ist unverdünnt. . . Die unteren Schichten trinken Weizenbier, das mit Honig vermischt wird, aber die meisten Leute trinken es ohne: es wird *corma* genannt.« (Poseidonios/Athenaios) Der Gemeinschaftscharakter wurde noch dadurch betont, daß alle aus demselben Becher tranken, der von einem Sklaven weitergereicht wurde. »Der Sklave serviert den Becher von links, nicht von rechts«; sie trinken »nur wenig auf einmal, kaum einen Mundvoll – aber sie tun es ziem-

lich oft!« Auch Polybios zeigte sich von der keltischen Trinkfestigkeit beeindruckt.

Dazu wurden diverse Speisen aufgetischt. Strabo berichtet über die Belgen: »Ihre Nahrung besteht . . . aus allerlei Fleisch, vornehmlich aber Schweinefleisch, teils frisch, teils eingepökelt.« Die Bedeutung des Schweinefleischs in der Ernährung ist durch eine Fülle von Zeugnissen aus Gräbern belegt, von denen viele ein Stück Schweinefleisch oder sogar ein ganzes Schwein für das erste Festmahl des Toten in der Nachwelt enthielten.

Die Szene im Inneren des Hauses wird von Diodoros Siculus farbig geschildert: »Nahe dabei steht der Herd mit Feuer und Kesseln und Bratspießen mit großen Fleischstücken. Tapfere Männer werden durch die besten Stücke geehrt.« Dieser letzte Brauch wird von Athenaios erläutert: »In früheren Zeiten nahm, wenn die Hinterviertel aufgetragen wurden, der tapferste Held das Schenkelstück, und wenn ein anderer es für sich beanspruchte, standen die beiden auf und kämpften im Zweikampf bis zum Tode.« Und dies wohl keineswegs nur in »früheren Zeiten«: »Sie versammeln sich in Waffen und vergnügen sich mit vorgetäuschten Zweikämpfen, mit wechselseitigen Hieben und Paraden. Doch manchmal fügen sie einander Wunden zu, und die dadurch aufkommende Gereiztheit kann sogar dazu führen, daß der Gegner erschlagen wird, wenn Zuschauer sie nicht zurückhalten.« Diese Beobachtungen sind besonders faszinierend. Athenaios (bzw. der von ihm zitierte Poseidonios) wollte lediglich merkwürdige Gebräuche aufzeichnen, doch läßt sich hinter der Schilderung so etwas wie ein Mechanismus der sozialen Ordnung ausmachen. Der Mann, der sich für den Tapfersten hielt, nahm – oder beanspruchte – als erster ein besonderes Stück Fleisch, das der Versammlung den von ihm reklamierten Rang vor Augen führte. Wenn diese Handlung unwidersprochen blieb, war sein Rang in den Augen aller bestätigt, doch wenn ein anderer diesen Status anstrebte, konnte er ihm die Zuteilung streitig machen. Ein simulierter Zweikampf konnte den Streit schlichten, jedoch auch leicht eskalieren und zu Blutvergießen führen. In diesem Ritual läßt sich also eine der Prozeduren erkennen, mit denen sozialer Rang demonstriert und bestätigt wurde.

Weitere verblüffende Belege liefert die spätere irische Literatur. In der Geschichte *Bricrius Gastmahl (Fled Bricrenn)* muß der

Held Cú Chulainn mit zwei anderen Kriegern um die »Heldenportion« konkurrieren. Dasselbe Thema wird in der *Geschichte von Mac-Dathós Schwein (Scél mucce Maic Dathó)* aufgegriffen. Hier beansprucht unter lautstarken Schmähungen und Prahlereien ein Ulster-Krieger nach dem anderen das Recht, das Schwein anzuschneiden, bis Conall, nachdem er seinem Rivalen die Brust durchstoßen hat (»so daß Blut aus seinem Munde floß«), mit dem Tranchiermesser ans Werk geht. Daß er das beste Stück für sich behält und den Connacht-Männern nur die Vorderschinken überläßt, ist eine so schwere Beleidigung, daß es zum Kampf kommt. Das Gastmahl endet mit etlichen Leichen auf dem Fußboden und einem Blutstrom, der durch die Tür fließt. Die vorgegebene Feindschaft zwischen den beiden Gruppen, den Connacht- und den Ulster-Männern, wurde in diesem Fall in den Riten des Festes ausgetragen.

Sie laden auch Fremde zu ihren
Gelagen ein, und erst
nach der Mahlzeit fragen sie, wer sie sind
und was ihr Begehr ist.
Auch geschieht es bei ihren Gastmählern
oft, daß sie aus unbedeutendem Anlaß
in Wortstreit geraten, der bis zur
Herausforderung und zum Zweikampf
führt; denn das Sterben achten sie für
nichts.

Diodoros Siculus

Als wichtiges gesellschaftliches Ereignis folgte das Festmahl einem strengen Protokoll. Athenaios nennt Details: »Beim Essen sitzt man im Kreis: der Erlauchteste in der Mitte . . . Neben ihm sitzt der Gastgeber, und dann folgen zu beiden Seiten ihrem Rang entsprechend die anderen. Hinter ihnen stehen die Schildträger, während die Speerwerfer auf der gegenüberliegenden Seite im Kreis sitzen und wie ihre Herren zusammen speisen.« Es leuchtet ein, daß die Sitzordnung von großer Bedeutung war, wenn man Empfindlichkeiten unter Kontrolle behalten wollte. Das Festmahl stellte auch eine Gelegenheit dar, bei der man in Erinnerungen an die Geschichte und die Heldentaten der Vorfahren schwelgen konnte. Zweifellos waren es solche Anlässe, bei denen die berufsmäßigen Barden die mündlichen Stammesüberlieferungen sangen oder rezitierten – parteiliche Lobgesänge auf

die Ahnen des Auditoriums. Diodoros berichtet von ihnen: »Es gibt bei ihnen auch Liederdichter, die sie Barden nennen. Diese tragen ihre Lieder – Lobgesänge oder Schmählieder – unter Begleitung von Instrumenten vor, die der Lyra ähnlich sind.« Die Barden dürfen jedoch nicht mit jenen Männern verwechselt werden, deren Aufgabe es war, das Lob der Anwesenden zu verkünden: »Die Kelten haben in ihrer Gesellschaft. . .Gefährten, die sie Kostgänger nennen. Diese lobpreisen die

ganze Gesellschaft und dann nacheinander die Häuptlinge.« (Athenaios)
Es ging hoch her auf keltischen Festgelagen: Lärm, Trunkenheit, hemmungslose Prahlereien, versteckte Drohungen und gelegentlich offene Gewalt. Dennoch war das Fest eine wesentliche Institution, durch die man die Gesellschaft unter Kontrolle hielt, ein Ventil, das für das geordnete Funktionieren der Gemeinschaft unerläßlich war.

Auf keltischen Festen ging es rauh und turbulent zu. Von den klassischen Schriftstellern wissen wir, daß die Kelten auf Fellen oder getrocknetem Gras am Boden saßen, sich jedoch die Speisen auf niedrigen Holztischen servieren ließen. Dazu konsumierten sie stattliche Mengen Wein. Diese Zeichnung des Schweizer Malers Mark Adrian skizziert eine Vorstellung davon.

Das äußere Erscheinungsbild

Die klassischen Autoren stimmten darin überein, daß das Aussehen der Kelten absonderlich, ihre Erscheinung höchst beeindruckend war. Eine Sammlung zeitgenössischer Zitate mag ein Bild von ihnen entwerfen:
»Fast alle Gallier sind hochgewachsen, von heller Hautfarbe und rotblond. Ihr Blick ist furchterregend, sie selbst sind streitsüchtig und unerträglich anmaßend.« (Ammianus Marcellinus)
»Sie sind von furchterregendem Anblick, ihre Stimmen tieftönend und rauh . . . Die Frauen der Gallier sind nicht nur ebenso stattlich wie die Männer, sondern sie nehmen es auch an Stärke mit ihnen auf.« (Diodoros Siculus)
Königin Boudicca »war von sehr hohem Wuchs, schrecklichem Ansehen und durchdringendem Blick. Ihre Stimme war rauh, ihr blondes Haar von solcher Fülle, daß es ihr bis über die Hüften herabfiel«. (Dio Cassius)
Für einen Angehörigen der mediterranen Welt waren diese Nordbarbaren also stattlich, blond, gut gewachsen und von rauher Stimmlage, doch wie alle ethnischen Beschreibungen verwischen diese Verallgemeinerungen eine durchaus vorhandene Vielfalt. Tacitus, ein aufmerksamer Beobachter, machte unter den Britanniern verschiedene Typen aus: die Bewohner Schottlands mit rötlichem Haar und kräftigen Gliedern, die Südwaliser mit dunkelhäutigen Gesichtern und lockigem Haar und die Bewohner des Südostens, die den Galliern am meisten ähnelten. Man darf nicht darüber hinwegsehen, daß sich die Kelten insgesamt zwar durch ihre hellere Haut- und Haarfarbe und ihren stattlicheren Wuchs von den mediterranen Völkern unterschieden, zu ihnen jedoch auch Stammesgruppen gehörten, die besondere Merkmale entwickelt hatten, durch die sie sich von der allgemeinen Norm abhoben.
Besonders fasziniert waren die zeitgenössischen Beobachter vom Haar- und Bartschmuck der Kelten. Diodoros sagt, daß manche Kelten kurze Bärte trugen, andere aber nicht. Er fügt hinzu: »Ihre Edlen rasieren sich die Wangen, den Schnauzbart dagegen lassen sie lang wachsen, so daß der Mund ganz verdeckt wird.« Caesar wiederum schreibt über die Britannier: »Sie tragen ihr Haupthaar lang, sind sonst rasiert, außer eben am Kopf und an der Oberlippe.« Diodoros liefert ein besonders interessantes Detail: »Das Haar ist nicht nur von Natur aus blond, sondern sie verstärken diese eigentümliche Farbe noch durch künstliche Behandlung. Sie waschen nämlich die Haare immerfort mit Kalkwasser und streichen es von der Stirn rückwärts gegen Scheitel und Nacken, so daß ihr Aussehen dem der Satyrn und Pane gleicht. Die Haare werden von dieser Behandlung immer dicker, so daß sie sich von einer Pferdemähne nicht mehr unterscheiden.« Auf dem Schlachtfeld muß das Zusammentreffen mit einem solchen hochgewachsenen, starkgliedrigen Kelten, dem das Haar als zackig aufgetürmte Masse vom Kopf abstand – gelinde ausgedrückt –, einigermaßen verwirrend gewesen sein. (Bei den Römern bezog sich der Name »Gallia Comata« auf die zottelhaarigen Gallier!)
Die Kelten legten offenbar auf ihre äußere Erscheinung beträchtlichen Wert. Strabo erwähnt, daß Fettleibigkeit verpönt war, während archäologische Funde beweisen, daß die Frauen Spiegel besaßen und Pinzetten benutzten, vermutlich um sich störende Haare auszuzupfen. Daß sie auch Kosmetika verwendeten, wird indirekt von dem römischen Dichter Properz belegt, der seiner Geliebten vorwirft, sie schminke sich wie eine Keltin. Die Bemalung des Körpers – wenngleich wohl nur für den Kampf – erwähnt auch Caesar in seinem Bericht über die Britannier, die ihren Körper mit Waid blau färbten, um in der Schlacht noch furchterregender zu wirken. Diese mannigfaltigen Berichte, die durch Abbildungen von Kelten in Stein und Bronze immer wieder bestätigt werden, füllen die toten archäologischen Zeugnisse mit prallem Leben.

Kleidung und Waffen

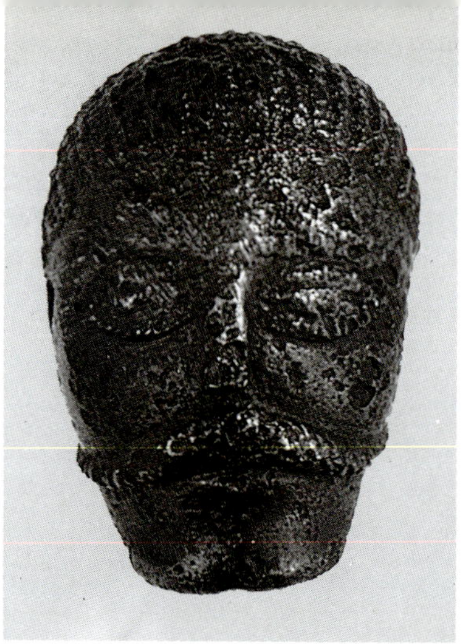

Der Keltenfürst, der uns auf dieser Seite entgegentritt, ist aus einer Fülle archäologischer und literarischer Zeugnisse rekonstruiert worden. Jedes Detail von Belang kann belegt werden. So stammen die Zeugnisse für Schmuck und Waffen überwiegend aus freigelegten Gräbern und Siedlungsstätten, während sich die Details der Kleidung weitgehend auf die antiken Historiker stützen und durch Plastiken abgesichert sind.

Wenige keltische Kunstwerke geben das menschliche Gesicht so lebendig wieder wie die kleine britannische Bronzemaske (oben) mit zurückgekämmtem Haar und geschwungenem Schnurrbart; 1. Jahrhundert v. Chr.

Unten: Die kunstvoll verzierte Bronzeschnalle eines Ledergürtels aus Hölzelsau in Österreich; frühes 4. Jahrhundert v. Chr. Gürtel wurden fast ausschließlich von Männern getragen; Frauen trugen gelegentlich Gürtelketten, deren Glieder aus Bronze bestanden.

Kleidung ist archäologisch selten belegt. Ein eindrucksvolles Beispiel ist das Tuchrelikt unten aus dem 6. Jahrhundert v. Chr. (Hohmichele, Süddeutschland).

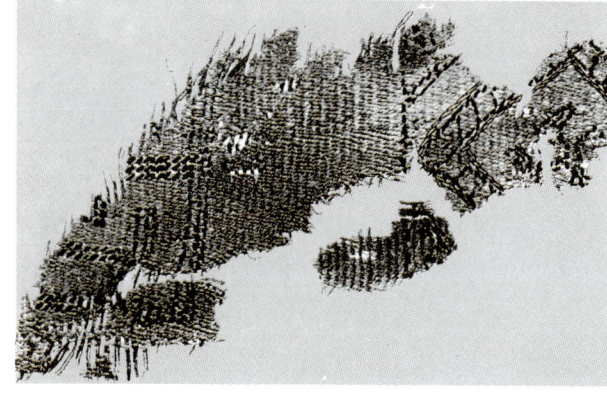

46

Rechts außen: Der Torques (Halsring) hatte magische Bedeutung. Keltische Krieger warfen sich mitunter nackt in die Schlacht und trugen nur den Torques, der sie vor Gefahr schützen sollte. Der große silberne Torques aus dem süddeutschen Trichtingen (2. Jahrhundert v. Chr.) dürfte für eine Kultfigur bestimmt gewesen sein – zum Tragen war er wohl zu schwer.

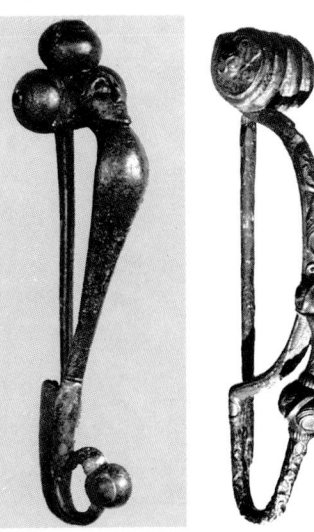

Oben und rechts: Goldene Armreife oder -ringe waren bei der Aristokratie sehr beliebt. Keltische Goldschmiede, die an den Aristokratenhöfen arbeiteten, verzierten sie mit kunstvollen Dekors. Das oben abgebildete Exemplar stammt aus dem reichen Fürstengrab von Waldalgesheim in der Rheinpfalz. Rechts goldene Armreife, die zu einem 1962 in Erstfeld (Schweiz) entdeckten Goldschatz gehören. Alle drei stammen aus dem 4. Jahrhundert v. Chr.

Oben: Mit Gewandnadeln *(fibulae)* wurden Mäntel über der Brust oder auf der Schulter zusammengehalten. Man trug sie oft paarweise mit einer Kette verbunden. Das Exemplar links, aus Silber, stammt aus der Schweiz. Die beiden anderen – aus Bronze – wurden in Süddeutschland bzw. Frankreich gefunden.

Über die Kleidung informieren uns die klassischen Autoren, die Hosen, Tuniken und Mäntel erwähnen und berichten, daß sie oft farbenfroh kariert waren. Es ist möglich, daß die Tartans der schottischen Clans diese keltische Tradition fortsetzen.

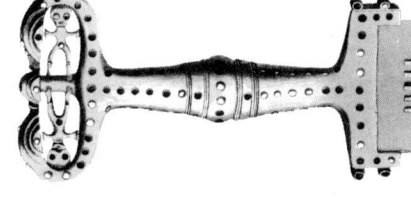

Der Aristokrat trug ein Schwert oder einen Dolch. Während Schwerter in der gesamten keltischen Epoche üblich waren, erfreuten sich Dolche vor allem im 6. und 5. Jahrhundert v. Chr. großer Beliebtheit. Das hier abgebildete Exemplar ist ein Kurzschwert aus Hallstatt.

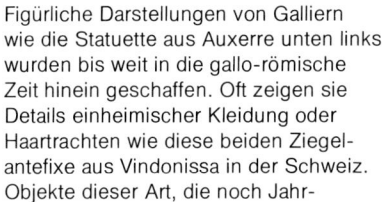

Figürliche Darstellungen von Galliern wie die Statuette aus Auxerre unten links wurden bis weit in die gallo-römische Zeit hinein geschaffen. Oft zeigen sie Details einheimischer Kleidung oder Haartrachten wie diese beiden Ziegelantefixe aus Vindonissa in der Schweiz. Objekte dieser Art, die noch Jahr-

hunderte nach der Unterwerfung Galliens entstanden, zeugen von der Lebenskraft der keltischen Kultur.

47

Die Stammesorganisation

Caesar registrierte zwar den Unterschied zwischen der gallischen Adelsschicht, zu der auch die Gebildeten zählten, und den übrigen Stammesmitgliedern, ließ jedoch den Unterschied zwischen Freien und Unfreien, der zweifellos existiert haben muß, unerwähnt – was wohl auf den Umstand zurückzuführen sein mag, daß keine dieser Schichten in seinen Kriegen eine Rolle spielte.

Der wichtigste Unterschied zwischen der gallischen und der irischen Gesellschaft besteht darin, daß ein Teil der zivilisierteren gallischen Stämme bis zur Zeit Caesars die Institution des Königtums aufgegeben hatte und an der Spitze der Gemeinschaft nun eine Art Präsident – der *vergobret* – stand, der jährlich gewählt wurde.

Caesar erwähnt Gefolgsleute (Klienten) und Hörige. Die Institution der Klientschaft war für die keltische Gesellschaft von entscheidender Bedeutung. Ein Nichtadliger band sich freiwillig an einen Adligen, dem er auf Ver-

langen Waffendienst leistete und der ihm dafür seinen Schutz gewährte. Diese Beziehung hatte jedoch auch einen wirtschaftlichen Aspekt. Der Herr (der selbst nicht an der Nahrungsmittelproduktion teilnahm) besaß Vieh, das er seinen Klienten leihweise gegen einen festgesetzten Tribut in Form von Naturalien und Dienstleistungen überließ. Nach irischem Gesetz betrug etwa der jährliche Tribut für sechs Kühe ein Kalb, ein gepökeltes Schwein, drei Säcke Malz, einen halben Sack Weizen und eine Handvoll Binsenlichter. Auf diese Weise flossen die von den freien Produzenten erarbeiteten Lebensmittel in die Hände der nicht selbst zur Ernährung beitragenden Oberschicht. Gemäß Caesar hing der Rang eines Adligen direkt von der Größe seiner Klientschaft ab. Ein Herr mit vielen Klienten, die ihm alle zum Waffendienst verpflichtet waren, konnte eine große Streitmacht ins Feld führen, wenn es einen Überfall zu organisieren galt. Und da ein erfolgreicher Beutezug zusätzliches Vieh einbrachte, das in neue Klienten »investiert« werden konnte, boten die gesellschaftlichen Bräuche selbst das Mittel, durch das der Adel seine Macht aufrechterhalten und vergrößern konnte.

Die irische Literatur vermittelt ein recht genaues Bild von der komplizierten keltischen Stammesorganisation im 1. Jahrtausend n. Chr. Der Stamm (*túath*) wurde von einem König (*rí*) über eine allgemeine Volksversammlung (*óenach*) regiert, die einmal im Jahr unter freiem Himmel zusammentrat. Die Gesellschaft war streng in drei Schichten unterteilt: die Adligen, die Freien und die Unfreien; in jeder Schicht gab es Rangabstufungen, die durch den *Ehrenpreis* definiert wurden, der für jeden Freien genau festgesetzt war. Dieser bildete die Grundlage für die Berechnung von Entschädigungen, die dem Freien oder seiner Familie bei Beleidigung, Verletzung oder Tod zustanden.

Schilderungen des Stammes- und Familienlebens finden sich in der keltischen und gallo-römischen Kunst nur selten. Die auf Münzen abgebildeten, meist sehr stilisierten Köpfe sollten – wie auf dem Stater der Andekaver *(oben)* – die Könige darstellen.

Die Mutterschaft ist gelegentlich Thema der religiösen Plastik. Das zarte Relief der »Drei Mütter«, eine weitverbreitete Triade von Göttinnen, stellt eine gallo-römische Version dar *(oben und ein Detail rechts)*.

Gegenüber: Die drei Gestalten aus einem römischen Fort am Hadrianswall (Housesteads) stellen vermutlich ebenfalls eine Triade lokaler Gottheiten dar. Im häufigen Vorkommen der Dreiheit spiegelt sich der Glaube an die der Drei innewohnende Kraft.

Zur Adelsschicht gehörten außer den Kriegern die spezialisierten Kunsthandwerker *(Oesdana)*, die Rechtskundigen, die Ärzte, die Baumeister, die Metallkünstler und die Gelehrten – die Barden und Priester. Die Freien setzten sich aus Bauern und Handwerkern geringerer Fähigkeiten zusammen. Gemeinsam bildeten sie die eigentlich produktive Schicht der Gesellschaft, die den Überschuß lieferte, mit dem die Aristokratie und ihre Bediensteten unterhalten wurden. Den unteren Teil der Pyramide bildete die Masse der Unfreien, degradierte Familien, unterworfene Gemeinschaften und Sklaven. Diese Gruppen leisteten den Hauptteil der Arbeit.

Die hier umrissene Gesellschaft scheint der von Caesar beschriebenen in Gallien sehr ähnlich zu sein – mit einer bemerkenswerten Ausnahme, die wir später betrachten wollen. »In ganz Gallien«, so Caesar, »gibt es zwei Klassen von Menschen, die . . . Geltung und Ehre genießen. Denn das niedere Volk nimmt

beinahe die Stellung von Sklaven ein. Es darf von sich aus nichts unternehmen und wird auch zu keiner Versammlung hinzugezogen.« Er fährt mit der Behandlung der beiden oberen Schichten fort, der Druiden (die wir noch ausführlich behandeln, S. 106 ff.) und der »Ritter«, die (im Krieg) »alle im Felde stehen und je einflußreicher einer von ihnen durch seine Abkunft oder seine Mittel ist, um so mehr Gefolgsleute um sich haben. Das ist die einzige Form von Ansehen und Macht, die sie kennen.«

DIE FAMILIE

Der Stamm setzte sich aus einer Reihe von Sippen oder Familien zusammen, die nach irischem und walisischem Recht vier Generationen umfaßte. Die grundlegende Familieneinheit bestand aus dem Mann und seiner Frau (oder seinen Frauen), aus beider Kindern und deren Frauen (sowie etwaigen Enkeln): Diese Gruppierung wird als *gelfine* bezeichnet (s. Graphik rechts). Die Familie oder Sippe konnte auch umfassender definiert sein und alle Angehörigen der älteren Generation mit ihren Nachkommen einschließen. Die häufigste rechtlich relevante Gruppierung war die vier Generationen umfassende *derbfine*: die Nachkommen eines gemeinsamen Urgroßvaters.

Das Land wurde als Gemeinschaftsbesitz zur Nutzung an die einzelnen Familien verteilt. Erbschaften beweglichen Besitzes oder Bußzahlungen mußten stets von allen Sippenangehörigen geteilt bzw. getragen werden. Das Königtum basierte auf einer ähnlichen gesellschaftlichen Einheit:

Jedes männliche Mitglied des königlichen Hauses konnte zum König gewählt werden. Eheschließungen wurden gewöhnlich außerhalb der *derbfine* und im Fall der königlichen Familie vermutlich außerhalb des *túath* geschlossen. Eine besonders wichtige Institution war die Pflegschaft. Kinder wurden der Obhut von Pflegeeltern übergeben, die ihnen die Fertigkeiten der Erwachsenen beizubringen hatten. Nach irischem Gesetz konnte ein Knabe mit siebzehn, ein Mädchen mit vierzehn Jahren nach Hause zurückkehren. Die in dieser Phase entstandenen Bindungen galten als besonders verpflichtend.

GELFINE

Mann (A) und Frau

Die grundlegende Familieneinheit besteht aus Mann und Frau (oben) und den nachfolgenden Generationen (unten). Die Gruppe der vier Paare steht also für den

Sohn, Enkel, Urenkel und Urgroßenkel (mit den jeweiligen Frauen) des Mannes A und seiner Frau.

Umfassendere Gruppen sind jeweils der Abstammungslinie der *gelfine* zugeordnet. Die *derbfine* etwa schließt die *gelfine* mit ein, beginnt jedoch eine Generation früher

DERBFINE

mit dem Vater des Mannes A und dessen Brüdern sowie den direkten Nachkommen jedes Bruders über zwei weitere Generationen.

IARFINE

Noch weiter ausgedehnt ist die Familie in der *iarfine*, die mit dem Großvater von A beginnt und die beiden Gruppen oben sowie eine weitere direkte Linie vom Großvater von A über vier Generationen einschließt.

INDFINE

Die größte Gruppierung umfaßt die oben dargestellten Gruppen sowie den Urgroßvater von A und drei Generationen seiner direkten Nachkommen.

Auf Reisen und in der
Schlacht bedienen sie sich
des Zweigespanns.
Auf dem Wagen
steht außer dem Lenker
ein Kämpfer. Stoßen sie
im Gefecht auf Reiter,
so schleudern sie zuerst
den Wurfspieß
gegen den Feind, springen
dann herab und greifen
zum Schwert.

Diodoros Siculus

EIN VOLK
VON REITERN

Das Wesen des Pferdes ist wohl niemals eindrucksvoller dargestellt worden:
Eine Zeichnung, die durch die Gras-
narbe in den Kalkuntergrund einer
Hügelflanke bei Uffington (Südengland)

Das Pferd war im Krieg wie im Frieden für die
Kelten unentbehrlich. Die griechischen und
römischen Historiker hoben natürlich seine
militärische Bedeutung besonders hervor,
doch vermitteln sie damit nur ein sehr einsei-
tiges Bild. Das Pferd ist nämlich in der keltischen Welt überall gegenwärtig: in Gräbern
und auf Bauerngehöften, auf Münzen und –
in einzigartiger Stilisierung auf dieser Seite
abgebildet – auf dem englischen Kreidehügel
bei Uffington direkt in die Landschaft gescharrt. Wir müssen das gesamte Material
betrachten, wenn wir begreifen wollen, wie
das Pferd so plötzlich auf dem Schlachtfeld

auftauchen und die römischen Legionäre in
Schrecken versetzen konnte.
Es bestehen kaum Zweifel, daß das – möglicherweise bereits im Oberen Paläolithikum –
domestizierte Pferd schon vor dem Auftreten
der Kelten in Europa eine Rolle spielte. In der

700 v. Chr. plötzlich allgemeinere Verbreitung fand. Der Umstand, daß das Pferdegeschirr dieser Periode große Ähnlichkeiten mit
dem der Reiterstämme der pontischen Steppen – der Urheimat des Pferdes – aufweist,
läßt vermuten, daß es zu dieser Zeit zu einem
plötzlichen Auftreten östlicher Pferde in Mit-
tel- und Westeuropa kam. Man braucht dieses
Phänomen nicht unbedingt als Ergebnis einer
Invasion zu interpretieren. Nach dem heute
greifbaren Beweismaterial scheint es sich eher
um die Folge neuer Tauschhandelsbeziehun-
gen zu handeln, die sich mit dem Vordringen
der Völker aus den pontischen Steppen in das
Große Ungarische Tiefland entwickelten. Für
die keltische Aristokratie wurde das Pferd nun
rasch zum begehrten Prestigesymbol.
Viele der reichen Hallstatt- und frühen La-
tènegräber enthielten nicht nur den Wagen,
der den toten Aristokraten zu Grabe getragen
hatte, sondern auch das Zaumzeug der Pferde,
die vor das Gefährt gespannt waren, nicht jedoch die Pferde selbst. Entweder war das Pferd
ein zum Töten zu kostbares Gut, oder das Ritual schloß die Pferdebestattung aus – ein
auffallender Gegensatz zu den Gräbern der
Reiterstämme, die nun den Osten Ungarns
bewohnten.
Etliche Hallstattgräber enthielten drei Pfer-
degeschirrgarnituren: zwei von Zugtieren
und eine dritte, die vermutlich vom Reitpferd

gescharrt wurde. Das etwa 110 Meter
lange »weiße Pferd« stammt vermutlich
aus dem 1. Jahrhundert v. Chr. und
wurde bis in die jüngste Zeit hinein
jährlich von der einheimischen Bevölkerung gereinigt.

Gegenüber: Um eine realistische Darstellung des Pferdes bemühte sich der
keltische Schöpfer dieser gallo-römischen Plastik (aus Portieux in den
französischen Vogesen). Die Gruppe
symbolisiert den Sieg himmlischer
Mächte über die Unterwelt.

späteren Bronzezeit jedenfalls war das Pferd
ein in Mitteleuropa viel benutztes Zugtier,
das man in Joche mit Lederzügeln und vermutlich ledernen Trensen sowie Seitenstük-
ken aus Holz oder Bein schirrte. Gegen Ende
der Urnenfelderzeit kommt bronzenes Ge-
schirrzubehör mehr und mehr in Gebrauch,
und mit Beginn der Hallstatt-C-Periode ist
Europa mit bronzenen Zaumzeugteilen
förmlich überschwemmt. Man könnte daraus
schließen, daß der Gebrauch des Pferdes um

des Aristokraten stammte. Obwohl das Reiten
in Mittel- und Westeuropa sporadisch schon
früher belegt ist, haben wir hier den ersten si-
cheren Beweis dafür, daß das Reiten mittlerweile weitverbreitet war. Das lange Hiebschwert, das zu dieser Zeit allgemein üblich
wurde – ein Typ, der sich besonders für den
Kampf zu Pferde eignete –, ist ein weiterer
Hinweis darauf, daß die Reiterei in der keltischen Kriegführung nun eine wichtige Rolle
spielte.

Pferde werden gelegentlich als Reittiere von Gottheiten abgebildet. Auf dem gallo-römischen Relief rechts aus dem Altbachtal (Rheinland-Pfalz) reitet die Göttin Epona im Damensattel. Der unbekannte Reitergott *(rechts außen)*, vermutlich thrakischen Ursprungs, wurde in Whitcombe (England) gefunden.

Im keltischen Europa muß sich ein lebhafter Pferdehandel entwickelt haben. Das gallo-römische Relief aus Dijon zeigt einen Pferdehändler im Mantel bei der Arbeit. Viele Tiere wurden wohl durch Tauschhandel über Osteuropa

aus den Steppen eingeführt, doch haben die meisten Gemeinschaften gewiß auch Pferdezucht betrieben, so daß das Zureiten junger Pferde ein alltäglicher Anblick war.

Unten: Zwei schöne gallo-römische Darstellungen ausgelassener Fohlen. Châlon-sur-Marne, Frankreich, und *(rechts)* Aventicum, Schweiz.

Wir können also mit ziemlicher Sicherheit annehmen, daß bis zum Ende des 7. Jahrhunderts der Kampf zu Pferde ein wesentliches Element keltischer Kriegführung geworden war. Das Pferd wurde vor den Kampfwagen gespannt, doch wollen wir dieses Kriegsgerät später näher betrachten (S. 54–55). In den Schriften der klassischen Autoren spielte der zweirädrige Streitwagen eine weitaus größere Rolle als der Kampf zu Pferde. Zum einen spiegelt dies vielleicht nur die Neuheit des Streitwagens auf dem Schlachtfeld wider; zum anderen könnte es durchaus auch bedeuten, daß im 3. und 2. Jahrhundert v. Chr. die Reiterei in der Kriegführung noch von untergeordneter Bedeutung war. Auf eine interessante keltische Einrichtung verweist jedoch Pausanias, der die *trimarcisia* beschreibt – eine Einheit von drei Reitern, die aus einem Adligen und zwei Begleitern bestand, ähnlich dem Ritter und seinen Knappen im Mittelalter. Die Begleiter hatten ihren Herrn zu schützen und ihm im Notfall ihr Pferd zu überlassen. Es ist möglich, daß es im 1. Jahrhundert n. Chr. bei den Briganten Yorkshires einen ähnlichen Brauch gab. Tacitus berichtet von der Königin Cartimandua, die mit einem Waffenträger ihres Gatten Venutius durchbrannte. Wenn der junge Mann zur *trimarci-*

sia des Venutius gehörte, hatte die treulose Cartimandua nicht nur dem Stolz, sondern auch der Kampfmoral ihres Exgatten einen empfindlichen Stoß versetzt.

Zur Zeit Caesars gehörte der Kampf mit dem Streitwagen bereits der Vergangenheit an – Caesar traf nur auf Fußsoldaten und Reiterei, denn die Kelten hatten unter römischem Einfluß auch ihre Kampfmethoden geändert. Die Bedeutung der Reiterei wird von Caesar wiederholt hervorgehoben. Über König Dumnorix schreibt er: »Er unterhielt auf eigene Kosten eine ansehnliche Reiterei und hatte sie immer bei sich.« Ein Adliger mit einer Schwadron gut ausgebildeter Reiter wäre ein äußerst bedrohlicher Gegner gewesen. Über Kavallerietaktik erfahren wir einiges aus Caesars Schilderung der Schlacht gegen die Nervier 57 v. Chr. Obwohl es heißt, daß die Nervier praktisch über keine Reiterei verfügten, wurden die wenigen berittenen Truppen, die sie ausschwärmen ließen, doch wirkungsvoll gegen die Römer eingesetzt. »Unsere Reiter überschritten mit den Schleuderern und Bogenschützen den Fluß und begannen den Kampf mit der feindlichen Reiterei. Diese zog sich immer wieder in die Wälder zu ihren Leuten zurück und griff unsere Reiter, die den Zurückweichenden nicht weiter nachzusetzen

wagten. . ., vorn dort aus an.« Hier wurden die Reiter vor Schlachtbeginn zur Ablenkung der Römer benutzt. Sie konnten jedoch auch aggressiver zum Aufbrechen der feindlichen Linien vorgeschickt werden.

Als der Führer des gallischen Aufstandes Vercingetorix vor einem Angriff auf Caesar seine Truppen mit einer demagogischen Rede angestachelt hatte, schworen seine Reiter, daß keiner von ihnen, der nicht mindestens zweimal durch die feindliche Kolonne geritten sei, nach Hause zurückkehren oder seine Familie wiedersehen werde. Der Angriff scheiterte, und aus Angst vor Umzingelung stob die Reiterei auseinander, um dann doch Mann für Mann niedergemacht zu werden.

Das Pferd: ein sehr beliebtes Motiv auf keltischen Münzen. Die keltischen Stempelschneider bezogen ihre Inspiration zwar letztlich von hellenistischen Vorbildern, interpretierten das Pferd jedoch in eigener Manier und reduzierten es gelegentlich auf seine wesentlichen Elemente zu einem gefällig abstrakten Muster. Münze der Uneller (links), der Parisier (oben), der Atrebaten, aus dem Jura-Gebiet und (unten) aus Rumänien.

Die Keltiberer Westspaniens, als verwegene Reiter berühmt, wurden von den Römern gern als berittene Hilfstruppen verpflichtet. Dieser kleine bronzene Kultwagen stammt aus dem spanischen Mérida, 2.–1. Jahrhundert v. Chr.

Das Pferd im Geschirr

Besonders beeindruckt zeigten sich die klassischen Autoren von der Kampfkraft der keltischen Streitwagen. In Europa waren die Streitwagen zu dieser Zeit keineswegs neu: Man hat sie auf schwedischen Grabsteinen des 10. Jahrhunderts v. Chr. abgebildet gefunden, und auch den Mykenern waren sie vertraut. Doch erst die Kelten des 3. und 2. Jahrhunderts machten den Streitwagen zu einem schreckenerregenden und höchst wirksamen Kriegsgerät. Bis zur Mitte des 1. Jahrhunderts v. Chr. jedoch, als Caesar Gallien eroberte, hatte der Reitereikampf den Streitwagen abgelöst, und erst im rückständigen Britannien begegneten ihm – offenbar zum erstenmal – keltische Streitwagen. Seine militärische Einschätzung dieses Kriegsgeräts ist unübertroffen geblieben. Er beschreibt zunächst, wie die Britannier die Schlacht eröffnen, indem sie mit ihren Streitwagen auf dem Schlachtfeld ausschwärmen, ihre Wurfspieße schleudern und einen Höllenlärm veranstalten. ». . . die Kämpfer springen dann vom Wagen und kämpfen zu Fuß. Die Wagenkämpfer fahren eine Strecke aus dem Gefechtsfeld heraus und

lassen und dabei selbst die Deichsel entlanglaufen können, um in der Höhe des Jochs zu halten und von dort schnell wieder in den Wagen zurückzukehren«. Wenn man bedenkt, daß der Führer des britannischen Wi-

Die Kriegführung mit dem Kampfwagen verschaffte den Kelten den Ruf besonderer Schrecklichkeit und inspirierte zu einer Fülle künstlerischer Darstellungen. Dieses Tonmodell eines von Pferden gezogenen Kampfwagens, das möglicherweise aus dem 9. Jahrhundert v. Chr. stammt, zählt zu den frühesten in Europa gefundenen Nachbildungen von Pferd und Wagen. Aus der Provinz Grosseto in Mittelitalien.

stellen die Wagen so auf, daß die Wagenkämpfer, wenn sie von einer feindlichen Übermacht bedrängt werden, einen ungehinderten Rückzug zu ihren Leuten haben.« Auf diese Weise, urteilt er mit der Bewunderung des Soldaten, »zeigen sie sich im Kampf beweglich wie Reiter, aber auch standfest wie Soldaten zu Fuß«.

Die frappante Geschicklichkeit der Wagenlenker beeindruckte ihn offenbar sehr. Er schildert, wie sie durch tägliche Übung eine solche Gewandtheit erwarben, daß sie sogar »auf stark abschüssigem Gelände die Pferde in vollem Lauf anhalten, in eine langsamere Gangart bringen, sie Wendungen machen

derstandes Cassivellaunus 4000 Wagen zu mobilisieren vermochte, kann man sich Caesars Schwierigkeiten vorstellen. Streitwagen wurden in allen folgenden größeren Schlachten zwischen Römern und Britanniern eingesetzt, und noch 84 n. Chr., als Agricola im Norden Schottlands kämpfte, hören wir vom Lärm der auf dem Schlachtfeld manövrierenden Streitwagen. Den Reitereischwadronen Agricolas bereiteten die Streitwagen keine Mühe mehr, und eines der letzten Schlaglichter fällt auf die durchgegangenen Pferdegespanne, die reiterlosen Pferde, die sich in Panik um sich selbst drehen und blindlings in die Reihen der Fußsoldaten preschen.

Die anschaulichen literarischen Zeugnisse werden von Belegen anderer Art ergänzt. Streitwagen sind ein beliebtes Motiv auf den Rückseiten keltischer Münzen, während aus Grabkammern und Votivlagern in Sümpfen Wagenteile – ausnahmslos Zubehör und Beschläge aus Bronze und Eisen – geborgen wurden.

Aus all diesen Fragmenten läßt sich ein detailliertes Bild des keltischen Streitwagens zusammenfügen: Zweirädrig, solide gebaut und wendig, war er in geübter Hand ein mörderisches Instrument.

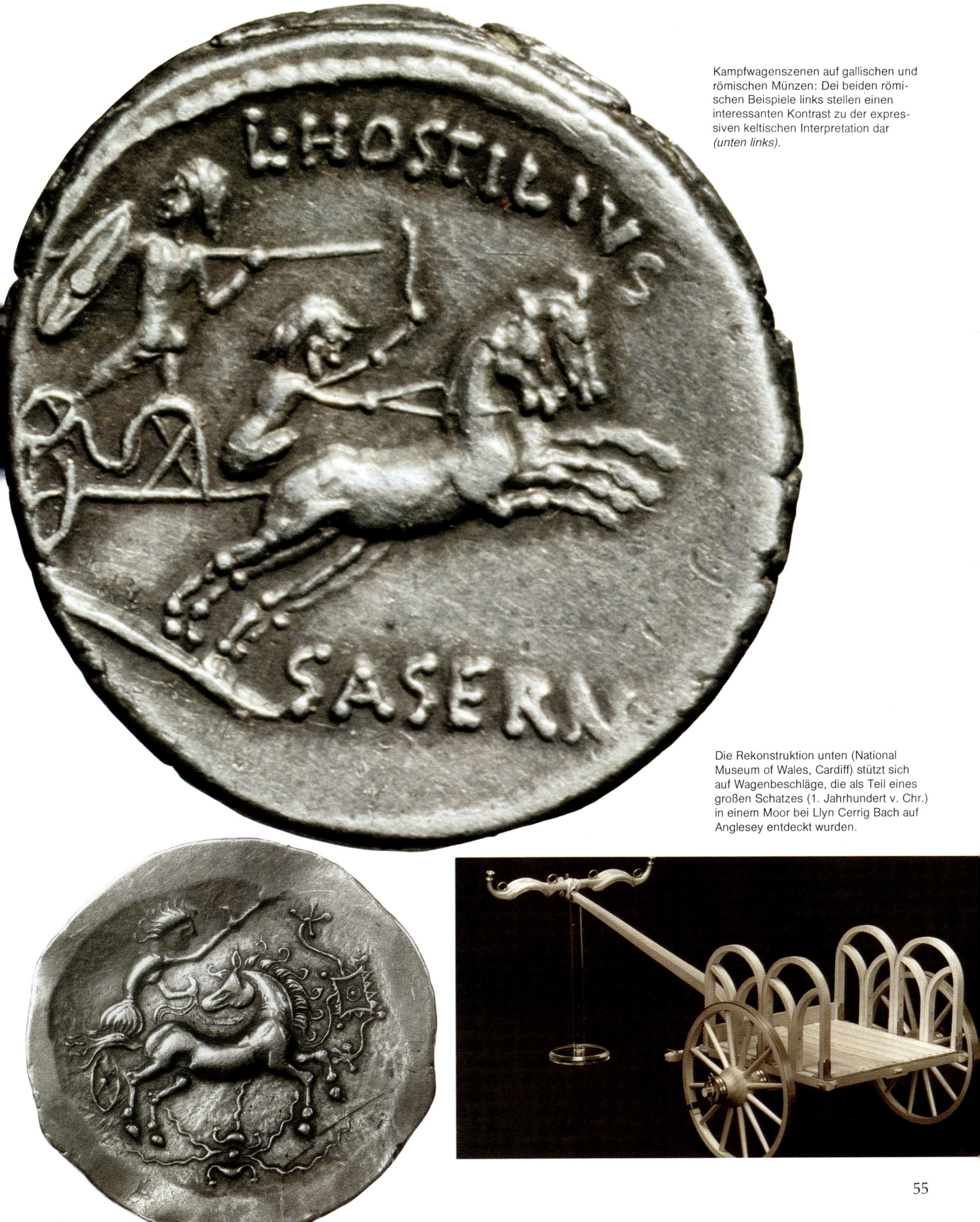

Kampfwagenszenen auf gallischen und römischen Münzen: Dei beiden römischen Beispiele links stellen einen interessanten Kontrast zu der expressiven keltischen Interpretation dar *(unten links).*

Die Rekonstruktion unten (National Museum of Wales, Cardiff) stützt sich auf Wagenbeschläge, die als Teil eines großen Schatzes (1. Jahrhundert v. Chr.) in einem Moor bei Llyn Cerrig Bach auf Anglesey entdeckt wurden.

L·HOSTILIVS

SASERN

In der keltischen Kriegsführung vollzogen sich im Lauf der Jahrhunderte drastische Veränderungen. Die hitzigen und schlecht organisierten Angriffe des 4. und 3. Jahrhunderts haben nur wenig gemeinsam mit den sorgfältig geplanten Feldzügen, die die Gallier im 1. Jahrhundert v. Chr. gegen Caesar führten – die Kelten hatten von ihren Feinden gelernt. Wir wollen hier – mit den Augen der Autoren, die die Ereignisse auf der italienischen Halbinsel vom 3. bis zum 1. Jahrhundert v. Chr. beschrieben – vor allem die archaischere Form der keltischen Kriegführung be-

WAFFEN, RÜSTUNG UND KRIEGSFÜHRUNG

trachten. Mit offenkundiger Faszination schildert Strabo die Bewaffnung eines typischen Kelten. Er trägt, so Strabo, »ein langes, an der rechten Seite herabhängendes Schwert, einen langen Schild, Lanzen. . . und die *Mataris*, eine Art Wurfspieß. Es findet sich auch ein dem Wurfpfeil ähnliches Holz, das, aus der Hand geschleudert, weiter fliegt als ein Pfeil.« Er erwähnt auch den – freilich begrenzten – Einsatz von Bogen und Schleuder.

Schwerter und Speere verschiedenster Arten sind archäologisch gut belegt. Von Diodoros erfahren wir einiges über die Finessen des keltischen Speers. Einige Lanzenspitzen, schreibt er, waren gerade geschmiedet, andere schraubenartig gewunden und rundherum mit Zacken versehen, so daß sie beim Stoß nicht nur in das Fleisch schnitten, sondern es zerrissen und beim Herausziehen die Wunde noch vergrößerten.

Zum Schutz trug der Krieger in der Linken einen ovalen Schild, der fast den ganzen Körper deckte. Die Schilde bestanden überwiegend aus Weidengeflecht oder zwei aneinandergefügten Holzplanken. Sie konnten zur Verstärkung mit Leder überzogen oder – seltener – mit Bronze beschlagen sein, doch dienten Schilde dieser Art eher zeremoniellen Zwek-

ken als dem Kampf. Auch Helme – wohl überwiegend aus Leder – wurden getragen. Die reicheren Krieger freilich konnten es sich leisten, sich mit Bronzehelmen von der Art zu schmücken, die Diodoros so anschaulich beschreibt. »Den Kopf decken sie durch eherne Helme mit hochragenden Aufsätzen, die ihnen ein sehr großes Aussehen geben. Einige führen angeschmiedete Hörner, andere die Köpfe von Vögeln oder Vierfüßern.« Solche Helme sind wiederholt gefunden worden (S. 59) und schmücken auch die auf dem Kessel von Gundestrup abgebildeten Krieger (S. 25) – ein überzeugendes Beispiel dafür, wie literarische, archäologische und bildliche Zeugnisse einander ergänzen und bestätigen können.

Zur keltischen Kriegführung gehörte der Lärm – das Gebrüll der Krieger, das Hämmern auf die Flanken der Streitwagen und das Dröhnen der Kriegstrompeten. »Ihre Trompeten«, so Diodoros, »sind von eigentümlichem und barbarischem Klang. Wenn sie geblasen werden, geben sie einen rauhen zum Schlachtgetöse passenden Ton von sich.« Trompeten dieser Art, als Carynx bezeichnet, sind auf dem Kessel von Gundestrup (*links*) wie auf Münzen besonders schön abgebildet, und Originalstücke hat man in Britannien gefunden.

Der Keltenkrieger ist nun kampfbereit – hitzköpfig, erregbar und ohne militärische Disziplin. »Das ganze Volk ist kriegerisch, mutig und stets kampfbereit«, schreibt Strabo. *Wenn man sie zum Zorn reizt, laufen sie scharenweise zum Kampf zusammen, offen und ohne Vorsicht, so daß sie von denen, die ihnen mit Kriegslist begegnen, leicht zu bezwingen sind. Denn wenn man sie herausfordert, scheuen sie keine Gefahr, obwohl sie im Kampf außer Kraft und Kühnheit nichts einzusetzen haben.*

Doch trotz aller Tapferkeit war der leicht zu provozierende Kelte einem nüchternen, kühl abwägenden römischen Befehlshaber nicht gewachsen.

Wir haben bereits erläutert, daß das keltische Fest eine Institution darstellte, mit der Zwistigkeiten innerhalb des Stammes beigelegt oder zumindest gezügelt werden konnten. Auf einer anderen Ebene ließen sich mit der frühen Art der keltischen Kriegführung Streitigkeiten zwischen Stämmen häufig ohne nennenswertes Blutvergießen austragen oder schlichten. Eine überaus interessante Beschreibung des keltischen Schlachtverlaufs, die dieses Thema näher beleuchtet, stammt von Diodoros und verdient *in extenso* zitiert zu werden. Diodoros schildert zunächst die allgemeinen Vorbereitungen, die Aufstellung von Reiterei, Kampfwagen und Adligen mit ihren Anhängern. »Sie haben auch Freigeborene als Begleiter bei sich, die sie aus den armen Leuten aussuchen, um sie in der Schlacht als Wagenlenker oder Schildträger zu ge-

brauchen.« Dann beschreibt er die Eröffnung der Schlacht:

In der Schlachtaufstellung pflegen sie vor die Linie zu treten und die Tapfersten der Gegner zum Zweikampf herauszufordern, indem sie ihre Waffen schwingen, um den Feind zu schrecken. Hat einer ihre Herausforderung angenommen, so preisen sie die Tapferkeit ihrer Vorfahren und rühmen ihre eigenen Taten; den Gegner aber schmähen und erniedrigen sie und suchen ihm schon vor dem Kampf. . . den Mut zu nehmen.

An anderer Stelle spricht Diodoros von der Macht der Druiden in Kriegszeiten.

Oft, wenn schon in Schlachtaufstellung die beiden Heere mit gezogenen Schwertern und

Der keltische Schild aus Holz oder Leder, zuweilen mit Bronze beschlagen, deckte den ganzen Körper von den Schultern bis zu den Knien, wie die gallo-römische Plastik eines Kelten *(links)* aus dem französischen Mondragon zeigt. Oben *(von links nach rechts):* Schilde aus dem nordenglischen Fluß Witham, aus Horath (Rheinland-Pfalz)

und der »Battersea-Schild« aus der Themse.

Gegenüber: Die mißtönenden keltischen Kriegstrompeten mit schauerlichen tiergestaltigen Schalltrichtern sind auf dem in Dänemark gefundenen Kessel von Gundestrup abgebildet.

Der Keltenkrieger, der von den klassischen Autoren so ausführlich beschrieben wird, ist auch durch ein umfangreiches Waffenarsenal repräsentiert, das archäologisch überliefert und von dem hier eine Auswahl aus verschiedenen Teilen Europas abgebildet ist. Von den im Text erwähnten Rüstungen hat – außer einer Anzahl schöner Helme – kaum etwas überlebt.

Neben den Waffen und gelegentlichen Darstellungen von Kriegern in Treibarbeit oder Metallgravuren (S. 24–25) fanden sich auch Kriegerfiguren. Der Reiter oben stammt aus dem 7. Jahrhundert v. Chr. und gehört zu einem im österreichischen Strettweg gefundenen Modell eines Kultwagens.

vorgestreckten Lanzen gegeneinander anrükken, treten diese Männer in die Mitte und bewegen die Heere, vom Angriff abzustehen, gleich als wenn sie durch ihren Gesang wilde Tiere bezauberten.

Und moralisierend fügt er hinzu: »So weicht auch bei den wildesten Barbaren die Leidenschaft der Weisheit.«

Ein wesentliches Element der frühen keltischen Kriegführung war der Zweikampf: Konflikte zwischen Stämmen konnten – und wurden es in der Regel wohl auch – durch eine Waffenschau mit anschließenden Zweikämpfen ausgetragen werden, eine Art der Kriegführung, die sich auch bei Homer findet und sich in der Geschichte von David und Goliath widerspiegelt. Nur wenn sich die Gemüter allzusehr erhitzten, kam es zur allgemeinen Schlacht, und auch dann konnten noch die Priester einschreiten. Wir haben es also mit einer ritualisierten Kriegführung zu tun, die den Menschen schonte. Gegen Rom war sie freilich unbrauchbar. Die römische Mentalität verlangte die offene Feldschlacht mit klarer Entscheidung, und die Kelten mußten sich dem stellen. In einer der besten uns zugänglichen Schlachtbeschreibungen schildert Polybios den Kampf zwischen Römern und Kelten 225 v. Chr. bei Telamon in der Toskana. Die Schlacht entbrannte an einem Hügel und wurde mit einem Reitergefecht eröffnet, dem

beide Heere zunächst zusahen. Dann griffen die Römer, die die Kelten mit zwei Armeen in die Zange genommen hatten, von beiden Seiten an.

Der stattliche Anblick, den das Keltenheer in Schmuck und Waffen bot, und der wilde Lärm erschreckte sie. Denn sie hatten eine Unzahl von Hornisten und Trompetern, und da zugleich mit diesen das ganze Heer seinen Kriegsgesang anstimmte, entstand ein so großes und furchtbares Getöse . . ., daß die davon widerhallenden Hügel der Umgebung von sich aus ihre Stimme zu erheben schienen. Furchterregend aber war auch ihr Anblick und die Bewegung der nackten im Vordertreffen stehenden Männer in ihrer Jugendkraft und Schönheit, geschmückt mit goldenen Hals- und Armringen.

Am Ende siegte die römische Disziplin, und die Kelten wurden zurückgeschlagen.

Die einen stürzten sich in sinnloser Wut blindlings unter die Feinde und boten sich freiwillig dem Tode dar, die anderen gingen Schritt um Schritt auf die eigenen Reihen zurück und trugen durch ihre offenkundige Feigheit Verwirrung in das zweite Treffen.

Die keltische Mentalität war der römischen Kriegsmaschinerie nicht gewachsen; sobald das Schlachtglück sich wendete, war es mit der Standhaftigkeit der Krieger vorbei, und sie schlugen blindwütig drauflos oder gerieten in

Den Kopf decken sie durch eherne Helme mit hochragenden
Aufsätzen, die ihnen ein sehr großes Aussehen geben.

Diodoros Siculus

Panik. Über dreihundert Jahre später spielte sich am Mons Graupius im Norden Schottlands eine ganz ähnliche Szene ab: Nach einer vernichtenden Niederlage flohen die Britannier – »Männer und Frauen klagen vereint . . . viele verlassen ihre Häuser und zünden sie im Zorn gar an . . . Bisweilen brechen

sie beim Anblick ihrer Toten zusammen – öfters läßt er sie ergrimmen. Es steht fest, daß einige Hand an ihre Frauen und Kinder gelegt haben, als hätten sie Mitleid mit ihnen« (Tacitus). Dieser Zug ihrer Mentalität – das jähe Zusammenbrechen von Vernunft und Moral – sollte den Kelten zum Verhängnis werden.

Die hier abgebildeten Waffen und Helme wurden in Norditalien, Frankreich und der Schweiz gefunden und stammen aus dem 4. bis 2. Jahrhundert v. Chr.

Der typische keltische Helm hatte einen vorspringenden schmalen Nackenschutz (der leicht mit einem Schirm zu verwechseln wäre) und war häufig mit beweglichen Wangenklappen versehen, die – wie Poseidonios anmerkt – gelegentlich Hörner oder andere vorspringende Elemente trugen.

Dieser prächtige Helm stammt aus einem keltischen Grab des 3. Jahrhunderts v. Chr. im rumänischen Ciumeşti. Der bronzene Raubvogel, der auf der Helmspitze hockt, hatte ursprünglich Augen aus farbigem Glas, und seine mit Scharnieren befestigten Flügel sind beweglich.

59

Ein steinernes Rundhaus in Vaucluse (Frankreich). Der Stil ist einheimisch, die Entstehungszeit unbekannt.

VOM WEILER ZUR STADT

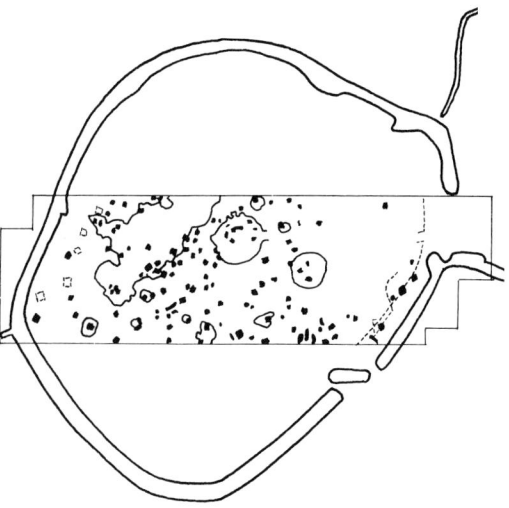

Das Rundhaus ist in westkeltischen Regionen, namentlich in Britannien, anzutreffen. Der Plan oben zeigt ein typisches eisenzeitliches Gehöft, das im südenglischen Little Woodbury ausgegraben wurde. Die beiden Rundhäuser gehören verschiedenen Perioden an. Innerhalb der Einfriedung lagen die Vorratsgruben, Getreidespeicher und diverse Arbeitsbereiche des Gehöfts.

Die keltischen Siedlungen variierten in der Anlage beträchtlich: Jede Region hatte ihre eigene, der Landschaft angepaßte Architektur, die in gewissem Grade von den verfügbaren Rohstoffen bestimmt wurde, während Größe und Zusammensetzung der Siedlung von der Organisation der Gesellschaft abhingen. In der Hallstattzeit stellen Bauerngehöfte einerseits und fürstliche Festungen wie die Heuneburg andererseits die beiden Extreme dar. Später, im 1. Jahrhundert v. Chr., entwickelten sich zur Befriedigung der immer komplexeren Bedürfnisse urbane Zentren von beträchtlicher Größe. Im gesamten Hallstatt und Latène war – gleichgültig, welchen Charakter die große Haufensiedlung entwickelte

– die grundlegende Siedlungseinheit das Gehöft oder der Weiler, eine Gruppe einfacher Häuser in einer kultivierten Landschaft.

Die solide gebauten Häuser boten in der Regel der Großfamilie ausreichend Platz. Eine interessante Abweichung von der Tradition der rechteckigen Häuser auf dem europäischen Festland stellen die auf den Britischen Inseln gefundenen Rundhäuser dar: Dieser Haustyp geht auf eine ältere – atlantische – Bautradition zurück. Die Rechteckhäuser variieren in Größe und Stil erheblich und reichen von den kleinen einräumigen Blockhütten, wie man sie im slowenischen Most na Soči gefunden hat, bis zu den großen Hallenbauten der Niederrheinregion.

Gelegentlich wurden – namentlich in Britannien – mehrere Häuser in einer Umfriedung zu einem Komplex zusammengefaßt, der den Bedürfnissen einer einzigen Familie diente. Auf dem europäischen Festland scheint der Weiler oder das Dorf die übliche Siedlungseinheit gewesen zu sein, doch müssen wir

noch einmal an die Vielfalt der Siedlungstypen erinnern.

Das Haus (oder Familienanwesen) war eine überwiegend eigenständige Einheit, in der man einen großen Teil des lebensnotwendigen Bedarfs selbst produzierte. Das von den Feldern eingebrachte Getreide wurde gedroschen und entweder langfristig in unterirdischen Silos oder für den unmittelbaren Verbrauch in kleinen Speichern gelagert, die zum Schutz vor Feuchtigkeit und Nagetieren auf Pfosten errichtet waren. Das Mahlen des Getreides war Aufgabe der Frauen, ebenso das Brotbacken in den Backöfen, über die die meisten Häuser verfügten.

Daß auch die Kleidung im Haus hergestellt wurde, beweist eine Fülle von Zeugnissen für das Spinnen wie für das Weben auf großen, aufrechtstehenden Webstühlen; auch feineres Weben – etwa von Borten – und eine Art Brettchenweberei sind belegt. Ebenso war das Zimmerhandwerk – nicht nur für Hausbau und Reparaturen – hoch entwickelt (s. S. 124–125), und eine planmäßige Forstwirtschaft – wie die Kenntnis von Nutzholz und Schlagholz – gehörte zum täglichen Leben. Keramik wurde zunächst wohl vorwiegend im Dorf hergestellt, doch kam es später mit dem Entstehen urbaner Zentren bald zu kommerzieller Produktion.

In welchem Umfang Eisen- und Bronzebearbeitung Heimindustrien waren, ist umstritten. Gewiß besaßen die meisten Gemeinschaften eigene Grobschmiede, und die Herstellung kleinerer Bronzegeräte war eine vergleichsweise einfache Arbeit. Doch über die Kenntnisse und Fähigkeiten, die zur Gewinnung der Metalle und zur Herstellung einer geeigneten Bronzelegierung unerläßlich waren, verfügten höchstwahrscheinlich nur Spezialisten. Es ist daher anzunehmen, daß manche Gemeinschaften – wie die Grubenarbeiter der tirolischen Kupferbergwerke (S. 114–115) – möglicherweise ausschließlich von der Produktion von Metallbarren lebten, die über die Tauschhandelsnetze schließlich die Gehöfte und Weiler erreichten.

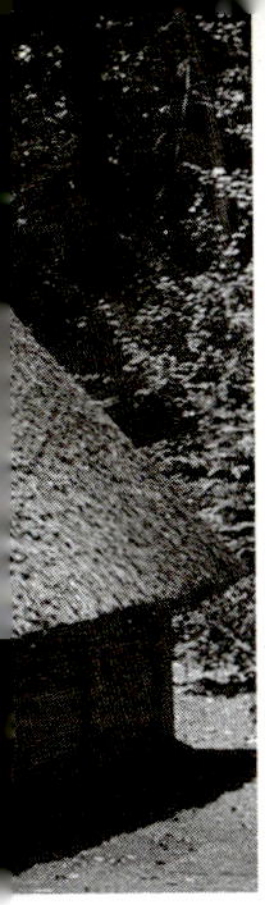

Der in Europa vorherrschende Haustyp hatte einen rechteckigen Grundriß, doch variierten die Bauten in Gestaltung und Bauweise beträchtlich. Im Freilichtmuseum von Asparn an der Zaya (Niederösterreich) hat man unter Berücksichtigung archäologischer Befunde alle Haupttypen zu rekonstruieren versucht.

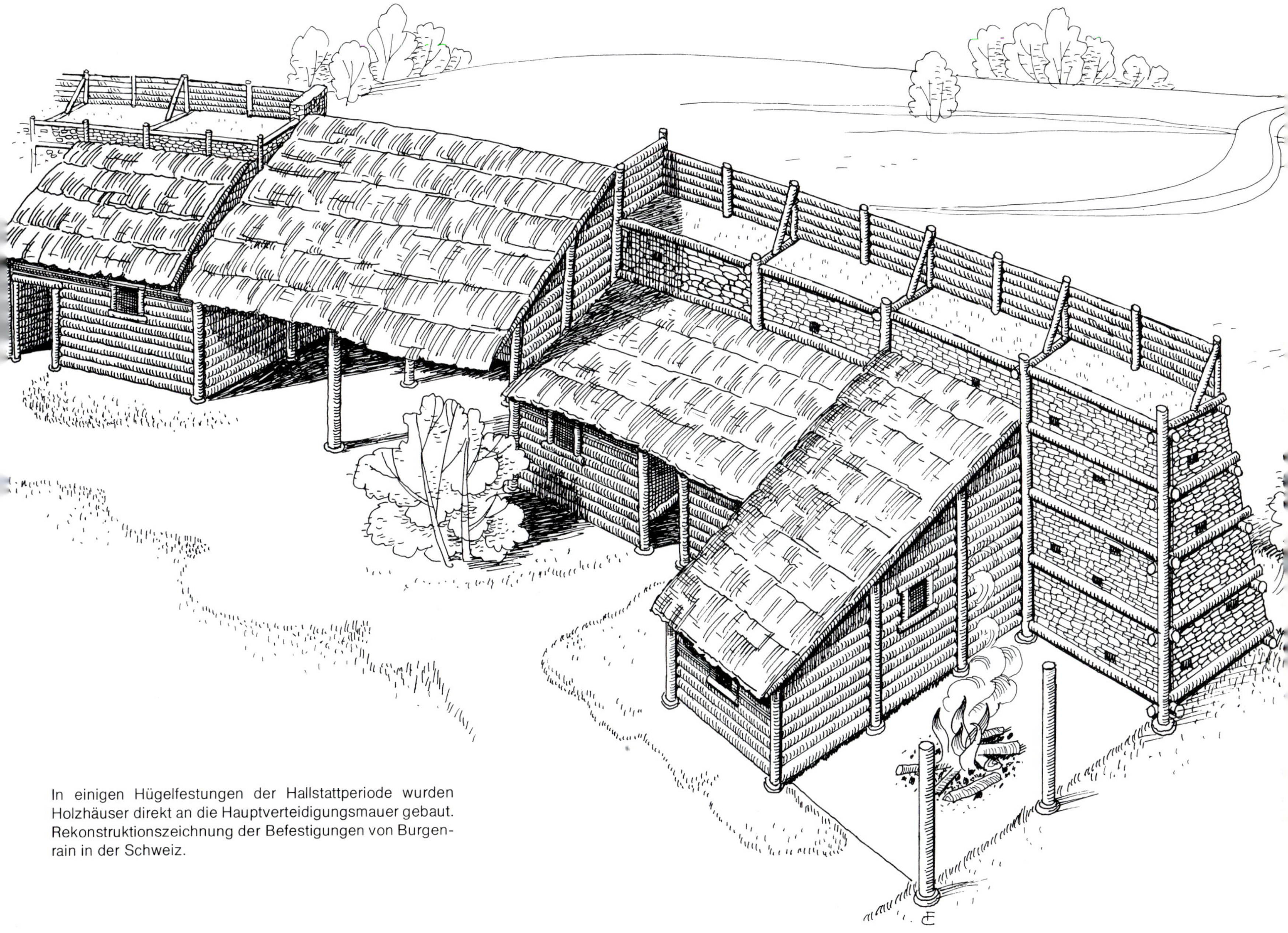

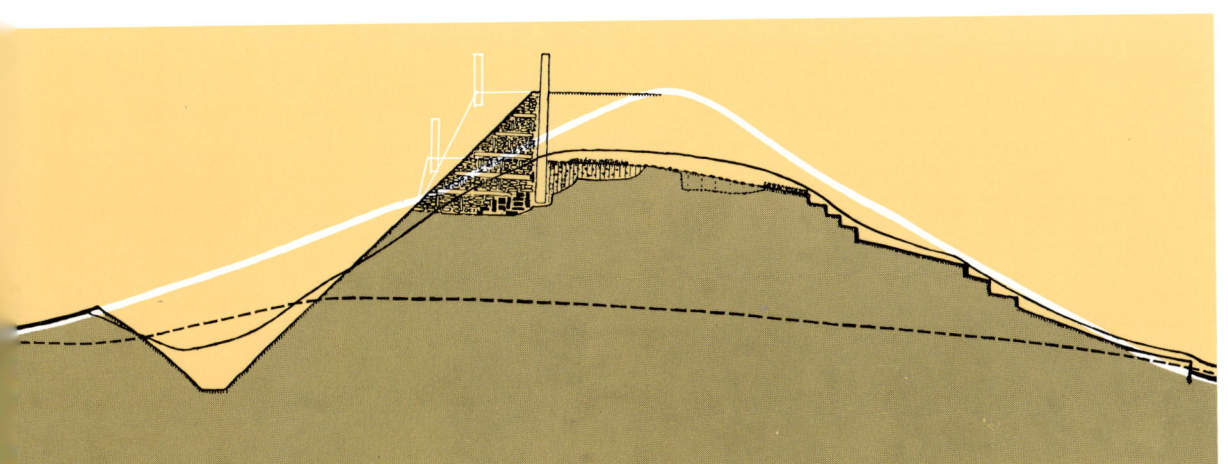

In einigen Hügelfestungen der Hallstattperiode wurden Holzhäuser direkt an die Hauptverteidigungsmauer gebaut. Rekonstruktionszeichnung der Befestigungen von Burgenrain in der Schweiz.

Das Wittnauer Horn in der Schweiz wurde von massiven Befestigungen geschützt. Der aus Holzbalken und Steinen errichtete Wall der Hallstattperiode (mit einem vorgelagerten drei Meter tiefen Graben) erhob sich an der Frontseite eines noch massiveren Walls aus der Spätbronzezeit.

61

Hügelfestungen

In Krisenzeiten legten keltische Gemeinschaften in ganz Europa befestigte Bezirke an – in der Regel auf gut zu verteidigenden Hügelkuppen.

Diese befestigten Hügel dienten zwar verschiedensten Zwecken, stellten jedoch überwiegend Gemeinschaftsanlagen dar, die von den Bewohnern der Umgebung gebaut wurden. Einige von ihnen scheinen Funktionen urbaner Art erfüllt zu haben.

Das Befestigen von Hügelkuppen mit Erdwällen oder Palisaden kann in Europa bis in die Jungsteinzeit zurückverfolgt werden, aber erst in der Urnenfelderperiode wurden Hügelfestungen allgemein üblich. Eine der eindrucksvollsten dieser frühen Festungen ist das Wittnauer Horn im Schweizer Jura, eine Siedlung, die auf der Höhe eines steil abfallenden Bergsporns liegt und durch eine massive Mauer mit Graben geschützt wird, die den Zugang verwehrt. Der 40 Meter breite Wall besteht aus einem losen Querbalkenwerk, das mit Steinen und Erde aufgefüllt ist. Man hat geschätzt, daß der Wall nicht weniger als 24000 Kubikmeter Bauholz enthält, das gefällt, behauen und zur Baustelle geschafft werden mußte.

Es versteht sich, daß der Bau einer derartigen Festung auch bescheidenerer Größe einen ungeheuren Arbeitsaufwand erforderte und eine Organisation der Gemeinschaftsleistung großen Stils voraussetzte.

Die Erklärung für die frühen Hügelfestungen

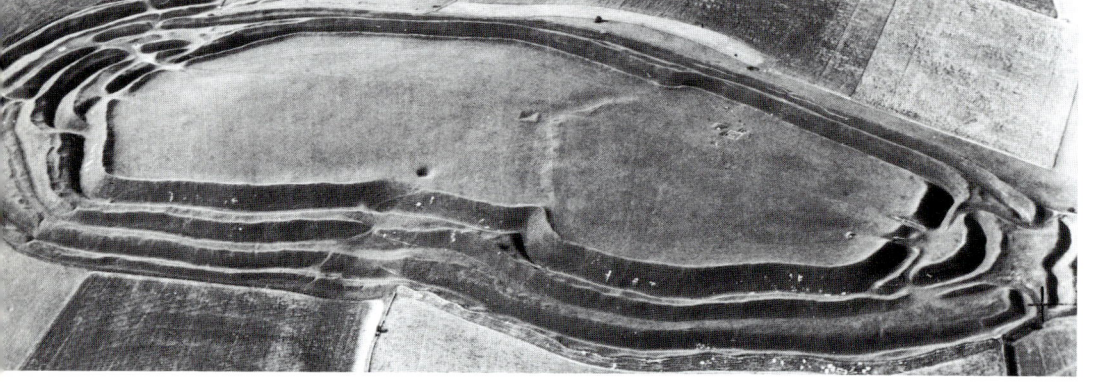

Zu den größten und stärksten britannischen Hügelfestungen zählt Maiden Castle in Dorset. Das Plateau mit einer Fläche von etwa 18 Hektar war vom 4. Jahrhundert v. Chr. bis 70 n. Chr. besiedelt. In dieser Luftaufnahme treten die mehrfachen, hier und da über zwanzig Meter tiefen Gräben mit den dazwischenliegenden Wällen, die dem natürlichen Gefälle der Hänge folgen, als Schatten hervor. Das Fort wurde 43 n. Chr. vom damaligen römischen Feldherrn Vespasian erobert. Den Friedhof der gefallenen Verteidiger hat man am Eingang gefunden.

muß im zunehmend aggressiven Charakter des Zusammenlebens gesucht werden – Verteidigungsanlagen dieser Größe sind ein sicherer Beweis dafür, daß die Bevölkerung ständigen Spannungen ausgesetzt war, und die Tatsache, daß zwischen 1000 und 500 v. Chr. fast überall im keltischen Europa immer neue Festungen entstanden, macht deutlich, wie lange dieser Zustand anhielt.

Wenngleich die frühen Hügelfestungen einander oberflächlich ähneln, spricht nichts dafür, daß sie alle dieselben Funktionen erfüllten. In Britannien, wo das archäologische Material besonders gut ist, waren die frühen Festungen nur sehr dünn besiedelt, und es ist möglich, daß sie nur in Krisenzeiten bewohnt oder zu bestimmten Jahreszeiten als Zentrum der Gemeinschaft zum Lagern von Getreide oder zur Unterbringung von Vieh benutzt wurden. Das Wittnauer Horn jedoch mit den Reihen sorgsam gebauter Häuser scheint eher dauerhaft bewohnt worden zu sein, doch gibt es keinen Hinweis darauf, daß irgendein Mitglied der Gemeinschaft über besonderen Reichtum verfügte. Andererseits entstanden im 6. Jahrhundert Hügelfestungen wie Mont Lassois oder die Heuneburg.

Es scheint also, als ob das Befestigen von Hügeln einer Vielzahl von Funktionen diente; gemeinsame Faktoren waren die Notwendig-

Die für Festungsanlagen ausgewählten Stätten boten in der Regel natürlichen Schutz, der durch Mauern oder Wälle und Gräben verstärkt wurde. Das Schutzbedürfnis läßt sich am Fort Dun Aengus auf der irischen Araninsel Inishmore besonders eindrucksvoll ablesen.

Der Eingang bildete den potentiell schwächsten Punkt der meisten Hügelfestungen. Entsprechend wurde er häufig mit zusätzlichen Erdschanzen geschützt, die den Angreifer verwirren und das Haupttor sichern sollten. In

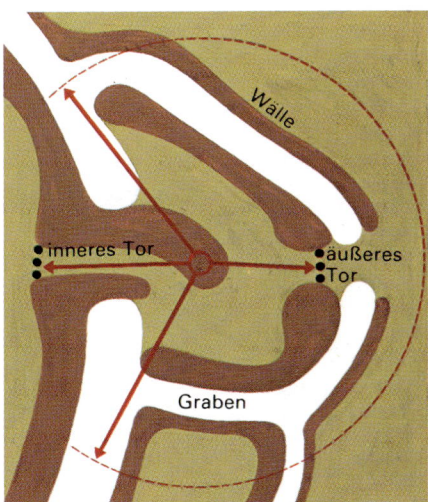

der englischen Hügelfestung Danebury bestand der Haupteingang aus zwei Toren, zwischen denen eine Erdschanze mit ebener Krone als Gefechtsstand diente. Von hier aus konnten die mit Schleudern bewaffneten Verteidiger beide Tore schützen und den vordringenden Feind abwehren.

keit der Verteidigung und die Fähigkeit der jeweiligen Gemeinschaft, diesen Bedarf zu befriedigen.

Es gibt Anzeichen dafür, daß während der gesellschaftlichen Umwälzungen, die im 5. Jahrhundert begannen, die Mehrzahl der europäischen Hügelfestungen aufgegeben wurde. Eine Erklärung mag in den großen Wanderbewegungen zu suchen sein, die nun einsetzten und den Bedarf an Boden und damit auch die Spannungen in den Hauptregionen verringerten, doch ist das gesamte Geschehen vermutlich weit komplexer und erst zu erschließen, wenn wir mehr über die Siedlungsformen des 4. und 3. Jahrhunderts wissen.

Es gibt etliche Ausnahmen von dieser Verallgemeinerung – als bekanntestes Beispiel sei Britannien genannt. Hier wurden vom 5. bis zum 1. Jahrhundert v. Chr. in einem weiten Bogen, der sich von Wales nach Süden und

Osten bis nach Kent erstreckte, weiterhin Hügelfestungen angelegt und zunehmend stärker befestigt. Jede Festung beherrschte nun ein abgegrenztes Gebiet, in dem sie eine zentrale Funktion erfüllte, da sie dem Hinterland zahlreiche Institutionen urbanen Charakters bot: Einrichtungen für Handel und Tausch, ein religiöses Zentrum, Schutz im Notfall, eine zum Teil gewerbetreibende Einwohnerschaft und vermutlich eine administrative Führung der Gemeinschaft. In Frankreich wurden noch im 1. Jahrhundert v. Chr. zum Schutz gegen Caesars Vormarsch Hügelfestungen gebaut, und nahezu hundert Jahre später mußte in Britannien ein römischer Feldherr über zwanzig Festungen bezwingen, ehe er behaupten konnte, den Südwesten der Insel erobert zu haben. In den keltischen Randzonen Britanniens waren einige Festungen noch bis weit in die römische Zeit hinein bewohnt.

Die ersten Städte

Gegen Ende des 2. Jahrhunderts v. Chr. entstanden im keltischen Europa Siedlungen (sogenannte Oppida), die man wegen ihrer Größe und vielfältigen Funktionen als Städte bezeichnen kann. Dieser kulturelle Fortschritt hatte vermutlich zwei Ursachen: Die – mittlerweile seßhafte – Gesellschaft hatte sich nach Jahrhunderten der Unruhe stabilisiert; überdies war das transalpine Europa nun seit vierhundert Jahren dem Einfluß des urbanen Mittelmeerraums ausgesetzt, und es ist leicht vorstellbar, daß die engen Handelskontakte auch zur Übernahme mediterraner Lebensweisen führten. Freilich handelt es sich bei den Oppida keineswegs um äußerliche Nachahmungen, sondern ganz im Gegenteil: Das Auftreten urbanen Lebens spiegelt grundlegende Veränderungen in der keltischen Gesellschaft wider. In der Hauptregion von Böhmen bis Mittelfrankreich gehörte die Herrschaft der Aristokratie mittlerweile der Vergangenheit an. Caesar berichtet, daß an der Spitze etlicher Stämme nun der jährlich gewählte »Vergobret« stand und das Streben nach der Königswürde mit dem Tode bestraft wurde. Das Auftreten einer oligarchischen Herrschaft war ein wichtiger Schritt auf dem Weg zur Zivilisation. Ein weiterer entscheidender Faktor war die Einführung von Münzgeld. Seit dem 3. Jahrhundert fanden Gold- und Silbermünzen, die von keltischen Stämmen nach makedonischen und griechischen Vorbildern geprägt wurden, in Mittel- und Westeuropa zunehmende Verbreitung. Söldner hatten diese Vorbilder vermutlich als Sold oder Beute von Kriegszügen im Mittelmeerraum mitgebracht. Zunächst dienten Münzen (importierte wie einheimische) vornehmlich als Geschenke, doch waren gegen Ende des 2. Jahrhunderts bereits kleinere Nennwerte in Gebrauch, die die Existenz einer echten Geldwirtschaft beweisen. Dieses System erleichterte natürlich den Handel mit der klassischen Welt wie mit benachbarten Stämmen.

Um eine Vorstellung vom Funktionieren dieser urbanen Zentren zu gewinnen, müssen wir das Oppidum Manching im Donaumoos Oberbayerns näher betrachten.

Der Wall von Manching war 7 Kilometer lang

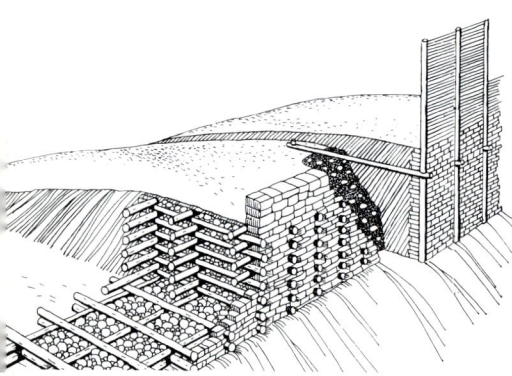

Oben: Der *murus Gallicus* bestand aus einem Holzgefach, das, mit Steinen und Erde aufgefüllt, an der Frontseite durch Steine verkleidet wurde.

Karte: Im 1. Jahrhundert v. Chr. entstanden im gesamten keltischen Europa urbane Zentren (Oppida), die im frühen 1. Jahrhundert n. Chr. auch in Britannien anzutreffen sind.

Verulamium (St. Albans)
Camulodunum (Colchester)
Hengistbury
Londinium (London)
Selsey
Fécamp
Namur
Amöneburg
Legnica
Dunsberg
Noviodunum (Soissons)
Steinsburg
Lutetia (Paris)
Titelberg
Augusta Treverorum (Trier)
Stradonice
Zavist
Cenabum (Orléans)
Finsterlohr
Hrazany
Avaricum (Bourges)
Heidengraben
Kelheim
Stare Hradisko
Alesia
Manching
Trisov
Uxellodunum
Basel
Altenburg
Devin
Zemplin
Bibracte
Braunsberg
Galis – Lovacka
Limoges
Bern
Bratislava
Aquincum (Budapest)
Gergovie
Karlstein
St. Margarethen
Bergamum (Bergamo)
Magdalensberg
Szalacska
Mediolanum (Milano)
Brixia (Brescia)
Toulouse
Gomolava
Zidovar
Entremont
Singidunum (Beograd)
Numantia

und umschloß eine Fläche von 375 Hektar. Obwohl die bebaute Fläche wesentlich kleiner war, stellt Manching dennoch eine sehr große Siedlung dar (man vergleiche die eisenzeitliche Stadt mit ihrer modernen Nachfolgerin im Bild links). Innerhalb der bebauten Fläche lassen sich planmäßig angelegte Straßen mit regelmäßig zu beiden Seiten gruppierten Holzgebäuden erkennen. Eisenverarbeitung wurde in großem Umfang betrieben; den Rohstoff lieferten die nahe gelegenen Raseneisenerzlager. (Allein die Nägel, die das Balkengefach des Walls zusammenhielten, wogen schätzungsweise 300 Tonnen.) Zu den gewerblichen Aktivitäten zählten die Bearbeitung von Kupfer und Bronze für Fibeln und Wagenbeschläge (man hat steinerne Gußformen gefunden), die Münzprägung (belegt durch Fragmente von Tonformen zum Gießen von Münzschrötlingen, die dann geschlagen wurden), die Herstellung von Glasperlen und -armreifen sowie eine stattliche Keramikindustrie, die hochwertige Ware produzierte und über ein ausgedehntes Gebiet vertrieb.

Der große Wall, der zum Schutz der Gemeinschaft angelegt wurde, stellt einen Befestigungstyp dar, den Caesar in Gallien kennenlernte und als *murus Gallicus* (gallische Mauer) bezeichnete. Man errichtete zunächst aus längs und quer horizontal geschichteten Balken ein offenes Kastenwerk. Die Balken wurden fest miteinander vernagelt und an der Außenfront mit einer Steinmauer versehen, in der nur die Köpfe der Querbalken sichtbar waren. Zwischen Steinmauer und Holzgefach sowie in und hinter dem Holzgefach wurden Erde und Bruchgestein aufgeschüttet. Caesar zeigte sich von der Solidität der Konstruktion sehr beeindruckt und merkt an, daß die Steinfassade den Wall vor Brand schützte, während das Holzgefach ihm eine solche Festigkeit verlieh, daß er mit dem Rammbock nicht zu brechen war.

Der *murus Gallicus* fand im Europa des 1. Jahrhunderts v. Chr. weite Verbreitung, doch hatte er sich zweifellos aus einer Tradition des Befestigungsbaus entwickelt, die bis in die Urnenfelderzeit zurückreicht. Manching, die Hauptstadt der keltischen Vindeliker, war nach archäologischen Befunden das ganze 1. Jahrhundert v. Chr. bewohnt und wurde gegen Ende des Jahrhunderts zerstört – vielleicht durch die Römer, die 15 v. Chr. in dieser Region zu Felde zogen.

Die zivilisatorisch fortgeschrittenen Stämme haben wohl alle eine Stadt – oder mehrere –

dieses Typs gehabt. Caesar stieß in Gallien auf etliche Oppida, von denen das berühmteste wohl Bibracte (Mont Beuvray) war, die Hauptstadt der romfreundlichen Häduer. Die mächtige Hügelkuppe wurde von einem fünf Kilometer langen Befestigungsring umschlossen, dessen Höhe man auf fünf Meter geschätzt hat. Im Innern schlängelten sich die Straßen von einem Viertel zum anderen, die – bis auf bestimmte Areale mit besonderen Funktionen – nicht planmäßig angelegt waren. Die Hütten der Eisenarbeiter etwa konzentrierten sich an den Hügelflanken, während die Werkstätten der Goldschmiede und Emailleure dicht beieinander an einer der Hauptstraßen lagen. Die Ausgräber konnten auch einen geheiligten Platz, einen Marktplatz und einen ihrer Meinung nach der

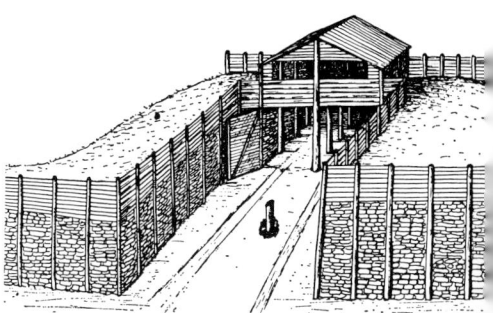

Rekonstruktion eines der Hauptzugänge des Oppidums Manching. Das zurückgesetzte Tor ist durch die nach innen gezogenen Enden des Walls zusätzlich geschützt.

Oberschicht vorbehaltenen Wohnbezirk identifizieren.

Bibracte überlebte die Eroberung Galliens durch Caesar und blühte bis etwa 5 v. Chr. Um diese Zeit verlagerte sich das urbane Leben der Region in die zwanzig Kilometer östlich im Tal gelegene römische Neugründung Augustodunum (Autun).

Das keltische Oppidum Manching zählt nach systematischen Grabungen zwischen 1953 und 1967 zu den am besten erforschten keltischen Zentren Europas. Der Ringwall (weiß) folgte zum Teil der Paar, einem Nebenfluß der Donau.

Die unsteten Stämme

Der Gott der Jagd, den viele der so unterschiedlichen Keltenstämme verehrten. Die Kelten liebten die Jagd, wie eine Fülle von Zeugnissen beweist, doch waren sie vor allem Bauern, deren häufige Wanderungen von der Erschöpfung des Bodens und dem Bedarf nach neuem Land ausgelöst wurden. Diese Statue ist eines der wenigen keltischen Kunstwerke, das den typischen vom Volk getragenen Mantel zeigt.

Die Keltenstämme zeichneten sich stets durch Mobilität aus. Auf dem Höhepunkt der Wanderungen durchzogen ganze Stämme oder Stammesteile riesige Territorien, ließen sich zeitweilig nieder und zogen dann wieder weiter. Noch im 1. Jahrhundert v. Chr., als die Hauptphase der Wanderungen vorüber war, schildert Caesar, wie die Helvetier, denen ihre Schweizer Heimat zu klein geworden war, ihre Häuser verbrannten und nach Westen zogen – und dann von ihm selbst besiegt und wieder zurückgeschickt wurden.

Auch die wechselnden Schicksale einzelner Stämme wirkten sich auf die Stammeskarte aus: Ein eben noch mächtiger Stamm, von dem viele kleinere Stämme abhängig waren, konnte plötzlich seine Führungsrolle einbüßen und in Bedeutungslosigkeit versinken. Durch Caesar ist uns die Situation der Gallierstämme um die Mitte des 1. Jahrhunderts v. Chr. bekannt. Es gab zwei Hauptparteiungen, an deren Spitze die Häduer bzw. die Sequaner standen. Dazu Caesar: »Während die Häduer seit jeher höchstes Ansehen genossen und über große Schutzgemeinschaften verfügten, besaßen die Sequaner aus eigener Macht nur wenig Einfluß.« Es scheint also, daß auf Stammesebene ein Klientensystem existierte, in dem die Hauptstämme – vermutlich als Gegenleistung für gewährten Schutz – von den Abhängigen Tribut empfingen. Als die Häduer ihre Führungsschicht auf dem Schlachtfeld verloren hatten, konnten die Sequaner ihre Überlegenheit beweisen, und viele der Stämme, die zuvor Trabanten der Häduer gewesen waren, liefen nun zu ihnen über. Um dem zu begegnen, bemühten sich die Häduer um die Protektion Roms, die ihnen schließlich auch gewährt wurde, woraufhin die abhängigen Stämme zu ihnen zurückkehrten und so die Sequaner isolierten. Die kleineren Stämme, die sich wegen alter Fehden und Rivalitäten nicht entschließen konnten, Klienten der Häduer zu werden, wählten sich die Remer zu Beschützern, die, wie Caesar sagt, »sie sorgfältig beschirmten. So konnten sie das neue, unerwartet erworbene Ansehen fest bewahren.«

Dieses Beispiel ist typisch für die Unbeständigkeit der Stammesbündnisse; es macht überdies deutlich, welche Rolle die römische Protektion bei der Verlagerung des politischen Gleichgewichts spielte. Dennoch hatte sich die Hierarchie der gallischen Stämme so weit etabliert, daß unter römischer Herrschaft Stammesverbände die Basis der Verwaltungsstruktur bildeten.

DIE DUROBRIGEN

Mächtiger, jedoch politisch rückständiger Stamm mit Sitz im südbritannischen Dorset. Vespasian mußte als Legionskommandeur über zwanzig Hügelfestungen der Durobrigen – darunter Maiden Castle – bezwingen, ehe sich der Stamm endlich unterwarf.

DIE ICENER

Britannischer Stamm in Norfolk und Suffolk. Nach der Invasion des Claudius verbündeten sie sich mit Rom und wurden von einem Vasallenkönig, Prasutagus, regiert. Nach dessen Tod kam es zu einem Aufstand unter der Führung der Königin Boudicca, der jedoch – schlecht vorbereitet – scheiterte.

besaß einen riesigen Gold- und Silberschatz, der 106 v. Chr. von den Römern geplündert wurde.

DIE ERAVISKER

Ein Stamm, der seit dem 1. Jahrhundert v. Chr. in Transdanubiens saß; eine seiner Hauptsiedlungen war Vorläuferin des heutigen Budapest. Die eraviskische Kultur behauptete sich auch in der frühen Phase der römischen Okkupation: Wie Grabsteinreliefs beweisen, trugen die reichen Familien nach wie vor keltische Kleidung und keltischen Schmuck.

DIE BRIGANTEN

Großer Stammesverband, dessen Gebiet sich in Nordengland von der Irischen See bis zur Nordsee

Daher kommt es,
daß sie so leicht auswandern,
indem sie zu Hauf und in
ganzen Heerscharen
fortziehen oder vielmehr
mit ihrem ganzen
Hausstand aufbrechen,
wenn sie von Mächtigeren
vertrieben werden.

Strabo

DIE TRINOVANTEN

Bewohner eines Teils von Ostengland nördlich der Themse. Zur Zeit Caesars bekriegten sie sich mit ihren Nachbarn, den Catuvellaunern. Sie schlossen ein Bündnis mit Rom, und ihre Häuptlinge wurden reich vom Handel mit der römischen Welt.

DIE VOLKEN

Die Volken waren ursprünglich Nachbarn der Bojer in Mitteleuropa. Ein Nebenzweig des Stammes verband sich mit den Tektosagen; ein Teil dieser Gruppe siedelte sich in Südgallien an, während der andere nach Anatolien zog. Der gallische Verband

erstreckte. Im 1. Jahrhundert n. Chr. scheinen die Briganten mit Rom verbündet gewesen zu sein, doch führte ein Zerwürfnis zwischen der Königin Cartimandua und ihrem Gatten Venutius zum Eingreifen römischer Truppen zugunsten der Königin. Venutius wurde später in einer offenen Feldschlacht besiegt.

DIE PARISIER

Ein Stamm, der im Gebiet von Paris lebte. Seine Hauptstadt Lutetia war die Vorläuferin des heutigen Paris.

La Tène – vom 5. bis zum 1. Jahrhundert v. Chr. Stätte keltischer Siedlungen am Nordufer des Neuenburger Sees in der Schweiz. Der Name, der nur eine Untiefe bezeichnet, steht mittlerweile mehr für eine Kulturperiode als für einen geographischen Ort.

Das gallo-römische Relief dreier Muttergöttinnen aus Alesia ist typisch für die
keltische Tradition der heiligen Dreiheit.
Der gehörnte Cernunnos, Gott der
Unterwelt, inspirierte in der gesamten
keltischen Welt zu Plastiken (gegenüber
ein Beispiel aus Süddeutschland).

RELIGION
UND MYSTERIUM

Die Gallier sind in hohem Maße religiös.
Aus diesem Grunde opfern die,
welche von schweren Krankheiten befallen
sind und in Kampf und Gefahr schweben,
anstelle der Opfertiere Menschen oder
geloben deren Opfer.

Caesar

*Totenschädel, die aus steinernen
Tempelmauern starren . . . figürliche
Darstellungen von Tieren, gehörnten
Gestalten, Mensch-Tieren . . . und
überall Triaden von Göttern,
Priestern, Menschenköpfen.
Derlei Relikte sind ein sichtbarer
Beweis für die intensiven religiösen
Vorstellungen der Kelten, die in
Geisterglauben, Talismanen und
übernatürlichem Symbolismus zum
Ausdruck kamen. Römische Autoren
haben – teils mit Verständnis, teils
mit Abscheu – vom religiösen Leben
der Kelten berichtet und uns nicht
nur Schilderungen von blutigen
Menschenopfern und abergläubischen
Tabus hinterlassen, sondern auch
die Priesterrolle der Druidenelite
zu deuten versucht. Die Schattenwelt
der keltischen Religion bietet eine
Fülle von Anhaltspunkten, doch
keinen Hinweis auf eine
allumfassende Idee, ein Weltsystem,
eine Götterhierarchie wie die des
griechischen und römischen
Pantheons – zweifellos weil diese
nicht existierten. Überdies entzieht
sich uns – wie seinerzeit den
Römern – die tiefere Bedeutung so
mancher keltischer religiöser
Symbole, da die Druiden ihre
Lehre – auf Waldlichtungen, an
heiligen Quellen oder in
Tempelheiligtümern, die jedem
Außenseiter verschlossen waren –
nur mündlich vermittelten. So stoßen
wir bei der Untersuchung der
keltischen Religion – oder
Religionen – letztlich auf mehr
Fragen als Antworten.*

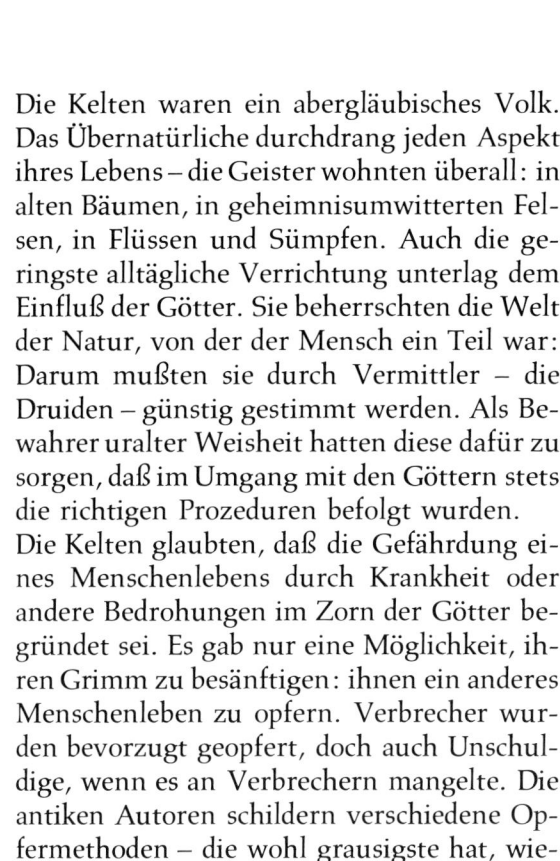

Die Kelten waren ein abergläubisches Volk.
Das Übernatürliche durchdrang jeden Aspekt
ihres Lebens – die Geister wohnten überall: in
alten Bäumen, in geheimnisumwitterten Felsen, in Flüssen und Sümpfen. Auch die ge-
ringste alltägliche Verrichtung unterlag dem
Einfluß der Götter. Sie beherrschten die Welt
der Natur, von der der Mensch ein Teil war:
Darum mußten sie durch Vermittler – die
Druiden – günstig gestimmt werden. Als Bewahrer uralter Weisheit hatten diese dafür zu
sorgen, daß im Umgang mit den Göttern stets
die richtigen Prozeduren befolgt wurden.
Die Kelten glaubten, daß die Gefährdung eines Menschenlebens durch Krankheit oder
andere Bedrohungen im Zorn der Götter begründet sei. Es gab nur eine Möglichkeit, ihren Grimm zu besänftigen: ihnen ein anderes
Menschenleben zu opfern. Verbrecher wurden bevorzugt geopfert, doch auch Unschul-
dige, wenn es an Verbrechern mangelte. Die
antiken Autoren schildern verschiedene Op-
fermethoden – die wohl grausigste hat, wiederum, Caesar überliefert. »Andere Stämme
haben Gebilde von ungeheurer Größe, deren
aus Ruten zusammengeflochtene Glieder sie
mit lebenden Menschen füllen; sie werden
dann von unten angezündet, und die von den
Flammen Eingeschlossenen erleiden den
Tod.«
Caesar mag das Menschenopfer, über das er
sich voller Abscheu verbreitet, besonders
hervorgehoben haben, um sich vor seinen Le-
sern für das brutale Vorgehen gegen die gallischen Stämme zu rechtfertigen. Es steht jedoch außer Zweifel, daß das Menschenopfer
bei den Kelten ausschließlich religiöse Bedeutung hatte.
Wir besitzen eine Fülle von Zeugnissen über
die keltische Religion. Die klassischen Autoren haben sich um Interpretationen von Opferzeremonien und Glaubensinhalten bemüht
und, besonders, die Priesterschicht der Druiden zu enträtseln versucht (S. 106–111). Ergänzen läßt sich das Bild durch Informationen, die bei Ausgrabungen gewonnen wurden
und mehr Licht auf die Lage und Anordnung
heiliger Stätten werfen. Dem können wir Interpretationen einer reichen ikonographi-
schen Hinterlassenschaft hinzufügen – darunter religiöse Plastiken und Weihinschrif-
ten, die in römischer Zeit von Kelten
geschaffen wurden. Schließlich enthalten die
Sagen der heidnischen Iren mannigfaltige –
oft schwer zu deutende – Details, die der Zensur der christlichen Schreiber bei der Niederschrift entgingen.

Eine heidnische Dreifaltigkeit

Die Drei war in der antiken Welt eine heilige oder glückverheißende Zahl. Es ist daher kaum überraschend, daß die Dreiheit auch in den religiösen Vorstellungen der Kelten auftaucht. Weniger mystisch als die christliche Dreifaltigkeit, bedeutet die Dreiheit bei den Kelten vor allem zusätzliche Kraft oder Macht, weil drei mehr ist als eins. Wir haben bereits die Kampfeinheit der *trimarcisia* erwähnt, ein eher weltlicher und praktischer Ausdruck derselben Vorstellung. Hinweise auf die Dreiheit finden sich auch in der irischen Literatur. Die drei Muttergöttinnen des Krieges Mórrígan, Macha und Bodb treten vereint als Mórrígna (die großen Königinnen) auf.

»Ich schwöre, sagte Cú Chulainn, »bei den Göttern, bei denen die Ulster-Männer schwören, daß ich dich gegen einen grünen Stein der Furt schleudern werde.«
»Ich werde dir als grauer Wolf erscheinen«, sagte die Mórrígan, »und das Fleisch von deiner rechten Hand reißen bis zum linken Arm.«
»Ich werde dich mit meinem Speer treffen«, sagte er, »bis ich dir das linke oder das rechte Auge ausgestoßen habe.«
»Ich werde mich in eine weiße Färse mit roten Ohren verwandeln«, sagte sie, »und ich werde hundert weiße Kühe mit roten Ohren in den Weiher neben der Furt führen, in der du kämpfst. Und ich und alle, die mir folgen, werden in die Furt stürzen, und in redlichem Kampf wird dir der Kopf abgeschlagen werden.«
»Dein rechtes oder dein linkes Bein«, sagte er, »werde ich mit meinem Schleuderstein zerschmettern, und ich werde dir niemals helfen, wenn du mich nicht in Ruhe läßt.«
Darauf begab sich die Mórrígan in den Feenhügel von Cruachan in Connacht, und Cú Chulainn kehrte in sein Bett zurück.

Aus: Táin Bó Cuailnge

Auch die Göttin Brigit ist dreigestaltig. Bei den männlichen Gottheiten zeigt sich diese Tendenz weniger deutlich, wenngleich Lug zusammen mit seinen beiden Brüdern erscheint und Dagda gelegentlich mit zwei weiteren Namen in Verbindung gebracht wird. In der keltischen und römisch-keltischen Ikonographie findet sich eine Fülle von Darstellungen der Dreiheit, besonders in den Reliefs der »Drei Mütter«. Sie werden in der Regel als sitzende Göttinnen mit Symbolen der Fruchtbarkeit wie Früchten, Füllhörnern und

gelegentlich Kindern dargestellt. Man betrachte etwa das schöne Relief aus Vertillum (S. 48). Offenbar stellen derartige Triaden, die in dieser Gegend Burgunds besonders häufig sind, die Gestalten einer populären lokalen Gottheit dar. Eine ähnliche Konzentration ist in den südenglischen Cotswolds anzutreffen, wo man übrigens auch männliche Triaden gefunden hat (S. 49).
Eine andere Form, in der sich die Dreiheit manifestiert, ist der Trizephalos – ein Kopf mit drei Gesichtern. Er kann, wie das bekannte Beispiel aus dem irischen Korleck oder das kürzlich in Wiltshire gefundene – die Form eines schlichten Steinblocks haben, in den drei Gesichter gemeißelt sind. Besonders kunstvoll ist der rechts abgebildete Trizephalos.
Häufig ist in der keltischen Kunst der Dreierwirbel anzutreffen – ein schlichtes ornamentales Motiv, das aus drei Elementen besteht, die sich um einen gemeinsamen Mittelpunkt in dieselbe Richtung zu bewegen scheinen. Der Dreierwirbel muß seinen Ursprung in einem Sonnensymbol gehabt haben, dem die Bedeutung Kraft später hinzugefügt wurde. Es ist wohl kein Zufall, daß der Buckel eines in Llyn Cerrig auf Anglesey gefundenen Schildes als Schmuckmotiv den Dreierwirbel trägt. Sollte dieses Motiv zu mehr als nur physischem Schutz verhelfen?

»Dunkler, bist du rastlos,
glaubst du, sie scharen sich
zu unabwendbarem Gemetzel?
Der weise Rabe
krächzt laut,
daß Feinde die lieblichen
Felder heimsuchen,
in Horden verwüsten.
Wisse, ich sehe
fruchtbare Ebenen
ihre Nacken entblößen,
das Grün des Grases,
die Schönheit der Blüten.
Auf den Ebenen Krieg,
der Heldenscharen
in den Staub malmt.
Vieh stöhnt, die Badb
und heißhungrig der Rabe
zwischen Leichen von Männern.
Betrübnis und Jammer
und immerwährend Krieg,
der über Cuailnge tobt.
Tod der Söhne,
Tod der Sippe,
Tod! Tod!«

Die Mórrígan in *Táin Bó Cuilnge*

Weil die Zahl drei ein Symbol der Kraft war, wurden viele Gottheiten dreifach abgebildet. Der Stil der Darstellung variiert beträchtlich und reicht von sehr einfachen Gravuren wie den »drei Müttern« aus Burgund (3. Jahrhundert v. Chr.) zu so differenzierten gallorömischen Interpretationen wie dem dreigesichtigen Gott auf einer Terrakottavase aus dem französischen Bavay *(gegenüber)*; 2. Jahrhundert v. Chr.

Erdmutter und Stammesvater

Aus der verwirrenden Fülle von Details über die religiösen Vorstellungen der Kelten, die in der irischen Literatur überliefert sind und sich in der römisch-keltischen Ikonographie widerspiegeln, tritt ein einfaches Grundthema hervor: In den weiblichen Gottheiten finden sich stets Züge einer Erdmutter-Göttin, während die männlichen Gottheiten – unabhängig von ihren spezifischen Attributen – Eigenschaften des Stammesgottes aufweisen. Vielleicht können wir in dieser offenkundigen Einfachheit die Grundlage der keltischen Religion sehen.

Mit Hilfe der irischen Literatur lassen sich diese verschwommenen Begriffe mit einer gewissen Substanz füllen. Der große männliche Gott – der Gott, der in allen Stammesgottheiten wiederkehrt – war Dagda, dessen Name »der gute Gott« bedeutet. Die irische

Ich,
Allmutter Natur,
Beherrscherin der Elemente,
erstgeborenes Kind der Zeit,
Höchste der Gottheiten,
Königin der Seelen,
Erste der Himmlischen,
ich vereine in mir die
Gestalten aller Götter
und Göttinnen.

Lucius Apuleius

Geschichte »Die Schlacht von Moytura« liefert eine Erklärung für dieses Attribut. In einem Kriegsrat vor der Schlacht verkündet jeder Gott seine Qualifikationen. Als Dagda an die Reihe kommt, sagt er nur: »Alles, was ihr zu tun versprecht, werde ich allein tun«, worauf die anderen entgegnen: »Du bist ja der *gute Gott*.« In diesem Zusammenhang hat »gut« also keine moralische Bedeutung, sondern meint den »Vollkommenen«, den »Alleskönner«. Als solcher ist Dagda stets in allen Personifikationen des Göttlichen gegenwärtig.

Sein weibliches Gegenstück ist in der irischen Literatur die Mórrígan – die »große Königin«. Sie tritt in vielerlei Gestalten auf – etwa als Panikdämonin, der Rabe der Schlacht und in dreifacher Gestalt mit Macha und Bodb. Sie ist vor allem eine Muttergöttin – eine Göttin der Fruchtbarkeit –, darüber hinaus jedoch auch die Auslöserin von Furcht und Irrationalität, die den Menschen in Augenblicken der Gefährdung zu zerstören vermag.

In der Beziehung zwischen dem männlichen Dagda (in dem sich alle Fähigkeiten des Stammes verkörpern) und der weiblichen Mórrígan (der Erde, der Fruchtbarkeit und der Gefährdung) kann alles erklärt werden: Gut und Böse, Vernunft und Verwirrung, Tapferkeit und Furcht. Das Leben beruht auf dem Zusammenwirken dieser gegensätzlichen Elemente.

Im keltischen Irland wurde die Vereinigung dieser beiden Elemente mit dem am 1. November begangenen Fest *Samain* gefeiert. In der Samain-Nacht, wenn das alte Jahr endete und das neue begann, waren die Geister unterwegs, und die Welt stürzte ins Chaos. Dann versammelte sich der Stamm, um mit Opfern die Fruchtbarkeit seiner Felder und Herden für das kommende Jahr zu sichern. In der keltischen Mythologie war Samain also die Zeit der Versöhnung des Stammesgottes und der Erdmutter in ihrer Stammesgestalt – die Zeit ihrer geschlechtlichen Vereinigung: Mit dem Akt wurde die Wiederherstellung des Kräftegleichgewichts besiegelt und die Fruchtbarkeit des Bodens wie des Stammes erneuert.

In diesem Kapitel geht es uns darum, in der Überfülle keltischer Mythen und Gottheiten zum Wesentlichen vorzudringen. Was sich uns offenbart, sind zweifellos Relikte eines uralten paneuropäischen Glaubens, den die Kelten in den verschiedenen Regionen zu einem unerhört komplizierten Gefüge ausgestalteten.

Plastik eines Gottes mit Strahlenkranz aus Nordirland.

Der uralte Glaube an eine Göttin der Zeugung und der Fruchtbarkeit läßt sich noch unter dem Mantel des Christentums im ganzen mittelalterlichen Europa aufspüren. Die Skulptur *(rechts)* einer *Sheela-na-gig* – offenbar eine Fruchtbarkeitsgöttin – ist auf einem Kragstück der mittelalterlichen Kirche von Kilpeck in Herefordshire zu besichtigen. Sie gehört zu den wenigen, die im 19. Jahrhundert einer Welle puritanischen Zerstörungseifers entgingen.

Der Stammesgott trat in vielerlei Gestalten auf, am häufigsten jedoch als Jäger. Hier sehen wir ihn im Prunk seiner Geweihkrone; die Rechte hält den magischen Torques. Kessel von Gundestrup, 1. Jahrhundert v. Chr.

Der »gute Gott«, in der irischen Literatur Dagda, erscheint mit den Symbolen großer Kraft. Er trägt eine schwere Keule und einen unerschöpflichen Kessel, dessen Inhalt Erleuchtung, Verjüngung und Heilung von Krankheiten bewirkt. Diese gallo-römische Bronzeplastik aus Prémeaux in Frankreich stellt den Gott als Dis Pater dar – eine Version des römischen Jupiter.

73

Die Hauptgötter

Rechts: Reitende Götter wurden in der gesamten keltischen Welt verehrt, denn sie verkörperten den Stammesgott als Krieger. Dieses römisch-britannische Beispiel stammt aus Willingham Fen bei Cambridge.

Taranis, der keltische Donnergott, wurde von den Römern mit Jupiter gleichgesetzt. Daher erscheint er in gallo-römischer Zeit häufig mit den Attributen des Jupiter wie etwa dem Blitz. Diese Bronzestatuette aus Frankreich zeigt ihn mit einem Rad in der Linken.

Die reiche Ikonographie des keltischen Europa präsentiert uns eine verwirrende Vielfalt von Gottheiten. Insgesamt kennen wir über vierhundert Namen, von denen jedoch drei Viertel nur einmal auftauchen, so daß kaum daran gezweifelt werden kann, daß es regional unterschiedliche Versionen der pankeltischen Stammes- und Naturgötter gab.

Caesar, der die Vielfalt der keltischen Gottheiten erwähnt, aber auf eine detaillierte Beschreibung verzichtet, interpretiert sie in Begriffen, die seine römischen Leser verstehen konnten: Wenn ein keltischer Gott – gleich welchen Namens – dieselben Eigenschaften besaß wie ein römischer Gott, mußte er eben mit diesem identisch sein.

Die anderen klassischen Autoren sind auch nicht aufschlußreicher. Lucanus jedoch, ein römischer Dichter des 1. Jahrhunderts n. Chr., erwähnt in seinem Versepos *Pharsalia* drei keltische Götter mit Namen – Esus, Taranis und Teutates –, von denen sich in Irland und Wales Entsprechungen nachweisen lassen. Taranis hat denselben Wortstamm wie das welsche *taran* und das irische *torann* mit der Bedeutung »Donner«, während der Name Teutates dieselbe Wurzel hat wie *túath*, »Stamm«, im Irischen. Warum aber Lucanus diese drei besonders hervorhebt, ist unerfindlich, denn in der archäologischen Überlieferung tauchen sie nur selten auf – vielleicht ein Fall von dichterischer Freiheit? Es wäre falsch, sich die keltischen Götter in einem Pantheon angeordnet vorzustellen, das der Götterwelt der Griechen und Römer entsprochen hätte. Die übernatürlichen Wesen der Kelten waren schattenhaftere Gestalten, deren Hierarchien unklar sind, doch es gibt in der irischen Literatur vage Hinweise darauf, daß die Vorstellung von der Götterwelt etwa der Stammesorganisation entsprach. An der Spitze standen der Stammesgott und seine Gefährtin, die Erdmutter (s. S. 72), doch ihnen übergeordnet ist die vage Idee einer »Mutter der Götter«, von der die Stammesgötter abstammen. Es scheint also, als ob die Stammesgötter mit höheren Gottheiten verwandt waren, so wie sich die Stammeshäuptlinge von den Stammesgöttern herleiteten. Diese Parallele könnte noch weiter gezogen werden. So wie die Schicht der Spezialisten im Stamm in Handwerker, Heilende und Gelehrte aufgeteilt war, gibt es Indizien für dieselben Spezialisierungen auch unter den Göttern, wenngleich unklar ist, in welcher Beziehung diese Handwerker-Götter zur allmächtigen, alles-könnenden Stammesgottheit standen.

Das Problem, ob es unter den keltischen Göttern eine Hierarchie gab oder nicht, wird noch zusätzlich kompliziert durch die irischen *Túatha Dé Dannan* – »Die Stämme der Göttin Dannan« –, mythologische Erzählungen über einen Götterbund. Zwar könnte sich in diesem Bund die vage Vorstellung einer Götterfamilie widerspiegeln, doch ließe er sich ebenso im Sinne einer Klientschaft bzw. der Vorherrschaft eines Stammesgottes über die Götter untergeordneter Stämme erklären. Aus der Fülle geringerer Gottheiten tritt ein Gott hervor, der besonders weit verbreitet ist – der Gott Lug. Im keltischen Irland zählte der ihm geweihte Tag *Lugnasad* (der 1. August) zu den vier großen Festtagen des irischen Kalenders (s. S. 110–111), während im gallischen Lugdunum (Lyon) unter römischer Herrschaft am selben Tag das Fest des göttlichen Kaisers Augustus gefeiert wurde – ein interessantes Beispiel dafür, wie geschickt die Römer einheimische Institutionen den eigenen offiziellen Zwecken anpaßten. Der Name des Gottes lebt als Element von Ortsnamen in ganz Europa fort, während dem Gott geweihte Inschriften in der Schweiz ebenso gefunden wurden wie im entfernten Spanien. In anderer Form, als Find – »der Blonde« – überlebte sein Name in den römischen Ortsnamen *Vindobona* (Wien) und *Vindonissa* (Windisch in

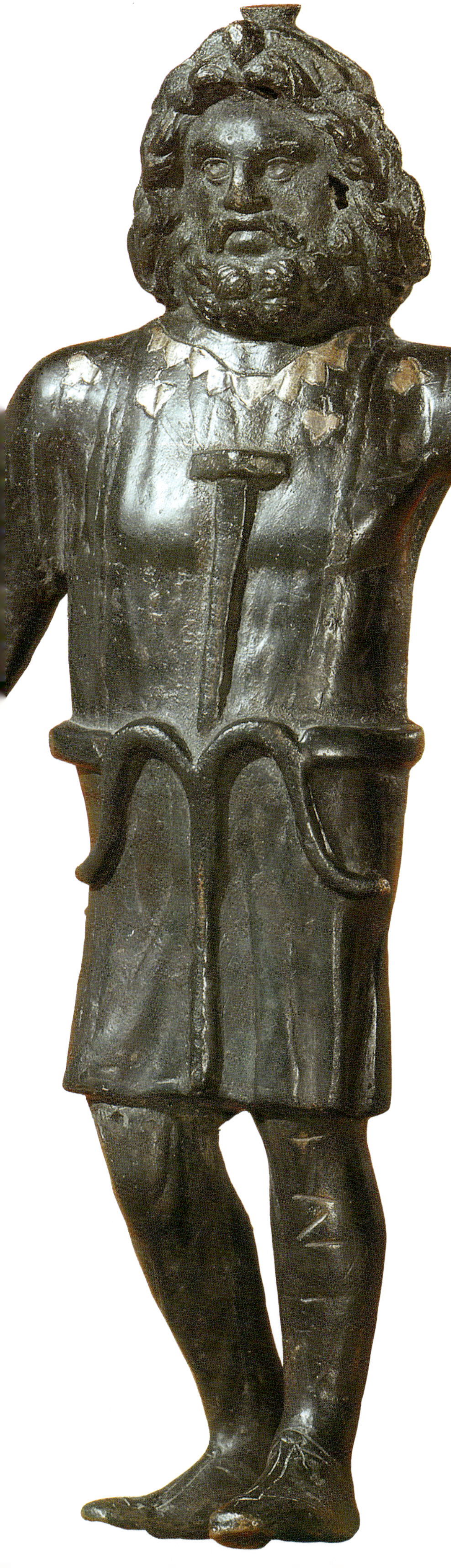

Alle Gallier rühmen sich, vom Vater
Dis abzustammen, und behaupten,
das sei ihnen von den Druiden
überliefert. Deswegen bestimmen sie
alle Zeiträume nicht nach der
Zahl der Tage, sondern der Nächte.
Die Geburtstage, den Beginn der
Monate und Jahre berechnen sie so,
daß der Tag erst auf die
Nacht folgt.

Caesar

der Schweiz). Daß das Fest dieses weitverbreiteten – und gewiß mächtigen – Gottes im August gefeiert wurde, ein wichtiges Datum im landwirtschaftlichen Kalender, läßt vermuten, daß er ein Fruchtbarkeitsgott gewesen sein könnte.

Ein wiederkehrendes Motiv der keltischen Ikonographie ist der gehörnte Gott, von dem wir zwei Versionen kennen: den Gott mit dem Hirschgeweih, Cernunnos, und den namenlosen Gott mit Stier- oder Widderhörnern. Auf dem Kessel von Gundestrup (S. 73) ist Cernunnos mit dem Hirschgeweih und zwei goldenen Torques abgebildet – einen trägt er um den Hals, den anderen in der rechten Hand. Typisch für ihn sind in dieser Darstellung auch der Hirsch und die gehörnte Schlange als Attribute. Cernunnos, sicherlich eine sehr alte Gottheit, könnte durchaus auf einen Jagdgott der vorbäuerlichen Zeit zurückgehen. Man hat in Lagern mittelsteinzeitlicher Jäger durchbohrte Stirnzapfen von Geweihen gefunden, und es ist nachgewiesen, daß die Schamanen der späteren Hirtengemeinschaften Rußlands und der Polarkreiszone Hirschgeweihe trugen. Den Torques wurden magische Kräfte zur Abwehr des Bösen zugeschrieben, während die Schlange ein häufiges Attribut keltischer Kriegsgötter ist. Der namenlose zweite gehörnte Gott muß ebenfalls Bezug zum Kriegshandwerk haben, da er oft nackt, jedoch bewaffnet dargestellt ist. Die Schlange kann auch als Hinweis auf die zweite Fähigkeit des Gottes – die des Heilens – gedeutet werden. Diese Annahme ist keineswegs widersprüchlich, da der keltische Stammesgott ja der »Alleskönner« war. In der irischen Literatur findet sich ein interessantes Beispiel für eine derartige Kombination von

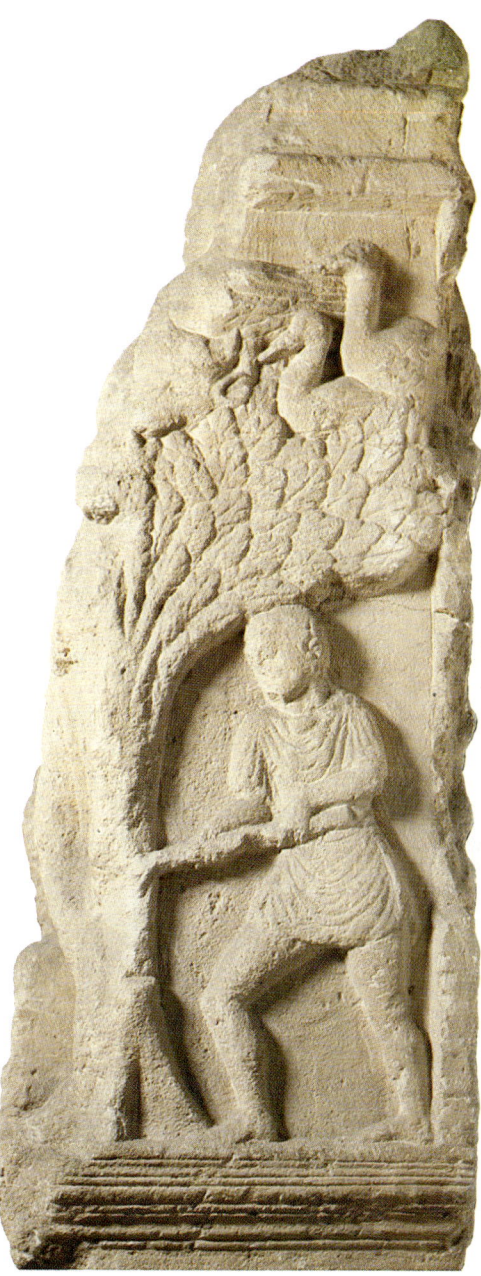

Die Stammesgötter erscheinen in vielen Kunstwerken als Schmiede und andere Handwerker. *Links:* Dis Pater (Vater der Götter) aus Visp in der Schweiz. *Oben:* Holzfällergott aus Trier.

nicht klar ist, ob wir es hier mit einer gesonderten Gottheit oder nur mit einer Erscheinungsform des allmächtigen Stammesgottes zu tun haben.

Taranis wird gelegentlich mit einem Rad in der Hand abgebildet. In dieser Version soll er offenbar einen Himmelsgott darstellen, vergleichbar dem römischen Jupiter. In der römisch-keltischen Ikonographie erscheint er auch als bärtiger Reiter in römischer Gewandung, der einen Riesen niederreitet (S. 51). Plastiken dieser Art beschränken sich auf das Gebiet vom Mittelrhein bis Nordostgallien, wo der Kult offenbar sehr populär war.

Die Stammesgöttinnen waren alle in der einen oder anderen Weise Göttinnen der Fruchtbarkeit und des Überflusses. Wir haben bereits auf die so populären Triaden der *matres* (Mütter) hingewiesen, die stets mit den Symbolen des Überflusses (Füllhorn) und der Fruchtbarkeit (Kinder) dargestellt wurden. Weibliche Gottheiten hatten aber auch andere Zuständigkeitsbereiche. So herrschte die irische Flidais offenbar als Waldgeist über die Tiere. Als Jägerin entsprach sie der römischen Diana, in deren Kompetenz ja auch die Fruchtbarkeit fiel.

Eine weitere weibliche Gottheit, die in der römisch-keltischen Welt große Popularität erlangte, war Epona, deren Kult in der Region von Alesia in Ostfrankreich beheimatet gewesen zu sein scheint. Epona wird in der Regel im Damensattel reitend dargestellt und kann von einem Vogel, einem Hund oder einem Fohlen begleitet sein. In einer Weihinschrift wird sie im Plural genannt – *Eponabus* –, ein Indiz dafür, daß man sie sich wie die *matres* auch als Dreiheit gedacht haben könnte. Als gallische Göttin wurde sie erst später auf den Britischen Inseln eingeführt, doch gab es dort bereits mit der britannischen Riannon und

Die Reitergöttin Epona, gallo-römische Statuette aus Alesia (Frankreich), einem der Hauptzentren des Epona-Kults.
Andere in Ostfrankreich verehrte Göttinnen waren die »drei Mütter«, eine Triade der Fruchtbarkeit und des Überflusses.

Fähigkeiten. In den *Túatha Dé Dannan* heilt einer der Götter, der als großer Krieger gilt, den verwundeten Helden Cú Chulainn mit magischen Gesängen und heiligen Kräutern. Zuweilen erscheint der Stammesgott auch als Schmied mit den entsprechenden Werkzeugen als Attributen. In dieser Gestalt ist er vermutlich der von Lucanus erwähnte »Donnerer« Taranis – und wurde zwangsläufig mit dem römischen Gott Vulcanus gleichgesetzt. Der göttliche Schmied Gobniu ist in der irischen Mythologie gut belegt und taucht in Wales als Govannon wieder auf, wenngleich

der irischen Macha einheimische Entsprechungen.

Weibliche Gottheiten, die über heilende Kräfte verfügten, wurden häufig mit Flüssen oder Quellen in Verbindung gebracht. In den Thermalquellen von Bath in England residierte die einheimische Göttin Sulis, die in römischer Zeit mit Minerva gleichgesetzt wurde. Das keltische Heiligtum an den Seine-Quellen wiederum barg eine Fülle von Votivgaben (S. 90–91), an denen sich noch heute die der Göttin zugeschriebenen Heilkünste ablesen lassen.

Göttinnen konnten freilich auch rachsüchtig sein – wie etwa die große Mórrígan der irischen Sagen, deren sexuelle Avancen der Held Cú Chulainn ignoriert. Erbost und nach Rache dürstend versucht sie den in einen tödlichen Zweikampf mit Lóch verstrickten Cú Chulainn abzulenken:

So kam die Mórrígan in der Gestalt einer weißen, rotohrigen Färse mit fünfzig Färsen dorthin ... Cú Chulainn zerschmetterte ihr mit seinem Schleuderstein ein Auge. Da erschien die Mórrígan in der Gestalt eines schlüpfrigen schwarzen Aals, der flußabwärts in die Furt schwamm und sich um Cú Chulainns Beine wand ... Dann kam die Mórrígan in Gestalt einer struppigen graubraunen Wölfin. Während Cú Chulainn sie abwehrte, verwundete Lóch ihn. Darauf wurde Cú Chulainn zornig, und er ... durchbohrte ihm das Herz in der Brust. Eine große Erschöpfung befiel Cú Chulainn. Die Mórrígan erschien ihm in Gestalt eines einäugigen alten Weibes, das eine Kuh mit drei Zitzen molk. Er bat sie um einen Schluck Milch, und sie gab ihm Milch aus der ersten Zitze. »Gesundheit dem Spender«, sagte Cú Chulainn. »Und dir den Segen der Götter und des Menschen.«
Da wurde ihr Kopf geheilt. Sie gab ihm Milch aus der zweiten Zitze, und ihr Auge wurde wieder gesund. Sie gab ihm Milch aus der dritten Zitze, und ihre Beine wurden geheilt. »Du hast gesagt, du würdest mich niemals heilen«, höhnte die Mórrígan.
»Hätte ich gewußt, daß du es bist, hätte ich es nicht getan«, sagte Cú Chulainn.

Ein Kelte hielt sich nach Möglichkeit von den unberechenbaren Göttern fern – wenn er ihnen dennoch begegnete, mußte er sie in angemessener Weise versöhnen, um Unheil von sich abzuwenden.

Umseitig (S. 78–79): Auf dem bronzenen Kultwagen, der aus einem Grabhügel im österreichischen Strettweg stammt, führt eine Göttin die Prozession an, die eine Seele ins Jenseits geleitet. Die Gemeinschaften der Hallstattzeit, von denen viele die Brandbestattung praktizierten, gaben ihren Toten zuweilen solche Miniaturwagen als Symbole der Totenreise mit ins Grab. Bronzewagen, 35 cm lang, 7. Jahrhundert v. Chr.

Der römische Dichter Lucanus erwähnte drei keltische Götter, darunter Esus, der auf diesem Relief aus Paris als Kriegsgott dargestellt ist. Die Inschrift über seinem Kopf nennt seinen Namen.

Unten: Eine Galerie von Gottheiten aus verschiedenen Teilen der keltischen Welt. Einige stammen aus römischer Zeit.
Von links nach rechts:

Ebergott mit schwerem Halsring, aus Euffigneix in Frankreich. Gallo-römische Zeit.

Muttergöttin mit Obst und Laub, Attributen der Fruchtbarkeit, aus Caerwent in Wales. Römisch-britannisch.

Statue eines unbekannten Gottes im Schneidersitz mit magischem Torques. Aus Bouray, Frankreich. 1. Jahrhundert n. Chr.

Jagdgott des 2. Jahrhunderts n. Chr. Aus Touget, Frankreich..

Gehörnter Gott aus Burgh-by-Sands in Nordengland. Von eindringlichen Darstellungen dieses Typs leitete sich die mittelalterliche Vision des Teufels her.

Eine Göttin mit Schlangen, vielleicht eine Heilgöttin. Aus Ilkley, Nordengland. Römisch-britannisch.

Keltischer Gott der vorrömischen Eisenzeit, aus Frankreich.

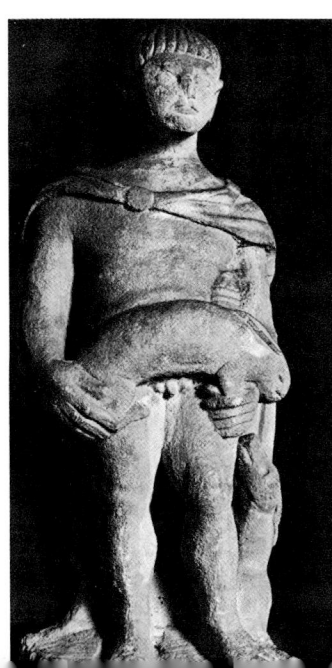

Heilige Tiere

Anders als im zeitgenössischen Osteuropa spielten Fabeltiere in der Kunst der Kelten keine Rolle. Die von ihnen bildlich dargestellten Geschöpfe waren Tiere, die man im Alltagsleben kannte oder auf der Jagd antraf. Da die Götter nach Belieben Tiergestalt anzunehmen vermochten, konnte jedes Tier ein verwandelter Gott sein. Nicht zuletzt deshalb entstand eine reiche Tier-Ikonographie.

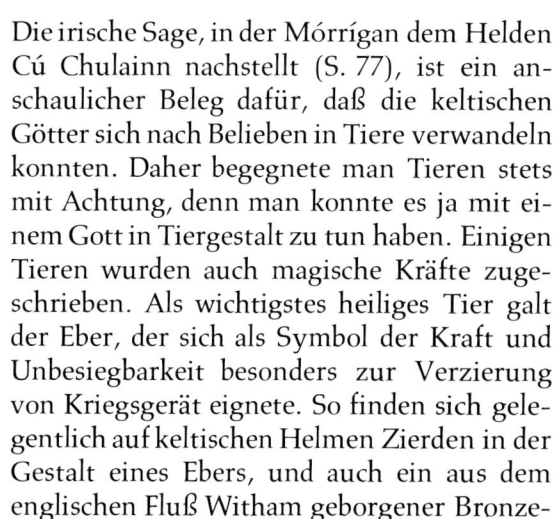

Zuweilen wurden die Gottheiten mit den ihnen zugeordneten Tieren abgebildet wie Epona mit dem Pferd (S. 76) oder die Göttin Artio mit dem Bären *(oben rechts)* aus Muri in der Schweiz. Der Stil dieses Werks läßt auf eine Entstehungszeit im 2. bis 3. Jahrhundert n. Chr. schließen. Andere bevorzugt dargestellte Tiere sind der Stier (Lillebonne, Frankreich), das Pferd (Freisen, Saarland) und der Hund (Moudon, Schweiz).

Die irische Sage, in der Mórrígan dem Helden Cú Chulainn nachstellt (S. 77), ist ein anschaulicher Beleg dafür, daß die keltischen Götter sich nach Belieben in Tiere verwandeln konnten. Daher begegnete man Tieren stets mit Achtung, denn man konnte es ja mit einem Gott in Tiergestalt zu tun haben. Einigen Tieren wurden auch magische Kräfte zugeschrieben. Als wichtigstes heiliges Tier galt der Eber, der sich als Symbol der Kraft und Unbesiegbarkeit besonders zur Verzierung von Kriegsgerät eignete. So finden sich gelegentlich auf keltischen Helmen Zierden in der Gestalt eines Ebers, und auch ein aus dem englischen Fluß Witham geborener Bronzeschild trägt die stilisierte Darstellung eines Ebers – gewiß sollte hier der Eber den Träger vor den Hieben des Gegners schützen. Die wohl berühmteste Abbildung eines Ebers ist

in die Steinplastik eines Gottes gemeißelt, die man im französischen Euffigneix gefunden hat (S. 76); der Name dieses Ebergottes ist freilich unbekannt. Es mag auch im magischen Rang dieses Tieres begründet sein, daß große Stücke Schweinefleisch und zuweilen ganze Kadaver den Toten mit ins Grab gegeben wurden. Während die Fleischstücke wohl nur als Wegzehr gemeint sein könnten, sollte die Präsenz des ganzen Tiers vermutlich Kraft und Beistand für die Reise bieten.

Kultische Bedeutung hatte auch der Hund. Jagdhunde waren bei den Kelten weit verbreitet, und die keltische Waldgöttin wurde natürlich von einem Hund begleitet. Der Hund ist auch als Attribut der Göttin Epona und eines lokalen Gottes mit Namen Nodons – irisch Nuadu – anzutreffen, der überlieferungsgemäß eine künstliche Hand aus Silber hatte. Nodons wurde in einem spätrömischen Tempel im englischen Lydney verehrt, wo man Votivgaben in Form von Händen und – bezeichnenderweise – eine kleine bronzene Hundefigur gefunden hat, die dem Irischen Wolfshund sehr ähnlich sieht.

Von den anderen Tieren, die mit magischen Kräften ausgestattet waren, haben wir den Hirsch bereits erwähnt, der so oft als Attribut des Cernunnos erscheint, sowie das von

der Bronzekunst der Urnenfelder- und Hallstattperiode. Vogelsymbolismus findet sich auch in der irischen Literatur. So konnte die Kriegsgöttin die Gestalt des unheilverkündenden Raben annehmen, während der Reiher als durch und durch böse galt. In der Vielfalt der europäischen Folklore, die sich um Vögel rankt, spiegelt sich noch heute die Fülle der Glaubensvorstellungen, die sie einst umgaben.

Der Vogelgott Abraxas inspirierte zu zahllosen Darstellungen des Hahns wie auf diesem Relief aus Nyon bei Genf.

Epona untrennbare Pferd. Hinzuzufügen wären noch der Stier und der Widder. Der Stier – in der Regel mit drei Hörnern – ist in bestimmten Gebieten Galliens häufig anzutreffen, während Darstellungen von Schlangen – gelegentlich auch Göttern – mit Widderhörnern nur von untergeordneter Bedeutung sind. Auch Vögel spielten in der keltischen Mythologie eine große Rolle und wurden entsprechend häufig abgebildet. Besonders der Schwan ist ein wiederkehrendes Motiv in

Die Kraft des Ebers, seine Einsamkeit und seine Wildheit als Jagdtier machten ihn in den Augen der Kelten zu einem Tier mit magischen Eigenschaften. Dieses schöne Exemplar aus Neuvy-en-Sullias (Frankreich) entstammt der gallo-römischen Zeit.

Die Köpfe ihrer vornehmsten Feinde balsamieren sie ein und verwahren sie sorgfältig in einer Kiste, und wenn sie diese dann den Fremden zeigen, so rühmen sie sich, wie einer ihrer Vorfahren oder ihr Vater oder auch sie selbst diesen Kopf um vieles Geld nicht hergegeben hätten. Ja einige von ihnen sollen sich sogar gerühmt haben, daß sie für einen solchen Kopf ein gleiches Gewicht in Gold nicht angenommen hätten.

Diodoros Siculus

DER KULT DES MENSCHENKOPFES

Der Kult des abgeschlagenen Kopfes wird in den beiden berühmten südgallischen Tempeln Entremont und Roquepertuse schauerlich offenbar. Die Portikus-Pfeiler des Tempels von Roquepertuse enthalten ausgehauene Nischen zur Aufnahme menschlicher Schädel. In Entremont *(gegenüber)* findet sich dasselbe Thema stilisiert in Stein gehauen. Beide Tempel wurden im späten 2. Jahrhundert v. Chr. von den Römern zerstört.

Den gefallenen Feinden schlagen sie die Köpfe ab und hängen sie am Hals ihrer Pferde auf; die blutigen Waffen aber geben sie ihren Dienern und lassen sie als Beute unter Kriegsgeschrei und Triumphgesängen einhertragen. Diese Waffenbeute nageln sie dann zu Hause an die Wand . . . Die Köpfe ihrer vornehmsten Feinde balsamieren sie ein und verwahren sie sorgfältig in einer Kiste, und wenn sie diese dann den Fremden zeigen, so rühmen sie sich, wie einer ihrer Vorfahren oder ihr Vater oder auch sie selbst diesen Kopf um vieles Geld nicht hergegeben hätten. Ja einige von ihnen sollen sich gerühmt haben, daß sie für einen solchen Kopf ein gleiches Gewicht in Gold nicht angenommen hätten.

Diese plastische Schilderung des Diodoros vermittelt eine Vorstellung von der für die Kelten so typischen Kopfjägerei – einem Brauch, der jedoch keineswegs auf bloßer Blutrünstigkeit beruhte. Wie viele andere Völker glaubten die Kelten, daß der Kopf der Sitz der Seele sei. Der Kopf symbolisierte die Substanz des Seins und hatte daher so etwas wie ein Eigenleben. Mit dem Schädel eines Menschen besaß man dessen Geistes- und Körperkraft – eine Anschauung, die sich in den archäologischen Zeugnissen, in der klassischen Überlieferung wie in der irischen und walisischen Literatur manifestiert. So schreibt Livius in seiner Schilderung historischer Ereignisse des 3. Jahrhunderts v. Chr.: Die Konsuln wurden des Unheils erst gewahr, als gallische Reiter in Sicht kamen, die an den Hälsen ihrer Pferde oder auf ihre Lanzen aufgespießt Köpfe mit sich führten und ihre üblichen Triumphgesänge sangen.

An anderer Stelle berichtet er von einem Überfall in Norditalien, bei dem der designierte Konsul Lucius Postumius getötet wurde. Die keltischen Bojer »entkleideten seine Leiche, schnitten den Kopf ab und trugen ihre Beute zu ihrem heiligsten Tempel. Dort leerten sie den Kopf, wie es bei ihnen Brauch ist, und vergoldeten den Schädel, der ihnen hinfort als heiliges Gefäß zur Darbringung von Trankopfern und als Trinkschale für die Priester . . . diente.« Unsere Zitate enthalten etliche hochinteressante Details. Zunächst werden die Beutestücke unter Triumphgesängen fortgetragen, dann entweder als Trophäen über dem heimischen Tor angebracht oder als verehrte Gegenstände an einem Ehrenplatz verwahrt. Der Sieger war nun im Besitz der Macht seines bezwungenen Feindes. Wenn er die Schädel rangniedrigerer Feinde an seinem Tor befestigte, geschah dies

nicht aus Prahlerei; vielmehr widmete er die Macht der Köpfe dem Schutz der eigenen Gemeinschaft. Eine solche Szene ist auf der Trajanssäule bildlich festgehalten. Hier handelt es sich um Köpfe römischer Soldaten, die von den Dakern in Transsilvanien erbeutet wurden und auf Pfähle gespießt über die dakischen Befestigungen hinwegstarren.

Mit der Spezialbehandlung, die man den Köpfen vornehmer oder berühmter Feinde angedeihen ließ, verwandelte man sie gleichsam in ein Stück »transportabler« Geschichte. Solche Sammlungen waren entweder im Besitz der Gemeinschaft (wie der Kopf, der im Tempel der Bojer so mißbräuchliche Verwendung fand) oder der Familie, in deren Obhut sie zu kostbaren Erbstücken wurden, da sie ihrem jeweiligen Besitzer Schutz verliehen und ein ständiges Symbol seines Ranges darstellten.

Schädel sind oft bei Ausgrabungen gewöhnlicher Siedlungsstätten wie Gehöften oder Hügelfestungen gefunden worden, die keinerlei rituelle Bewandtnis hatten. So stieß man etwa in Stanwick (Yorkshire) in einem Graben auf einen Schädel, der, einst über das nahe Tor genagelt, dort hineingerollt war. Im südenglischen Danebury hat man wiederholt am Boden von Vorratsgruben Schädel entdeckt – offenbar dort deponiert, als die Gruben nicht mehr benutzt und wiederaufgefüllt wurden. Dieses Phänomen ist schwer zu interpretieren. Allenfalls denkbar, daß der Kopf als Dank für eine Zeit erfolgreicher Vorratshaltung den Göttern geopfert wurde. Schädelfragmente fanden sich auch inmitten von Hausrelikten etlicher Siedlungen – häufig geglättet vom Anfassen, zuweilen mit einem Loch versehen, so daß man sie als Amulette tragen konnte. Hier handelte es sich wohl um gehütete Reliquien, die von Generation zu Generation weitervererbt wurden.

Doch die Kelten betrieben Kopfjägerei nicht nur zum persönlichen Vorteil. Der Kopf versinnbildlichte einen Aspekt des Göttlichen und war daher eine geeignete Opfergabe zum Schmuck eines Tempels. Das wohl faszinierendste Zeugnis für den Kult des abgeschlagenen Kopfes stammt aus Südfrankreich. Im Oppidum Entremont in der Provence (einer befestigten Siedlung, die 124 v. Chr. von den Römern zerstört wurde) hat man an der höchsten Stelle des Hügels einen Tempel freigelegt, zu dem eine mit Heldenstatuen gesäumte Allee führte. Im Innern des Tempels stand eine hohe Säule, in die zwölf stilisierte Menschenköpfe gemeißelt sind (rechts). An

der Fundstätte kam auch eine bemerkenswerte Sammlung von Kopfplastiken ans Licht – darunter einzelne Männer-, Frauen- und Kinderköpfe sowie ganze Kopfgruppen (S. 86). Ein noch eindrucksvolleres Zeugnis des Kults ist im nahegelegenen Roquepertuse freigelegt worden. Hier war der auf zwei Terrassen angelegte Tempel mit einem Portikus aus drei Pfeilern geschmückt, die eine Oberschwelle trugen, auf der ein riesiger flugbereiter Vogel kauerte – wohl ein Symbol für den Flug von Geistern ins Jenseits. Eine Faszination besonderer Art geht von den Pfeilern aus, die mit Nischen zur Aufnahme von Menschenköpfen versehen sind – einige der Schädel befinden sich noch an Ort und Stelle (S. 82). Die Pfeiler waren ursprünglich mit Fischen und Blättern bemalt. Außer diesen strukturellen Elementen enthielt das Heiligtum zwei Steinplastiken von Männern im Schneidersitz, die eine mit Torques und Armring, die andere in gegürteter Tunika mit ursprünglich buntem Karomuster. Aus demsel-

ben Tempel stammt eine schöne Skulptur zweier Köpfe, zwischen denen der Schnabel eines Raubvogels hervorragt (S. 87). In dieser Region wurde auch die berühmte »Tarasque« von Noves gefunden – ein grausiges, mit Schuppen bedecktes Ungeheuer, das einen Menschen verschlingt und dessen Tatzen auf zwei abgeschlagenen Menschenköpfen ruhen (S. 107).

All diese eindrucksvollen Funde erschließen uns den Kult des abgeschlagenen Kopfes, der im Hinterland von Marseille offenbar besonders verwurzelt war. Die Fülle der erhaltenen Zeugnisse beruht – zumindest zum Teil – auf dem Einfluß der klassischen Welt, von der die Kelten die Kunst der Steinarchitektur und -plastik erlernten; dennoch ist das, was wir sehen, Ausdruck rein keltischer Religiosität. Die scheinbare Einzigartigkeit dieser Stätten sollte nicht darüber hinwegtäuschen, daß es in der gesamten keltischen Welt vermutlich entsprechende Heiligtümer gab, die ähnlich geschmückt, aber aus Holz gebaut waren und außer ein paar Pfostenlöchern im Boden kaum Spuren hinterlassen haben.

Der Kult des abgeschlagenen Kopfes ist ein oft wiederkehrendes Thema der irischen Literatur. Der Held Cú Chulainn konnte sich am Ende seiner Heldentaten einer gewaltigen Sammlung rühmen. Seine Ankunft in Emain Macha wird folgendermaßen beschrieben: »Ein einzelner Wagenkrieger naht . . . und schrecklich kommt er daher. Er hat die blutigen Köpfe seiner Feinde im Wagen.« Sein triumphaler Einzug erinnert an die von Livius und Diodoros beschriebenen siegreichen Keltenkrieger. Bei anderer Gelegenheit jedoch läßt Cú Chulainn die Köpfe seiner Feinde in der Furt zurück, in der er sie abgeschlagen hat. Die grausige Szene wird von einem Reisenden beschrieben, der nach dem Ende des Kampfes dort eintrifft: »Er sah in der Mitte der Furt nur den gegabelten Pfahl mit vier Köpfen daran, deren Blut. . . in den strömenden Fluß tropfte, und die Hufspuren zweier Pferde und die Spur eines einzelnen Wagenlenkers und eines einzelnen Kriegers, die aus der Furt nach Osten führten.« Der Brauch, die Köpfe an der Stelle zurückzulassen, wo sie abgeschlagen wurden, wird noch einmal erwähnt, als Cú Chulainn in einem Kampf zwölf Häupter erbeutet, die er dann auf zwölf Steine setzt. In diesem Verhalten mag sich der Glaube widerspiegeln, daß den Geistern der Stätte, die in einer Notlage den Sieg gewährten, gehuldigt werden müsse.

Der Kult des abgeschlagenen Kopfes hat sei-

Der Kopf galt als Sitz der Seele und hatte daher einen sowohl göttlichen als auch schützenden Aspekt. Wer den Kopf eines Feindes besaß, dem gehörte auch dessen Macht. Es ist daher kaum überraschend, daß das Motiv des Kopfes die keltische Kunst beherrscht. Eine Auswahl ist auf diesen Seiten abgebildet.
Unten: Frauenkopf in Treibarbeit auf einem in Kraghede (Dänemark) gefundenen Kessel. Die Haartracht ähnelt der auf einem Bronzebeschlag *(Mitte)* einer Holzkanne aus Hallein-Dürrnberg (Österreich, ca. 400 v. Chr.), wenngleich es sich hier um den Kopf eines Mannes handelt.

nen Niederschlag auch in der walisischen Literatur gefunden. In der Sagensammlung *Mabinogion* lebt der Kopf des Helden Bran nach seinem Tode weiter und greift aktiv in das Geschehen ein. Diese Geschichte ist ein eindringliches Beispiel für die Macht, die man dem Kopf zuschrieb. Ein anderer Ausdruck desselben Glaubens, der die Jahrhunderte überdauerte, ist die weite Verbreitung des Kopfes in der mittelalterlichen Sakralarchitektur der keltischen Randzonen Britanniens und Irlands. So erinnert das Portal der Kirche von Clonfert (S. 85) ebenso deutlich wie verblüffend an Roquepertuse.
Wie die Auswahl von Abbildungen auf diesen Seiten zeigt, ist die keltische Ikonographie des Kopfes überaus mannigfaltig. Das Motiv des Kopfes kehrt in nahezu allen Formen der

Oben: Der Kopfkult führte im Gebiet der Rhone-Mündung zur Entwicklung einer lebendigen, von griechischen Stilen beeinflußten figuralen Kunst. Diese Gruppe aus dem Heiligtum Entremont besteht aus zwei Frauenköpfen mit enganliegender Haartracht und (unter ihnen) zwei Männerköpfen mit der typisch keltischen zurückgebürsteten Frisur.

Etliche Steinreliefs aus Süddeutschland zeigen männliche Gottheiten mit turbanartiger Haartracht wie der Obelisk aus Pfalzfeld *(rechts außen)* oder die Kopfplastik aus Heidelberg *(darunter)*. Die Köpfe auf Münzen entstanden zwar nach hellenistischen Vorbildern, doch fügte der keltische Genius die Elemente nach eigenem Stilgefühl zusammen. Die Münze der Parisier *(oben)* wäre eines Picasso würdig.

künstlerischen Darstellung wieder: auf Münzen, auf dekorativen Beschlägen und – natürlich – in der religiösen Plastik. Unter den freien Kelten gab es zwei Traditionen der religiösen Plastik: die des mediterranen Saums und eine etwas ältere Ausformung, die am Mittelrhein anzutreffen ist und ihre Ursprünge etruskischen Einflüssen zu verdanken scheint. Die rheinische Plastik ist weit weniger figürlich als die der Provence; der Kopf wird als eine Reihe von Mustern aufgefaßt, die den einzelnen Stücken eine gewisse Ähnlichkeit verleihen: die Nase ist keilförmig, die Stirn meist gefurcht, das Auge oft linsenförmig. Einige dieser Köpfe tragen einen turbanähnlichen Kopfputz, der gelegentlich – wenig überzeugend – als »Blätterkrone« bezeichnet wird. In diese Tradition gehört, trotz verblüffender neuer Elemente, der berühmte Steinkopf aus Mšecké-Žehrovice in Böhmen. Der über Stirn und Hinterkopf abrupt endende Haarkranz und der Halsring be-

weisen den keltischen Ursprung, während das Gesicht – weniger streng als bei den zeitgenössischen rheinischen Darstellungen – mit der als einfache Spiralenmotive aufgefaßten Augen- und Schnurrbartpartie ein Meisterwerk der keltischen Kunst ist. Hier wurde das Gesicht zu einem eleganten symmetrischen Muster vereinfacht – auf das Wesentliche reduziert von einem Künstler, der abstrakt zu denken vermag.

Das in seine einzelnen Elemente aufgelöste Gesicht ist in der keltischen Kunst stets gegenwärtig – besonders in der Bronzekunst. Gelegentlich erscheint es vollkommen klar, dann wieder verschwommen. Das Charakteristische dieser doppeldeutigen Darstellungsweise hat der große Kunsthistoriker Paul Jacobsthal bildkräftig definiert. Er apostrophiert den »Alice-im-Wunderland«-Stil der keltischen Kunst und vergleicht das Gesicht mit der Perserkatze, die im Baum erscheint und verschwindet: Manchmal ist die ganze Katze zu sehen, manchmal nur ihr Grinsen. Man betrachte die oben rechts abgebildete Bronzescheibe aus Irland – ist es ein Gesicht, oder ist es keines? Wir haben uns vom Bild der Krieger, die ihre blutigen Trophäen an sich raffen, ein gutes Stück entfernt. Zwar war die Kopfjägerei in der keltischen Welt weit verbreitet, doch sollten die abstoßenden Aspekte des Kults nicht den Blick für die philosophischen und künstlerischen Zusammenhänge trüben. Als Sitz der Seele besaß der Kopf eine besondere Würde und göttliche Macht.

Vor allem anderen verehrten die Kelten
den menschlichen Kopf,
denn der Kopf galt dem Kelten als Seele,
als Zentrum der Gefühle
wie des Lebens selbst,
als Symbol des Göttlichen
und der Macht des Jenseits.

Paul Jacobsthal

Variationen in der Behandlung eines einzigen Themas veranschaulicht die Auswahl der hier abgebildeten keltischen Köpfe.

Links: Eine höchst individuelle Variante in Bronze aus Tarbes (Frankreich), 3. Jahrhundert v. Chr. Der hohle Hals läßt vermuten, daß man den Kopf auf einer Stange zur Schau stellte.

Mittlere Reihe, links: Zwei Köpfe im Schnabel eines Raubvogels aus Roquepertuse (Frankreich).
Rechts: Ein dreifacher Kopf mit Schnurrbart, vermutlich ein Gott, aus Reims (Frankreich). Gallo-römisch.

Untere Reihe: Stilisierter Steinkopf mit eng zusammenstehenden Augen und spiraligen Brauen und Schnurrbartenden, ca. 150 v. Chr. Bei Prag gefunden.
Frauenkopf, Steinplastik aus dem vorrömischen Gallien.
Kopf eines Gottes mit typisch keltischer Auffassung des Bartes. Kessel von Gundestrup.

Oben: Ein in der keltischen Kunst häufiges Rätsel: diese irische Bronzescheibe (1.–2. Jahrhundert n. Chr.) könnte ein abstraktes Muster darstellen – oder aber die geistreiche Andeutung eines Gesichts.

Ein so intensives religiöses Leben wie das der Kelten erforderte eine stattliche Anzahl heiliger Stätten, wo Götter und Menschen miteinander in Verbindung treten konnten. Wir haben bereits die beiden Heiligtümer von Entremont und Roquepertuse beschrieben, die freilich eher atypisch sind, da sie von der griechischen Kommune im nahen Massalia beeinflußt waren. Von den klassischen Autoren wissen wir, daß es sich bei den keltischen Heiligtümern in der Regel nicht um Tempelbauten, sondern häufig um Haine handelte, die tief in der Einsamkeit uralter Wälder lagen – wie es Lucanus so eindringlich beschreibt. Als die römische Armee 59 n. Chr. in Nordwales zu Felde zog, überfiel und zerstörte sie eine der letzten Druidenhochburgen auf der Insel Anglesey. Tacitus schildert, wie die rö-

> Wasser floß aus dunklen Quellen, und düster standen, ohne Kunst und roh aus Holz gehauen, Götterbilder da, geisterhaft vermodert . . .
>
> Lucanus

DIE HEILIGEN STÄTTEN

> Unter dem Baum bereiten sie eine Opferzeremonie vor und führen zwei weiße Stiere herbei, deren Hörner zu diesem Anlaß das erste Mal gebunden sind. Ein Priester in weißem Gewand ersteigt den Baum und schneidet mit einer goldenen Sichel die Mistel, die in einem weißen Tuch aufgefangen wird.
>
> Plinius der Ältere

mischen Legionäre die Haine niederhieben – einen Schauplatz grausiger Riten, dessen Boden mit dem Blut geopferter Gefangener getränkt war. Einigen Aufschluß über die weite Verbreitung dieser heiligen Haine vermittelt das häufige Vorkommen des Elements *nemeton* in Ortsnamen, das in ganz Europa – von Spanien und Britannien im Westen bis nach Kleinasien im Osten – festgestellt werden kann. Wie beharrlich diese Tradition war, beweist die Erwähnung eines Waldes mit dem Namen Nemet in einem bretonischen Urkundenregister noch im 11. Jahrhundert.

Doch nicht nur der Wald war Schauplatz keltischer Rituale. Die Landschaft bot eine Fülle anderer: bizarr geformte Felsen, knorrige alte Bäume, Quellen und Sümpfe – die Götter waren überall gegenwärtig. Wir besitzen zahlreiche archäologische Zeugnisse für die Darbringung von Opfern besonders an Flüssen und Quellen, und ständig vermehrtes neues Material spricht dafür, daß die Kelten – im Gegensatz zu den Aussagen der antiken Autoren – auch feste Tempel aus Holz und Ritualbezirke anlegten.

Heilige Quellen

Frisches, klares Wasser, das aus dem Boden sprudelnd das Tageslicht einfängt, strahlt einen unleugbaren Zauber aus. In den Augen der Kelten wohnte den Quellen – namentlich den Quellen großer Flüsse – eine besondere Heiligkeit inne. Quellwasser hatte eine bestimmte Eigenschaft, meist die der Heilkraft, die der Mensch nutzen konnte, sofern er die Quellgottheit günstig stimmte. Da das Wasser aus der Erde dringt, konnte man sich die Quellgottheit nur weiblich vorstellen, denn in ihr offenbarte sich eine der Eigenschaften der Erdmutter. Wie lebendig diese Tradition bis ins Mittelalter, ja bis in die Neuzeit hinein geblieben ist, beweist die rasche Übertragung christlicher Vorstellungen auf Quellen und Teiche, die – wie etwa in Lourdes – nahezu ausnahmslos mit weiblichen Heiligen in Verbindung gebracht wurden.

Die Coventina-Quelle am Hadrianswall wurde in vorrömischer Zeit – mit einer rohen Mauer umgeben – in einen kleinen Teich verwandelt, in den man Opfergaben, beispielsweise Münzen, warf. Diese schlichte Gestaltung scheint in der gesamten keltischen Welt üblich gewesen zu sein. Es gab jedoch auch Quellen, die wegen ihrer besonderen Heiligkeit oder ihres eindrucksvollen physischen Charakters kunstvoller gestaltet wurden. Die Thermalquelle von Bath etwa, wo täglich über eine Million Liter heißen Wassers aus dem Boden schossen, wurde unter römischer Herrschaft von einem ausgeklügelten Komplex monumentaler Gebäude umgeben. Doch hinter der grandiosen Fassade hielt sich die heimische Göttin Sulis verborgen, deren Name auch in römischer Zeit untrennbar mit der Quelle verbunden blieb.

Heilige Quellen wurden in der Regel von weiblichen Gottheiten beherrscht, die gelegentlich in dreifacher Gestalt erscheinen. Die Triade oben stammt von der heiligen Quelle in Carrawburgh am Hadrianswall, wo die allmächtige Coventina waltete. Die Göttin ist hier als eine Dreiheit von Wassernymphen dargestellt, die jeweils in der einen Hand einen Becher und in der anderen einen Krug halten, aus dem das heilige Wasser strömt. Obwohl das Relief klassische Züge aufweist (und in der Tat der Periode römischer Besetzung angehört), sind Stil und Ikonographie rein keltisch.

Die Seine entspringt zwischen waldigen Hügeln in einem abgelegenen Tal westlich von Dijon. Die idyllisch anmutende Quelle war eine ideale Stätte für ein Heiligtum, das der dort waltenden Göttin Sequana geweiht war. Hier konnten die Pilger nach vollbrachtem Opfer ungestört verweilen und auf das Wirken der göttlichen Heilkräfte warten.
Das Quellheiligtum, von Napoleon III. romantisiert, fasziniert die Franzosen noch heute und wird regelmäßig von motorisierten Pilgerscharen aufgesucht.

Votivgaben

Das religiöse Empfinden der Kelten war stark vom Prinzip der Gegenseitigkeit geprägt. Um ein Menschenleben zu retten, mußte ein anderes geopfert werden. In ähnlicher Weise mußte ein Heilungsuchender für das heilige Wasser eine Gegengabe darbringen.

Für ein kriegerisches Volk wie die Kelten waren die Siegesrituale von großer Bedeutung – ein gewährter Sieg mußte mit der Kriegsbeute bezahlt werden. Aus diesem Grunde wurden große Waffenmengen in Seen und Flüssen versenkt, und tatsächlich sind alle in England gefundenen Erzeugnisse von Waffenschmieden unter Wasser entdeckt worden.

Zwei Fundstätten verdienen besondere Aufmerksamkeit: Aus einem Sumpf in Llyn Cerrig Bach auf Anglesey kam 1943 eine bemerkenswerte Sammlung von Metallgegenständen ans Licht. Sie bestand aus Schwertern, Speeren, Schilden, Wagen- und Pferdegeschirrzubehör, Werkzeugen von Hüttenarbeitern sowie einer Sklavenkette und war irgendwann im 1. Jahrhundert v. Chr. von einem Felsvorsprung in einen Moorweiher geworfen worden. Die genauen Umstände der Deponierung sind unbekannt, doch könnte es sich bei der Sammlung durchaus um Kriegsbeute aus den Stammeskämpfen in vorrömischer Zeit handeln, die zum Dank für einen Sieg der Obhut der Götter anvertraut wurde.

Ein ähnliches Depot wurde beim Torfstechen in einem Moor bei Hjortspring auf der dänischen Insel Als entdeckt. Zusammen mit einem etwa 14 Meter langen Schiff, das zwanzig Männern Platz bot, war ein stattliches Waffenlager – 150 Holzschilde, 169 Speere und acht Schwerter – sowie eine Reihe anderer Objekte im Moor versenkt worden. Wenngleich es sich strenggenommen eher um einen germanischen als keltischen Fund handelt, ist die *Form* des Gerätes – besonders der Schilde – eindeutig keltisch. Auch hier müssen wir annehmen, daß das Schiff und sein Inhalt den Göttern geweiht wurden.

Strabo, der über die im Gebiet von Toulouse ansässigen Volken-Tektosagen schreibt, vermittelt einen interessanten Einblick in diese rituellen Hinterlegungen. Poseidonios zitierend berichtet er, daß dort in den Tempelbezirken und heiligen Teichen ein stattlicher Schatz von Gold- und Silberbarren aufgehäuft gewesen sei: »Besonders die Teiche, in denen man die Gold- und Silberbarren versenkte, galten als sicherer Hort«, weil niemand es gewagt hätte, die geheiligten Stätten zu entweihen – außer den Römern, die, als sie die Region eroberten, »die Teiche von Staats

Oben: Die weiblichen keltischen Gottheiten, die die Gewässer beherrschten, wurden in römischer Sicht oft mit der heilenden Minerva gleichgesetzt. Viele der einheimischen Göttinnen behielten jedoch ihre Identität. Das Relief einer einheimischen Wassergöttin stammt aus Carrawburgh am Hadrianswall in Nordengland.

In Votivgaben aus Quellen sind die Hoffnungen der Pilger anrührend verewigt. Aus dem Heiligtum der Seine-Quellen sind zahlreiche Exvotos ans Licht gekommen, die – wie das blinde Mädchen – die Krankheiten der Heilungsuchenden widerspiegeln. Andere stellen Organe oder Gliedmaßen dar *(rechts)*, derer sich die Gottheit annehmen sollte, oder auch ganze Gestalten wie die gegenüber abgebildeten.

wegen verkauften, und viele der Käufer fanden dann die Silberbarren.«

Es wirft ein interessantes Streiflicht auf die Macht des Aberglaubens über die Menschen, daß den Göttern geweihte wertvolle Gegenstände vor Diebstahl sicher waren. Das bestätigt – unter anderem Aspekt – indirekt auch Caesar, wenn er erwähnt, daß die schwerste Strafe, die einen Gallier treffen konnte, der Ausschluß vom Götterdienst war. »Die so Verfemten gelten als gottlose Verbrecher, ihnen gehen alle aus dem Weg, ihre Annäherung und ihr Gespräch meidet man, um nicht aus der Berührung mit ihnen Nachteil zu erleiden.« Hier haben wir den Kern der kelti-

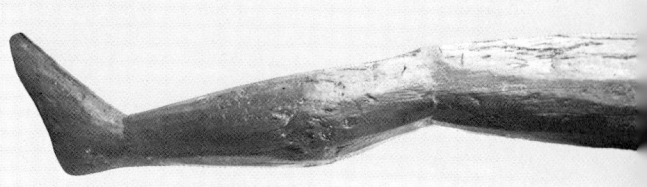

schen Religion: Um ein vollwertiger Mensch zu sein, brauchte der Kelte die Beziehung zu den Göttern, die nur durch Opfer und Weihgeschenke hergestellt werden konnte.

Wir haben bereits die rituelle Bedeutung von Quellen erwähnt. Unter ihnen verdienen die Seine-Quellen wegen des faszinierenden Materials, das dort im Lauf der letzten hundert Jahre geborgen wurde, besondere Beachtung. In einem einsamen Tal, etwa 35 Kilometer von Dijon entfernt, lag das Heiligtum der keltischen Göttin Sequana, die auch während der gesamten römischen Epoche verehrt wurde (und deren heilige Stätte noch einmal zu Ehren gelangte, als Napoleon III. dort eine zwar hübsche, aber belanglose Grotte bauen ließ, die eine statiöse Wassernymphe beherbergte). Außer den Gebäuden, mit denen die Römer der Göttin ein Denkmal setzten, haben Ausgrabungen eine reiche Sammlung von Votivgaben ans Licht gebracht, die uns ein vages Bild von den Hoffnungen und Glaubensvorstellungen der Pilger vermitteln.

Von besonderem Reiz sind die hölzernen Votivgaben, die – voll Wasser gesogen – seit 1963 geborgen wurden. Die schlichten Schnitzereien aus Eichenkernholz stellen überwiegend menschliche Körper oder Körperteile dar. Man hat 27 komplette Menschenfiguren gefunden, doch enthielt das Depot auch Köpfe, Gliedmaßen (in der Mehrzahl Beine, aber auch Arme und Hände) sowie Rümpfe. Noch größeres Interesse verdienen

mit Hilfe der Gottheit auf den toten Gegenstand zu übertragen und so Heilung zu erlangen. Die Fülle verschiedenartiger Exvotos läßt darauf schließen, daß man von der Göttin die Heilung von Arthritis, Erkrankungen der Atemwege, Bruchleiden, Tumoren, Unfruchtbarkeit und Blindheit erhoffte.

Eine weitere heilige Quelle ist unlängst in Chamalières bei Clermont-Ferrand untersucht worden. Auch in ihr scheint eine – freilich namenlose – Göttin verehrt worden zu sein, die als sitzende Matrone dargestellt ist. Münzfunde deuten darauf hin, daß das Heiligtum – kaum mehr als ein von einer Mauer umschlossener Tümpel – vermutlich nur etwa ein Jahrhundert nach der Eroberung durch Caesar benutzt wurde. Danach zogen die Pilger zu den Quellen von Vichy. Im Gegensatz zum Wasser der Sequana-Quelle war das von Chamalières stark mineralhaltig und besaß damit wirkliche Heilkräfte. Den Glauben der Menschen an diese Kräfte spiegelt die schöne und hervorragend erhaltene Sammlung von

Votivgaben und Statuetten aus verschiedenen Stätten der keltischen Welt.

Von links nach rechts:
Relief aus Wilsford, England.

Hölzernes Exvoto aus Montboux, Frankreich.

Kalksteinfigur eines Pilgers, der einen kleinen Hund trägt; aus den Seine-Quellen.

Hölzernes Exvoto aus den Seine-Quellen.

Bronzene Votivstatuette der Minerva aus Ehl bei Straßburg, 2. Jahrhundert n. Chr.

Weibliche Holzstatue, 1,5 m hoch; aus den Seine-Quellen, 1. Jahrhundert n. Chr.

Votivstatuette, ebenfalls aus dem Seine-Heiligtum.

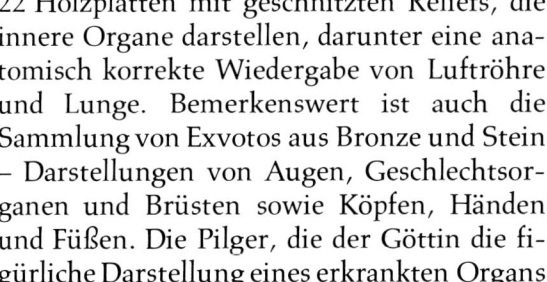

22 Holzplatten mit geschnitzten Reliefs, die innere Organe darstellen, darunter eine anatomisch korrekte Wiedergabe von Luftröhre und Lunge. Bemerkenswert ist auch die Sammlung von Exvotos aus Bronze und Stein – Darstellungen von Augen, Geschlechtsorganen und Brüsten sowie Köpfen, Händen und Füßen. Die Pilger, die der Göttin die figürliche Darstellung eines erkrankten Organs oder Körperteils opferten, hofften das Leiden

Exvotos wider, die aus dem Schlamm des Tümpels geborgen wurde. Der Sammelfund ähnelt dem der Seine-Quellen, doch enthält er auffallend viele Augen, für deren Heilung das Wasser zweifellos besonders berühmt war.

Ritualschächte und Kultbezirke

In den griechisch-römischen Kulturen des Mittelmeerraums herrschte der Glaube, daß man durch tief in den Boden gegrabene Schächte mit der Unterwelt in Verbindung treten könne. Die Griechen nannten eine solche Grabung einen *bothros*, die Römer einen *mundus*. Die Kelten scheinen eine ähnliche Vorstellung gehegt zu haben. Obwohl weder die klassische noch die irische Literatur einen klaren Hinweis enthält, mehren sich die archäologischen Belege für die Existenz keltischer Ritualschächte. Eines der bekanntesten Beispiele für einen Kultbezirk mit Schächten wurde im bayerischen Holzhausen ausgegraben: eine viereckige Erdschanze, wohl ein Ritualbezirk (dessen Vorläufer auf demselben Grundriß mit einer Holzpalisade eingefriedet war), enthielt drei Schächte, die zwischen sieben und vierzig Meter tief waren. In einem acht Meter tiefen Schacht stießen die Ausgräber auf einen Holzpfahl, der senkrecht in den Grund der Grube gerammt und von einer or-

daß die Kelten diesen Brauch von der mediterranen Welt übernahmen, steht mittlerweile fest, daß Ritualschächte im barbarischen Europa – namentlich in Britannien – eine uralte Tradition hatten. In Hampshire und Norfolk hat man ganze Gruppen von Schächten – ohne erkennbare nützliche Funktion – aus der Jungsteinzeit gefunden. In Wilsford bei Stonehenge ist im 14. Jahrhundert v. Chr. ein etwa 35 Meter tiefer Schacht in den Kalkboden gehauen worden. Obwohl dieser Schacht als Brunnen diente und nichts enthielt, was auf einen rituellen Charakter hindeutet, läßt seine Lage bei Stonehenge einen kultischen Zweck vermuten. Vielleicht haben wir es mit einer Kombination des Schacht-Aberglaubens und des Glaubens an die besonderen Eigenschaften von Quellwasser zu tun.

Ein überzeugenderes Beispiel bronzezeitlicher Ritualschächte wurde in der Ziegelei von Swanwick in Hampshire gefunden – eine fast acht Meter tiefe Grube. Wie die von Holz-

Schächte wurden mit Votivgaben gefüllt, offenbar um die in der Tiefe hausenden Götter zu versöhnen. Dieser Ritualschacht von Holzhausen wurde zur Sicherung während der Grabungsarbeiten verschalt.

ganischen Substanz umgeben war: Die Analyse ergab, daß es sich um Zerfallsprodukte von Menschenfleisch und -blut handelte. Der Brauch, einen Pfahl oder Baumstamm zu vergraben, ist auch durch einen Schacht in der Vendée belegt, wo man eine vier Meter hohe Zypresse fand. Wenngleich es möglich ist,

hausen enthielt sie einen Pfahl, der am Grund mit festgepacktem Lehm aufrechtgehalten wurde und in dessen Umgebung sich Spuren von Fleisch und Blut fanden. Zwar läßt das archäologische Material keine präzise Datierung zu, doch scheint ein Datum um 1000 v. Chr. möglich. Damit stellt der Schacht von

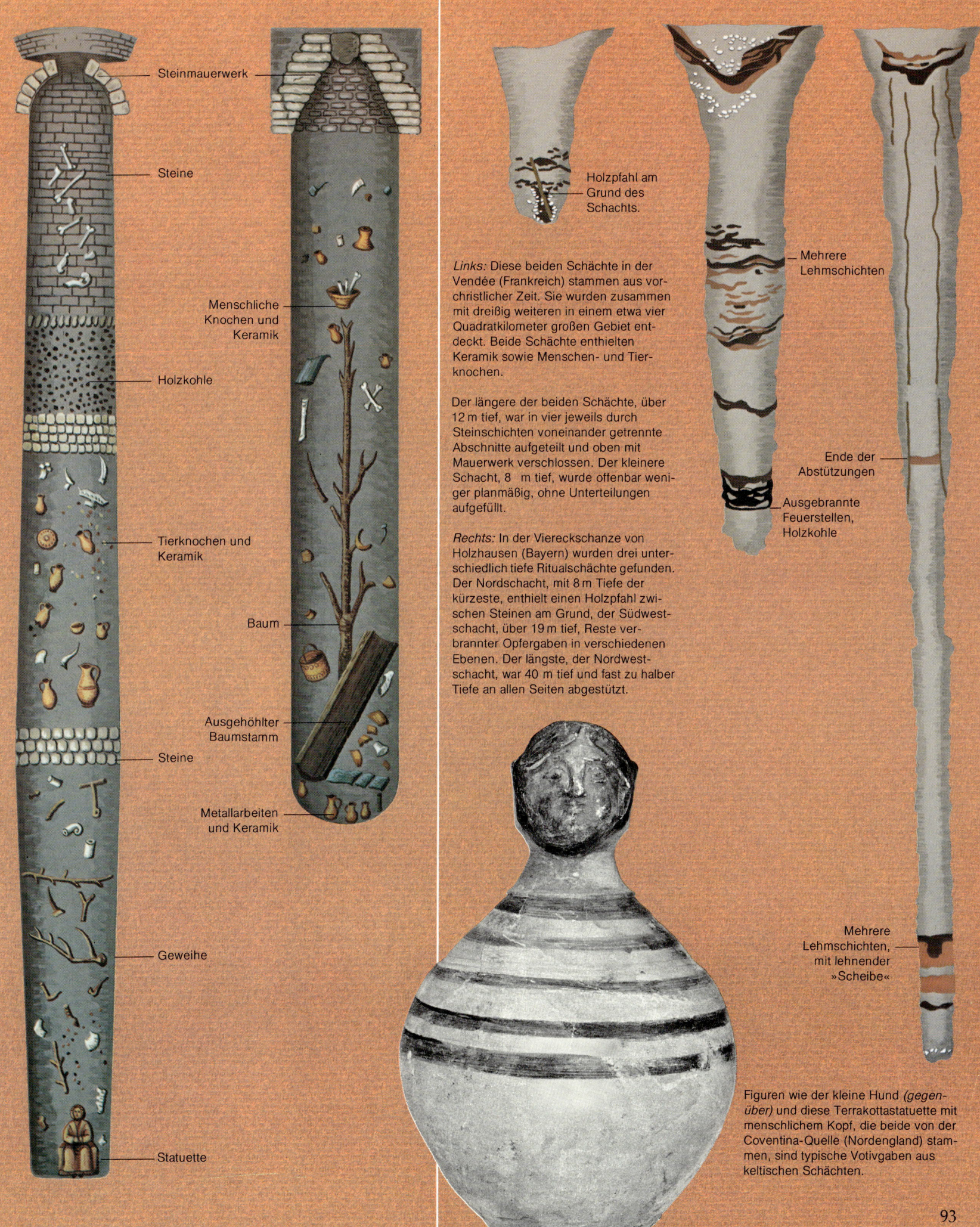

Steinmauerwerk

Steine

Menschliche
Knochen und
Keramik

Holzkohle

Tierknochen und
Keramik

Baum

Ausgehöhlter
Baumstamm

Steine

Metallarbeiten
und Keramik

Geweihe

Statuette

Holzpfahl am
Grund des
Schachts.

Mehrere
Lehmschichten

Ende der
Abstützungen

Ausgebrannte
Feuerstellen,
Holzkohle

Mehrere
Lehmschichten,
mit lehnender
»Scheibe«

Links: Diese beiden Schächte in der
Vendée (Frankreich) stammen aus vor-
christlicher Zeit. Sie wurden zusammen
mit dreißig weiteren in einem etwa vier
Quadratkilometer großen Gebiet entdeckt. Beide Schächte enthielten
Keramik sowie Menschen- und Tierknochen.

Der längere der beiden Schächte, über
12 m tief, war in vier jeweils durch
Steinschichten voneinander getrennte
Abschnitte aufgeteilt und oben mit
Mauerwerk verschlossen. Der kleinere
Schacht, 8 m tief, wurde offenbar weni-
ger planmäßig, ohne Unterteilungen
aufgefüllt.

Rechts: In der Viereckschanze von
Holzhausen (Bayern) wurden drei unter-
schiedlich tiefe Ritualschächte gefunden.
Der Nordschacht, mit 8 m Tiefe der
kürzeste, enthielt einen Holzpfahl zwischen Steinen am Grund, der Südwestschacht, über 19 m tief, Reste ver-
brannter Opfergaben in verschiedenen
Ebenen. Der längste, der Nordwestschacht, war 40 m tief und fast zu halber
Tiefe an allen Seiten abgestützt.

Figuren wie der kleine Hund *(gegenüber)* und diese Terrakottastatuette mit
menschlichem Kopf, die beide von der
Coventina-Quelle (Nordengland) stammen, sind typische Votivgaben aus
keltischen Schächten.

93

Der typisch römisch-keltische Tempel (Rekonstruktion) bestand aus einer Cella mit umlaufendem Wandelgang.

Swanwick den überzeugenden Vorläufer einer Tradition dar, die später in Europa weite Verbreitung fand: Es ist sogar denkbar, daß der Aberglaube, der zum Graben dieser Schächte antrieb, seinen Ursprung in Britannien hatte und sich von dort aus verbreitete. Zu der Kultstätte von Holzhausen gehörten die bereits erwähnten viereckigen Umfriedungen bzw. Erdschanzen. Solche Bezirke, die von der Wissenschaft allgemein als *Viereckschanzen* bezeichnet werden, konzentrieren sich in dem Dreieck zwischen Zürich, Salzburg und Frankfurt und reichen bis nach Ostfrankreich hinein. Sie entstanden überwiegend gegen Ende der freien keltischen Epoche und blieben bis in die römische Zeit hinein in Gebrauch. Manche weisen keine Besonderheiten auf, viele sind mit Gräbern und einige

die Kultstätte von Libenice in Böhmen, wo im 3. Jahrhundert v. Chr. eine 80 mal 20 Meter große Fläche mit einem Graben umschlossen wurde. An einem Ende befand sich eine Grube mit unregelmäßigem Grundriß, die eine Steinstele enthielt, und in der Nähe entdeckte man die Löcher für zwei Pfosten sowie deren verkohlte Überreste zusammen mit zwei Halsringen aus Bronzedraht. Offenbar war das Heiligtum mit zwei Holzsäulen geschmückt, die diese Halsringe trugen. Im Boden fanden sich weitere Gruben, die vielleicht der Aufnahme von Trankopfern dienten, außerdem Beweise für Menschen- und Tieropfer sowie das Grab einer älteren Frau, die eine Priesterin gewesen sein könnte. Ein älterer, in Größe und Form sehr ähnlicher Bezirk aus der späten Bronzezeit wurde bei Aulnay-aux-

Auch andere Arten von Menschenopfern werden erwähnt.
Manche nämlich erschossen sie mit Pfeilen und kreuzigten sie in den Tempeln; auch verfertigten sie riesige Gebilde aus Heu und Holz, steckten Hausvieh und allerlei Tiere und Menschen hinein und verbrannten alles zusammen.

Strabo

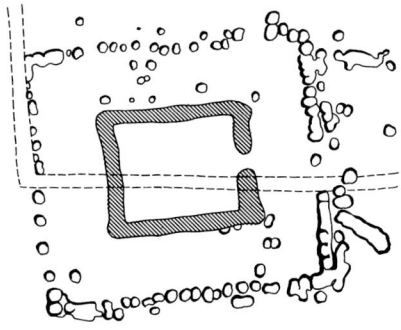

Der Grundriß entstammt einem rein keltischen Typ, von dem bislang nur ein Beispiel in Heathrow (London) ausgegraben wurde *(graphische Darstellung oben)*. Die Fotografie zeigt das auf einem Hügel gelegene Heiligtum oder *Cromlech* von Castlerigg in Nordengland: 39 Steine, die zu einem Kreis mit 30 m Durchmesser angeordnet wurden – religiöse Stätte einer früheren Epoche.

mit Schächten versehen. Höchstwahrscheinlich dienten sie einem rituellen Zweck, bezeichneten vielleicht nur einen heiligen Platz für religiöse Zeremonien unter freiem Himmel. Auch dafür findet sich in England ein Prototyp, und zwar inmitten der jungsteinzeitlichen Kultdenkmäler, die in Dorchester-on-Thames ausgegraben wurden, doch hier einen direkten Zusammenhang anzunehmen, hieße die Grenzen des archäologischen Materials zu überschreiten. Der Brauch, einen Ritualbezirk mit einem Zaun, einem Wall oder einem Graben abzugrenzen, ist jedenfalls sehr alt und vielen Kulturen gemeinsam. Die Viereckschanze stellt lediglich eine Manifestation dieses Brauchs in der keltischen Welt dar. Ein besonders interessantes Beispiel ist

Planches in der Marne entdeckt. Innerhalb der Einfriedung befanden sich mehrere Gräber – darunter das eines allem Anschein nach geopferten Kindes – und zwei Pfostenlöcher; unweit des einen lag ein Ochsenschädel, der vielleicht an einem der Pfosten befestigt war. Natürlich läßt sich nicht genau sagen, was in Libenice und Aulnay vor sich ging, doch können wir mit Sicherheit beide als Ritualbezirke klassifizieren. Die siebenhundert Jahre, die sie zeitlich voneinander trennen, sprechen für die Stärke und die Kontinuität religiöser Traditionen.

Die Lektüre der klassischen Quellen vermittelt den Eindruck, als hätten die Kelten ihre Riten grundsätzlich im offenen Land und auf Waldlichtungen zelebriert – vielleicht an

Der römisch-britannische Tempel des keltischen Gottes Nodons in Lydney Park am Ufer des Severn (Rekonstruktionszeichnung). Der Tempel entstand gegen Ende der römischen Epoche in einer alten eisenzeitlichen Hügelfestung und könnte die Erneuerung eines einheimischen Heiligtums darstellen. Unter römischer Herrschaft wurden die keltischen Heiligtümer größer und in der Anlage komplizierter.

Stätten wie Aulnay und Libenice. Dennoch beweisen Roquepertuse und Entremont, daß Ritualbezirke gelegentlich mit festen Bauten versehen wurden. Außerhalb der mediterranen Zone jedoch sind Zeugnisse für Tempelbauten nach wie vor spärlich, aber daß sie existierten, ist durch Strabo belegt, der (Poseidonios zitierend) eine Gemeinschft von Priesterinnen auf einer Insel nahe der Loire-Mündung beschreibt: »Sie pflegen das Dach ihres Tempels einmal jährlich abzudecken und noch am selben Tag vor Sonnenuntergang wieder zu decken.«

Auch archäologische Befunde sprechen für religiöse Bauten: Das beste Beispiel ist wohl der beim Bau des Londoner Flughafens Heathrow entdeckte Holztempel, eine kleine rechteckige Cella, die von einem Wandelgang umgeben war und allem Anschein nach aus dem 3. Jahrhundert v. Chr. stammt. Ähnliche cella-artige Bauten sind unlängst in den südenglischen Hügelfestungen von Danebury und South Cadbury gefunden worden. Bemerkenswert ist der Grundriß des Tempels von Heathrow, denn er entspricht dem von Hunderten von Steintempeln, die in römischer Zeit in Gallien und Britannien gebaut wurden. Die Kontinuität der Bauform ist ebenso beeindruckend wie die der Nutzung, die sich an etlichen Stätten nachweisen läßt, wo ziemlich unklare eisenzeitliche Anlagen durch deutlich erkennbare römisch-keltische Tempel ersetzt wurden. Wenngleich es zutrifft, daß die Form des rechteckigen Tempels fast überall in Europa vorherrscht, sind Rundtempel in Westfrankreich und Britannien keineswegs ungewöhnlich. Es mag sein, daß diese beiden Typen lediglich die unter-

schiedlichen Traditionen des Hausbaus widerspiegeln, die in diesen Regionen üblich waren.

Die Karte der wichtigsten keltischen Heiligtümer stützt sich auf archäologische Befunde und literarische Quellen. Unser Wissen über keltische religiöse Zentren ist unvollkommen, zumal es sich bei den Heiligtümern oft nur um schlichte Plätze unter freiem Himmel und nicht um feste Tempelbauten im Stil Griechenlands oder Roms handelte.

Die Kelten bevorzugten für ihre Gottesdienste Waldlichtungen, von deren Gestaltung diese Zeichnung eine Vorstellung vermittelt.

Keltische Handwerker vervollkommneten und verbreiteten das
Speichenrad – hier die Rekonstruktion eines Latène-Originals.

*Gegenüber (von oben nach
unten):* Beispiele brillanter keltischer Kunst: Bronzeplatte eines
Pferdegeschirrs, 1. Jahrhundert
n. Chr.; Rekonstruktionszeichnung des Spiegels von Desborough; emailliertes Dekor
eines Pferdegeschirrs.

DER GENIUS
DER KELTEN

Zum Schutz tragen sie mannshohe und
eigentümlich bunt bemalte Schilde.
Einige tragen auch besonders schön gearbeitete
Schilde mit hervortretenden ehernen
Tiergestalten, die nicht nur dem Schmuck,
sondern auch der größeren Sicherheit dienen.

Diodoros Siculus

In Krisenzeiten konzentrierten die Kelten ihre Leistungskraft und ihre Talente ganz auf das Kriegshandwerk. Daher konnten ihre Gegner sie als rückständig verwerfen, ihnen die Fähigkeit zu höherem Denken, zu geistiger Bildung oder zur Entwicklung differenzierter sozio-politischer Institutionen absprechen. In der Tat lagen ihre Begabungen auf anderen Gebieten als jene der klassischen mediterranen Kultur. In einer frühen Epoche wurden die Kelten zu Meistern des Bergbaus und der Metallbearbeitung – entfalteten Fähigkeiten, die zur fundamental wichtigen Beherrschung des Rades und des Pflugs führten. Die Kelten brachten eine Kunst hervor, die man eher als barock denn als klassisch bezeichnen könnte – statt griechischer Abstraktion eine wunderliche Fülle von Details und kühner Linienführung. Statt nüchterner Ausgewogenheit und harmonischer Proportion eine Neigung zu Stilisierung und Groteskem. Die keltische Kühnheit konnte den Betrachter provozieren – ihn zwingen, die Wirklichkeit neu zu sehen. Dieselbe kreative Frische sollte Jahrhunderte später die literarische Szene Europas neu beleben, als die phantastischen Sagen Irlands und der Bretagne die mittelalterliche Literatur befruchteten.

Als die griechischen Geographen die *Keltoi* als eines der vier Völker der barbarischen Welt erfaßten, erkannten sie an, daß ein riesiges Gebiet Europas von Transdanubien bis zum Atlantik einer einzigen Kultur angehörte. Die linguistischen Befunde, die dokumentarischen Zeugnisse über Gesellschaft und Verhaltensweisen sowie die Ikonographie, in der sich die Glaubensvorstellungen widerspiegeln, sprechen für ein hohes Maß kultureller Einheitlichkeit, die alle Teile der keltischen Welt miteinander verband.

Die Kelten, eines der letzten Barbarenvölker Mitteleuropas, besaßen eine Kultur, die das Kulminationsstadium einer sechstausendjährigen – langsamen, aber stetigen – Entwicklung erreicht hatte. Fehlentwicklungen waren dabei rasch ausgestorben, während Fortschritte bewahrt und in die Gemeinschaftserfahrung integriert wurden. Um die Mitte des 1. Jahrtausends v. Chr. war ein technisches Niveau erreicht, das sich von dem des vorindustriellen Europa im 18. Jahrhundert nur wenig unterschied. Zu dieser Zeit kannten die Kelten weder den Eisenguß noch das Kummet, das erst später aus China eingeführt wurde, noch betrieben sie Wasserbau – kaum verwunderlich, denn die Entwicklung von Maschinen entsprach dem keltischen Temperament nicht. Der Kelte war intuitiv und reagierte spontan, konnte zum Schutz der Kommune Gemeinschaftsprojekte wie Befestigungsbauten ausführen, hatte jedoch wenig Sinn für abstrakte Planungen und mathematische Feinheiten.

Aus welcher Richtung wir uns auch den Kelten nähern – über die Literatur, die Kunst oder die Archäologie –, stets gewinnen wir den Eindruck einer immensen Energie. Die keltische Gesellschaft war gleichsam wie eine zusammengerollte, zum Zustoßen bereite Schlange. Dieser Wesenszug offenbart sich in der ungestümen Art ihrer gesellschaftlichen Zusammenkünfte und ihrer Kriegführung ebenso wie in ihrer Kunst – man braucht nur die auf Seite 99 abgebildete Rückseite eines Spiegels zu betrachten, um die stets gegenwärtige Rastlosigkeit zu spüren.

Der wache, bewegliche Geist des Kelten, seine Vorliebe für das Rätsel, das nur Angedeutete, fielen auch den klassischen Beobachtern auf: Sein Sinn für das Rätselhafte ließ die schönsten Beispiele der abstrakten keltischen Kunst entstehen. Die freie keltische Gesellschaft auf dem Höhepunkt ihrer Entwicklung darf freilich nicht als ausgereift betrachtet werden: Sie war eine Gesellschaft auf dem Weg zur Reife.

Die Griechen nannten jeden, der des Griechischen nicht kundig war, einen Barbaren. Das Wort bezeichnete also einen Menschen, der der klassischen Welt nicht angehörte, hatte jedoch keineswegs die moderne Bedeutung von Kulturlosigkeit und Mangel an Feingefühl. Niemand, der jemals Beispiele ornamentaler keltischer Metallarbeit betrachtet oder irische Sagen gelesen hat, könnte die Kelten so charakterisieren. Keltische Künstler entwickelten unter der Schirmherrschaft der Aristokratie einen ebenso originalen wie fesselnden Kunststil, eine abstrakte Kunst, die aus einer genauen Beobachtung der natürlichen Welt das Wesen von Linie und Form destillierte. Der Künstler strebte nicht nach Abbildung der Realität, sondern er suchte das Wesentliche, das nicht Greifbare, das Flüchtige einzufangen. Seine Kunst lebte von Überraschungen, Trugbildern, Verwandlungen.

DIE SOGENANNTEN BARBAREN

Die Liebe zu Ornament und Dekor kam in jedem keltischen Lebensbereich zum Ausdruck. Selbst so alltägliche Dinge wie Gewandnadeln wurden kunstvoll verziert. Diese kleine Fibel aus Reinheim (Saarland) wurde in Gestalt eines Hahns gearbeitet, der mit importierter Koralle eingelegt ist und aus dem späten 5. oder frühen 4. Jahrhundert v. Chr. stammt.

In ihrer ersten Blüte war die keltische Kunst zwar das Privileg der Aristokratie, doch wurde sie bald zu einer Sache des Volkes. Ein Töpfer der Eisenzeit bemühte sich ebenso um ein ansprechendes Dekor für einen Kochtopf wie der Bronzeschmied. Sein Ausdrucksmittel mochte weniger exotisch, seine Technik weniger anspruchsvoll sein – gemeinsam war beiden die elementare Liebe zur Form. Die schlichten häuslichen Töpferwaren und Holzgefäße aus den Mooren von Somerset erinnern daran, wie selbstverständlich die Verzierung – besonders die leuchtende Farbe – im Alltagsleben war.

Als die keltische Welt schließlich unter das Joch Roms geriet, lastete der Einfluß des Klassizismus schwer auf der keltischen Kreativität. Ein Zurück war unmöglich, doch kam es auch nicht zur totalen Unterwerfung. Die gegenständliche Darstellung wurde akzeptiert – freilich oft nach keltischem Verständnis: Die bildliche Genauigkeit blieb der Form und der Bewegung untergeordnet.

Er sah eine Frau am Rand der Quelle mit einem leuchtenden goldverzierten Silberkamm. Sie wusch sich das Haar in einer silbernen Schüssel mit vier goldenen Vögeln darauf und kleinen blitzenden Reihen purpurner Karfunkelsteine am Rand. Neben ihr lag ein flauschiger Purpurmantel aus feinem Vlies, und silberne Broschen, mit schönem Gold durchwirkt, zierten ihn.
Sie trug ein Kleid mit langer Kapuze, steif und glatt, aus grüner Seide mit rotgoldener Stickerei. Herrliche Ornamente aus Gold und Silber, verschlungene Tiergestalten bedeckten das Kleid auf ihrer Brust, ihren Schultern und ihren Schulterblättern zu beiden Seiten.

Irisches Gedicht, 9. Jahrhundert.

Schulen von Kunsthandwerkern entwickelten in vielen Teilen Europas lokale Stile. In Britannien erfreuten sich im 1. Jahrhundert v. Chr. und im frühen 1. Jahrhundert n. Chr. dekorierte Spiegel großer Beliebtheit. Sie stammen von vielen verschiedenen Künstlern – mindestens ein Exemplar gelangte bis nach Holland. Dieses besonders schöne Beispiel wurde in Old Warden in Südostengland gefunden.

Ein einzigartiger, unverwechselbarer Stil

Der Ursprung der keltischen Kunst lag in der Verschmelzung mehrerer Stile zu einem völlig neuen und eigenständigen Ausdruck. Die Grundlage bildete der einheimische Hallstattstil der Dekorierung mit einer Neigung zu kontrastierenden Farben und Gliederungen, der jedoch im wesentlichen ein eckiger und geometrischer Stil war. Er wurde durch die Kunst der klassischen Welt bereichert, namentlich durch ihre griechisch-etruskischen Ausformungen. Bronzegefäße mit Palmetten- und Rankendekor gelangten in großen Mengen in die keltische Welt. Ein drittes, schattenhafteres Element drang von Osten her ein – auf welchem Wege, ist freilich unbekannt. In Osteuropa saßen seit geraumer Zeit den Skythen verwandte Völker, die in der Kunst einen eigenständigen Tierstil mit persischem Einschlag pflegten. Vielleicht trugen Künstler diesen griechisch-skythisch-persischen Stil nach Westen – vielleicht waren es auch nur Handelsgüter wie Satteldecken, Lederarbeiten und textile Wandbehänge, die den östlichen Einschlag an die Höfe der keltischen Aristokratie brachten. Jedenfalls fügen sich gegen Ende des 5. Jahrhunderts v. Chr. die verschiedenen Elemente zur frühesten Manifestation einer rein keltischen Kunst zusammen, die als »früher« oder auch »strenger« Stil bezeichnet wird.

In den folgenden Jahrhunderten wurde die keltische Kunst zum Ausdruck keltischen Geistes. Es entwickelte sich der sogenannte »freie« Stil: der freie »graphische« in der zweidimensionalen und der freie »plastische« in der dreidimensionalen Form. Es ist ein Stil, der die zweiseitige Symmetrie meidet und das Muster der Form anpaßt – Elemente entwickeln und verlieren sich, fügen sich zu spannungsvollem Gleichgewicht. Der enger werdende Kontakt mit der römischen Welt schließlich, der neue Maßstäbe der Formalität brachte und zur Entwicklung stabilerer, urbaner Herrschaftsformen führte, ließ einen gebändigteren Kunststil entstehen, der den Wandel der Zeiten widerspiegelte.

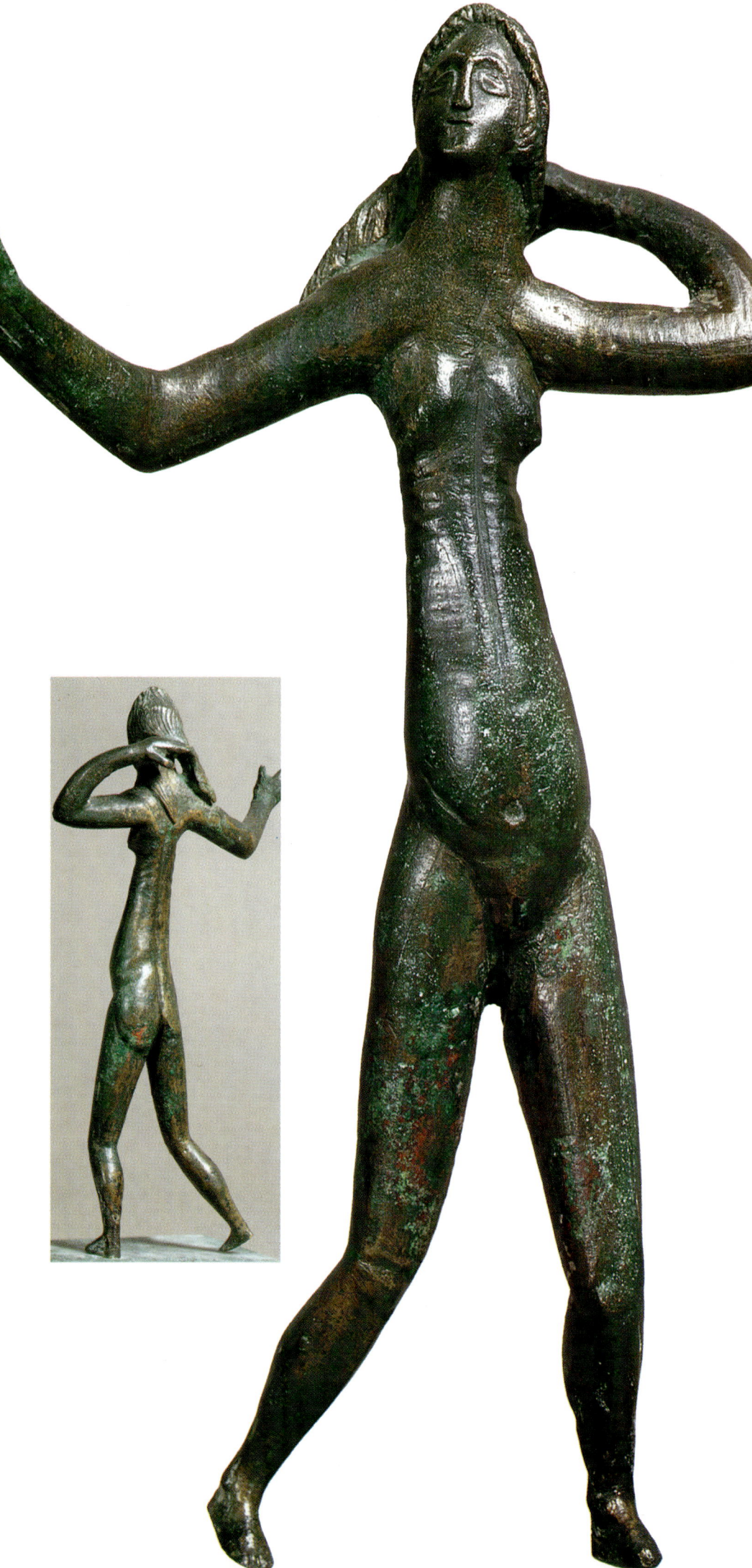

Keltische Künstler schufen nur selten naturalistische Abbildungen der menschlichen Gestalt. Eine der bemerkenswertesten Ausnahmen stellt jedoch diese Sammlung menschlicher Figuren dar, die zur Zeit der römischen Eroberung in Neuvy-en-Sullias am Loire-Ufer gegenüber dem keltischen Heiligtum von Fleury vergraben wurde.

Es handelt sich vermutlich um eine Sammlung von Ritualplastiken, die eine kultische Tanzfolge darstellen könnte. Die Brillanz, mit der der Künstler die Bewegung eingefangen hat, ist weder rein keltisch noch römisch, sondern mutet wie das Überspringen eines genialen Funkens zwischen den beiden Traditionen an.

Umseitig (S. 102–103):
Die gegensätzlichen Gesichter keltischer Kunst: Die geschwungene Kontur eines Bronzeblatts aus La Tène kontrastiert in der völligen Freiheit der Auffassung zur planvollen Regelmäßigkeit des »Battersea«-Schildes aus London. Das Blatt stammt aus dem 3./2. Jahrhundert v. Chr., der Schild aus dem frühen 1. Jahrhundert n. Chr.

In der früheren Manifestation keltischer Kunst lassen sich die unterschiedlichen Einflüsse erkennen, die zu ihrer Entstehung beitrugen. Die Palmetten und Lyramotive der griechisch-etruskischen Welt finden sich in den beiden hier abgebildeten goldenen Beschlägen: Schale aus dem Fürstengrab von Schwarzenbach in Rheinland-Pfalz *(rechts)* und Trinkhorn aus Eygenbilsen in Belgien *(unten).*

Die Schnabelkanne aus Basse-Yutz in Lothringen *(rechts außen)* ist ein schönes Beispiel für die Verschmelzung der Traditionen. Die Form und das Dekor unter dem Schnabel sind eindeutig etruskisch inspiriert, während das prächtige Tier, das den Henkel bildet, letztlich skythischen Stil repräsentiert.

Obwohl die spätere keltische Kunst eine Kunst des Volkes war, schufen nach wie vor Schulen von Kunsthandwerkern kostbare Metallarbeiten für die Aristokratie. Eine dieser Schulen, irgendwo in Ostengland beheimatet, stellte goldene Torques von immensem Wert her, von denen das hier abgebildete Exemplar aus Snettisham das berühmteste ist.

Gegenüber: Keltische Künstler verstanden das Wesentliche einer Gestalt oder eines Gesichts mit einem Minimum an Details so meisterhaft einzufangen, daß manche Stücke sehr schwer zu datieren sind – wie dieser Gott aus Bouray (Frankreich). Seine Gesichtszüge lassen auf ein Werk aus dem 1. Jahrhundert v. Chr. schließen.

DIE DRUIDEN: PRIESTER, SEHER, RICHTER

Die Druiden, die geistige Elite der Kelten, waren Priester, Richter, Propheten, Ärzte, Lehrer, Dichter und Musiker. Einige der zeitgenössischen Autoren berichten von ihren verschiedenen Aufgaben, zu denen auch die Leitung der Opferzeremonien – oft auch der Opferung von Menschen – zählte. Diese düstere Seite des keltischen Glaubens offenbart sich in der sogenannten »Tarasque« *(gegenüber)*, einer Plastik aus dem südfranzösischen Noves, die im 3. oder 2. Jahrhundert v. Chr. entstand. Das am Boden kauernde, schauerliche schuppige Ungeheuer verschlingt einen Menschen, während seine Tatzen auf zwei abgeschlagenen Köpfen ruhen.

Zur Oberschicht der keltischen Gesellschaft zählte eine Gelehrtenelite, die wegen ihrer Weisheit und ihrer besonderen Rolle als Vermittler zwischen Stamm und Göttern hoch geachtet wurde – die sogenannten Druiden. Der Name ist vermutlich von einem Ausdruck abgeleitet, der soviel wie »Eichenkundiger« oder auch »großes Wissen« bedeuten könnte. Den Druiden oblagen alle geistigen Aktivitäten, die das Funktionieren der Gemeinschaft sicherten. Caesar beschreibt die Pflichten der Druiden sehr genau: Sie »versehen den Götterdienst, besorgen die öffentlichen und privaten Opfer und legen die Religionssatzungen aus. Bei ihnen finden sich in großer Zahl junge Männer zur Unterweisung ein, und sie genießen hohe Verehrung. Denn bei fast allen öffentlichen und privaten Streitigkeiten urteilen und entscheiden die Druiden.« Damit haben wir einen Überblick über ihre Befugnisse – als Priestern und Magiern, Lehrern und Richtern gebührte ihnen Gehorsam weit über den eigenen Stamm hinaus.

Der Druidenorden unterstand einem Oberdruiden, der als der Geachtetste von seinen Gefährten ernannt wurde. Wenn sich mehrere gleich würdige Männer anboten, so Caesar, kam es zur Wahl, und er fügt hinzu, daß die Abstimmung mitunter in regelrechte Kämpfe zwischen den Konkurrenten ausartete – eine in der keltischen Welt keineswegs überraschende Wende.

Die Druiden bildeten eine privilegierte Schicht, die von Abgaben und Kriegsdienst befreit war – Vorteile, die offenbar zahlreiche junge Männer zum Eintritt in den Orden bewogen. Die Ausbildung war freilich hart. Die Aspiranten mußten eine ungeheure Fülle an Stoff auswendig lernen – so viel, berichtet Caesar, daß manche von ihnen zwanzig Jahre mit ihren Studien verbrachten. »Die Druiden halten es für Sünde, ihre Lehren schriftlich niederzulegen«, fügt er hinzu. »Dies scheinen sie mir aus zwei Gründen eingeführt zu haben: Sie wollen nicht, daß die Lehre unter der Menge verbreitet werde, noch daß die Schüler, sich auf das Geschriebene verlassend, das Gedächtnis weniger übten.« Seine Erklärung geht freilich etwas zu weit, denn das Keltische war eben keine Schriftsprache. Was die Druiden dem Gedächtnis anvertrauten, war der gesamte Wissensschatz der Gemeinschaft: magische Formeln, religiöse Zeremonielle, medizinische Kenntnisse, Recht, Geschichte und Genealogie. Zur Stützung des Gedächtnisses wurde eine einfache Versform mit Wortwiederholungen verwandt. In derselben Weise wurden auch die irischen Volkssagen – bis zu ihrer Niederschrift durch christliche Schreiber im 8. Jahrhundert – von Generation zu Generation weitergegeben.

Caesar ließ einzig die Druiden als gebildete Schicht Galliens gelten, doch dürfte das eine allzu große Vereinfachung sein. Andere Autoren – Strabo, Diodoros, Athenaios –, die von der irischen Literatur bestätigt werden, unterscheiden drei Kategorien: die Barden, die in ihren Dichtungen die Geschichte und Überlieferungen des Stammes verewigten; die Propheten, die die Opferzeremonien leiteten und die Zukunft voraussagten, und die eigentlichen Druiden, die in Recht und Philosophie bewandert waren – die Bewahrer uralter Weisheiten. Ein gelegentliches Überschneiden der Funktionen mag die Unterschiede verwischt und Caesar zu seiner ein wenig ungenauen Verallgemeinerung verführt haben.

Die Aufgabe der Barden hat Athenaios (mit Bezug auf Poseidonios) präzise umrissen. Er bezeichnet sie als Unterhalter. »Sie sind die Dichter, die Lobgesänge vortragen« – ihnen oblag es, die Tugenden ihrer aristokratischen Gönner zu preisen. In Irland hatte der *fili* einige der Barden-Funktionen inne: Er lernte die Überlieferungen und Genealogien seines Stammes auswendig und dichtete selbst Verse – oft zum Lob seines Gönners. Bardenschulen, in denen diese Künste gelehrt wurden, blühten in Irland noch im 17. Jahrhundert. Die richterlichen Funktionen der Druiden waren für die Stabilität der Gesellschaft von

Heilende Kräfte wurden nicht nur den
Druiden zugeschrieben, die für die Heil-
kräuter zuständig waren, sondern natürlich auch einer Reihe von Göttern. So
tritt in der irischen Literatur der Gott
Dagda stets mit einem Kessel auf, dessen Inhalt neben anderen Eigenschaften
Heilkraft besaß. Die Szene auf dem
Kessel von Gundestrup *(gegenüber)*
stellt gemäß einer Interpretation den
»großen Gott« dar, der einen Sterblichen an den Segnungen seines Kessels
teilhaben läßt. Eine andere, nicht weniger plausible Erklärung lautet, daß die
kleine Gestalt ein Opfer darstellt, das in
einen Ritualschacht geworfen wird.

erheblicher Bedeutung, ihre Vollmachten weitreichend. Ob private Auseinandersetzungen, Gewaltverbrechen oder Grenz- und Erbstreitigkeiten – jeder Konflikt unterlag ihrer Gerichtsbarkeit. Wie Caesar berichtet, versammelten sich die gallischen Druiden einmal im Jahr an einem festgesetzten Tag in der Nähe von Chartres. »Hier treffen sich von überall her alle, die Streitigkeiten haben, und beugen sich ihrer Entscheidung und ihrem Urteil.« Die Entscheidungen der Druiden waren endgültig. »Sie setzen Belohnung und Strafe fest . . . Fügt sich ein Privatmann oder ein Volksstamm ihrem Entscheid nicht, so schließen sie den Betroffenen vom Götterdienst aus.« Die Macht der Druiden reichte also über die Stammesgrenzen hinweg: Sie konnten sich sogar zwischen feindliche Heere stellen und Schlachten verhindern.

Die Druiden waren auch die Philosophen der Gesellschaft. Sie studierten die Bewegungen der Himmelskörper und belehrten – so Caesar – die jungen Männer über Astronomie, über die Größe des Universums und der Erde sowie über die Macht und die Fähigkeiten der Götter. Ein anderer Aspekt ihrer Lehre betraf das Leben nach dem Tode. Sie glaubten an die Unsterblichkeit der Seele und an ihr Weiterleben nach dem Tode in einem anderen Körper – ein philosophischer Gedanke, den der militärische Verstand Caesars eher praktisch interpretierte: »Sie glauben, daß vor allem diese Lehre, da sie die Todesfurcht beseitige, zur Tapferkeit ansporne.« Diese leider recht vagen Hinweise auf eine philosophische Tradition lassen auf ein differenziertes Denken schließen, das, wie einige moderne Autoren glauben, vom griechischen Stoizismus beeinflußt worden sein könnte.

Caesar geht auch auf die Rolle der Druiden bei Opferzeremonien ein: Sie leiten den Gottesdienst und regeln öffentliche wie private Opfer. Andere Autoren deuten jedoch an, daß die eigentliche Weissagung von besonderen Amtsträgern vorgenommen wurde, wenngleich es natürlich möglich ist, daß zur Sicherung eines korrekten Ablaufs ein Druide anwesend sein mußte. Strabo erläutert:

Einen zum Opfer geweihten Menschen hieben sie mit dem Schwert in den Rücken und wahrsagten aus seinen Zuckungen. Nie aber opferten sie ohne Druiden . . . Auch andere Arten von Menschenopfern werden erwähnt. Manche nämlich erschossen sie mit Pfeilen und kreuzigten sie in den Tempeln.

Wesentlich ist in diesem Zusammenhang, daß ein Druide bei Opferzeremonien anwesend

war, jedoch nicht unbedingt aktiv an ihnen teilnahm.

Über das Menschenopfer äußern sich etliche römische Autoren mit besonderem Abscheu (was einer Gesellschaft, die sich an Massenschlachtungen im Amphitheater vergnügte, schlecht ansteht). Der Dichter Lucanus beschreibt einen heiligen Hain bei Massalia, wo »überall aus dunklen Quellen Wasser floß, und düster standen, ohne Kunst und roh aus Holz gehauen, Götterbilder da« – eine düstere Stätte, deren Boden vom Blut der Menschenopfer getränkt war. Dasselbe Bild beschwört Tacitus, als er den römischen Angriff auf die Druidenhochburg von Anglesey im Jahr 59 n. Chr. beschreibt. Die Legionäre zerstörten »die heiligen Haine, in denen grauenvolle Kulthandlungen stattfanden. Der religiöse Brauch schrieb vor, an den Opferaltären das Blut der Gefangenen zu vergießen und den Willen der Götter aus menschlichen Eingeweiden zu erkunden.«

Der ältere Plinius urteilt selbstgerecht: »Wir können kaum erfassen, wieviel den Römern zu danken ist, daß sie diese ungeheuerlichen Zustände beseitigten, in denen das Töten eines Menschen als höchste religiöse Zeremonie, ihn zu essen, sogar als noch größere Wohltat galt.« Gewiß empfand so mancher Römer das Menschenopfer als abstoßend. Römischen Propagandisten diente es jedoch vor allem als Vorwand für die Ausrottung der keltischen Religion, da sie in Wahrheit fürchteten, daß die Druiden die keltischen Stämme zum Widerstand gegen Rom hätten einen können.

Über die von den Druiden geleiteten Riten wissen wir nur wenig, doch findet sich bei Plinius eine reizvolle Passage, die uns die Realität einer keltischen Zeremonie sehr nahebringt. Plinius berichtet, daß die Mistel als heilkräftige Pflanze galt; wenn man sie auf einer Eiche fand, hielt man sie für besonders heilkräftig und erntete sie nach einem strengen Ritual. Zunächst mußten zwei weiße Stiere zum Baum geführt werden. Dann erkletterte ein weißgewandeter Priester mit einer goldenen Sichel in der Hand die Eiche und schnitt die Mistel ab, die von den Untenstehenden in einem weißen Tuch aufgefangen wurde. Anschließend wurden die Stiere geopfert, während man die Götter anflehte, die Gabe wohlwollend anzunehmen. Die auf diese Weise geerntete Mistel machte unfruchtbare Tiere fruchtbar und galt als Gegengift gegen alle Gifte. »Viele Völker«, fügt Plinius hinzu, »hegen derlei fromme Empfin-

Die Druiden ziehen
gewöhnlich nicht mit in den
Krieg und zahlen auch
keine Abgaben wie die
anderen, sind vom
Waffendienst befreit
und genießen Erlaß aller
Leistungen. Durch so große
Vorrechte verlockt,
begeben sich viele
freiwillig in ihre Lehre
oder werden von ihren
Eltern und Verwandten zu
ihnen geschickt. Es heißt, daß
sie dort Verse in großer
Zahl auswendig lernen;
deswegen bleiben
einige zwanzig Jahre lang
in der Lehre. Sie halten
es für Sünde, sie schriftlich
niederzulegen, während
sie in fast allen übrigen
Angelegenheiten, in Staats-
und Privatgeschäften, die
griechische Schrift
benutzen.

Caesar

Der Bronzekalender von Coligny zählt
zu den bemerkenswertesten keltischen
Hinterlassenschaften. Im späten 1. Jahrhundert v. Chr. in lateinischen Buchstaben abgefaßt, ist er in der Anlage
rein keltisch und stellt das älteste Dokument in keltischer Sprache dar.
Er war in 16 Kolumnen zu je vier Mona-
ten aufgeteilt, die zusammen einen
Fünfjahreszyklus (62 Lunarmonate plus
zwei Schaltmonate) darstellten. Es ist
möglich, daß der erhaltene Abschnitt
Teil eines größeren 19-Jahre-Kalenders
war. Jeder Monat (29 oder 30 Tage)
bestand aus einer dunklen und einer
lichten Hälfte, deren Tage jeweils ge-
sondert gezählt wurden. Die Monate
sind in gute (»MAT«) und nicht gute
(»ANM«) geteilt und mit Angaben von
Festen wie Beltine und Lugnasad versehen. Jeder Monat hatte einen Namen.
Die lateinische Schrift sollte nicht
darüber hinwegtäuschen, daß der Kalender rein keltischer Natur ist.

dungen für ganz unbedeutende Dinge.« Die
Schilderung fasziniert nicht nur wegen der
Unmittelbarkeit, mit der Plinius den keltischen Ritus vorführt, sondern auch als Beleg
dafür, daß die Druiden das medizinische Wissen der Gemeinschaft hüteten – ein Aspekt,
über den andere zeitgenössische Schriftsteller
sich ausschweigen.

Der Hinweis auf die Fruchtbarkeit der Herden
macht deutlich, in welchem Maß die Druiden
für das Wohlergehen der Gemeinschaft verantwortlich waren – namentlich im Hinblick
auf die jahreszeitlichen Aktivitäten und die
Rituale, die sie begleiteten. Alles wurde vom
Kalender bestimmt, dessen Berechnung und
Einhaltung Aufgabe der Druiden war. Im keltischen Irland war das Jahr in zwei Hälften mit
je zwei weiteren Untergliederungen geteilt.
Das neue Jahr begann mit dem *Samain*-Fest
(am 1. November), das den Anfang der dunklen Hälfte des Jahres bezeichnete. Die zweite
– lichte – Hälfte begann mit dem *Beltine*-Fest,
das am 1. Mai gefeiert wurde. Zwischen diesen beiden großen Festen lagen zwei weniger
bedeutende, *Imbolc* am 1. Februar und *Lugnasad* am 1. August. Der Kalender wurde von
den Druiden geführt und nach Mondphasen
berechnet, deren Länge sich nach Nächten be-
maß.

Der berühmte Kalender von Coligny *(gegenüber)* zeigt, wie präzise die keltische Astronomie war. Das in zwölf Lunarmonate aufge-
teilte Jahr wurde dem Sonnenjahr dadurch
angepaßt, daß man alle drei Jahre einen
Schaltmonat von 30 Tagen einschob. Jeder
Lunarmonat mit einer Länge von 29 oder
30 Tagen war – wie das Jahr – in eine dunkle
und eine lichte Hälfte geteilt. Der 30-Tage-
Monat galt als günstig, der 29-Tage-Monat
als ungünstig, doch gab es in jedem gute und
schlechte Tage. Natürlich war es für das Wohl
der Gemeinschaft unerläßlich, daß bestimmte
Vorhaben wie etwa der Beginn der Aussaat,
das Eintreiben der Herden oder die Eröffnung
von Feindseligkeiten nur an einem möglichst
günstigen Tag ausgeführt wurden – und nur
die Druiden konnten darüber Auskunft geben. Die Kontrolle des Kalenders bedeutete
Macht über die Gesellschaft. Es fällt daher
nicht schwer, die überragende Stellung der
Druiden in der keltischen Welt zu begreifen.

NEUE WERKZEUGE UND TECHNIKEN

Welche Bedeutung dem Handwerk der Eisenbearbeitung in der keltischen Welt zukam, läßt sich an der Tatsache ablesen, daß der Stammesgott mitunter in der Gestalt des Schmiedes abgebildet wurde, der in römischer Zeit mit dem Gott Vulcanus verschmolz. Bildliche Darstellungen dieser Epoche (das Beispiel rechts stammt aus dem römischen Britannien) geben Aufschluß über das Schmiedewerkzeug der Zeit.

Um 1000 v. Chr. hatte die Technik der Bronzebearbeitung den Höhepunkt ihrer Entwicklung erreicht. Das Metall konnte zu einer Fülle komplizierter Formen gegossen, konnte zu Blechen gehämmert und vernietet werden; man erzeugte Legierungen mit unterschiedlichen Eigenschaften für verschiedenste Verwertungszwecke – Fertigkeiten, die in dreitausend Jahren der Praxis und des Experiments entwickelt worden waren. Im 8. Jahrhundert v. Chr. lernte das barbarische Europa dann ein neues Metall kennen – das Eisen. Die Kenntnis der Eisengewinnung läßt sich im Orient bis ins 2. Jahrtausend zurückverfolgen. Um 1500 v. Chr. erzeugten die Hethiter des Neuen Reiches in Anatolien das Metall in großen Mengen – die entsprechenden Kenntnisse waren freilich ein streng gehütetes Geheimnis. Im 13. Jahrhundert v. Chr. schrieb König Hattušili III. an den König von Assyrien:
Was das Eisen betrifft, um das Du mich gebeten hast, so ist gutes Eisen nicht verfügbar . . . Daß die Zeit für die Eisenerzeugung ungünstig ist, habe ich geschrieben. Man wird gutes Eisen liefern, aber es ist noch nicht fertig. Wenn es fertig ist, werde ich es Dir schicken. Heute sende ich Dir eine eiserne Dolchklinge.
Die Auskunft des Königs läßt darauf schließen, daß die Hethiter in der Eisenerzeugung ein Monopol besaßen; der Hinweis auf die falsche Jahreszeit spricht dafür, daß die Eisengewinnung im Winter von Bauern betrieben wurde, die zu dieser Zeit in der Landwirtschaft entbehrlich waren. Wie knapp das Eisen war, beweist ein Brief des Pharaos von Ägypten an den Hethiterkönig, den er um eine Eisenlieferung bittet. Ein wenig früher, um die Mitte des 14. Jahrhunderts, befinden sich unter den Schätzen, die Tutanchamun mit ins Grab gegeben werden, Armreifen und ein Dolch aus Eisen.
Im 12. Jahrhundert trugen Barbareneinfälle zum Zusammenbruch des Hethiterreichs bei,

und in den Wirren der Völkerwanderungen, die über die ägäische Welt hereinbrachen, drang die Kenntnis der Eisenverhüttung allmählich nach Europa vor. Zypern und Palästina waren bald im Besitz der neuen Technologie, und von Palästina aus erreichte sie im frühen 11. Jahrhundert v. Chr. die isolierten Gemeinschaften an den Küsten Griechenlands. Mit dem Heranreifen der griechischen Kultur kam es dann zur Begründung einer Eisenproduktion in Europa.
Um das 8. Jahrhundert hatten die Griechen auf der Insel Ischia bei Neapel die Kolonie Pithecussae gegründet. Hier finden sich unwi

derlegliche Beweise dafür, daß im 8. Jahrhundert große Mengen Eisen von der 275 Kilometer nördlich gelegenen Insel Elba verhüttet wurden. Es gibt jedoch Zeugnisse für eine noch frühere Eisenverarbeitung in Italien, die vermuten lassen, daß die griechischen Kolonisten lediglich eine Produktion intensivierten, die bereits durch direkte Kontakte zwischen Zypern, dem Orient und Italien in Gang gekommen war. Sobald sich die Kenntnis der Eisengewinnung auf dem italischen Festland durchgesetzt hatte, konnte sie sich natürlich auch nach Norden über die Alpen ausbreiten.

Die neue Technologie könnte die Kelten jedoch auch auf einem anderen Weg erreicht haben. Jüngste ungarische Forschungen haben im Norden des Ungarischen Tieflands aus Gräbern des 8. Jahrhunderts Eisenschmuck ans Licht gebracht. Diese Gräber und ihre Umgebungen weisen Ähnlichkeiten mit der Kultur auf, die sich von der nordpontischen Region bis ins untere Donautal erstreckte. Wie wir bereits erläutert haben (S. 19), könnten diese Völker durchaus Reiterstämme gewesen sein, die im 9. und 8. Jahrhundert v. Chr. unter skythischem Druck ihre pontische Heimat verließen und nach Europa zogen; wenn das zutrifft, könnten sie auch Kenntnisse der Eisenbearbeitung mit nach Ungarn gebracht haben. Handel mit den Gemeinschaften des Westens mußte dann zwangsläufig zur Ausbreitung der neuen Technologie führen. Es wäre also denkbar, daß die spätbronzezeitlichen Gemeinschaften der Alpenränder das neue Metall von Osten wie von Süden her kennenlernten.

Obwohl sich die Eisenverarbeitung rasch über Mittel- und Westeuropa ausbreitete und um das 7. Jahrhundert v. Chr. auch Teile Westbritanniens erreicht hatte, war das Metall zunächst keineswegs reichlich verfügbar. Zerbrochene Waffen und abgenutztes Werkzeug landeten nicht in den Abfallgruben der Gehöfte, sondern wurden vermutlich zur Herstellung neuer Geräte eingeschmolzen. In Gräbern und Votivlagern dagegen finden sich Eisenwaffen relativ häufig. Um das 1. Jahrhundert v. Chr. jedoch sind ausrangierte Werkzeuge allgemein anzutreffen, und die großzügige Verwendung von Nägeln im Befestigungstyp des *murus Gallicus* (300 Tonnen in Manching) beweist, daß man mit dem Eisen nicht mehr zu sparen brauchte. Die Produktionsmethoden hatten sich offenbar so intensiviert und verbessert, daß das Metall im Überfluß zur Verfügung stand.

Eisen war der Bronze in vieler Hinsicht überlegen, nicht zuletzt wegen seiner Härte. Überdies war es in der Natur viel häufiger anzutreffen als Kupfer und Zinn und leichter zu bearbeiten. Das Erz kam in vielen Formen dicht unter der Erdoberfläche vor und konnte daher ohne aufwendigen Tiefbau gewonnen werden. Das zerkleinerte Erz wurde vorgeröstet und dann mit Holzkohle vermischt in einem kleinen Schachtofen auf etwa 900° C erhitzt. Bei dieser Temperatur wurde das Erz zu Eisen reduziert, und die ausgeschmolzenen

Unreinheiten bildeten eine Schlacke, die sich am Boden des Ofens sammelte, während das Eisen als schwammartige Masse, die sogenannte Luppe, zurückblieb, die noch einmal aufgeheizt wurde, um restliche Schlackeneinschlüsse abfließen zu lassen.

In einem Frühstadium wurde die Produktion zweifellos in Heimindustrie betrieben, mit der die meisten Gemeinschaften den eigenen Bedarf decken konnten. Mit zunehmender Spezialisierung jedoch begann sich die Eisengewinnung auf einige wenige Zentren zu konzentrieren, wo man das Rohmetall für Transport und Tauschhandel zu Barren ver-

schiedenster Formen ausschmiedete. Um das 1. Jahrhundert v. Chr. jedenfalls bezogen die Kleinbauern wie die spezialisierten Schmiede in den Oppida das Eisen überwiegend in Barrenform von gut organisierten Produktionszentren. Jene Stämme, die die wichtigsten Eisenerzvorkommen ausbeuteten, wurden reich von den Gewinnen. Es ist kaum ein Zufall, daß sich etliche der neuen urbanen Zentren des keltischen Europa in unmittelbarer Nähe von reichen Eisenerzlagern entwickelten.

Ein dauerhafter Beleg für die keltische Technik der Metallbearbeitung ist diese in Hallstatt gefundene Schwertscheide, ein Produkt des 4. Jahrhunderts v. Chr. In diesem Detail halten zwei Krieger ein Rad, das man für ein dem Kriegsgott heiliges Symbol hält. Eine Nachzeichnung der ganzen Scheide ist auf S. 24–25 abgebildet.

Die Technik
des Bergbaus

Während das Eisenerz überwiegend im einfachen Tagebau gewonnen werden konnte, waren bestimmte Bodenschätze – namentlich Steinsalz und Kupfer – in manchen Regionen nur im Tiefbau zugänglich. Die Technik des Bergbaus hatte in Europa schon eine stattliche Geschichte, die bis in die Jungsteinzeit zurückreicht, als der Mensch zahlreiche Schächte mit nach allen Seiten ausstrahlenden Stollen durch die Kalkschichten Südbritanniens und der Niederrheinregion trieb, um zu den Feuersteinschichten vorzudringen. Etwa um dieselbe Zeit wurden in Teilen Südosteuropas ergiebige Kupferlager durch Tiefbau erschlossen. Damit verfügte man in der Spätbronzezeit bereits über eine zweitausendjährige Erfahrung in der komplizierten Bergbautechnik.

Die Gewinnung von Steinsalz ist in den Gruben der Ostalpen im Gebiet von Salzburg, Hallstatt und Hallein-Dürrnberg am besten belegt. In Hallstatt bahnten sich die Bergleute mit bronzenen Pickeln und Tüllenäxten ihren Weg tief in die Berglehne und trieben bis zu 350 Meter lange Stollen – abgestützt und verschalt – in den Berg. In der salzhaltigen Umgebung der Stollen blieb eine Fülle organischen Materials erhalten – darunter die Holzschaufeln der Bergleute und die ledernen Tragbutten, die sie zum Transport des Salzgesteins benutzten.

Während das Steinsalz relativ leicht abzubauen war, stellten die in harten kristallinen Fels eingebetteten Kupferlager unweit von Salzburg für die Bergleute der Spätbronzezeit eine weitaus schwierigere Aufgabe dar. Die bekannteste Kupfergrube befindet sich im Mitterberg bei Mühlbach-Bischofshofen, wo an der Berglehne eine insgesamt 1600 Meter lange, über zwei Meter mächtige Kupferpyritader zutage trat. Die beiden Hauptprobleme, die die Bergleute zu lösen hatten, waren das Aufbrechen des extrem harten Felsgesteins und die Beseitigung des Wassers, das der mit einem Gefälle von 20 bis 30 Grad in den Berg führenden Ader folgte. Zwar standen einfache Grubenwerkzeuge zur Verfügung, doch brach man das Felsgestein zunächst mit der Methode des Feuersetzens auf. Vor Ort wurde der Felsen mit einem Holzfeuer angeheizt und dann mit kaltem Wasser abgelöscht, so daß das Gestein barst und sich nun mit Pickeln und Äxten leichter brechen ließ. Mit dieser Technik wurde natürlich ungeheuer viel Holz verschwendet. Man hat geschätzt, daß für die Gewinnung eines Kubikmeters Erz neun Kubikmeter Holz benötigt

wurden. Wenn man überdies bedenkt, daß die Stollen abgestützt und verschalt werden mußten, überrascht es nicht, daß die Holzarbeiter ein Drittel der gesamten Grubenbelegschaft ausmachten.

Die Minenarbeit begann mit dem Abbau der Ader an der Stelle, wo sie zutage trat; wenn der Stollen allmählich tiefer vorgetrieben wurde, mußte eine Zwischenstufe angelegt werden, auf der aufgehäufter Abraum als geeignete Unterlage für die gegen das Stollendach gesetzten Feuer diente. Diese Methode bot den zusätzlichen Vorteil, daß die beiden Ebenen die Luftzirkulation verbesserten; die Hitze der Feuer verursachte ja einen heftigen Konvektionsstrom. Im tieferliegenden Stollenteil ließ sich auch das Wasser hinter einem Damm sammeln, so daß man es mit Eimern aus dem Abbau schöpfen konnte. Auf diese Weise – mit der Anlage weiterer Stufen im Bedarfsfall – wurde der Stollen immer tiefer in den Berg vorgetrieben; der größte erreichte eine Länge von 160 und eine Höhe von 30 Metern. Das Erz wurde vermutlich auf Schlitten aus dem Stollen gezogen und dann sortiert, geröstet und ausgeschmolzen. Zur Erleichterung dieser Arbeiten mußten zusätzliche Anlagen wie Wasserrinnen zum Waschen des Erzes und Röstöfen für die Aufbereitung gebaut und betrieben werden. Das ganze Unternehmen war offenbar – bei hohem Bedarf an Arbeitskräften – perfekt koordiniert: Man hat geschätzt, daß zum Betrieb jedes erschlossenen Stollens 180 Arbeiter erforderlich waren. Wie man sie zusammenbrachte, wissen wir nicht, doch arbeiteten sie höchstwahrscheinlich nur jeweils im Winter einige Monate zusammen und kehrten im Frühjahr zu ihren Familien zurück, um an der landwirtschaftlichen Arbeit teilzunehmen. Ihr Leben in den hochgelegenen Gebirgstälern muß sehr hart gewesen sein. Das Wohnen im Zelt zwischen öden Abraumhalden, die Luft, die stickig war vom Rauch aus den Grubenschächten und den Schwefeldämpfen der Röstöfen, machten den Alltag beschwerlich. Das Fällen und Schleppen der Bäume, die zum Verschalen und Feuersetzen gebraucht wurden, das Brechen des Erzes vor Ort und der Transport zu den Röstöfen – im Vergleich dazu war das einfache Leben des Bauern gewiß ein Idyll . . . Der immense Arbeitsaufwand läßt sich vielleicht am ehesten ermessen, wenn man zur Kenntnis nimmt, daß die Mitterberg-Gruben bis zu ihrer Erschöpfung schätzungsweise 20000 Tonnen Rohkupfer geliefert haben.

Das auf eine Schwertschneide gestempelte Warenzeichen eines latènezeitlichen Schmieds. In einer Kriegergesellschaft spielten die Waffenschmiede natürlich eine wichtige Rolle, und die Waffenherstellung entwickelte sich in der Latènezeit zu einem hochqualifizierten Handwerk. Aus Zeugnissen wie diesem Warenzeichen können wir schließen, daß die Arbeiten bestimmter Schmiede, deren Identität uns ansonsten unbekannt ist, wegen ihrer Qualität besonders geschätzt waren.

Extensiver Salzbergbau ist für die Ostalpen belegt, wo bis zu 350 Meter lange
Stollen in die Berglehne getrieben wurden. Für die eigentliche Salzgewinnung
nahm man in einigen Fällen die Wasser-
kraft zu Hilfe, wie die Zeichnung links
zeigt. Man leitete einen nahen Wasser-
lauf in den Stollen, spülte das Salzge-
stein aus dem Abbau und führte es über
ein Leitungssystem in riesige Bottiche,
wo das Wasser entweder mit Sonnen-
wärme oder mit Holzfeuern unter den
Bottichen verdampft wurde.

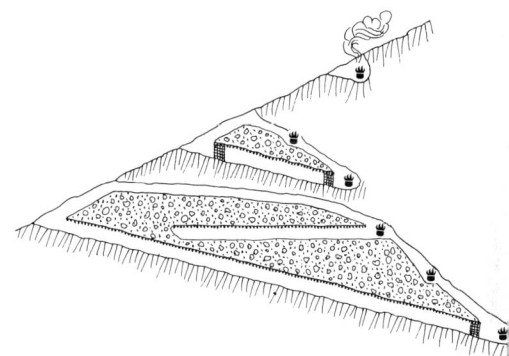

Die graphische Darstellung zeigt den
Ablauf der Grubenarbeit bei der Ausbeutung der Kupfermine im Mitterberg
bei Mühlbach-Bischofshofen. Oben
(1. Stadium) der Beginn des Abbaus an
der Berglehne mit der Methode des
Feuersetzens: Durch abwechselndes
Erhitzen und Kühlen barst der Fels, so
daß das Erz gebrochen werden konnte.
Der so entstehende Stollen wurde länger und breiter und drang immer tiefer
in den Berg ein, bis man schließlich
(2. Stadium) eine Stufe anlegte, die, mit
Abraum aufgeschüttet, als Plattform für
die gegen das Stollendach gesetzten
Feuer diente und überdies die Luftzirkulation verbesserte. Mit dieser
Methode konnte (3. Stadium) der Stollen
bis zu einer Länge von 160 Metern in
den Berg vorgetrieben werden. Zur
Regulierung des Grundwassers wurden
im Abbau Dämme angelegt.

115

Die Beherrschung des Rades

Die Kelten lernten einen Eisenreifen auf ein Holzrad zu treiben. Dieser französische Stich aus dem 17. Jahrhundert von J. F. Bénard zeigt einen zeitgenössischen Stellmacher, der bei der Arbeit Techniken und Werkzeuge verwendet, die schon einem Kelten völlig

Wagen wurden in der keltischen Welt vielfältig benutzt. Sie trugen die Krieger in die Schlacht und die toten Fürsten zu Grabe, dienten im Dorf oder auf dem Gehöft einer Fülle alltäglicher Zwecke. Die erhaltenen Überreste lassen darauf schließen, daß das Stellmacherhandwerk ebenso weitverbreitet wie hochentwickelt war: In der Tat hat es seit dem 2. Jahrhundert v. Chr. keiner nennenswerten Verbesserung mehr bedurft. Das Speichenrad, wie wir es heute kennen, wurde schon während des 1. Jahrtausends v. Chr. technisch vollendet.

Die frühe Vorgeschichte des Rades ist nicht unser Thema – es sei nur gesagt, daß Wagen mit Scheibenrädern bereits lange vor dem

scheint: Nabe, Speichen und Felge waren in einem Stück aus Bronze gegossen. Diese Bronzeräder – mit einem Durchmesser von durchschnittlich etwa 50 Zentimetern – hatten tief ausgekehrte Felgen zur Aufnahme des hölzernen Felgenkranzes, der mit Nieten befestigt wurde. Die Stärke dieser Holzreifen läßt sich nicht mehr ermitteln, doch dürfte sie zehn Zentimeter kaum überschritten haben. Das komplette Rad war also – mit einem Durchmesser von maximal 70 Zentimetern – ziemlich klein. Da die Speichen aus gegossener Bronze sehr stabil waren, brauchte man nur wenige: In der Regel waren es vier, fünf oder sechs. Um eine haltbare Lauffläche zu schaffen, beschlug man den Holzreifen zu-

vertraut waren. Zunächst wird das Holzrad hergestellt, dann der geringfügig kleinere Eisenreifen, der sich durch Erhitzen ausdehnt – und nun auf das Holzrad aufgetrieben werden kann (links). Beim Erkalten zieht sich das Eisen zusammen, so daß der Reifen auf der Felge schrumpft und alle Radteile fest zusammenhält.

Auftreten der Kelten alle Teile Europas erreicht hatten und daß Streitwagen mit Speichenrädern offenbar im 13. Jahrhundert bei den Mykenern Griechenlands in Gebrauch waren. Die Räder des mykenischen Streitwagens waren jedoch, soweit man das zeitgenössischen Darstellungen entnehmen kann, von einem besonderen Typ, der mit den spätbronzezeitlichen Rädern Europas identisch zu sein

weilen mit breitköpfigen Nägeln. Dies also war der Prototyp, aus dem der technisch verbesserte Typ entwickelt werden sollte.

Die nächste Stufe ist durch ein Rad belegt, das in einem Grab des späten 7. Jahrhunderts v. Chr. in Salamis auf Zypern gefunden wurde. Es bestand weitgehend aus Holz und hatte acht Speichen, die in eine Holzfelge gefaßt waren. Diese bestand aus zwei kreisför-

116

mig gebogenen Holzstreifen, deren übergreifende Enden zusammengenagelt waren. Genaugenommen stellen Innenfelge, Speichen und Nabe jenen Teil des Rades dar, der bei dem früheren von uns beschriebenen Typ aus Bronze gegossen wurde, während die Außenfelge dem Holzreifen entspricht. Wie sie an der Innenfelge befestigt wurde, ist unklar, doch hatte man höchstwahrscheinlich eine Art Spundung entwickelt, ähnlich wie man den Holzreifen auf die Bronzefelge aufgebracht hatte. Räder dieses Typs sind auf assyrischen Reliefs und Fresken abgebildet, und es ist möglich, daß sich die Technik von dieser Region aus über den östlichen Mittelmeerraum auf das europäische Festland ausbreitete

findung vorrangig eindrang, ist unmöglich zu sagen. Es ist denkbar, daß die keltischen Stellmacher neue Ideen einfach von Reisenden und Händlern ihrer Umgebung übernahmen und weiterentwickelten.

Ihr Speichenrad jedenfalls, das in süddeutschen und böhmischen Gräbern des 7. Jahrhunderts v. Chr. gefunden wurde, war eine ausgeklügelte Weiterentwicklung. Es bestand ganz aus Holz und hatte eisernes Zubehör. Zwar ähnelte die Konstruktion im allgemeinen den Rädern aus Zypern, doch gab es bedeutsame Unterschiede.

Die Felgen wiesen doppelte Dicke auf, und die Innenfelge bestand aus einem einzigen kreisförmigen Holzstreifen, während die äußere aus mehreren bogenförmigen Segmenten zusammengesetzt war, die sich jeweils der Krümmung der Innenfelge anpaßten. Sie wurden – ebenso wie die beiden Felgen – mit

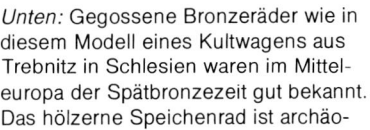

Klampen zusammengehalten. Die Holzteile dieser Räder sind zwar verrottet, doch konnte ihre Bauweise rekonstruiert werden, weil die einzelnen Segmente im Rost der Eisenklampen Abdrücke der Maserung hinterlassen haben.

Um dem Rad zusätzliche Stabilität zu verleihen, führte man die Speichenenden durch Innen- und Außenfelge und faßte das Ganze in einen Eisenreifen, der mit großköpfigen Nägeln auf dem Holz befestigt wurde; die Nagelköpfe bildeten die eigentliche Lauffläche. Diese frühen Hallstatträder vermitteln einen fesselnden Einblick in eine sich wandelnde Technik; sie sind zwar ohne den älteren Bronzetyp nicht zu denken, haben jedoch die Doppelfelge des assyrischen Radtyps übernommen, dem dann die entscheidende Innovation der Eisenbereifung hinzugefügt wurde. Räder dieser Art zeichneten sich durch

– vielleicht über die Etrusker Norditaliens. Die Idee der Doppelfelge könnte jedoch – ähnlich wie die Technik der Eisenbearbeitung (S. 112–113) – auf einem anderen Weg nach Europa vorgedrungen sein: und zwar auf dem Landweg von Osten her das Donautal entlang, da das älteste bekannte Speichenrad mit Doppelfelge in Transkaukasien gefunden wurde. Auf welcher der beiden Routen die neue Er-

Elastizität, Stabilität und lange Lebensdauer aus, waren jedoch nach wie vor recht schwer. Nun spielte das Gewicht bei Nutzfahrzeugen kaum eine Rolle, doch erforderte die im 5. Jahrhundert v. Chr. aufkommende Kriegführung mit dem Streitwagen eine leichtere und zugleich sehr robuste Bauweise. Höchstwahrscheinlich war es dieses Bedürfnis, das den letzten Fortschritt in der Technologie des Rades auslöste.

Das beste Beispiel für das vervollkommnete Rad findet sich an einem vierrädrigen Kultwagen des 1. Jahrhunderts v. Chr., der aus einem Moor bei Dejbjerg in Dänemark stammt. Die Felge bestand nun aus einem einzigen, nur fünf Zentimeter starken Holzstreifen, der – gebogen und an der Nahtstelle verklammert

beeinträchtigt haben muß. Nun war ja der Wagen von Dejbjerg für rituelle Prozessionen bestimmt, die wohl kaum rasche Richtungswechsel erforderten – bei den wendigen Kriegswagen hat man dieses Problem gewiß bewältigt. Wie in vielen anderen Kulturen wurden auch bei den Kelten technische Innovationen vom Bedürfnis nach perfektioniertem Kriegsgerät erzwungen.

Die keltischen Fürsten beschäftigten hochqualifizierte Stellmacher. Beispiele ihres handwerklichen Könnens sind in Aristokratengräbern der Hallstatt- und frühen Latènezeit gefunden worden. *Oben:* Rekonstruktion eines Leichenwagens aus einem Grab bei Ohnenheim im Elsaß. *Mitte:* Bronzener Nabenbeschlag eines der vier Räder, die zum Grabwagen der »Fürstin« von Vix in Burgund gehörten.

– mit einem nagellosen, aufgetriebenen Eisenreifen verstärkt war. Räder dieses Typs, die in der Latènezeit allgemein üblich wurden, waren elegant in ihrer Einfachheit – das belastende Holz der Doppelfelge ist auf ein Minimum reduziert, während die schweren Eisennägel ganz weggelassen worden sind. Was bleibt, ist ein höchst leistungsfähiges Produkt, das nicht mehr zu verbessern war und erst von der Technik des 20. Jahrhunderts übertroffen werden konnte.

Obwohl wir uns hier auf die Entwicklung des Rades konzentriert haben, dürfen wir nicht übersehen, daß auch am Wagenchassis Verbesserungen vorgenommen wurden. Der bereits erwähnte guterhaltene Wagen von Dejbjerg wies eine besonders interessante Neuerung auf. Zur Verbesserung der Rotation war das Nabengehäuse zwischen Nabe und Achse mit runden Zapfen aus Hartholz ausgelegt – eine Idee, die dem modernen Kugellager entspricht. Die Befestigung der Deichsel am Chassis stellt freilich eine eher plumpe Lösung dar, die die Manövrierbarkeit

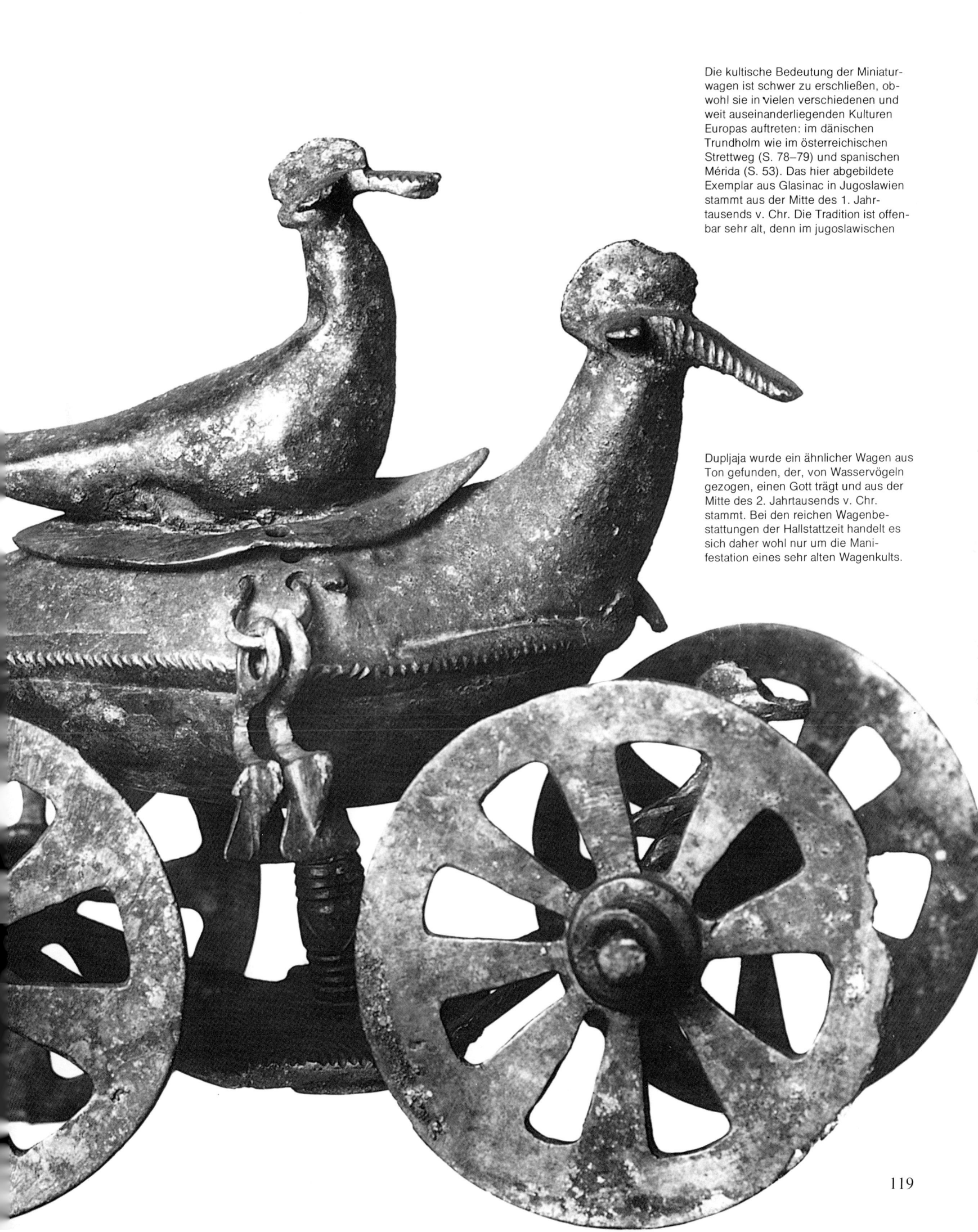

Die kultische Bedeutung der Miniaturwagen ist schwer zu erschließen, obwohl sie in vielen verschiedenen und weit auseinanderliegenden Kulturen Europas auftreten: im dänischen Trundholm wie im österreichischen Strettweg (S. 78–79) und spanischen Mérida (S. 53). Das hier abgebildete Exemplar aus Glasinac in Jugoslawien stammt aus der Mitte des 1. Jahrtausends v. Chr. Die Tradition ist offenbar sehr alt, denn im jugoslawischen

Dupljaja wurde ein ähnlicher Wagen aus Ton gefunden, der, von Wasservögeln gezogen, einen Gott trägt und aus der Mitte des 2. Jahrtausends v. Chr. stammt. Bei den reichen Wagenbestattungen der Hallstattzeit handelt es sich daher wohl nur um die Manifestation eines sehr alten Wagenkults.

Der Pflug

Der für die vorgeschichtliche Gesellschaft so lebenswichtige Pflug ist eine uralte Erfindung. Vor der Aussaat mußte der Boden zunächst aufgelockert werden – und das einfachste Gerät für diese Arbeit war der Grabstock oder die Hacke. Es bedurfte wohl keines großen Erfindergeistes, um zu erkennen, daß eine durch den Boden gezogene Hacke eine brauchbare Furche erzeugte, und es war nur eine Frage der Zeit, bis die Zugkraft des Menschen durch die des Ochsen ersetzt wurde. Wir verfügen über vier Arten von Zeugnissen für den Gebrauch des Pflugs im prähistorischen Europa: Pflugspuren, die unter späteren Erdaufschüttungen in alten Akkerflächen erhalten blieben; Ackerwälle, die durch Erdbewegungen beim Pflügen entstanden; zeitgenössische Abbildungen, meist Felszeichnungen, die Pfluggespanne im Einsatz zeigen; und schließlich die Überreste der Pflüge. Zusammengenommen deutet das Material auf eine Intensivierung des Ackerbaus um die Mitte des 2. Jahrtausends hin.

Es gibt zwei Hauptkategorien von Pflügen – leichte Pflüge, die sogenannten Ards, und schwere Pflüge: Der Ard scharrte eine Furche in den Boden, während der schwere Pflug eine Furche aufwerfen konnte. Der Ard war bei den Kelten während der gesamten vorrömischen Zeit in Gebrauch.

Pflugfunde aus den Torfmooren Nordwesteuropas zeigen, daß es zwei Grundtypen der Konstruktion gab: Der einfachste, der »Haken-Ard«, besteht aus einer Deichsel (zum Anschirren des Ochsen) und der Sohle mit der eigentlichen Pflugschar, die aus einem einzigen Stück Holz gearbeitet sind. Bei dem komplizierteren und vermutlich späteren Typ, dem sogenannten »Stangen-Ard«, sind Sterz (Steuerstange) und Schar durch ein Loch in der Basis des Pflugbaums geführt. Der auf der Felszeichnung von Val Camonica (links außen) abgebildete Pflug scheint diesem Typ anzugehören.

Da die einfachen Ards überwiegend ganz aus Holz bestanden, lag die Schwäche des Geräts in der Scharspitze, die in Kontakt mit dem Boden kam. Unter normalen Bedingungen nutzte sich die Holzspitze rasch ab, konnte jedoch im Fall des Stangen-Ards durch eine neue Schar ersetzt werden. In manchen Gegenden benutzte man auch Schare aus Stein, doch sind bei den keltischen Gemeinschaften eiserne Schare so häufig anzutreffen, daß man einen allgemeinen Gebrauch annehmen kann. Wir kennen zwei verschiedene Typen der Verstärkung: Lange Eisenstangen wurden an der Oberseite des Scharbaums so verkeilt, daß sie nach vorn ragten und die Eisenspitze den Boden aufscharrte. Dieser Typ bot den Vorteil, daß man, wenn die Spitze abgenutzt war, die Stange nach vorn hämmern konnte und damit wieder über eine leistungsfähige Spitze verfügte. Beim zweiten Typ umschloß man die Spitze der hölzernen Pflugschar mit einem Eisenschuh. Dieser erhöhte zwar die Leistungsfähigkeit des Geräts beträchtlich, weniger jedoch seine Lebensdauer.

Mit einfachen Ards dieses Typs – von zwei Ochsen gezogen und von hinten von einem Pflüger gelenkt – wurden ausgedehnte Gebiete Europas dem Ackerbau erschlossen. Zwar begannen die Waldlichtungen schon vor dem Auftreten der Kelten zu einer gegliederten urbaren Landschaft zusammenzuwachsen, doch wurde dieser Prozeß durch die Aus-

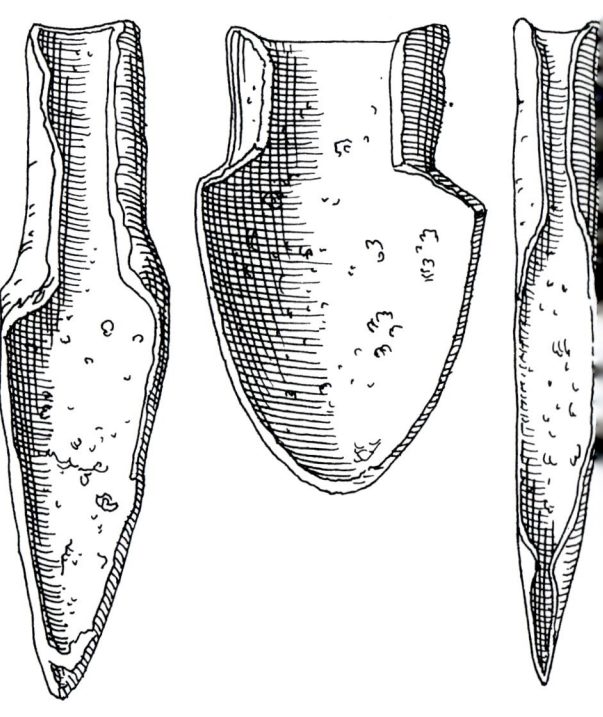

breitung des Eisens beschleunigt, denn die eiserne Axt und der mit Eisen verstärkte Pflug waren überaus leistungsfähige Geräte zum Roden des Waldes und Aufbrechen des Bodens. Mit ihrer Hilfe konnten die keltischen Bauern in Regionen vordringen, die zuvor unkultivierbar gewesen waren.

Im Unterschied zum mittelalterlichen Pflug scharrte der Ard einfach nur eine Furche in den Boden; er drehte die Scholle nicht um, doch konnte die bewegte Erde durch sorgsames Neigen des Pflugs auf eine Seite der Furche geworfen werden. Um den Boden für die

Felszeichnungen mit Darstellungen von Ackerbauszenen sind in Skandinavien, in den Ligurischen Alpen und namentlich im Val Camonica nördlich von Mailand anzutreffen, wo auch dieses Beispiel gefunden wurde. Man hat etliche Pflugszenen registriert, die in der Regel ein Ochsengespann und einen Mann darstellen, der den Pflug lenkt. Gelegentlich ist ein zweiter Mann zu sehen, der das Gespann führt. In der Szene, der dieses Detail entnommen ist, folgen dem Pflug fünf Männer (oder Frauen) mit Hacken, die darauf schließen lassen, daß der vom Pflug aufgescharrte Boden von Hand aufgebrochen werden mußte.

nicht, ist schwer zu sagen. Er unterschied sich vom Ard vor allem durch den *Kolter* (das Pflugmesser), der am Pflugbaum befestigt war und den Boden senkrecht schnitt, während dieser zugleich von der Schar horizontal geschnitten wurde. Hinter dem Kolter befand sich ein Streichbrett, das so gewinkelt war, daß der gelockerte Boden um sich selbst gedreht wurde. Archäologisch besteht das Problem, wie das so verbesserte Gerät zu identifizieren ist: Zwar wurde eine Reihe von Eisenklingen gefunden, die Kolter sein *könnten*, doch dienten einfache Klingen dieser Art einer Vielfalt von Zwecken. Andererseits wurde gegen Ende der freien keltischen Epoche zum erstenmal schwerer Boden gepflügt – was eindeutig für den zunehmenden Gebrauch des schweren Pflugs spricht.

Das regelmäßige Pflügen bestimmter Flächen

Nicht alle Pflüge wurden von Tieren gezogen. Auf der Insel Skye vor der Westküste Schottlands benutzte dieser Kleinpächter noch in den ersten Jahrzehnten unseres Jahrhunderts einen »Fußpflug«, den sogenannten Cashrom. Auf steilen Hängen und felsigem Grund war diese Methode der Bodenbearbeitung weniger beschwerlich als das Manövrieren eines Ochsen- oder Pferdegespanns.

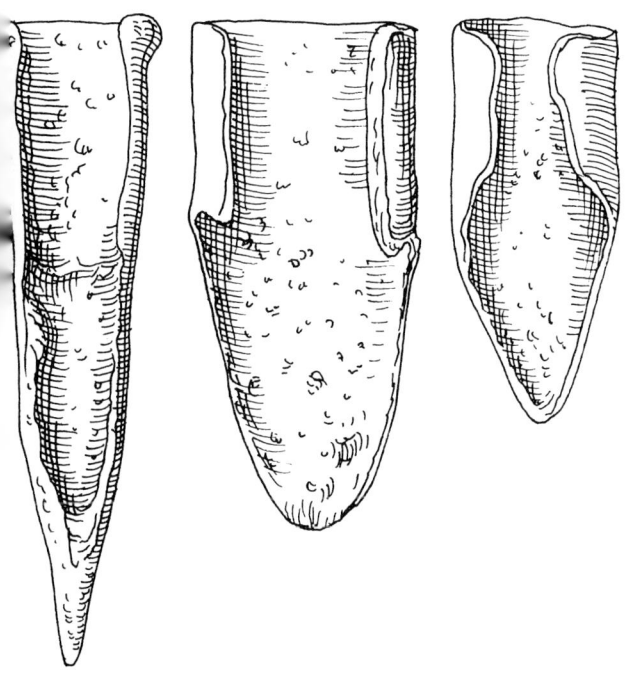

Oben links: Verschiedene Pflugschartypen, wie in diesen Zeichnungen abgebildet, sind an zahlreichen keltischen Stätten gefunden worden. Genaugenommen handelt es sich nur um die Eisenschuhe, die die hölzernen Schare umschlossen und verstärkten. Wenngleich diese Schare natürlich wesentlich plumper waren als die modernen Schare *(oben)*, die die Scholle in einem Arbeitsgang schneiden und umdrehen, ist das Prinzip des Pflügens in beiden Fällen dasselbe, und die Form der Klingen hat sich in den dazwischenliegenden Jahrtausenden wenig verändert.

Aufnahme der Saat richtig aufzulockern, mußte jeder Acker offenbar zweimal gepflügt werden – der zweite Pflugvorgang verlief im rechten Winkel zum ersten. Furchen, die durch diese Art des kreuzweisen Pflügens entstanden sind, hat man in Ackerflächen identifiziert, die in Holland und Dänemark unter späteren Erdaufschüttungen erhalten blieben, und man darf mit Recht annehmen, daß diese Methode auch im übrigen Europa allgemein üblich war.

Ob die Kelten den schweren Pflug bereits in vorrömischer Zeit entwickelt hatten oder

ließ richtige Äcker entstehen, deren Begrenzungen (durch Zäune und dergleichen markiert) bald zu charakteristischen Merkmalen der Landschaft wurden: Aufgehäufte Erde säumte abschüssige Äcker, und vom Felde gelesene Steine stapelten sich zu Begrenzungen, an denen Hecken heranwuchsen. Wie Schachbretter deckten die kleinen Felder die Landschaft. Man kann sie heute noch in Randgebieten der Britischen Inseln jenseits der gegenwärtigen Ackerbauzone ausmachen – Zeugnisse für Geschick und Beharrlichkeit der keltischen Bauern.

Kunst im Alltag

Keltische Kunst zeichnet sich durch einen Humor ganz eigener Art aus: Gesichter treten aus Mustern hervor, wenn man sie am wenigsten erwartet. Der hinreißend melancholische Ausdruck des Pferdegesichts rechts (aus Stanwick in Yorkshire) wird durch zwei schlichte gegeneinandergesetzte »Trompeten« und die hinzugefügten Augen erzielt. Die Raffinesse der Komposition mußte jeden Kelten ergötzen.

Pferdegeschirr und Wagen wurden, wo immer sich Raum bot, mit kunstvollem Dekor versehen.

Unten, von links nach rechts:
Der Achsnagel aus Kings Langley in Herefordshire hielt das Rad an der Achse fest. Sein Kopf aber diente als Element der Verzierung.

Pferdetrense aus Attymon in Irland. Auch hier konnte der Kunsthandwerker der Versuchung nicht widerstehen, einen funktionalen Gegenstand mit einem Dekor zu verschönern.

Die keltische Kunst des 5. und frühen 4. Jahrhunderts v. Chr. war im wesentlichen die Kunst der Aristokratie – ein Kunststil, den die Kunsthandwerker zur Verzierung der Luxusgüter ihrer Herren entwickelt hatten. Doch während der großen Wanderungen des 4. und 3. Jahrhunderts erfuhren keltische Kunststile geographisch wie gesellschaftlich eine weite Verbreitung, und die künstlerischen Begabungen entfalteten sich nun an einer Fülle ganz alltäglicher Gegenstände. Als kriegerisches Volk trieben die Kelten mit dem Dekor ihrer Waffen und Rüstungen natürlich besonderen Aufwand. Pracht und Prunkentfaltung ist die Devise des 4. und 3. Jahrhunderts. Verzierungen brachte man häufig auf schlichtesten funktionalen Gegenständen an – etwa bronzenen Schwertscheiden, die man mit einem eingeritzten Rankendekor veredelte. Dekorierte Schwertscheiden wurden schließlich so beliebt, daß in Ungarn und der Schweiz Schulen entstanden, die sich auf diesen Bereich spezialisierten und jeweils eigene charakteristische Musterrepertoires entwickelten. Auch Pferd und Kampfwagen waren

Wagenbeschlag aus dem Fürstengrab von Waldalgesheim (Rheinpfalz), 4. Jahrhundert v. Chr.

Phalere aus Hořovičky in Böhmen; 5.–4. Jahrhundert v. Chr.

Detail eines Bronzeschilds aus der Themse bei Wandsworth; 3.–2. Jahrhundert v. Chr.

Phalere aus Manerbio (Italien), 1. Jahrhundert v. Chr.

Rechts: Rekonstruktionszeichnung eines Pferdegeschirrs, aus der Hallstattzeit.

beliebte Objekte der Prunkentfaltung. Schließlich wollte der Krieger, der vor den feindlichen Linien hin und her fuhr, ebenso furchterregend wie spektakulär wirken. Das Geschirr seiner Pferde und die Metallbeschläge seines Wagens, boten, wie die Abbildungen auf diesen Seiten zeigen, für Verzierungen eine Menge Platz. Jedes Zubehör, wie schlicht auch immer, war Gegenstand der Prunkentfaltung: Das hellrote Email, das sich von der schimmernden Bronze abhob, war

gewiß ein eindrucksvoller Anblick. Pferdegeschirr ließ sich relativ leicht verzieren. Es erforderte eine geschickte Behandlung des Materials, doch keine umfangreiche technische Ausrüstung. Ein Kunsthandwerker konnte mit ein paar Eisenbarren, einem Sack Bronzeabfälle, etwas Rohglas und einigen wenigen Grundwerkzeugen den gesamten Schmuck für Kampfwagen und Gespann anfertigen. Bronzeabfälle ließen sich leicht zu Blechen verarbeiten. Auf einer geeigneten nachgebenden Unterlage – etwa einem Stück dicken Leders oder weichen Holzes, das mit Tuchschichten bedeckt wurde – konnte man dann mit Holzhämmern und Punzen Muster in das Blech treiben. Komplexere Elemente wurden gegossen und ihre Oberflächen später mit gravierten oder ziselierten Dekors versehen oder an ausgesparten Stellen mit geschmolzenem Glas oder Email ausgelegt.

Die gesellschaftliche Stellung des Kunsthandwerkers läßt sich nicht exakt bestimmen. In der irischen Literatur gilt er als Mann von Stand – das heißt, er brauchte seine Nahrungsmittel nicht selbst zu produzieren. Ver-

doch äußerte sich die Liebe zum Dekor in nahezu allen Bereichen des Alltagslebens. Ein gutes Beispiel ist die keltische Keramik, vor allem die im Haus oder Dorf hergestellte volkstümliche Keramik. Während des Töpfervorgangs muß das lederharte Gefäß unwiderstehlich zum Verzieren verlockt haben – so entstanden in Ungarn Stempelmuster von eleganter Schlichtheit, in der Bretagne kraftvolle kurvolineare Muster und in Südbritannien Kombinationen von kurvolinearen und geometrischen Dekors. Obwohl es eine Fülle regionaler Abweichungen gab, leuchtet doch aus allen der keltische Geist. Auch das Holz war ein ganz wesentlicher Träger von Dekorationen. Hölzerne Gefäße, Griffe, Möbel und Bestandteile des Hauses waren wohl alle in irgendeiner Weise verziert – mit Schnitzereien, Bemalungen oder einer Kombination von

Rekonstruktion eines Pferdegeschirrs nach in La Tène gefundenen Originalstücken, 3. bis 2. Jahrhundert v. Chr.

mutlich hatte jeder Krieger von einigem Rang einen oder mehrere Metallkünstler unter seinen Klienten. Offenbar durfte ein solcher Mann von Zeit zu Zeit für andere arbeiten, oder – wahrscheinlicher – die von seinem Herrn nicht benötigte Mehrproduktion wurde verschenkt, denn ein ganztägig arbeitender Handwerker konnte allein mehrere Haushalte versorgen.

Bis jetzt haben wir uns nur mit den Prunkstücken aus der Hand des Spezialisten befaßt,

beidem. Die keltische Umwelt muß mit ihrem Farben- und Formenreichtum ein Fest für das Auge gewesen sein.

Britannien erlebte im 1. Jahrhundert n. Chr. die Entwicklung der Emaillierkunst. Die beiden mit rotem Email ausgelegten Platten schmückten Pferdegeschirre.

Oben: Aus Santon in Norfolk. *Unten:* Aus Polden Hill in Somerset.

123

Werkzeug und Geräte

Rechts: Nachbildungen verschiedener Werkzeuge an der Innenwand eines rekonstruierten Latènehauses: Sicheln, eine Sense und eine Hacke.

Die Einführung des Eisens eröffnete dem Werkzeugmacher ganz neue Möglichkeiten. Bei der relativ weichen Bronze hatten die Schäfte stets ein besonderes Problem dargestellt und die Form des einzelnen Werkzeugs beeinflußt. Das wesentlich härtere Eisen ermöglichte vielfältige Anpassungen. So wurde die in der Spätbronzezeit übliche Schaftröhre durch das Schaftloch abgelöst, und Schneidewerkzeuge ließen sich nun mit einfachen Heftzapfen an den Griffen befestigen. Die Einführung des Eisens war also der erste Schritt zur Entwicklung unseres modernen Werkzeugkastens. In der Tat sind – mit Ausnahme von Schere und Schrauben – alle heute von uns benutzten Werkzeugtypen bis zum

1. Jahrhundert v. Chr. entwickelt worden. Abgesehen vom Pflug waren die Geräte der Waldarbeiter die wichtigsten Werkzeuge: Äxte, Beile, Sägen, Bohrer, Feilen und Meißel. Es war ja die Axt, mit der das Land für den Ackerbau gerodet wurde und die das Holz, den Rohstoff für praktisch jede Art der Konstruktion, lieferte – ob nun für das Haus oder für den Kampfwagen. Das zur Herstellung von beweglichen Wagenteilen oder Pferdejochen unerläßliche technische Können läßt nicht daran zweifeln, daß das Zimmerhandwerk ein hohes Maß an Leistungsfähigkeit erreicht hatte. Das gilt auch für das Handwerk des Schmieds, zu dessen Werkzeug eine Reihe von schweren Hämmern zum Schmieden des Eisens, Zangen zum Halten und eiserne Ambosse gehörten. Außerdem brauchte er schwere Stichel und Meißel zum Durchbohren und Schneiden des Metalls. Dabei muß man das schwere Werkzeug des seßhaften Schmieds von dem leichteren Gerät unterscheiden, das für laufende Reparaturen landwirtschaftlicher Geräte mit aufs Feld genommen werden konnte. Dazu gehörte der typische kleine Feldamboß, den man in einen geeigneten Baumstumpf hämmerte, um auf ihm Geräte wie etwa Sicheln zu reparieren. Auch die Bauerngemeinschaft brauchte etliche Spezialgeräte. Den Pflug haben wir bereits geschildert (S. 120–121). Dazu kam eine Reihe von Erntegeräten: Sicheln zum Schneiden des Getreides, Baummesser mit langem Griff zum Schneiden von Schilf oder zum Abhacken von Zweigen als Grobfutter für das Vieh sowie kleinere Sicheln zum Abstreifen von Blättern. Mit diesen kleinen Sicheln schnitt und zerkleinerte man auch Zweige, um Flechtwerk herzustellen. Dann gab es natürlich Messer in allen Größen und eine Fülle kleineren Zubehörs wie Nägel, Stifte, Ösen, Zapfen und Klampen.

Eisen zeichnete sich vor allem durch seine vielseitige Verwendbarkeit aus. Natürlich gab

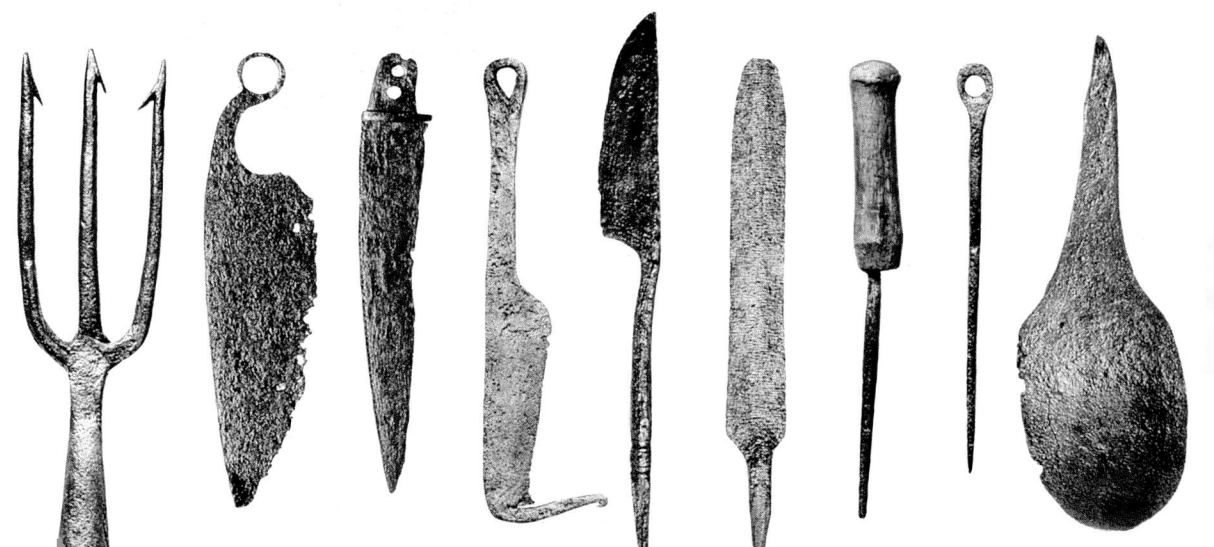

es auch Bereiche, in denen nur wenig Eisen gebraucht wurde – wie etwa bei der Herstellung von Wollgeweben. In der Regel hat man die Schafe wohl gerupft, doch mußten manche Rassen mit scharfen Messern geschoren werden – auch federnde Bügelscheren mit zwei Klingen wurden gelegentlich verwandt. Die Wolle wurde dann auf einer Handspindel mit einem Wirtel aus gebranntem Ton gesponnen und schließlich auf einem aufrechtstehenden Webstuhl zu Tuch gewebt. Außer den Webstuhlgewichten, die aus Stein oder Ton bestanden, konnten alle Zubehörteile aus Holz angefertigt werden – Schiffchen und Spatel (mit dem das Gewebe fest angeschlagen wurde) waren die einzigen beweglichen Teile.

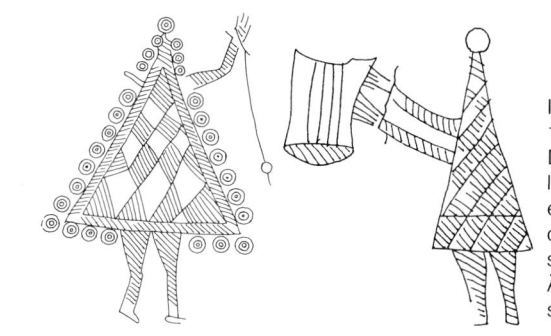

Im ungarischen Sopron wurde im Jahr 1900 keltische Keramik mit figuralem Dekor gefunden. Die Nachzeichnung links stellt eine Frau beim Spinnen und eine Frau mit einem Musikinstrument dar. Die Muster auf den Kleidern dieser stilisierten Gestalten haben auffallende Ähnlichkeit mit den von Kelten hergestellten Tuchen.

Gelegentlich benutzte man auch Schiffchen aus Knochen, und in Britannien sind zahlreiche beinerne Kämme ans Licht gekommen, die vermutlich beim Weben Verwendung fanden. Zum Nähen des Tuches genügten wohl Nadeln aus Knochen oder Hartholz. Über die gebräuchlichen Holzgeräte wissen wir nur wenig, doch hat sich in Depots eine ausreichende Menge voll Wasser gesogenen Materials erhalten, das die allgemeine Verwendung von Holz beweist. Aus ihm wurden Werkzeuggriffe, Behälter, Schaufeln, Schlegel, Löffel und eine Fülle anderer Gegenstände hergestellt. Dazu kam das Korb- und Mattenflechten sowie das Knüpfen von Netzen für den Hausgebrauch und zum Fischen. Kurz, jede Gemeinschaft war weitgehend autark und vermochte alles herzustellen, was sie zu ihrem Auskommen und ihrer Bequemlichkeit brauchte.

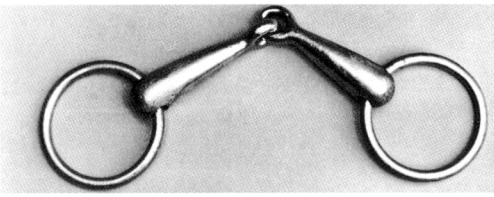

Die Kelten galten als hervorragende Reiter und verstanden sich bereits vor über zweitausend Jahren auf die Herstellung technisch vollendeter Trensen. Unten zum Vergleich eine moderne Trense.

Hochentwickeltes Werkzeug aus der Latènezeit. *Von links nach rechts:* Pinzette, federnde Bügelschere, dreizackiger Fischspeer, vier verschiedene Messertypen, Feile, Ahle, Nadel, Stichel, Keilhaue, Säge, Schneidewerkzeug, Spitzhaken, Baummesser und Sichel, zwei Breithacken.

Das ganze zwischen Pyrenäen,
Alpen und Cevennen,
dem Rhein und der Rhone gelegene Gallien
verwandelte Caesar in eine Provinz.

Sueton

Gürtelplatte aus St. Margarethen in
Österreich, die einen Reiter und zwei
Fußkrieger im Kampf zeigt; Hallstatt-
periode.

Gegenüber: Kopf eines Galliers auf
einer Münze des 1. Jahrhunderts v. Ch
zur Erinnerung an Caesars Eroberung.
Die Reliefplastik stellt einen Prätorianer
dar; 2. Jahrhundert n. Chr.

DAS
SCHICKSAL
DER
KELTEN

Als ganz Gallien unterworfen war . . .
wurde in Rom ein
fünfzehntägiges Dankfest gefeiert.

Caesar

Im 5. Jahrhundert v. Chr. brach eine Zeit der Umwälzungen über die keltische Welt herein. Soziale Unruhen, Bevölkerungswachstum, möglicherweise auch eine Klimaverschlechterung vertrieben große Teile der Gesellschaft aus ihren mitteleuropäischen Stammländern und ließen sie südwärts nach Italien und ostwärts nach Griechenland und Kleinasien ziehen. Ihre Kriegstaten spiegeln sich in den schriftlichen Überlieferungen der mediterranen Völker, mit denen sie kollidierten. Rom fiel ihnen zum Opfer, das heilige Delphi wurde angegriffen. Diese Kriegerscharen waren jedoch den Bürgerarmeen Griechenlands und der Macht Roms auf Dauer nicht gewachsen. Über die Alpen zurückgedrängt, sollten die Kelten im späten 1. Jahrhundert v. Chr. eine noch folgenschwerere Niederlage erleiden. Das Schicksal ließ die Kelten zwischen neue Barbarenmächte – die Germanen im Norden und die Daker im Osten – sowie die modernen, schlagkräftigen Legionen Caesars geraten. Das keltische Europa fiel unter römische Herrschaft, seine Identität ging im Schmelztiegel des Kaiserreichs unter. Die gallorömische Kunst, ein neuer Mischstil, war die kulturelle Frucht dieser Unterwerfung. Militärischen Ruhm erlangten gallische Krieger von nun an nur noch als Hilfstruppen in römischen Diensten. Aus den alten Eroberern – einst der Schrecken Europas – waren Unterworfene geworden.

Aufstieg und Niedergang der Kelten vollzogen sich gleichermaßen spektakulär. Aus ihrer Heimat nördlich der Alpen drangen sie vom 5. bis zum 3. Jahrhundert in alle Richtungen vor. Sie sickerten über die Alpenpässe nach Süden ein, zogen die Donau entlang nach Ungarn und segelten über die Nordsee nach Ostbritannien. Aus der Poebene ergossen sich Kriegerhorden über den Apennin und versetzten Etrusker wie Römer in Schrecken. Rom selbst wurde geplündert. Im Osten vermochten die gemeinsamen Anstrengungen der griechischen Stadtstaaten keltische Horden nicht daran zu hindern, bis zum heiligen Delphi vorzudringen. So unaufhaltsam diese ersten Vorstöße auch waren, mangelte es ihnen doch an Strategie und Zielstrebigkeit. War die erste Welle ihrer Dynamik verebbt, streiften die Kriegerhorden planlos durch das Land, stets bereit, ihre Schwerter dem Höchstbietenden zu verkaufen. Als dann Rom und die hellenistische Welt erstarkten, wurden die Eindringlinge unter Kontrolle gebracht und schließlich vertrieben. In der Poebene duldete man sie noch eine Zeitlang, doch der Zweite Punische Krieg ließ Rom die Gefährlichkeit der Keltensiedlung an seiner Nordgrenze erkennen, die es alsbald durch Unterwerfung beseitigte. In Anatolien dagegen wurden die Kelten (Galater) in Randgebieten angesiedelt, in denen sie sich auch hielten.

Der Beginn des 2. Jahrhunderts v. Chr. sah die Kelten im Rückzug. Nach einer Reihe entscheidender Siege annektierte Rom das cisalpine Gallien, und etwa um dieselbe Zeit wurden die Galater von den pergamenischen Königen überwunden. Es war der Anfang vom Ende. Germanenstämme aus dem Norden und der emporstrebende Dakerstaat im Osten bekämpften die Kelten – Schläge, deren Widerhall erst verstummte, als Caesar intervenierte, um die Herrschaft Roms über ganz Gallien auszudehnen. Unter Augustus und Tiberius wurde der Rest des keltischen Europa unterworfen, und neue Feldzüge über den Rhein hatten die Annexion weiterer Barbarengebiete zum Ziel.

Britannien blieb noch eine Zeitlang frei, doch waren die Römer nicht aufzuhalten. Caesar hatte den Weg gezeigt, und Claudius beschritt ihn. Bis 84 n. Chr. hatten die Legionen Nordschottland erreicht und ließen nur das Hochland, die Hebriden und Irland unerobert fortleben. In diesen Regionen erstand nach dem Zusammenbruch des Römischen Reiches noch einmal die keltische Kultur.

Die Gesellschaft in der Krise

Der Zusammenbruch der frühen keltischen Aristokratengesellschaft im 5. Jahrhundert v. Chr. löste in ganz Europa Wellen von Völkerwanderungen aus, die gegen die Machtblöcke der mediterranen Welt brandeten. Der Kollaps schnitt so tief ein, daß sich die Erschütterungen bis ins 1. Jahrhundert v. Chr. fortpflanzten, und diese Nachwehen waren es auch, die Caesar 58 v. Chr. den Vorwand für sein Vorgehen gegen die Gallier lieferten. Bevölkerungswachstum, Übervölkerung und der unmäßige luxuriöse Konsum der Aristokratenschicht zählten zu den Faktoren, die die keltische Gesellschaft in die Krise stürzten (S. 40–41). In den aristokratischen Kernlanden – in Süddeutschland und Nordfrankreich – lassen sich zwar die Folgen am Verschwinden der reichen Fürstengräber und an der Aufgabe der befestigten Residenzen ablesen, doch entzieht sich uns der eigentliche Auflösungsprozeß. Eine plausible Hypothese bietet

Auf die Frage der römischen Gesandten, was das für ein Recht wäre, Land von den Besitzern zu begehren oder mit Waffen zu drohen, und was die Gallier in Etrurien zu tun hätten, erklärten sie trotzig, ihr Recht ruhe in den Waffen und alles gehöre tapferen Männern. Und so wurden auf beiden Seiten die Gemüter zum Kampf gereizt, und eine Schlacht begann. Schon nahte das Schicksal drohend der römischen Stadt, denn die Gesandten ergriffen gegen das Völkerrecht die Waffen.

Livius

Streitbarkeit und Kampf, die das gesamte Hallstatt und Latène durchziehen, sind auf dieser Gürtelplatte aus dem jugoslawischen Vače brillant eingefangen (Hallstattperiode). Zwei Reiter, von Fußkriegern unterstützt, kämpfen gegeneinander. Kleidung und Waffen spiegeln ihre unterschiedliche Volkszugehörigkeit wider.

Livius mit seiner Geschichte vom Biturigenkönig Ambigatus, der sein übervölkertes Land nur noch mit Mühe regieren konnte und beschloß, »sein Reich von der drückenden Volksmasse zu befreien« und zu diesem Zweck seine beiden Neffen Bellovesus und Segovesus, »abenteuerlustige junge Männer, in diejenigen Gegenden zu schicken, welche ihnen die Götter durch Vogelflug anweisen würden. Sie sollten selber so viele Leute aufbieten, wie sie wollten, damit kein Volk sie aufhalten könnte, wenn sie kämen.«

Hier also blickt ein Historiker des 1. Jahrhunderts v. Chr. auf die ferne Vergangenheit zurück und interpretiert sie nach traditionellen Anschauungen. Er erzählt weiter, daß die Götter Segovesus die deutschen Mittelgebirge zuwiesen, während sie Bellovesus nach Italien sandten. Bellovesus sammelte aus einer Reihe von Stämmen die – so Livius – »überzähligen Volksmassen« und »brach mit ungeheuren Scharen an Fußvolk und Reiterei auf und kam in das Land der Trikastiner am Fuß der Alpen«. Schließlich fanden sie einen Weg über das Gebirge und drangen bis zur Poebene vor, wo sie die Stadt Mediolanum (Mailand) gründeten. Damit begann die keltische Kolonisierung der Region, die bald das cisalpine Gallien werden sollte.

Livius' Bericht darf freilich nicht als belegte Geschichtsschreibung verstanden werden. Letztlich stellt er nur die rationale Erfassung einer schwach erinnerten Volksüberlieferung dar, bietet jedoch immerhin einen Hinweis auf die Vorgänge, die die großen Wanderungen auslösten. Nach Livius begannen sie zur Zeit des älteren Tarquinius (traditionell 614–576 v. Chr.). Polybios dagegen schrieb um die Mitte des 2. Jahrhunderts v. Chr., daß die Kelten erst um 400 v. Chr. in Norditalien aufgetaucht und nicht von Westen her, sondern aus dem Donaubecken über die Ostalpen gekommen seien. Der Widerspruch ist jedoch nur scheinbar, da beide Berichte vermutlich isolierte historische Ereignisse im Verlauf eines langen und verwickelten Prozesses widerspiegeln.

Ein amüsantes Streiflicht wirft der griechische Bühnendichter Aristides von Milet auf das Problem der Keltenwanderung: Etrusker wurden auf der Bühne oft als Witzfiguren dargestellt. So auch der Etrusker Aruns, dessen Frau von einem Adligen verführt wurde. Um sich an der Gesellschaft zu rächen, reiste Aruns mit etlichen Wagenladungen Wein, Öl und Feigen zu den Alpenpässen, um den Kelten die Reichtümer des Südens vorzuführen. Diese verfehlten ihre Wirkung nicht, und die Kelten zogen nach Italien, wo sie – Aruns rächend – Schrecken verbreiteten. Diese literarische Erfindung macht anschaulich deutlich, daß den Kelten aus dem Norden der Süden als Quelle allen Luxus galt. Die Götter, so Livius, »wiesen Bellovesus den viel angenehmeren Weg nach Italien«.

Die klassischen Autoren vermitteln den Eindruck, als hätten sich die keltischen Wanderungen sehr plötzlich und rasch vollzogen, was jedoch kaum zutrifft. Die ersten Wanderzüge gingen vermutlich langsam und zielgerichtet vonstatten – eine Art Bugwelle, die größeren Bewegungen vorauslief. Wir haben bereits darauf hingewiesen, daß sich während der aristokratischen Herrschaft die Zentren von Macht und Reichtum allmählich nach Norden und Westen verlagerten. Dies könnte als frühes Symptom der viel umfassenderen Wanderbewegungen zu deuten sein, die bald folgen sollten.

Die ersten Phasen des Ausgreifens nach Süden belegt das archäologische Material, das aus Friedhöfen in den Tälern der südlichen Alpenflanken – namentlich in der Region der lombardischen Seen – geborgen wurde. Hier – in den Kriegergräbern von Sesto Calende und der Wagenbestattung von Ca' Morta – finden sich Beweise für enge kulturelle Bindungen zur keltischen Welt des Nordens, die bis ins 7. Jahrhundert v. Chr. zurückreichen. Der Friedhof von Ca' Morta war noch im späten 5. Jahrhundert v. Chr. letzte Ruhestätte von Kriegern, die in Latèneausrüstung begraben wurden. Während des 5. Jahrhunderts begann man auf Friedhöfen in der Gegend von Bellinzona den Toten Objekte des frühen Latènetyps und etruskische Weinkrüge jener Art mit ins Grab zu geben, wie sie von Etrurien in die keltische Welt des Nordens exportiert wurden. Obwohl andere Erklärungen möglich sind, können wir durchaus annehmen, daß die Alpenbevölkerung im 5. Jahrhundert zunehmend keltisiert worden war – höchstwahrscheinlich durch Volksgruppen, die von Norden her über die Handelsrouten in die südlichen Täler einsickerten. Da Objekte des Typs Latène A südlich des Po in der Region von Marzabotto gefunden wurden, könnten die Kelten bereits im 5. Jahrhundert v. Chr. bis hierher vorgedrungen sein – Jahrzehnte bevor die Hauptwanderungen der Kelten einsetzten. Die zweite Route des Vordringens, die Livius erwähnt – nach Osten in die

Gebirgsregion zwischen der oberen Donau und dem Karpatenkessel –, scheint von den ersten Auswanderern nicht erschlossen worden zu sein. Gegenwärtig sprechen die archäologischen Quellen dafür, daß die keltische (Latène) Besiedlung Nordostungarns erst um 400 v. Chr. einsetzte, zu einer Zeit, da die Wanderungen bereits in vollem Gange waren.

Die gesellschaftliche Krise des 5. Jahrhunderts v. Chr. fiel mit einer Phase etruskischen Einflusses nördlich der Alpen zusammen. In Hirschlanden bei Stuttgart wurde das Hügelgrab eines Kriegers aus dem frühen 5. Jahrhundert gefunden, das eine ungewöhnliche Steinplastik krönte *(oben)* – die lebensgroße Darstellung eines Kriegers in einem Stil, der an etruskische Werke erinnert.

Die große Wanderung

Wie viele Menschen ihre Heimat verließen, läßt sich ebenso schwer abschätzen wie die Zusammensetzung der wandernden Scharen. Bestanden sie nur aus Kriegern, oder gingen ganze Familien auf die Wanderschaft? Die klassischen Autoren geben zwar einige Hinweise, doch neigen sie ebenso zu Übertreibung wie zu allzu großer Vereinfachung. Stattlich waren die Zahlen gewiß.

Livius' Beschreibung der von Bellovesus geführten Scharen ist insofern interessant, als er sogar die Stämme aufzählt, aus denen die »überzähligen Volksmassen« angeworben wurden – insgesamt sieben. Zwar muß die Liste nicht unbedingt korrekt sein, doch besagt sie eindeutig, daß sich nicht ein einzelner

rer, sie verwüsteten zu Beginn des 3. Jahrhunderts Makedonien und Thrakien und stießen 279 tief nach Griechenland vor. Andere Stämme setzten nach Kleinasien über, wo sie allenthalben Unruhe stifteten, bis sie schließlich im frühen 2. Jahrhundert von den pergamenischen Königen besiegt wurden. Damit erstreckte sich in Südosteuropa und Kleinasien die Hauptperiode der keltischen Aggression von etwa 400 v. Chr. an über zwei Jahrhunderte. Gegen 180 waren ihre Kräfte erlahmt, und sie hatten sich entweder friedlich mit ihren Nachbarn arrangiert oder waren nach Mitteleuropa – nach Ungarn und der Tschechoslowakei – zurückgetrieben worden.

Die Erschütterungen, die dieser keltische Ansturm auslöste, müssen beträchtlich gewesen sein. Eine Rückwirkung aber traf die Keltenhorden selbst: Es scheint, daß es öfter zu einer Zersplitterung der Stämme kam, denn etliche Quellen berichten von keltischen Söldnern im Dienst fremder Herrscher. In Griechenland ließ bereits 369 v. Chr. Dionysios I. in seiner Schlacht gegen die Böoter keltische Söldner aufmarschieren. Hundert Jahre später, 274, setzte der hellenistische Herrscher Antigonos Gonatas gegen Pyrrhus, den König von Epirus, keltische Söldner ein, doch hatte auch Pyrrhus Kelten in seinen Diensten, denen er die makedonischen Königsgräber zur Plünderung überließ. Keltenkrieger spielten auch in den Konflikten zwischen den diversen Herrschern Kleinasiens eine bedeutsame Rolle – freilich gerieten sie oft außer Kontrolle. Wir finden sie im 3. Jahrhundert auch in den Diensten der ägyptischen Ptolemäer, und noch 187/186 waren keltische Söldner an der Niederschlagung einer Revolte in Oberägypten beteiligt. Es bestehen daher kaum Zweifel, daß ein Teil der Kriegerscharen, die sich im 4. Jahrhundert über den Balkan ergossen – sowie deren Nachkommen –, in den endlosen Machtkämpfen der hellenistischen Herrscher eine einträgliche Beschäftigung fand. Welcher Prozentsatz der ersten Horden den Weg zurück in die europäische Heimat nahm, ist nicht mehr zu ermitteln.

Die Süd- und Ostwanderungen der Kelten – nach Italien, Griechenland, Makedonien und Kleinasien – sind durch die klassischen Autoren hinreichend gut überliefert, so daß die Ereignisse einigermaßen detailliert geschildert werden können (S. 132–139). Wenn aber die Kelten nachweislich in diese Richtungen gewandert sind – könnten sie nicht auch nach Nordosten und Nordwesten vorgedrungen

Die Wanderungen der mitteleuropäischen Kelten erstreckten sich im 2. Jahrhundert über ganz Europa. Ihr Vordringen südwärts nach Italien und ostwärts nach Griechenland und Kleinasien ist von den klassischen Autoren einigermaßen detailliert überliefert. Die Wanderung südostwärts nach Transsilvanien läßt sich an den Friedhöfen der Latènekultur in dieser Region ablesen. Problematischer sind die Westwanderungen nach Spanien und Britannien, da die archäologischen Zeugnisse auch als Belege für intensivierte Handelskontakte gedeutet werden könnten. Ein Keltenverband scheint jedoch die Nordsee überquert und sich in Yorkshire niedergelassen zu haben.

Stamm, sondern ein Verband von Splittergruppen als erster auf den Weg machte.

Die Hauptmacht der wandernden Kelten brach um 400 v. Chr. über die klassische Welt herein. Um 390 standen die Kelten vor den Toren Roms, und sie blieben bis in die ersten Dekaden des 2. Jahrhunderts v. Chr. in Italien – eine ständige Irritation für den römischen Staat. In Südosteuropa stellten sie eine ebenso große Bedrohung dar. Um die Mitte des 4. Jahrhunderts kämpften sie gegen die Illy-

sein? Um diese Frage zu beantworten, müssen wir das archäologische Material heranziehen, denn die klassischen Autoren geben darüber keinen Aufschluß.

Die Ostwanderung der Kelten aus der Region Süddeutschlands und – vermutlich – der Schweiz läßt sich an der Verbreitung der Friedhöfe ablesen, die frühe Latèneobjekte (besonders aus Latène B) enthielten. Eine mögliche Route des Vordringens führte ostwärts die Donau entlang in den Nordwesten des heutigen Ungarn. Als die Hindernisse der Alpen und der Kleinen Karpaten in der Gegend von Wien und Preßburg umgangen waren, drangen die Wanderer nach Transdanubien vor, wo ihre zahlreichen Friedhöfe auf

eine dichte Besiedlung schließen lassen. Diesen Weg könnten auch die Kriegerhorden genommen haben, die in den Balkan einfielen. Zur selben Zeit kam es zu einer separaten Ostwanderung nach Transsilvanien (im Herzen des heutigen Rumänien), wo gleichfalls Friedhöfe von keltischen Siedlungen zeugen. Diese Keltenverbände müssen mit Einheimischen, die kulturell den Skythen verwandt waren, in Kontakt gekommen sein und zu der

ethnischen Mischung beigetragen haben, aus der schließlich der Dakerstaat hervorging.

Im Westen waren weite Teile Frankreichs bereits von Gemeinschaften besiedelt, die eine vom Latènestil geprägte Kultur angenommen hatten. Selbst entlegene Regionen der Westbretagne produzierten mit kunstvollen Latènemotiven dekorierte Keramik. Wenngleich es keine direkten Beweise für Völkerwanderungen gibt, muß es doch zu kleineren Verschiebungen und Neuansiedlungen gekommen sein. Zu den Hauptregionen, in denen sich solche Umschichtungen vollzogen, zählt das Marne-Gebiet, wo sich eine kraftvolle Latènekultur mit so ausgeprägtem Charakter entfaltete, daß sie in der archäologischen Terminologie als »Marnekultur« bezeichnet wird. Von hier scheinen direkte Kontakte zu Teilen der Niederrheinregion hergestellt worden zu sein, und es ist möglich, daß kleinere Siedlergruppen nach Norden vordrangen. Archäologisch lassen sich jedoch Verteilungsmuster, die durch Wanderbewegungen entstanden, schwer von solchen unterscheiden, die aus Tauschhandelskontakten resultieren.

Dasselbe Problem stellt sich bei den Zeugnissen aus Britannien. Man war lange der Meinung, daß Angehörige der Marnekultur den Kanal überquerten, den Süden kolonisierten und dann nördlich nach Yorkshire vordrangen. Neuere Forschungen haben indessen ergeben, daß der Südosten Britanniens zwar Kontakt zum Kontinent hatte, dieser jedoch nur die Fortsetzung einer sehr alten Beziehung darstellte, die bereits seit einem halben Jahrtausend existierte. Waren wurden hin und her gehandelt, doch kam es zu keiner erkennbaren Veränderung der Siedlungsform oder des Bestattungsritus, die auf eine Völkerwanderung schließen ließe – mit einer Ausnahme: Yorkshire. Hier wurde im späten 5. oder frühen 4. Jahrhundert ein neuer Bestattungsritus eingeführt: Die Toten wurden – gelegentlich mit zweirädrigen Wagen – in Gräbern bestattet, die oft in rechteckige, durch Gräben abgegrenzte Umfriedungen gesetzt waren. Diese Bestattungsart – in Britannien bisher völlig fremd – ist in den frühen Latènekulturen Frankreichs und Deutschlands gut belegt. Die archäologischen Relikte aus den Mooren von Yorkshire stellen daher vielleicht die schwache Spur einer der weitesten keltischen Wanderungen dar, die in ihrer Kühnheit nur dem Keltenzug nach Anatolien vergleichbar ist, in der zeitgenössischen Literatur jedoch keinen Niederschlag fand.

Die große Stärke der wandernden Keltenscharen lag in ihren Fußtruppen, denn fast alle Männer, auch die ärmsten, konnten sich mit Schild und Schwert ausrüsten. Dieser keltiberische Krieger auf einem Relief des 1. Jahrhunderts v. Chr. aus dem spanischen Osuna trägt einen für diese Region typischen Helm sowie den üblichen ovalen keltischen Schild.

Plünderer Roms

Die Gegner, die in Norditalien zusammentrafen, waren einander ebenbürtig. Etruskische Krieger *(rechts außen, 2. Jahrhundert v. Chr.)* trugen Waffen, die denen der Kelten weitgehend glichen; ihre kleinen Rundschilde jedoch, die zur Abwehr des Hiebs statt zur Deckung des ganzen Körpers dienten, eigneten sich besser für den offenen Kampf als für den geschlossenen Angriff keltischer Art.

Rechts: Kelten trugen – wie der hier abgebildete Krieger aus Grézan bei Nîmes – gelegentlich auch Brustpanzer, die sie vermutlich durch ihre mediterranen Gegner kennengelernt hatten.

Da bei dem Getöse der rasch
Vorbeiziehenden
die Bewohner der Städte
erschrocken zu den Waffen
eilten und die Landleute
die Flucht ergriffen,
gaben sie überall, wo sie
vorbeizogen, mit großem
Geschrei zu verstehen,
daß sie nach Rom wollten.
Die Scharen von Reitern
und Fußkriegern deckten
das Land meilenweit.

Livius

Während des ganzen 5. Jahrhunderts wanderten Kelten (von den römischen Autoren meist Gallier genannt) in die Poebene ein. Den antiken Schriftstellern gemäß waren die Insubrer die ersten, die über die Alpen kamen, die Etrusker besiegten und die Stadt Mediolanum gründeten. Die Cenomanen siedelten in der Gegend um Brescia und Verona, die Lepontier um den Lago Maggiore und die Libicer und Salluvier an den Ufern des Ticino. Ein wenig später überquerten die Bojer und Lingonen die Alpen, um sich südlich des Po anzusiedeln, während die Senonen, die noch später kamen, bis nach Umbrien vordrangen und sich dort niederließen. Um 400 v. Chr. war das Land so dicht besiedelt, daß es keine weiteren Einwanderer mehr aufzunehmen vermochte. Noch im 2. Jahrhundert beschreibt Polybios die vielen kleinen Gehöfte und die fruchtbaren Felder, auf denen Weizen, Gerste, Hirse, Weinstöcke und Feigen angebaut wurden. Die nächste Phase des Vordringens setzte bald nach 400 ein, als Stämme aus der Poebene – vermutlich unter dem Druck weiterer Invasoren – nach Süden über die Apenninen zogen.

Um 391 v. Chr.(Livius und Polybios nennen leicht abweichende Daten) marschierten un-

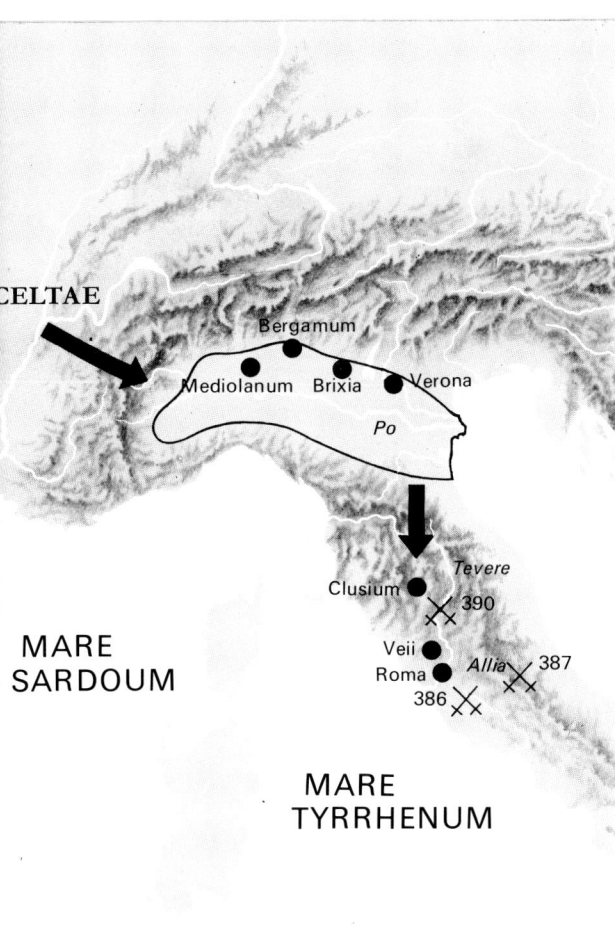

CELTAE

Bergamum

Mediolanum Brixia Verona

Po

MARE
SARDOUM

Clusium Tevere
                390

Veii
Roma Allia   387
        386

MARE
TYRRHENUM

wenn ihr ihn besiegt habt. Wir haben unsere Schwerter gegen wilde Tiere gezogen, deren Blut wir vergießen oder unser eigenes fließen lassen müssen.«

Am 18. Juli 390 wurde die römische Armee an der Allia, einem linken Nebenfluß des Tiber, vernichtend geschlagen, und Rom stand dem Feind offen. Die Kelten besetzten die Stadt und verwandelten sie mordend und plündernd in einen schwelenden Trümmerhaufen: Einzig das Kapitol wurde verteidigt und hielt sieben Monate lang stand. Schließlich zogen die Keltentruppen, von Seuchen geschwächt, mit ihrer Beute ab.

Noch über fünfzig Jahre nach der Zerstörung der Stadt blieben die Kelten für Rom eine schwere Bedrohung, und ihre Präsenz ermutigte die mit Rom verbündeten Städte Mittelitaliens zu einer Revolte. Etliche Schlachten sind überliefert. Eine besonders interessante fand 367 am Anio statt. Polybios schildert, wie ein Römer namens Titus Manlius unter den Augen beider Armeen zu einem Zweikampf mit einem Kelten antrat, ihn tötete und sich seines Torques bemächtigte – eine offenbar so unerhörte Tat, daß er hinfort den Beinamen Torquatus führte. In den fünfziger Jahren verstärkten sich die Konflikte, bis 349 die Kelten eine schwere Niederlage erlitten und eine allgemeine Flucht vor den Römern einsetzte. Die keltischen Überfälle hörten um 335 ganz auf, und 332/31 wurde zwischen Rom und den Senonen ein Vertrag geschlossen. Die Kelten befanden sich nun völlig in der Defensive: 295 wurden sie bei Sentinum besiegt, und 225 vernichteten die römischen Legionen in der Schlacht von Telamon, die Polybios so farbig beschreibt, ein Keltenheer.

Die Kelten der Poebene stellten nach wie vor eine Bedrohung für Rom dar, namentlich im Zweiten Punischen Krieg, als Hannibal sie als Verbündete benutzte. Mit dieser Parteinahme besiegelten sie ihr Schicksal. 197 wurden sie am Comer See geschlagen, und die latinische Besiedlung der Region begann. Die Bojer erhoben sich, doch wurde ihr Widerstand in einer Reihe von Gefechten, die 191 in der Schlacht von Bologna kulminierten, gebrochen; stattliche Beute fiel Rom zu, riesige Gebiete wurden annektiert, und der Stamm, der große Verluste erlitten hatte, zog nach Norden über die Alpen, um eine neue Heimat zu suchen. Der Kreis hatte sich geschlossen.

Aus welchem Gebiet die ersten Keltenscharen in die Poebene eindrangen, ist unklar, der Pfeil auf der Karte also hypothetisch. Livius erwähnt, daß die Biturigen die ersten Einwanderer waren. Jahrhunderte später lebte dieser Stamm in Mittelfrankreich, könnte jedoch zu Beginn der Wanderungen durchaus nördlich der Alpen gesessen haben. Die Expansion über den Apennin begann um 400 v. Chr., nachdem die Poebene dicht besiedelt worden war.

Der Angriff auf Rom (um 390 v. Chr.) traf die Stadt völlig unvorbereitet. Zwar wurde der östliche Zugang von einem Verteidigungswall geschützt, doch die Kelten drangen mühelos in die Stadt ein, die ihrer Zerstörungswut und Beutegier zum Opfer fiel. Die Trümmer dieser Zerstörung hat man unter dem Forum und auf dem Palatin entdeckt.

Als der Keltensturm verebbt war, wurde zum Schutz der Stadt eine neue massive Verteidigungsanlage gebaut. Die sogenannte Servianische Mauer, die aus mächtigen Tuffblöcken bestand, war zehn Kilometer lang und schützte Rom Jahrhunderte.

ter der Führung von Brennus 30 000 Senonen und Lingonen auf die etruskische Stadt Clusium, die sich kurz zuvor mit Rom verbündet hatte. »Die Lage in Clusium war höchst bedrohlich: Sonderbare Männer standen zu Tausenden vor den Toren, Männer, wie sie die Stadtbewohner nie zuvor gesehen hatten, fremdländische Krieger mit eigentümlicher Bewaffnung, von denen es hieß, sie hätten bereits die etruskischen Legionen zu beiden Seiten des Po zersprengt« (Livius). Rom schickte Gesandte zur Vermittlung, doch war die Forderung der Kelten nach Siedlungsland unannehmbar, und es kam zu einem Gefecht, an dem sich, entgegen allen internationalen Gepflogenheiten, die römischen Gesandten beteiligten. Daß einer von ihnen im Kampf einen keltischen Anführer tötete, war nach Livius' Meinung der Grund für den Marsch der Kelten auf Rom, doch werden sie ein politisches Motiv kaum gebraucht haben: Die Aussicht auf Beute genügte. Innerhalb von vier Tagen bewältigten sie die achtzig Meilen bis Rom. Die Stimmung der Stadt spricht aus einer Rede, die Livius dem Konsul M. Popillius Laenas in den Mund legt: »Ihr habt es nicht mit einem latinischen oder sabinischen Feind zu tun, der euer Verbündeter wird,

Umseitig (S. 134–135): Der Kampf zwischen einem nackten Kelten und einem etruskischen Krieger ist auf dem in Bologna gefundenen Relief aus dem 5./4. Jahrhundert v. Chr. eindrucksvoll dargestellt.

Der Angriff auf Delphi

Während die Senonen und ihre Verbündeten plündernd durch Italien zogen, wanderten andere Keltenstämme – überlieferungsgemäß unter der Führung der Sigoven – über die Ausläufer der Ostalpen und fielen in Pannonien (Ungarn) und Illyrien (Jugoslawien) ein. Vermutlich drangen sie östlich nicht weiter als bis zur Donau vor, denn dahinter siedelten die mächtigen Stämme skythischer Abstammung. Abgesehen von Transsilvanien (S. 130–131) wurden diese Gebiete gemieden, und die Hauptstoßkraft des Vordringens richtete sich auf den Balkan.

In Illyrien tauchten die Kelten um die Mitte des 4. Jahrhunderts auf. Für 358 sind Zusammenstöße mit Illyrern überliefert, und wir wissen, daß 335 Alexander der Große Unruhen in Bulgarien bekämpfen mußte, die im

Die nach Südosteuropa vordringenden Kelten kollidierten zunächst mit der Welt Alexanders des Großen; dann, nach dessen Tod 323 v. Chr., mit den hellenistischen Herrschern, die ihm nachfolgten. In ihren Rivalitätskämpfen wurden Kelten gelegentlich als Söldner eingesetzt; meist zogen sie jedoch plündernd durch das Land. Einige dieser Keltenhorden rückten 279 v. Chr. gemeinsam durch Griechenland zum Angriff auf Delphi vor.

weltweiten Ruhm erworben hatte. Das Heiligtum war sakrosankt und diente daher den Stadtstaaten als sicherer Aufbewahrungsort für ihre Schätze. Gerüchte über den unermeßlichen Reichtum der Stätte müssen bald auch den Keltenhorden zu Ohren gekommen sein – und es ist daher kaum überraschend, daß Brennus (II.) mit seinen 30 000 Mann auf das Heiligtum marschierte.

Der Weg nach Süden führte durch den berühmten Engpaß von Thermopylae, der von den Griechen erbittert verteidigt wurde. Angesichts dieses Widerstandes zog ein Teil der Kelten ab und plünderte das Gebiet der Ätoler; sie überfielen die Stadt Callium und metzelten die Einwohner nieder, eine Untat, die das ätolische Kontingent von Thermopylae auf den Plan rief. Mit Hilfe einer Guerilla-

Oben: Münzen der makedonischen Könige. Kopf Alexanders des Großen auf einer 297–281 v. Chr. von Lysimachos geprägten Münze, mit der dieser die Legitimität seiner Herrschaft demonstrieren wollte, und (rechts) Münze des Antigonos Gonatas, 277–239 v. Chr. Der Tod des Lysimachos 281 eröffnete den Kelten in Makedonien neue Möglichkeiten. Antigonos Gonatas nahm keltische Söldner in sein Heer auf, die freilich 274 in einer Schlacht gegen Pyrrhus, den König von Epirus, eine Niederlage nicht verhindern konnten.

Zuge des keltischen Vordringens entlang der Adriaküste durch vertriebene Stämme ausgelöst worden waren. Alexander empfing zu dieser Zeit auch keltische Gesandte.

Das keltische Ausgreifen war nicht aufzuhalten. Im Jahr 310 versetzten keltische Überfälle die illyrischen Stämme in Panik, und 298 hatte ein Keltenverband Bulgarien erreicht, während ein anderer in Thrakien eingedrungen war. Die Kämpfe in Bulgarien verstärkten sich im folgenden Jahrzehnt. Einen Höhepunkt der Aggressionen stellte 279 der Einfall einer großen Keltenhorde in Makedonien dar, das geplündert und besetzt wurde. Griechenland bildete ein verlockendes Ziel – nicht zuletzt wegen der Schätze in den Heiligtümern, von denen Delphi als das größte galt. Dort waltete das Orakel des Apollon, die Pythia, die sich durch die Richtigkeit ihrer Weissagungen

taktik gelang es den nach Rache dürstenden Griechen, die Plündererhorde zu zerschlagen – doch gab ihre Abwesenheit von den Thermopylen Brennus und seinen Kriegern Gelegenheit, die restlichen Verteidiger auf unbewachten Gebirgspässen zu umgehen.

Sie erreichten Delphi mitten im Winter. Obwohl der Ort kaum befestigt war, verlieh ihm seine Lage hoch auf der Flanke des Parnaß einen gewissen Schutz. Die Ereignisse dieses schicksalhaften Winters sind nicht im Detail überliefert, und manches bleibt unklar; es scheint jedoch, als hätten die Kelten zumindest Teilerfolge erzielt. Strabo berichtet, daß die Tektosagen, einer der beteiligten Stämme, einen riesigen Beuteschatz mitgebracht hätten, als sie sich schließlich in der Region von Toulouse niederließen. Andere Keltenverbände hatten freilich weniger Glück.

Der Sieger Brennus plündert,
ohne daß ihn jemand
daran hindert,
ganz Makedonien.
Darauf, als ob irdische Beute
ihm bereits zu schäbig wäre,
richtet er seinen Sinn auf
die Tempel der unsterblichen
Götter, wobei er noch frivole
Späße macht mit der
Bemerkung, das sei doch
nur in der Ordnung,
wenn reiche Götter den
Menschen etwas abgäben . . .
Unter solchen Reden nimmt
er seinen Weg auf Delphi
zu . . . Die Gallier, noch
vom Weingenuß des Vortags
angeschlagen, stürzen
sich ohne Rücksicht auf die
Gefahr in den Kampf.
Die Delphier aber, mehr auf
den Gott als auf ihre Kräfte
sich verlassend, leisten
Widerstand . . . Die
Gegenwart des Gottes
spürten sie selbst sogleich,
denn durch ein Erdbeben
wurde ein Stück des Berges
gelockert, brach los und
streckte das Heer der Feinde
zu Boden . . . Es folgte
darauf ein Unwetter,
das mit Hagel und
Frosteinbruch die
Verwundeten aufrieb.

Pompeius Trogus

Die Griechen, so lautet die Geschichte, befragten das Orakel des Apollon und erhielten eine in die üblichen rätselhaften Wendungen gekleidete Antwort: Der Gott werde den Griechen weiße Jungfrauen zu Hilfe schicken. Die »weißen Jungfrauen« entpuppten sich als ein schwerer, gewittriger Schneesturm, der Steinschläge auslöste. In seinem Schutz griffen die Griechen das Keltenlager an. Die überrumpelten und völlig demoralisierten Truppen zogen sich, nachdem sie ihre Verwundeten getötet hatten, in totaler Unordnung zurück – das keltische Naturell war Schlägen solchen Ausmaßes nicht gewachsen. Auf dem langen, mühseligen Rückzug, ständig verfolgt und attackiert, beging der verwundete Anführer Brennus Selbstmord. Die Reste der Streitmacht setzten den Rückzug fort und schlossen sich den in Makedonien herumvagabundierenden Kriegern an. Einige Verbände – die sogenannten Skordisker – zogen westwärts die Donau entlang und siedelten in der Gegend des heutigen Belgrad. Andere wanderten weiter nach Norden, um zu den bereits in Transdanubien seßhaften Keltengruppen zu stoßen. Etliche Stämme jedoch nahmen den Weg nach Osten. Die Tolistoager und die Trokmer, die sich in Makedonien von Brennus getrennt hatten, erreichten 278 die Dardanellen und setzten nach Kleinasien über. Ein Teilverband der Tektosagen, der ebenfalls mit Brennus gezogen war, folgte ihnen. In Kleinasien sollten die Kelten ein Land finden, das ihrem kriegerischen Temperament entsprach.

Ein keltisches Königreich in Kleinasien

Pergamon in Kleinasien erlebte einen glänzenden Aufstieg. Im 4. Jahrhundert v. Chr. noch eine unbedeutende befestigte Siedlung, erstarkte es unter Philetaeros, der nach dem Tod des Lysimachos im Jahr 281 dessen dort deponierten Staatsschatz zum Ausbau

der Festung verwandte. Der erste König der von ihm begründeten Dynastie war sein Neffe Eumenes. Der Sohn des Eumenes, Attalos I., besiegte die Kelten 230 v. Chr. in einer großen Schlacht. Eumenes II. *(oben rechts)* regierte von 197 bis 159 und versklavte in dieser Zeit 40 000 Kelten (Galater).

Die Keltenscharen, die nach Kleinasien übersetzten – insgesamt 20 000 Männer, Frauen und Kinder –, wurden auf der Stelle von zwei regionalen Herrschern in Dienst genommen: von Nikomedes von Bithynien und Mithridates von Pontos. Von ihren Dienstherren neu ausgerüstet, wurden die Kelten auf ihre Rolle vorbereitet: Sie sollten schlicht und einfach die Länder des Seleukidenkönigs Antiochos im Süden überfallen und plündern – eine Aufgabe, die der keltischen Mentalität nicht eben fremd war. Das Unternehmen wurde sorgfältig organisiert: Die Tolistoager übernahmen die Region Äolis und Ionien; die Trokmer erhielten die Dardanellen, während den Tektosagen das Landesinnere überlassen blieb. Der Keltenansturm, ohne Beispiel in Kleinasien, stürzte die Städte der ägäischen Türkei in ein Chaos. Während sich die Stadt-

staaten Griechenlands zum Widerstand gegen die Invasoren vereint hatten, gab es in Anatolien keinen gemeinsamen Kampf. Voller Argwohn gegen die jeweiligen Nachbarn, wehrte sich jede Stadt allein. Einige kauften sich mit Tributen frei, andere – wie Milet und Ephesus – kämpften. Priene war weder zum einen noch zum anderen bereit, doch rekrutierte einer ihrer Bürger, Sotas mit Namen, eine Privattruppe, die viele Bewohner der Umgebung rettete. Nur Pergamon vermochte die Angreifer wirksam abzuwehren – ein Erfolg, der der Stadt zu hohem Ansehen verhalf.

Im Jahr 275 endlich nahm Antiochos mit seinen durch Elefanten verstärkten Truppen den Kampf gegen die Kelten auf und brachte ihnen eine schwere Niederlage bei. Daraufhin wurden die Kelten von ihren Auftraggebern in ei-

nem Gebiet Nordphrygiens angesiedelt, das bald Galatia heißen sollte. Dieser Keltenstaat nördlich des Seleukidenreichs diente fortan als Puffer zwischen den beiden Machtblökken.

Noch einige Jahre lang erpreßten die Kelten gegen die Schonung der Städte des Südens Tributzahlungen von der Seleukidenmonarchie, doch nahmen die keltischen Überfälle bald wieder zu. Schließlich fühlte sich in den dreißiger Jahren des 3. Jahrhunderts das Königreich Pergamon stark genug, den Kelten entgegenzutreten. Die Einstellung der Tributzahlungen provozierte die Kelten zum Marsch auf die Stadt. In der großen Schlacht, die nun entbrannte, errangen die pergamenischen Truppen unter ihrem König Attalos I. einen glänzenden Sieg, und die Kelten zogen sich nach Galatia zurück. Die politische Lage in Kleinasien komplizierte sich nun noch mehr. Pergamon konnte im Kampf gegen die Seleukiden mit raffinierten politischen Manövern Rom auf seine Seite ziehen, und 189 v. Chr. wurde die Armee Antiochos' III. in der Schlacht bei Magnesia besiegt: 40 000 Galater (wie man die Kelten mittlerweile nannte), die dem König dienten, wurden versklavt; ein Vorgehen, das den keltischen Überfällen ein Ende bereitete. Dazu Polybios: »Alle Bewohner des Landes diesseits des Taurus freuten sich nicht so sehr über des Antiochos' Niederlage wie über die Erlösung von der Angst vor den Barbaren.«

Die Pergamener feierten ihren großen Sieg mit dem Bau eines Zeusaltars hoch auf dem Berg ihrer Hauptstadt. Die Außenwand des Podiums wurde mit Reliefs geschmückt, die den Kampf zwischen Göttern und erdgeborenen Giganten darstellten, ein Werk von großer Meisterschaft und Originalität, das den Sieg der pergamenischen Könige (der Götter) über die barbarischen Kelten (die Riesen) verherrlichte. Um dieselbe Zeit (in der Regierungszeit Eumenes' II., 197–159 v. Chr.) wurde die Balustrade des Tempels der Athene Nikephoros mit einem Relief dekoriert, das erbeutete keltische Waffen darstellt, wie sie vermutlich gegen Ende des 3. und zu Beginn des 2. Jahrhunderts allgemein üblich waren. Das gesamte vertraute Kriegsgerät ist vertreten: die Carynx, der Kettenpanzer, Schilde, Speere, Schwerter, Helme, ein Pferdejoch. Dieser Tempelfries ist das letzte Denkmal keltischen Ausgreifens in Kleinasien.

Wenngleich wir über die Beziehungen der kleinasiatischen Kelten (Galater) zu ihren Nachbarn relativ viel wissen, bleibt unsere

Kenntnis ihrer sozialen und wirtschaftlichen Ordnung in dem ihnen zugewiesenen Territorium ungenau. Das vergleichsweise unfruchtbare Land diente ihnen vor allem als Ausgangsbasis für ihre Überfälle. Es scheint, als hätten die phrygischen Bauern weiterhin

Stammesältesten tagte einmal jährlich in einem »Drunemeton« – das Element *nemeton* läßt vermuten, daß es sich um eine heilige Waldlichtung handelte. Diese spärlichen Informationen, die wir den klassischen Autoren verdanken, vermitteln den Eindruck, als hätte

Der große Zeusaltar, zwischen 180 und 160 v. Chr. errichtet, beherrschte den Burgberg von Pergamon. Ein Relieffries am Sockel zeigte den Kampf der Götter und erdgeborenen Giganten und symbolisierte die Schlachten der

das Land bestellt und ihren keltischen Herren als Klienten zu der notwendigen Mobilität verholfen. Jeder der drei Stämme wurde von vier »Tetrarchen« regiert; Kriegsanführer, als Könige bezeichnet, wurden für die Beuteunternehmen eigens gewählt. Ein Rat aus 300

sich die Lebensweise der Kelten im Verlauf der Wanderungen kaum verändert. In der Tat bewahrten sich die Galater ihr ausgeprägtes Profil bis ins 1. Jahrhundert n. Chr. hinein, als der Apostel Paulus sie mit den Worten anredete: »O ihr unverständigen Galater!«

pergamenischen Könige gegen die Kelten. Nur der Sockel des Altars ist geblieben. Die Reliefplatten und Architekturteile wurden im 19. Jahrhundert von deutschen Ausgräbern entfernt und sind heute rekonstruiert in Berlin ausgestellt.

Die germanische Bedrohung

Der Grenzverlauf zwischen Kelten- und Germanenterritorium ist noch Gegenstand der Diskussion.

Caesar betrachtete den Rhein als Grenze, doch könnte der Grund dafür ein ganz pragmatischer sein, da sich der Fluß als militärische Grenze zwischen den potentiellen Verbündeten im Südwesten und dem germanischen Feind im Nordosten nutzen ließ.

In der Tat räumt Caesar selbst ein, daß es auf dem linken Rheinufer Germanensiedlungen gab, und überliefert auch die zeitgenössische Meinung, daß die Belgen und Treverer germanischer Herkunft seien. Kurz, die Grenzlinie war in der Vergangenheit durch Völkerverschiebungen so verwischt worden, daß sie nicht mehr genau fixiert werden konnte.

Caesars Beschreibung der nordöstlich des Rheins lebenden Stämme sollte die Unterschiede zwischen ihnen und den Kelten hervorheben. Die Wirtschaft beruhte jenseits stärker auf der Weidekultur, die Bevölkerung war weniger zivilisiert und weitaus kriegerischer, da sie am Luxus des Südens nicht teilhatte. Natürlich sind Verallgemeinerungen nicht auszuschließen, doch stammen die Informationen immerhin von Autoren, die die Situation im 1. Jahrhundert v. Chr. – als die römischen Legionen immer häufiger mit dem Germanenproblem konfrontiert wurden – aus nächster Nähe beobachteten. Im Jahr 113 v. Chr. war ein bisher unbekannter Stamm – die Kimbern – in das ostalpine Noricum eingefallen und hatte bei Noreia ein römisches Heer besiegt, das zur Verteidigung der keltischen Bevölkerung angerückt war. Das Ereignis traf die Römer völlig überraschend; daß eine Barbarenhorde in so unmittelbarer Nähe Italiens auftauchen und eine römische Streitmacht vernichten konnte, bot Anlaß zu größter Besorgnis.

Die Frage nach der Identität der Kimbern wirft einige interessante Probleme auf. Um 120 v. Chr. in Südosteuropa erstmals aufgetaucht, mußten sie nach einem gescheiterten Versuch, im Land der Bojer zu siedeln, westwärts durch Skordisker-Territorium in das Siedlungsgebiet der Taurisker und Noriker ziehen. Poseidonios, der sich eingehend mit den Kimbern befaßte, wußte über ihre Herkunft nichts zu sagen. Caesar behauptete, sie seien Germanen gewesen, und man nimmt heute allgemein an, daß ihre Wanderung von Jütland ausging und auf dem Weg nach Süden andere Völkerschaften erfaßte. Die rein keltischen Namen ihrer Anführer lassen vermuten, daß die Kimbern im Verlauf ihrer Wan-

Die Gallier in der Poebene (dem cisalpinen Gallien) stellten eine ständige Bedrohung für Rom dar. Im Zweiten Punischen Krieg unterstützten sie

Hannibal (Münze, Mitte), nachdem dieser 218 v. Chr. die Alpen überquert und die von Publius Cornelius Scipio (oben) geführte Armee am Ticinus besiegt hatte. Die Römer blieben sich ihrer Verwundbarkeit im Norden stets bewußt, und als gegen Ende des 2. Jahrhunderts die Kimbern und Teutonen die Region bedrohten, stellte sich ihnen Marius (unten) mit der von ihm reorganisierten römischen Armee entgegen.

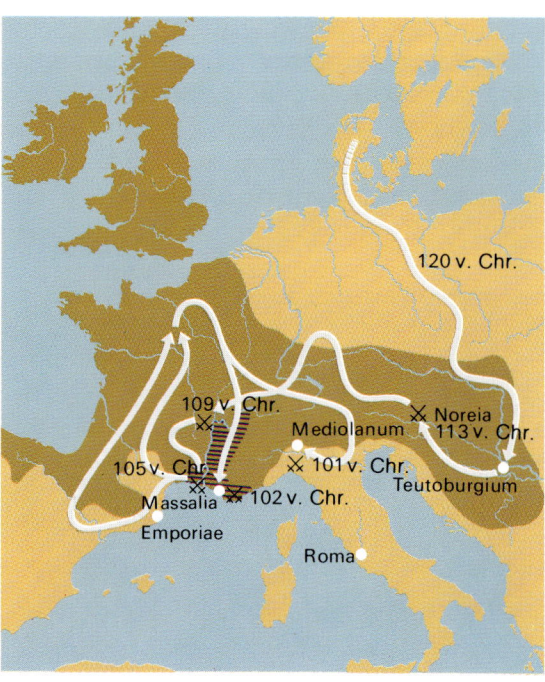

Die Herkunft der Kimbern und Teutonen ist unklar. Jütland könnte die Heimat der Kimbern gewesen sein, die dann im Verlauf ihrer Wanderung nach Süden andere Stammesverbände aufnahmen. Die Teutonen, vermutlich ein keltischer Stamm, schlossen sich ihnen erst in einer späteren Phase an.

derung mit einem starken Keltenverband verschmolzen.

Im Jahre 109 v. Chr. tauchten sie in Südgallien auf, mittlerweile durch einen weiteren Stamm verstärkt – die Teutonen. Caesar behauptet zwar, auch die Teutonen seien germanischer Herkunft gewesen, doch enthält ihr Name das keltische Wort mit der Bedeutung »Volk« (wie das irische *túath*); vermutlich waren sie ein nordkeltischer Stamm. Poseidonios hielt sie für einen Zweig der unbestritten keltischen Helvetier.

In Südgallien stießen Kimbern und Teutonen mit den Römern zusammen, und nach einer Reihe unentschiedener Gefechte vernichteten sie 105 v. Chr. bei Arausio (dem heutigen Orange) ein römisches Heer. Danach wandten sich die Kimbern südwärts nach Spanien, während die Teutonen Nordgallien verwüsteten. Ein Jahr später zogen beide Verbände gemeinsam plündernd durch Gallien. Schließlich trennten sie sich erneut, und die Teutonen orientierten sich wieder auf Südgallien, wo sie 102 v. Chr. bei Aquae Sextiae von der römischen Armee des Marius vernichtet wurden. Die Kimbern waren unterdessen über die Alpen in die Poebene vorgedrungen. Von Marius aufgehalten, wurden die Barbaren schließlich 101 v. Chr. bei Vercellae aufgerieben. Es war eine Schreckenszeit für Rom gewesen – die Barbarenhorden unmittelbar vor der Tür –, und die Erinnerung an die verheerende Kelteninvasion drei Jahrhunderte zuvor lebte beklemmend wieder auf. Welchen ethnischen Ursprungs die Eindringlinge auch sein mochten, für Rom kamen sie aus Regionen nördlich der halb zivilisierten Kelten, mit denen die Römer eben ein bißchen vertrauter wurden. Wenige Jahrzehnte später war es für Caesar politisch vorteilhaft, diese Stämme als Germanen zu klassifizieren. Auch für die in Gallien ansässigen Kelten hatten diese Invasionen verheerende Folgen. Die Helvetier, die zu dieser Zeit im Rhein-Donau-Winkel saßen, wanderten nach Süden in die heutige Schweiz, während sich die Tiguri-

zwangen (Abb. S. 144–145). Einzig die Belgen im Norden waren stark genug, um den Eindringlingen Widerstand zu leisten.
Die Gesamtsituation Galliens in der letzten Dekade des 2. Jahrhunderts v. Chr. ist schwer zu entwirren. Die Wanderungen der Kimbern und Teutonen hatten so manchen Keltenstamm entwurzelt. Es ist durchaus möglich, daß zu dieser Zeit auch Siedlergruppen über den Kanal nach Südostbritannien vordrangen. Die Wanderungen jedoch als von Germanen ausgelöste Invasionen darzustellen (wie es die späteren römischen Autoren taten), wäre freilich eine allzu grobe Vereinfachung. Welcher Abstammung die Kimbern auch gewesen sein mögen – die wandernden Stämme waren vermutlich überwiegend Kelten aus den nördlichen Randzonen der keltischen Welt.

Das Fußvolk der Kimbern rückte ohne Hast und Lärm aus den Verschanzungen heraus und marschierte zu einem regelmäßigen Viereck auf, dessen Seiten je dreißig Stadien maßen. Prächtig gerüstet zogen ihre Reiter heran, fünfzehntausend an der Zahl. Ihre Helme glichen den aufgesperrten Rachen reißender Tiere oder zeigten sonst ein eigenartiges Tiergesicht.

Plutarch, *Marius*

Die germanischen Stämme hatten mit den Kelten viele Elemente der Kultur und Religion gemeinsam. Ihr Kriegsgott Wotan wurde wie der keltische oft als berittener Krieger dargestellt. *Links:* Wotan auf einem Grabstein des 8. Jahrhunderts n. Chr. Es ist durchaus möglich, daß die *Germani* ursprünglich ein keltischer, jenseits des Rheins ansässiger Stamm waren. In der Tat behauptet Dionysios von Halikarnassos, der sich gegen Ende des 1. Jahrhunderts auf älteres Quellenmaterial stützte, daß dieser östlich des Rheins gelegene Teil »Celticas« Germania genannt wurde. Seit der Zeit Caesars wurden alle rechtsrheinischen Stämme ungeachtet ihrer ethnischen Herkunft als Germanen bezeichnet.

ner helvetischer Abstammung den plündernden Horden anschlossen. Später stieß ein weiterer Keltenstamm zu dem Gemisch, die Volken-Tektosagen: Sie waren es, die gemeinsam mit den Tigurinern 107 v. Chr. bei Bordeaux das von Cassius Longinus geführte römische Heer besiegten und die gedemütigten Truppen zum Marsch unter dem Joch

Auf Druck aus dem Norden reagierten die benachbarten Stämme so anfällig, daß ein einziges und möglicherweise ganz bescheidenes Unternehmen wie die Auswanderung einiger Kimbernscharen plötzliche und weitverbreitete Völkerverschiebungen auszulösen vermochte – eine Situation der Instabilität, die über 600 Jahre andauern sollte.

Der Aufstieg der Daker

Das 1. Jahrhundert v. Chr. erlebte das Erstarken des Dakerreichs in Zentralrumänien. Die weiße Umrißlinie

Bis zum 5. Jahrhundert v. Chr. hatte in Rumänien ein als Geten bekanntes Volk eine fortgeschrittene Kultur entwickelt. Von Herodot als »die tapfersten und gerechtesten unter den Thrakiern« beschrieben, waren die Geten aber auch ein furchterregend kriegerisches Volk. Sie stellten sich dem Vormarsch des Perserkönigs Darios entgegen und wurden später gegen Alexander den Großen aktiv, als dieser nach Thrakien marschierte, um einen Aufstand unter den Triballern, den südlichen Nachbarn der Geten, niederzuwerfen. Die Kultur der Getenstämme stellte eine

Dobrudscha und die Walachei nördlich der unteren Donau konzentriert. Im frühen 2. Jahrhundert jedoch sind Daker im Karpatenbogen – nun als Transsilvania bezeichnet – anzutreffen, und während der Regierungszeit des Königs Rubobostes (vor 168 v. Chr.) erfahren wir von einem weiteren Ausgreifen dakischer Macht. Um die Jahrhundertwende hatte sich der Schwerpunkt nach Transsilvanien verlagert, und die Entwicklung des dakischen Staates begann.

Transsilvanien war eine reiche Region. Sie besaß eine Fülle von Bodenschätzen wie Eisen, Kupfer, Silber und Gold; das Land war fruchtbar und von der Karpatenkette sowie starken dakischen Festungen geschützt. Die Hauptstadt lag in den Bergen von Orăştie unweit des fruchtbaren Mureş-Tals. In den achtziger Jahren des 1. Jahrhunderts v. Chr. errang einer der Dakerstämme unter dem König Burebista die Vorherrschaft, die er in den folgenden zwanzig Jahren auf alle übrigen dakischen Gemeinschaften im heutigen Rumänien ausdehnte. Der mächtige Burebista (nach Strabos Schätzung verfügte er mittlerweile über eine Streitmacht von 200 000 Mann) begann nun eine Politik der aggressiven Expansion. Im Jahr 60 oder 59 v. Chr. marschierte er westwärts gegen die Kelten. Zunächst besiegte er die Skordisker (in Südungarn und Nordjugoslawien) und zog dann durch Ungarn, um die Bojer und Taurisker anzugreifen. Seine Feldzüge verliefen so erfolgreich, daß laut Strabo der Norden des Ungarischen Tieflandes wegen der von ihm angerichteten Verwüstungen den Spottnamen »Wüste der Bojer« erhielt. Burebista rechtfertigte seine Angriffe mit der Behauptung, daß er von den Kelten lediglich dakisches Gebiet zurückerobere, womit er wohl zum Ausdruck bringen wollte, daß die »erst« seit 300 Jahren in dieser Region ansässigen Kelten noch immer als Fremdlinge galten. Das archäologische Material zeigt, daß sich die dakische Einflußsphäre nun auf das Gebiet der Theiß ausdehnte, sich über die Slowakei erstreckte und westlich der Donau bis in die Region des Donaubogens (nördlich des heutigen Budapest) hineinreichte. Burebista starb zwar bald darauf, und sein Reich begann zu zerbröckeln – doch fanden die Kelten nicht zu ihrer früheren Energie zurück und zeigten sich außerstande, ihre alten Territorien zurückzugewinnen. Statt dessen wichen sie nach Westen zurück. Die Bojer belagerten zunächst – erfolglos – Noreia und stießen dann zu den Helvetiern der Schweiz, die zu ebendiesem Zeitpunkt die Auswande-

auf der Karte zeigt Burebistas Reich in seiner größten Ausdehnung. Die Pfeile markieren Kelteneinfälle.

Unten: Bronzener Eber, eine keltische Helmzier aus Báta in Südungarn. 1. Jahrhundert v. oder n. Chr.

komplexe Mischung dar – eine alte bodenständige Kultur mit skythisch-griechischem Einschlag –, die zur Verschönerung der Fürstengräber eine Tradition kunstvoller Gold- und Silberbearbeitung entwickelt hatte. Tatsächlich scheinen die charakteristischen Merkmale der getischen Gesellschaft auffallende Ähnlichkeiten mit denen der Kelten zu haben: die mächtige Aristokratie, die kriegerischen Neigungen, der Hang zur Prunkentfaltung. Diese geto-dakische Kultur (so die von der rumänischen Archäologie bevorzugte Bezeichnung) war der Boden, auf dem die dakische Zivilisation heranreifen sollte.

Im 2. Jahrhundert v. Chr. läßt sich eine Machtverschiebung nachweisen. Bis dahin hatte sich die geto-dakische Kultur auf die

Die Keltenstämme, die sich in Transsilvanien niedergelassen hatten, wurden bald von der aufstrebenden dakischen Kultur absorbiert, während sich die keltischen Siedler an der unteren Donau ihre ausgeprägte Kultur bewahrten und Münzen von erstaunlicher Originalität prägten *(unten)*.

Hauptstadt des Dakerreichs war die stark befestigte Gebirgsstadt Sarmizegetusa am Ende eines gut geschützten Tals in den Bergen von Orăştie. Hinter der massiven Stadtmauer lag auch ein ausgedehnter heiliger Bezirk mit runden und rechteckigen Tempeln *(links)*. Sie wurden alle im frühen 2. Jahrhundert n. Chr. von den römischen Legionen unter dem Kommando Trajans zerstört.

rung nach Gallien beschlossen hatten: Unter den 368 000 Auswanderern befanden sich 32 000 Bojer. Das dakische Ausgreifen ist ein weiteres Beispiel für den Druck, dem die Kelten allenthalben ausgesetzt waren. Im Westen der Atlantik, im Osten der kraftvolle Dakerstaat, im Norden die erstarkenden Germanen und im Süden die zunehmend aggressive Präsenz der Römer – es war nur eine Frage der Zeit, bis die Kelten des europäischen Festlandes zwischen ihnen aufgerieben werden würden.

143

Ein Pyrrhussieg

Sowie die Helvetier von Caesars Ankunft erfuhren, schickten sie zu ihm die Edelsten des Stammes, geführt von Nammeius und Verucluetius, als Gesandte mit der Erklärung, sie beabsichtigten lediglich, ohne jede Gewalttat den Weg durch die Provinz zu nehmen, weil sie keinen anderen hätten. Sie bäten um sein Einverständnis. Da Caesar jedoch nicht vergessen hatte, daß der Konsul Lucius Cassius von den Helvetiern getötet und sein von ihnen geschlagenes Heer unter das Joch geschickt worden war, glaubte er die Genehmigung nicht geben zu dürfen. Auch nahm er nicht an, daß sich diese feindlich gesinnten Menschen der Rechtsverletzung und Gewalttaten enthalten würden, wenn ihnen erst einmal die Gelegenheit gegeben werde, durch die Provinz zu ziehen.

Caesar

Als die Volken-Tektosagen 107 v. Chr. die römische Armee des Cassius Longinus besiegt hatten, fügten sie ihrem Triumph eine Demütigung Roms hinzu, indem sie die gefangenen Truppen zum Marsch unter dem Joch zwangen. Das Ereignis fesselte im 19. Jahrhundert die Phantasie des Schweizer Malers Charles Gleyre (rechts).

Der Sieg der Volken-Tektosagen über ein römisches Heer im Jahr 107 v. Chr. verdient aus einem besonderen Grund Beachtung: Es handelte sich um die einzige Schlacht gegen die Römer auf südgallischem Boden, die von Kelten gewonnen wurde. Dieser glänzende Einzelerfolg brachte freilich nichts ein. Rom hatte sich in der Provence bereits fest etabliert, und sechzig Jahre später sollte ganz Gallien in römischer Hand sein.

Eine erste Operationsbasis in Gallien schuf sich Rom zwischen 125 und 121 v. Chr. – nicht durch direkte Aggression, sondern nachdem die gallischen Salluvier in die Region von Marseille eingefallen waren und Massilia das befreundete Rom um Hilfe gebeten hatte.

Die politische Situation im barbarischen Gallien hatte sich seit der Mitte des 2. Jahrhunderts rapide verändert: Unter der Führung der mächtigen Arverner im Massif Central entwickelte sich ein gewisses Maß an Einheit. Gemeinsam mit ihren Verbündeten, den Allobrogern des Rhonetals und den Salluviern des Südostens, stellten sie eine politische und militärische Macht dar, die der zivilisierten mediterranen Küstenregion potentiell gefährlich war. Im Jahr 125 v. Chr. fielen dann die Salluvier in das Gebiet von Massilia ein. Rom entsandte eine Armee, die den Salluviern im folgenden Jahr die entscheidende Niederlage beibrachte und ihre Festung Entremont zerstörte.

Die Präsenz Roms führte ein neues Element in die gallische Politik ein: In den Stammesrivalitäten konnte ein Bündnis mit Rom zum Zünglein an der Waage werden. So schlossen die Häduer, deren Gebiet nördlich der Arverner-Region lag, eiligst einen Vertrag mit Rom und baten schon im Jahr darauf Rom um Schutz vor den Arvernern. Erneut griffen römische Truppen ein. Die Arverner erlitten – mit 20 000 Gefallenen – schwere Verluste. Zur letzten Konfrontation kam es 121 v. Chr., als eine vereinte Streitmacht von Arvernern und Allobrogern unter der Führung des Arvernerkönigs Bituitos gegen die konsularische Armee antrat und praktisch vernichtet wurde.

Diese ersten Engagements in Gallien verhalfen Rom zu neuem Territorium – einem Bogen Land, der sich von den Pyrenäen bis nach Genf erstreckte –, während den Kelten des transalpinen Gallien ein Vorgeschmack dessen geboten worden war, was noch kommen sollte.

Roms neue transalpine Provinz wurde rasch in die klassische Welt integriert: Es entstand die neue Kolonie Narbo (Narbonne), man legte Straßen an, bekehrte die keltische Aristokratie zur römischen Lebensweise, und der für diese Epoche so typische Amtsmißbrauch grassierte.

Cicero faßte in einer Rede zur Verteidigung des ehemaligen Propraetors von Gallien M. Fonteius die Situation in den siebziger Jahren des 1. Jahrhunderts v. Chr. eloquent zusammen:

Ganz Gallien wimmelt von Händlern, ist voller römischer Bürger. Kein Gallier schließt ohne die Hilfe eines römischen Bürgers ein Geschäft ab; nicht eine einzige Sesterze wechselt den Besitzer, ohne in die Bücher römischer Bürger eingetragen zu werden.

DER WENDEPUNKT

Zu diesem Zeitpunkt ereigneten sich drei Dinge: Die Helvetier beschlossen nach Gallien auszuwandern; Ariovist, der König der germanischen Sueben, begann sich in die gallischen Stammesrivalitäten einzumischen; und Julius Caesar übernahm das Kommando in Gallien. Das Zusammentreffen dieser drei Ereignisse sollte sich auf die keltische Welt verheerend auswirken. Es war in der Tat ein Wendepunkt.

Die drei Ereignisse waren eng miteinander verknüpft. Ariovist und seine Sueben standen offenkundig unter dem Druck von weiter nördlich lebenden Stämmen und hielten nach neuem Land im Süden Ausschau. Eine Gelegenheit bot sich, als sie von den Sequanern gebeten wurden, in einen Konflikt mit ihren alten Rivalen, den Häduern, einzugreifen. Ariovist willigte unter der Bedingung ein, daß die Sequaner den Sueben einen Teil ihres Stammesgebiets im heutigen Elsaß abträten. Als aber die germanischen Siedler dort eintrafen, wurde den Sequanern angst und bange, und sie leisteten Widerstand. In diesem Stadium riefen die benachbarten Häduer ihren Verbündeten Rom zu Hilfe.

Das Erscheinen Caesars auf der politischen Bühne in der Mitte des 1. Jahrhunderts v. Chr. gab der Geschichte der Kelten eine schicksalhafte

Wende. Als Rivale des Pompeius brauchte Caesar militärische Siege im Westen, um dessen Erfolge im Osten zu übertrumpfen. Überdies konnte er, solange er aktiv gegen die Feinde Roms vorging, eine große Armee legal auf Staatskosten unterhalten. Als hervorragender Soldat und charismatischer Heerführer wurde er von seinen Truppen vergöttert. Sein strategisches Genie und das Tempo seines Vorgehens verhalfen ihm in Gallien zum Erfolg. Die Münze oben wurde 44 v. Chr. – im Jahr seiner Ermordung – in Rom geprägt.

Gewiß eine Übertreibung, doch auch ein Indiz für die lebhaften Handelsbeziehungen, die auf die römische Eroberung folgten. Abgesehen von dem Chaos, das in der letzten Dekade des 2. Jahrhunderts von den Invasionen der Kimbern und Teutonen ausgelöst worden war, und der zeitweilig erfolgreichen Revolte der Volken-Tektosagen in der Region von Toulouse, erfreute sich die neue Provinz eines gewissen Friedens und Wohlstands. Sie hatte sich auch territorial noch ausgedehnt: Ein weiterer Aufstand der Volken-Tektosagen wurde von Sulla niedergeschlagen und Toulouse der Provinz einverleibt. Ansonsten blieben die alten Grenzen – durch vertragliche Beziehungen mit den Nachbarstämmen geschützt – unangetastet.

Unter den neu unterworfenen Stämmen freilich war eine Welle von Aufständen abzusehen. In den Jahren 90 und 83 v. Chr. standen die Salluvier unter Waffen, die Allobroger rebellierten 66 und erneut 62–61 – doch umsonst.

Jeder Aufstand wurde blutig niedergeschlagen. 60 v. Chr. war die Provinz fest in römischer Hand und bereits weitgehend in die römische Welt einbezogen. Weitere Probleme zeichneten sich nicht ab.

> Er allein vom ganzen Stamm
> der Häduer, sagte Deviciacus,
> habe nicht dazu gebracht
> werden können, diesen Schwur
> zu leisten oder seine Kinder
> als Geiseln zu stellen.
> Deswegen sei er aus seinem
> Lande geflohen und nach Rom
> zum Senat gekommen,
> um Hilfe zu erbitten.
> Sei doch er allein weder
> durch Eidschwur noch durch
> Geiseln gebunden.
>
> Caesar

Unterdessen hatten die Helvetier in der Westschweiz beschlossen, ihre zu klein gewordene Heimat zu verlassen. Überdies fürchteten sie den Druck der Germanen von jenseits des Rheins, und das Vorgehen Ariovists hatte zweifellos zu ihrer Beunruhigung beigetragen.

Caesar in seiner Amtstracht: Marmorstatue im Senatorenpalast, Rom. Vor allem die gallischen Eroberungen verhalfen ihm in Rom zu politischer Macht. Die Statue ist das einzige erhaltene lebensgroße Bildnis Caesars aus römischer Zeit.

Die einzige Lösung war die Wanderung nach Westen. Nach einem Jahr der Vorbereitung machten sie sich mit ihren Verbündeten (darunter die vor Burebista geflohenen Bojer) auf den Weg: 368000 Männer, Frauen und Kinder, die bei Genf durch römisches Gebiet nach Westgallien in das Land der Santonen ziehen wollten, wo sie eine neue Heimat zu finden hofften.

Wenngleich diese beiden Ereignisse bedrohlich erschienen, waren sie letztlich doch nur Teil der in der keltischen Welt seit Jahrhunderten üblichen Wanderbewegungen. Hätte man die Ereignisse ihren Lauf nehmen lassen, wäre die römische Welt von ihnen kaum berührt worden. Für Caesar aber, den Prokonsul des cisalpinen und transalpinen Gallien, war es, als ob die Geschichte selbst ihm in die Hände gespielt hätte. Er konnte die Fakten als germanische Bedrohung Roms hinstellen (die Invasionen der Kimbern und Teutonen waren unvergessen), den Hilferuf eines Verbündeten vorweisen und die Gefahr der Invasion einer römischen Provinz an die Wand malen. Mit dem Eifer des Selbstgerechten stürzte sich der Prokonsul auf Gallien, das ihm erfolgreiche Feldzüge, den siegreichen Krieg verhieß, den er politisch wie finanziell so dringend brauchte.

Die unmittelbaren Anlässe für Caesars Intervention in Gallien waren vergleichsweise rasch erledigt: Zu Beginn der Feldzugsaison 58 zog er nach Genf, um die Helvetier am Überqueren der Rhone zu hindern. Keineswegs abgeschreckt, wandten sich die Scharen daraufhin nach Norden, um das römische Territorium mit einem Marsch um den Jura durch das Gebiet der Sequaner zu umgehen, deren Erlaubnis sie zuvor eingeholt hatten. In dieser Phase beklagten sich die Häduer, Caesars Hauptverbündete im freien Gallien, über helvetische Plündererhorden, und auch die Allobroger hatten unter den Eindringlingen zu leiden.

Caesar zog nun alle verfügbaren Truppen zusammen, und nachdem er die Helvetier eine Zeitlang beharrlich verfolgt hatte, schlug er zu – ein kurzer und rundherum erfolgreicher Feldzug. Danach schickte er die überlebenden Helvetier, Tulinger, Latoviker und Rauraker, mit Getreide versorgt, in ihre Heimat zurück, wo sie ihre Gehöfte und Dörfer, die sie Monate zuvor verbrannt hatten, wieder aufbauen sollten. Nur die Bojer durften bleiben und sich am Rande des Häduergebiets niederlassen, wo sie als Puffer gegen aggressive Nachbarn dienen sollten. Von den 368000 Auswanderern,

147

die sich auf den Weg gemacht hatten, kehrte weniger als ein Drittel in die Heimat zurück. Nun war Ariovist an der Reihe, ein nach Meinung der Gallier »unkultivierter, jähzorniger, verwegener Mensch«, dessen »Herrschaft man länger nicht ertragen« konnte (Caesar). Nach ergebnislosen Verhandlungen marschierte Caesar nach Vesontio (Besançon), der größten Stadt des Sequanergebiets, und bereitete sich dort auf den Kampf vor. Da das Ende der Feldzugsaison bevorstand, mußte die Entscheidung so rasch wie möglich fallen. Ein sechstägiger Eilmarsch führte Caesar bis auf wenige Meilen an die germanischen Truppen heran. Die Verhandlungen wurden wiederaufgenommen, brachten jedoch kein Ergebnis: In der nun unvermeidlichen Schlacht wurde Ariovist vernichtend geschlagen, und die Überreste seines Heers flohen nordwärts nach Germanien.

Im Verlauf eines Sommers hatte Caesar die unmittelbaren Ursachen seines Eingreifens entschlossen beseitigt. Er ließ seine Armee unter dem Kommando des Labienus im Winterquartier auf sequanischem Territorium zurück und begab sich nach Italien. Caesar hatte erreicht, was nur zu erreichen war, doch brauchte er militärische Siege jetzt noch notwendiger, und in Gallien boten ihm die endlosen Stammesrivalitäten genug Rechtfertigungen zur Intervention.

Den Anlaß für seinen zweiten Feldzug im Jahr 57 lieferten die mächtigen Belgenstämme des Nordens, die einen bewaffneten Widerstand gegen Rom vorbereiteten – Grund genug, im Frühjahr mit Verstärkungen nach Vesontio zurückzukehren. Das Ausmaß des Widerstandes wurde ihm von Gesandten der Remer hinterbracht, einem Belgenstamm, der auf gute Beziehungen zu Rom bedacht war. Unter der Führung des mächtigen Stammes der Bellovaker wurde insgesamt rund eine Viertelmillion Krieger zusammengezogen. Die Bellovaker stellten 100 000 Mann, während die Suessionen 50 000 aufboten, jedoch auf Grund ihres hohen Ansehens ihren König Galba zum Oberbefehlshaber der Operation küren durften. Zwölf weitere Stämme wollten Truppen entsenden. Es war eine mächtige Erhebung, die jedoch dem blitzartigen Tempo, mit dem Caesar reagierte, nicht gewachsen war.

In der Gewißheit, daß ihm die Unterstützung der Häduer im Rücken und die der Remer im Herzen der aufständischen Region sicher war, stieß Caesar rasch bis zu den unweit von Bervy-au-Bac an der Aisne konzentrierten

Belgentruppen vor. In einem schweren Gefecht wurde das Belgenheer zersprengt, und Caesar drang, ohne sich weiter aufzuhalten, in das Land der Suessionen vor, deren Oppidum Noviodunum er im Sturm nahm. Dann marschierte er gegen die Bellovaker und Ambianer, doch bevor er die bellovakische Hauptstadt angreifen konnte, kapitulierte der Stamm.

Die Führung des Widerstandes lag nun bei den Nerviern, einem Stamm, der in dem Gebiet zwischen Sambre und Schelde saß. »Sie waren unbändige, äußerst tapfere Menschen; sie . . . beschuldigten die übrigen Belgen, die sich den Römern unterworfen und Vaterland und Tapferkeit von sich geworfen hätten.« (Caesar) In einem der härtesten Kämpfe des

Krieges traf Caesar im Sambretal auf die Truppen der Nervier, Atrebaten und Viromanduer. Es war eine grausame Schlacht, die sich lange hinzog und in deren Folge, so Caesar, der Stamm der Nervier wie ihr Name nahezu völlig ausgelöscht wurden. Die kläglichen Reste der Verbündeten durften ihre Territorien und Oppida behalten, nun durch Caesars Autorität vor den Überfällen ihrer Nachbarn geschützt.

Es blieben allein noch die Atuatuker an der mittleren Maas, angeblich Nachfahren der

Die Wanderung der Helvetier und ihrer Verbündeten – insgesamt 368 000 Männer, Frauen und Kinder, die sich auf den Weg durch Gallien machten, um germanischen Nachbarn auszuweichen – ist der Inhalt dieser modernen Skizze. Nach einem Jahr der Vorbereitung konnten sie ihre Heimat in der Westschweiz verlassen, nachdem sie zu guter Letzt ihre Gehöfte und Dörfer verbrannt hatten, um jede Verlockung zur Rückkehr auszuschließen. Zu den Vorbereitungen gehörten auch genaue Aufzeichnungen in griechischer Schrift, die die Namen aller Waffenfähigen sowie die Anzahl der Alten, Frauen und Kinder enthielten. Der Auswanderungsversuch löste 58 v. Chr. den gallischen Krieg aus.

Kimbern und Teutonen. Sie hatten sich in den Schutz einer starken Hügelfestung zurückgezogen, die Caesar zu stürmen beschloß. Der Widerstand brach rasch zusammen, und die römischen Truppen nahmen die gesamte Bevölkerung gefangen. Caesar ließ, wie er lakonisch anmerkt, »die gesamte Beutemasse der Stadt« verkaufen. »Von den Käufern wurde ihm in der Berechnung als Kopfzahl 53 000 angegeben.«

Unterdessen zog Publius Licinius Crassus mit einer Legion in die untere Normandie und die Bretagne, um die förmliche Unterwerfung der dort heimischen Stämme zu fordern: Er erlangte sie mühelos.

Im Herbst stationierte Caesar seine Legionen bei den neu unterworfenen Stämmen – eine von ihnen an der Loire, wo sie ein wachsames Auge auf die Stämme Armoricas haben sollte – und kehrte nach Italien zurück. »Ganz Gallien ist befriedet« – seine Hauptaufgabe schien erfüllt.

Im Winter 57/56 brach jedoch unter den Stämmen Armoricas ein Aufstand los, der von den die Küstenschiffahrt der Region beherrschenden Venetern angeführt wurde. Caesar beauftragte daraufhin Crassus mit dem Bau einer Flotte auf der Loire, die zum Frühjahrsfeldzug fertig sein sollte.

Unterdessen »befestigten die Veneter ihre Städte, brachten in diese vom Lande das Getreide und zogen möglichst . . . viele Schiffe zusammen«.

Nun schlossen sich auch die Stämme der Normandie den Rebellen an. Für Caesar war die Lage bedenklich, doch wieder einmal trugen sein strategisches Genie und das Tempo seines Vorgehens den Sieg davon. Seine Hauptsorge galt der Eindämmung der Revolte. Also schickte er Labienus mit einer – für alle Fälle mobilen – berittenen Streitmacht zu den Belgen; Crassus eilte in das Gebiet der Aquitaner an der Atlantikküste, um Verstärkungen aus dem Süden den Weg abzuschneiden, während Sabinus mit drei Legionen in der Normandie und der Bretagne römische Stärke demonstrierte. Unterdessen sah die Loire-Flotte ihrer Vollendung entgegen.

Die nun isolierten Rebellen nahm Caesar sich selbst vor. Sein Feldzug begann zu Lande mit der Eroberung etlicher Hügelfestungen, doch war ein durchgreifender Erfolg nicht zu erzielen, solange den Rebellen die Dominanz zur See blieb. Als die Loire-Flotte einsatzbereit war, stellte Caesar die Veneter-Geschwader vor Quiberon zur Entscheidungsschlacht und vernichtete sie.

Der Sieg machte dem Aufstand ein Ende, und um ein Exempel zu statuieren, ließ Caesar die Oberschicht der Veneter hinrichten und die übrige Bevölkerung in die Sklaverei verkaufen. Unterdessen zerschlug Sabinus den Widerstand der Stämme in der Normandie. Das Jahr endete mit der Unterwerfung der Bewohner Aquitaniens und einem späten, jedoch unentschiedenen Feldzug gegen die Mo-

riner und Menapier im Artois und in Belgien. Nachdem Caesar ihre Gehöfte und Dörfer niedergebrannt hatte, ließ er seine Legionen Winterquartiere in der Normandie beziehen.

In der berühmten Einleitung zu seinem *Gallischen Krieg* schreibt Caesar, daß Gallien in drei Regionen aufgeteilt war: den Norden bewohnten die Belgen, den Westen die Aquitaner und den Rest »die Stämme, die in ihrer eigenen Sprache ›Kelten‹, in unserer ›Gallier‹ heißen«. Auf der Karte gegenüber sind die Gebiete der Hauptstämme und wichtige Schlachtorte eingetragen.

pag. 81

Sabinus & Cotta

Schlachtszenen erfreuten sich bei Buchillustratoren großer Beliebtheit. Hier eine romantische Darstellung der von Cotta, einem Kommandeur Caesars, angewandten Defensivtaktik; 18. Jahrhundert.

Die letzte Hoffnung

In den letzten Phasen des gallischen Kriegs traten zwei Widerstandsführer gegen Caesar an. Ambiorix, der König der Eburonen (unten in einer romantischen Darstellung des 19. Jahrhunderts, Statue in Tongern), führte 54–53 den Aufstand der Belgenstämme, scheiterte jedoch und entfloh zu den

Germanen. Im folgenden Jahr inszenierte Vercingetorix *(rechts)* eine weitaus gefährlichere Revolte. Auch sie schlug fehl, und Vercingetorix wurde 46 v. Chr. anläßlich Caesars Triumphzug in Rom erdrosselt. Der von Vercingetorix geführte Aufstand war die letzte Chance der zersplitterten, einander befehdenden Gallier zum gemeinsamen Widerstand.

Nach den Feldzügen des Jahres 56 befand sich Gallien fest in römischer Hand, so daß Caesar 55 und 54 v. Chr. Expeditionen nach Britannien und Germanien riskieren konnte. Dem römischen Publikum in Italien müssen sie als Bravourstücke militärischer Kühnheit erschienen sein – in Wirklichkeit freilich brachten sie wenig ein.

Die Lage in Gallien war keineswegs so stabil, wie Caesar glaubte. Als er spät im Jahr 54 von seiner zweiten britannischen Expedition zurückkehrte, befand sich Nordgallien im Aufruhr. Den Aufstand führte Ambiorix, der König der Eburonen, die an der Maas in der Region von Namur saßen. Die Ausbreitung der Revolte zwang Caesar zu langwierigen Feldzügen in ganz Belgica. Schließlich marschierte er im Sommer 53 durch die Ardennen, um Ambiorix anzugreifen. Der König entkam, sein Land und sein Volk aber fielen dem römischen Zorn zum Opfer. Jedes Dorf, jedes Gehöft wurde zerstört, das Vieh geschlachtet und die Ernte vernichtet. Selbst wenn ein paar Menschen entkommen waren, so Caesar, »schien es sicher, daß sie Hungers sterben müßten«. Der Aufstand, der sich so lange hingezogen hatte, sollte freilich nur ein Vorspiel für noch Gravierenderes sein.

Die gallischen Rebellen brauchten dringend einen Anführer, der es mit Caesar aufnehmen konnte. In Vercingetorix sollten sie ihn finden. Vercingetorix war der Sohn eines arvernischen Adligen namens Celtillus, dessen Streben nach der Königswürde zu seiner Ermordung geführt hatte. Sein Sohn, jung und eigensinnig, war wegen seiner offen antirömischen Gesinnung aus Gergovia verbannt worden. Unbeirrt sammelte er eine Schar von Anhängern um sich und kehrte in die Hauptstadt zurück, um den Widerstand gegen sich zu brechen und sich zum König aufzuschwingen. Caesar beschreibt ihn so: »Höchsten Eifer verband er mit größter Strenge. Durch Härte der Strafe nötigte er Zögernde.« Einzig durch die Kraft seiner Persönlichkeit vermochte sich Vercingetorix die Gefolgschaft vieler Stämme Mittel- und Westgalliens zu sichern, die zuvor am Widerstand kaum Anteil genommen hatten. Für Caesar war die Lage besonders bedrohlich: Er hatte es diesmal nicht nur mit einem viel ausgedehnteren Aufstand zu tun, sondern die Rebellen standen überdies zwischen ihm und seinen im noch immer ungefestigten Norden stationierten Legionen. Zu guter Letzt, nach sechs Jahren der Uneinigkeit, sah es so aus, als böte sich den Galliern nun eine Chance.

Die Katastrophe

Der letzte Aufstand begann mit einem blutigen Massaker unter den römischen Händlern, die sich in der Stadt Cenabum versammelt hatten. Caesar ließ sich davon nicht ablenken, sondern umging die Rebellen in seinem gewohnten Tempo, um zu den Legionen im Norden zu stoßen. Mehr denn je kam es jetzt auf Schnelligkeit an: Etliche gallische Festungen – Vellaunodunum (Senonen), Cenabum (Carnuten) und Noviodunum (Biturigen) – wurden überrannt. Dann fiel nach längerer und massiver Belagerung Avaricum. Die römischen Legionäre kannten kein Erbarmen: Alte Männer, Frauen und Kinder wurden hingemetzelt, und von den 40 000 Einwohnern entkamen nur achthundert ins Lager des Vercingetorix.

Rechts: Eine zeitgenössische Münze mit dem Kopf eines Galliers, höchstwahrscheinlich dem des Vercingetorix.

Unten: Gallo-römische Statue eines adligen gallischen Kriegers aus Vachères in Südfrankreich.

Die Umrisse der Belagerungswerke von Alesia.

Äußere Belagerungswerke, 22 km lang.

Innere Belagerungswerke, 14 km lang.

Befestigungen des Vercingetorix.

Römische Lager auf höher gelegenem Terrain zur Abwehr gallischer Verstärkungen.

Da ersteres undenkbar war, stieß Caesar in langen Eilmärschen zu Labienus, der soeben an der Seine einen Aufstand der Parisier niedergeschlagen hatte. Mit dem nun wiedervereinigten Heer bereitete er sich darauf vor, Vercingetorix zu einer offenen Feldschlacht zu stellen. Im Gebiet der Sequaner kam es zu einem Reitereigefecht, in dem die Gallier aufgerieben wurden – ein schwerer Schlag für Vercingetorix, denn die Reiterei war der besondere Stolz der Gallier. Vercingetorix zog sich in die Hügelfestung Alesia zurück, wo er

Vercingetorix . . . betonte, daß er diesen Krieg nicht um einer persönlichen Notlage, sondern um der gemeinsamen Freiheit willen geführt habe. Da man sich dem Schicksal fügen müsse, biete er sich ihnen für beides an, ob sie nun die Römer durch seinen Tod gnädig stimmen oder ihn lebend ausliefern wollten.

Caesar

Nach kurzer Rast in Avaricum, wo sich die römischen Truppen über die stattlichen Vorräte hermachten, zog das Heer weiter, um die Arvernerstadt Gergovia zu nehmen, die auf einem steilen Hügel lag und von Vercingetorix gehalten wurde. Doch nach zermürbendem Kampf wurden die Römer vor Gergovia zum Abzug gezwungen. Das Ausmaß ihrer Niederlage läßt sich an dem von Caesar erwähnten Verlust von 46 Zenturionen ablesen – dem Rückgrat der römischen Legionen. Die Niederlage hatte ungeheure Wirkungen: Endlich schien es, als ob die Gallier hoffen dürften. Sogar die Häduer, die alten Verbündeten Roms, stellten sich nun auf die Seite des Vercingetorix und nahmen Caesars wichtigste Versorgungsbasis Noviodunum.
Es sah ernst aus für Caesar. Er hatte die Wahl, sich entweder in die Provence zurückzuziehen oder gegen den Feind vorzugehen, bevor dieser weitere Verstärkungen sammeln konnte.

mit seinen Truppen Caesars Ankunft erwartete. Zweifellos dachte er an seinen Erfolg wenige Wochen zuvor, als er in ähnlich starker Position vor Gergovia die Römer in die Flucht geschlagen hatte. Daß die Gallier diesen in offener Feldschlacht nicht gewachsen waren, muß ihm klar gewesen sein.
Gleich nach seiner Ankunft begann Caesar den Hügel mit einem Komplex von Belagerungswerken zu umgeben, da er sofort erkannt hatte, daß ein direkter Angriff scheitern

mußte. Trotz beständiger Belästigungen durch gallische Reiterei war der Belagerungsring bald fertig. Ein zweiter Ring von Verteidigungsanlagen – 22,5 Kilometer lang, mit Lagern und Wachttürmen sollte die Belagerer vor Angriffen von außen schützen.

Vercingetorix rechnete mit dem baldigen Eintreffen einer Entsatzarmee, die er durch Kuriere hatte herbeirufen lassen. Schließlich nahte ein riesiges Gallierheer, das aus allen Teilen des Landes zusammengezogen worden war – insgesamt eine Viertelmillion Mann. Dreimal stürmten die Gallier gegen die römischen Befestigungen an, wurden jedoch beim dritten Versuch nach verlustreichen Nahkämpfen blutig in die Flucht geschlagen. Die Lage war nun hoffnungslos: Vercingetorix ergab sich, und unter den Augen Caesars zogen seine hungernden Anhänger im Gänse-

Alesia lag auf diesem ausgedehnten rautenförmigen Plateau (Mont Auxois). Im Norden und Süden erheben sich steile Hügel, während sich im Westen offene Landschaft erstreckt, in der sich die gallischen Entsatztruppen sammelten.

Karte gegenüber: Caesar hatte ein doppeltes Problem zu lösen: Er mußte Ausfälle der Rebellen verhindern und sich zugleich vor Angriffen der gallischen Entsatzarmee schützen. Daher ließ er zwei Ringe massiver Belagerungswerke anlegen (hier in einer Rekonstruktion abgebildet), einen inneren gegen Vercingetorix gerichteten Ring und eine äußere Verteidigungslinie, die die nahen Hügelkuppen als Standorte für befestigte Lager und Wachttürme nutzte.

Oben und unten: Die Belagerungswerke (Rekonstruktion in Originalgröße) waren eine ausgeklügelte Anlage. Der vier Meter hohe Hauptwall, mit Zinnen verstärkt, wurde von einem v-förmig ausgehobenen Graben geschützt. Davor waren angespitzte junge Baumstämme in Gräben gerammt, die, miteinander verbunden, ein weiteres Hindernis bildeten; ihnen folgten Reihen runder Gruben, aus denen in den Boden gerammte gespitzte Pfähle emporragten, und eine letzte Zone von mit Eisenspitzen gespickten Holzblöcken.

marsch aus der Festung ab. Die Kapitulation von Alesia war noch nicht das Ende. Caesar blieb den Winter über in Gallien, schlug im folgenden Jahr eine Revolte der Bellovaker nieder und belagerte eine Gruppe Aufständischer in Uxellodunum. Ihr todesmutiger Widerstand war das letzte Gefecht der freien Kelten. Nach acht Jahren nahezu beständigen Kampfes war die Widerstandskraft der Gallier erschöpft, ihre Unterwerfung unter den Willen Roms endgültig.

153

Britannien

Caesar konnte der Versuchung nicht widerstehen, nach Britannien überzusetzen – der verlockenden Insel, die als immens reich an Bodenschätzen sowie als Zufluchtsort für gallische Dissidenten galt. Der Zweck seiner Feldzüge in den Jahren 55 und 54 v. Chr. ist nicht recht klar. Neugier und das beispiellose Prestige, das ihm die Expeditionen eintrugen, haben als Motive gewiß ausgereicht. Das Ergebnis jedenfalls war, daß sich Rom durch Verträge einen politischen Brückenkopf auf der Insel geschaffen hatte. Caesars Expeditionen blieben nicht ohne Folgen: Die traditionellen Handelskontakte zwischen Südbritannien und Armorica scheinen plötzlich abgerissen zu sein, während die Trinovanten, die Teile des Südostens nördlich der Themse bewohnten und mit denen Caesar einen Freundschaftsvertrag geschlossen hatte, durch ein offenbar einträgliches Handelsmo-

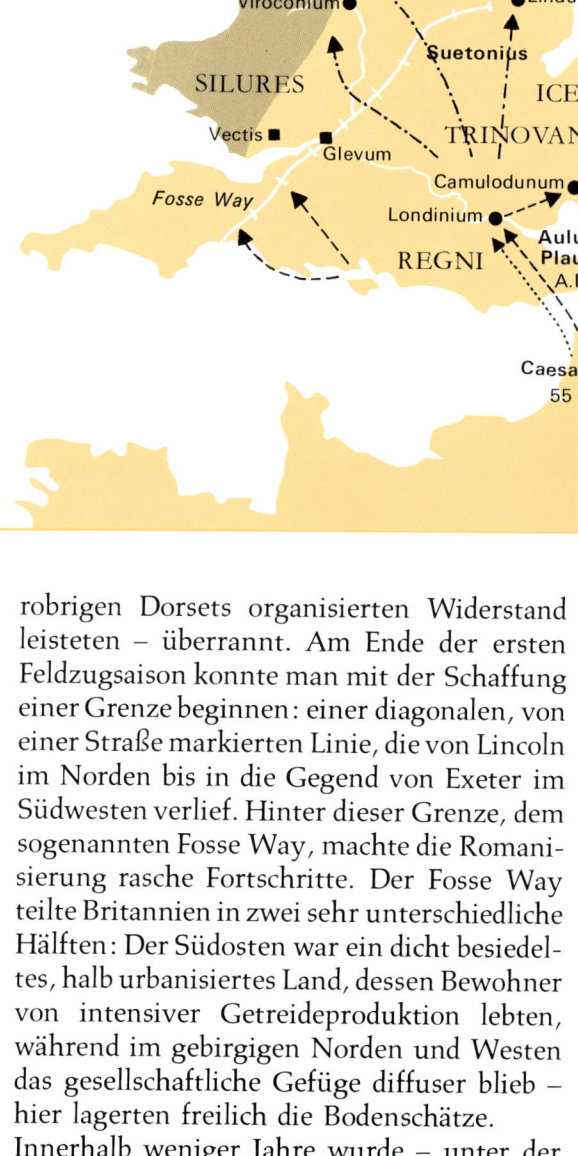

Nach den ersten Phasen der Eroberung wurde 47 n. Chr. eine Grenzzone angelegt, die, dem Fosse Way folgend, durch Britannien führte.

Zwischen 57 und 51 drang die Armee nach Cornwall vor und begann mit der Eroberung von Wales. In Nordwales wurde 51 der Widerstandsführer Caratacus gefangengenommen. Die Feldzüge setzten sich bis zur Rebellion der Königin Boudicca im Jahr 60 n. Chr. fort.

Von 71 bis 74 wurden ausgedehnte Gebiete Nordbritanniens unterworfen und die Herrschaft in Wales gefestigt.

Agricola vollendete 78 n. Chr. die Eroberung von Nordwales und wandte sich dann Schottland zu, wo seine Feldzüge (78–84 n. Chr.) mit dem Sieg am Mons Graupius endeten.

Die Eroberung Britanniens wurde 43 n. Chr. von Kaiser Claudius *(oben)* eingeleitet. Bis zum Beginn des 2. Jahrhunderts war klargeworden, daß aus pragmatischen, namentlich aus Gründen der Sicherheit Schottland weitgehend aufgegeben werden müßte, und so wurde auf Weisung Hadrians *(unten)* ein Grenzwall quer durch das Land gebaut, der die Provinz von den Barbaren trennte *(Mitte)*.

nopol reich wurden. Mittelmeerwein, römisches Silbergeschirr und Feinkeramik von gallischen Märkten nahmen ihren Weg in die verschwenderisch ausgestatteten Grabkammern der Begüterten. Parallel zu diesen Handelsaktivitäten kam es im Südosten zu einem Wandel der gesamten sozio-ökonomischen Struktur: Urbane Zentren entstanden, und eine Geldwirtschaft wurde allgemein üblich. Im Jahr 43 n. Chr. weckte Britannien erneut das Interesse Roms – diesmal als Ziel der militärischen Ambitionen des Kaisers Claudius. Unter dem Befehl des Aulus Plautius landete eine Invasionsarmee in Kent und begann mit der Eroberung. Nach der Kapitulation des wichtigsten urbanen Zentrums Camulodunum wurde der Südosten – wo nur die Du-

robrigen Dorsets organisierten Widerstand leisteten – überrannt. Am Ende der ersten Feldzugsaison konnte man mit der Schaffung einer Grenze beginnen: einer diagonalen, von einer Straße markierten Linie, die von Lincoln im Norden bis in die Gegend von Exeter im Südwesten verlief. Hinter dieser Grenze, dem sogenannten Fosse Way, machte die Romanisierung rasche Fortschritte. Der Fosse Way teilte Britannien in zwei sehr unterschiedliche Hälften: Der Südosten war ein dicht besiedeltes, halb urbanisiertes Land, dessen Bewohner von intensiver Getreideproduktion lebten, während im gebirgigen Norden und Westen das gesellschaftliche Gefüge diffuser blieb – hier lagerten freilich die Bodenschätze. Innerhalb weniger Jahre wurde – unter der

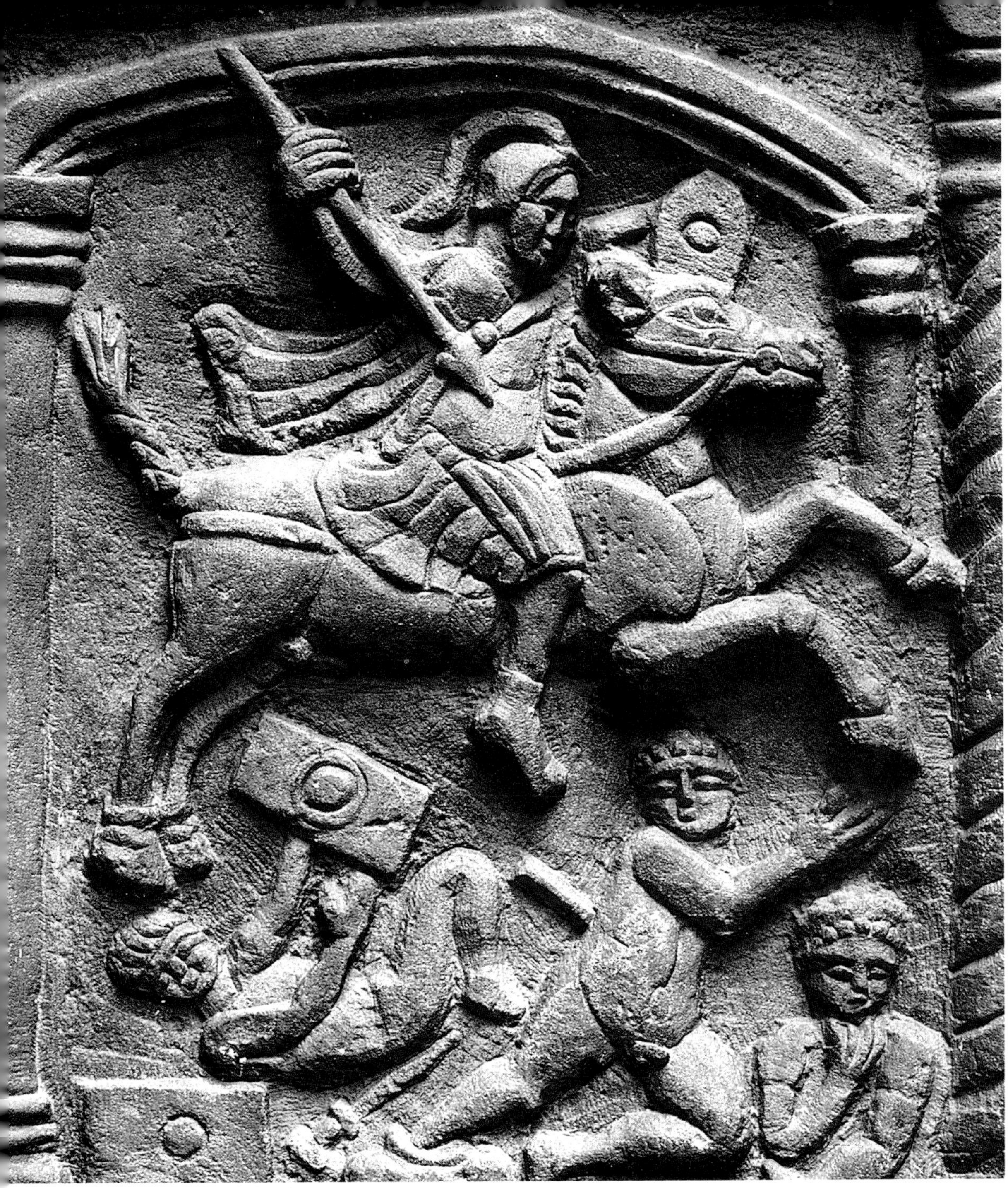

Die Nordgrenze Britanniens stellte Rom weiterhin vor schwere Probleme. Der Hadrianswall wurde bald aufgegeben, und zur Zeit des Kaisers Antoninus Pius (138–161) entstand weiter nördlich ein neuer Grenzwall. Aus Bridgeness am Antoninuswall stammt dieses Relief (Teil einer wortreichen Inschrift), das die Macht Roms über die Barbaren symbolisiert.

Welche Sterblichen am Anfang Britannien bewohnt haben, ob Ureinwohner oder Zugewanderte, ist, wie oft bei den Barbaren, nicht genügend in Erfahrung gebracht worden.

Tacitus

Führung des Caratacus – die Grenze so oft von romfeindlichen Stammesverbänden angegriffen, daß die Römer schließlich in Südwales einmarschierten, dann nach Norden vordrangen und 59 n. Chr. die Druidenhochburg Anglesey zerstörten. Zu diesem Zeitpunkt kam es bei den Icenern Norfolks unter der Königin Boudicca zu einer höchst gefährlichen Rebellion, die sich rasch über den Südwesten ausbreitete, bis sogar die Trinovanten gegen römische Truppen und Verwalter zu den Waffen griffen. Der Aufstand wurde niedergeschlagen, doch brauchte die Provinz zehn Jahre, um sich zu erholen.

Die frühen siebziger Jahre erlebten ein weiteres Vordringen in Wales und Yorkshire sowie nach Norden, das in einer Reihe von Feldzügen unter dem Kommando Agricolas kulminierte (78–84 n. Chr.). In der letzten großen Schlacht am nordschottischen Mons Graupius (84) kämpfte das letzte Aufgebot keltischer Truppen – immer noch schreckenerregend und unberechenbar – und wurde praktisch vernichtet. Die Eroberung der Insel war abgeschlossen: Bis auf die schottischen Hochlande und die Hebrideninseln befand sich Britannien fest unter römischer Hoheit. Der einzige Teil der keltischen Welt, der die Macht Roms nicht kennenlernte, war Irland. Im Jahr 83 stand Agricola an der schottischen Küste und erwog beim Anblick der Insel ihre Eroberung. Dazu freilich kam es nie.

Während der Regierungszeit des Antoninus Pius wurde der Grenzbereich im Norden befriedet. Zur Erinnerung an den erfolgreichen Abschluß des Feldzugs wurde 143–144 n. Chr. eine Münze mit der Aufschrift »Britannia« in Umlauf gesetzt.

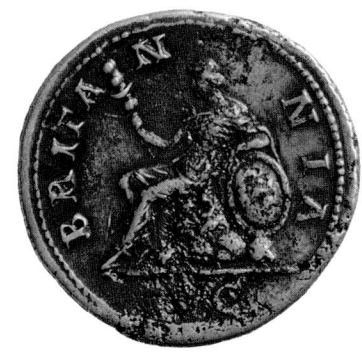

Der römische Stempel

Despotentum und Krieg hat
es in Gallien immer gegeben,
bis ihr euch unserem
Rechtsbereich angeschlossen
habt. Wir haben, obgleich
so oft herausgefordert,
euch nach dem Recht des
Siegers nur das auferlegt,
womit wir den Frieden
sichern wollten. Denn man
kann nicht ohne Waffen
die Ruhe der Völker,
Heere nicht ohne Sold und
Sold nicht ohne Steuern
haben.

Tacitus, *Historien*

Als Statthalter von Britannien widmete sich Agricola in den Wintermonaten nach dem Ende der Feldzugsaison Programmen zur Verbesserung des gesellschaftlichen Zusammenlebens. Es ging ihm darum, so Tacitus, die einheimische Bevölkerung zu einem Leben in Ruhe und Frieden zu bekehren, indem er sie mit den Annehmlichkeiten öffentlicher Einrichtungen versorgte. Allmählich begann sie die Vorzüge der römischen Lebensweise zu schätzen. »Und dergleichen galt den Unerfahrenen als feine Bildung, während es doch ein Stück Knechtschaft war.« Tacitus' sarkastische Darstellung des Romanisierungsprozesses ist – für alle Regionen gültig – unübertroffen geblieben. Sobald der Schock der Unterwerfung überwunden war, richtete sich die Mehrzahl der Stämme friedlich in der neuen Lebensweise ein, denn den meisten brachte sie nach den ewigen Stammeskonflikten endlich Ruhe.

Die römische Verwaltung war sorgsam darauf bedacht, die alten sozialen und ökonomischen Strukturen möglichst weitgehend zu erhalten. Stammesgrenzen wurden zu Verwaltungsgrenzen; viele Oppida entwickelten sich zu blühenden Städten oder wurden an nahen, günstigeren Straßenverbindungen neu gegründet. Aus der alten Stammesaristokratie gingen die *equites* hervor, die den jährlich zu wählenden Stadtrat mit den beiden obersten Beamten *(duumviri)* stellten. Bereitwillig verlieh man allen Würdigen das römische Bürgerrecht, und zur Zeit des Kaisers Claudius wurden Gallier sogar in den römischen Senat aufgenommen. Ein besonders gutes Beispiel für das römische Bestreben, einheimische Institutionen den eigenen Zwecken anzupassen, ist das *Concilium Galliarum*, ein Fest zu Ehren des göttlichen Kaisers Augustus, zu dem sich einmal jährlich Vertreter aus allen Teilen Galliens in Lugdunum (Lyon) versammelten und das von einem Oberpriester, dem *sacerdos* geleitet wurde. Doch hatte es noch andere Funktionen: Provinzangelegenheiten wurden erörtert, Eingaben an den Kaiser verfaßt. Obwohl das Gesicht des *concilium* römisch war, ließ sich in ihm doch die vorrömische Versammlung wiedererkennen, die jährlich in Chartres unter der Ägide eines Oberdruiden stattgefunden hatte. Die Römer brauchten also nur den religiösen Eifer der Versammelten auf die Person des Kaisers zu lenken, um gallische Energien dem Wohle des Staates dienstbar zu machen.

Ähnliches hatte man auch in Camulodunum (Colchester) im Sinn, als man dort einen dem Kaiser Claudius geweihten Tempel baute. Das

 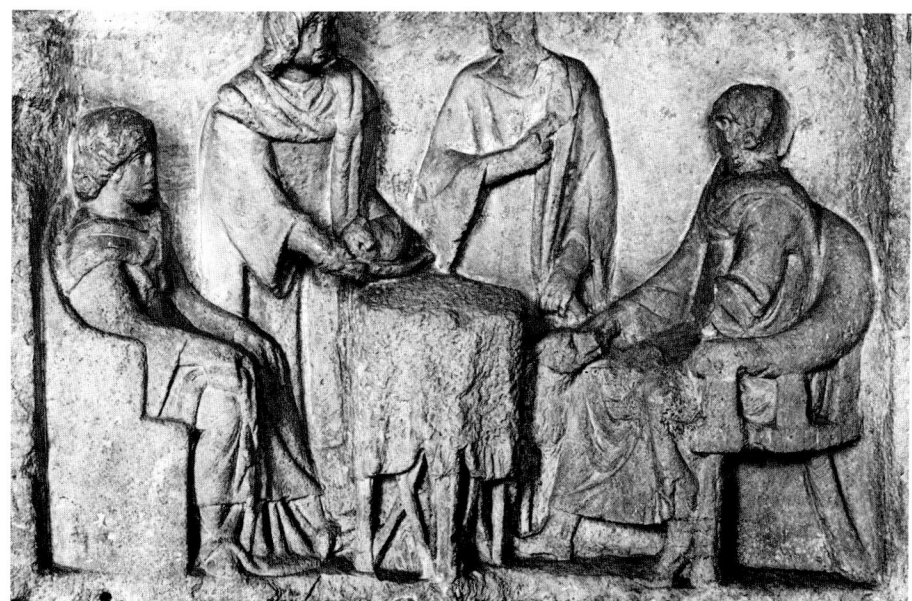 

In welchem Maß die Kelten sich der römischen Lebensweise anpaßten, läßt sich aus der Fülle der erhaltenen Reliefs mit Szenen aus dem Alltag erschließen.

Oben links: Ein Waffenschmied bei der Arbeit, eines der vielen auf gallo-römischen Reliefs dargestellten Handwerke.
Oben, Mitte und rechts: Auf diesen beiden Reliefs aus Neumagen bei Trier können wir das Familienleben mit dem Treiben in einer Taverne vergleichen. Die häusliche Szene zeigt eine komfortable Mittelschichtexistenz: Die Gestalt rechts sitzt auf einem Korbsessel, während es sich die Person links auf einem sorgsam gezimmerten Holzstuhl bequem gemacht hat. Zwischen ihnen steht ein Tisch (vielleicht ein Klapptisch), auf dem Obst serviert wird. Körperhaltungen, Kleidung und Möbel sind rein römisch – nichts erinnert mehr an die von Strabo geschilderten Kelten, die wenige Jahrhunderte zuvor bei ihren Festgelagen auf getrocknetem Gras am Boden saßen.

lagerung im Jahr 272 den Wiederaufbau verlangten. Andere Schulen entstanden in Marseille, Toulouse, Lyon, Vienne, Reims, Bordeaux, Arles und Trier. Die wohl berühmteste war die von Massilia, die es mit Athen, Rhodos und Alexandria aufnehmen konnte. An dieser Schule, die sich auf dem Gebiet der Medizin besonders hohes Ansehen erwarb, wurde Agricola ausgebildet, der aus dem narbonensischen Gallien stammte.

Der Lernfähigkeit der geistig so wendigen Kelten war es zu verdanken, daß sich die lateinische Sprache rasch in Europa ausbreitete. Latein war als Schriftsprache die Sprache des Bildungswesens und der Verwaltung. Bis zur Ankunft der Römer sind keltische Schriftzeugnisse praktisch unbekannt: Wenn man etwas aufschreiben mußte, bediente man sich des Griechischen. Doch nach Caesar bot die Beherrschung des Lateinischen ehrgeizigen jungen Männern die Chance, in der neuen Gesellschaftsordnung aufzusteigen.

Dennoch starb das Keltische nicht aus – tatsächlich sind aus römischer Zeit keltische Inschriften in lateinischen und griechischen Buchstaben überliefert. Einige keltische Wörter wurden sogar ins Lateinische übernommen – Wörter, für die keine römischen Entsprechungen existierten, wie etwa *bracae*

Unter römischem Einfluß wird die Porträtkunst weit realistischer. Hermes *(links außen)* aus Welschbillig bei Trier; Büste eines Jünglings aus Arles, Südfrankreich.

Unternehmen bewirkte hier freilich das Gegenteil: Die Einheimischen nahmen diese Einmischung übel, und ihr Groll schlug in offene Aggression um, als sich wenig später (60 n. Chr.) eine Gelegenheit zur Rebellion bot.

Das Bildungswesen spielte im Romanisierungsprozeß eine wichtige Rolle. So wurde in Augustodunum (Autun), der Nachfolgerin der Häduerstadt Bibracte, eine der frühesten Schulen für gallische Aristokratensöhne gegründet, die übrigens während eines Aufstandes 21 n. Chr. den Rebellen als wertvolle Geiseln galten. Daß die Schule noch im späten 3. Jahrhundert blühte, beweisen Eingaben, die nach ihrer Zerstörung während einer Be-

Alles übrige habt ihr mit uns gemeinsam: Ihr selbst steht zum größten Teil an der Spitze unserer Legionen, ihr selbst verwaltet diese und andere Provinzen. Von nichts seid ihr getrennt, nichts ist euch verschlossen. Und von gepriesenen Fürsten habt ihr gleichermaßen Nutzen, wenn ihr auch fern von ihnen lebt. Grausame Fürsten stürzen sich auf die zunächst Erreichbaren.

Tacitus, *Historien*

Die Wirtshausszene ist schlichter: Die bärtige Gestalt rechts trägt den keltischen Kapuzenmantel.
Die Einführung römischer Kultur bedeutete die Übernahme einer komplexeren Lebensweise. Tauschhandel und einfacher Münztausch wurden von verwickelten Transaktionen und schriftlichen Aufzeichnungen abgelöst. In der Szene oben (aus Trier) hält die Gestalt links außen eine geöffnete Schreibtafel aus mit Wachs überzogenem Holz, während die beiden anderen Geld zu zählen scheinen. Rechts tritt ein Mann ein, der irgendeine Ware (vielleicht Getreide) auf der Schulter trägt.
Oben rechts: Eine weitere Handwerksdarstellung zeigt die Arbeit eines Walkers, der das Tuch in seinem Bottich mit den Füßen stampft. Hinter ihm an der Wand ist ein Tuch zu sehen, dessen Falten mit realistischer Sorgfalt gemeißelt sind.

für Hosen und verschiedene Spezialausdrücke für Wagentypen. Die keltische *leuga* wurde der römischen Meile vorgezogen, und gelegentlich nannte man den *duumvir* auch *vergobret*. Das Fortleben des Keltischen noch im 3. Jahrhundert ist durch die Genehmigung des Kaisers Septimius Severus, es in Testamenten zu verwenden, belegt. Die römischen Gallier – zumindest die Gebildeten – waren offenbar zweisprachig, sprachen und schrieben im Arbeitsleben das offizielle Latein und bedienten sich ansonsten der Volkssprache. Das neue Regime bot der Bevölkerung zur Entfaltung ihrer Fähigkeiten großen Spielraum. Die Aristokratie entwickelte sich rasch zur reichen Bürgerschicht der Stadt. Strabo berichtet, daß die Elite der Allobrogen sich

Trotz der romanisierten Lebensweise gab es in den Städten des römischen Gallien und Britannien eine Fülle sichtbarer Zeugnisse für das keltische Erbe.

Unten: Auf dem Bogen von Narbonne zeigten Reliefs keltische Waffen – darunter Helme, Schilde und ein Schwein, das ein Feldzeichen ziert –, Kriegsbeute, die von der unruhigen frühen Geschichte des Gemeinwesens zeugte.

Gegenüber: In Aqua Sulis (Bath) wurden Besucher wie Ortsansässige unwillkürlich an die keltischen Vorläufer des Heiligtums erinnert, wenn sie das Gorgonenhaupt betrachteten, das vom Giebel des Tempels auf sie herabstarrte – die faszinierende Verschmelzung eines unverkennbar keltischen Männergesichts mit dem Schlangenhaar der klassischen Gorgo.

bald in Vienna (Vienne), der neuen Hauptstadt des Stammes, niederließ. Zweifellos verwaltete sie von hier aus ihre Güter und versah zugleich im Dienst der Gemeinschaft öffentliche Ämter. Herausragende Persönlichkeiten konnten durchaus politische Karriere machen. So wurde etwa Domitius Afer aus Nîmes 25 n. Chr. Praetor und stieg 39 zum Konsul auf; Valerius Asiaticus aus Vienna war um die Mitte des 1. Jahrhunderts zweimal Konsul.

Den unteren Schichten bot sich natürlich der Dienst in der Armee. Alle Provinzialen konnten bei den Hilfstruppen dienen, und die gallische Reiterei war weltberühmt. Am Ende der Dienstzeit nahm der Veteran als römischer Bürger seinen ehrenvollen Abschied und konnte in die Heimat zurückkehren, um Bauer oder Händler zu werden. Produktion und Handel entwickelten sich rasch und beschäftigten einen ständig wachsenden Prozentsatz der Bevölkerung. Neben der Massenproduktion von Gütern wie Töpferwaren, Ziegeln, Bronzearbeiten und Glas lieferten die keltischen Gebiete weiterhin ihre Spezialartikel. Ihre Tuche waren in Rom sehr beliebt. So wurde der Kapuzenmantel aus Britannien, der *birrus britannicus*, ebenso hoch geschätzt wie der ganz ähnliche gallische *sagum*. Der Dichter Martial erwähnt, daß diese gallischen Gewänder in leuchtenden Farbtönen gefärbt waren – die keltische Liebe zu auffallendem Putz war ungebrochen. Einige Tuchhändler wie die Secundinier in Trier wurden so reich, daß sie sich kunstvolle Mausoleen leisten konnten. Wohin man in den römischen Provinzen auf keltischem Boden auch blickt, überall offenbart sich keltischer Geist, nirgendwo jedoch augenfälliger als in der religiösen Kunst der Epoche. Die Götter waren letztlich keltische Götter, und ihre Heiligtümer existierten lange bevor man je von Caesar gehört hatte. Für einen Bildhauer, der sein Leben überwiegend damit verbrachte, Viertelstäbe und Akanthusblätter in Gesimse oder Grabsteine für die Armee zu meißeln, muß der Auftrag für eine Triade von »Müttern« oder eine Epona eine Erholung gewesen sein. Die Ambivalenz, die während der gesamten römischen Epoche in der Kunst vieler keltischer Regionen zum Ausdruck kommt, ist in diesem Buch immer wieder demonstriert worden. Nirgendwo jedoch offenbart sie sich deutlicher als in dem berühmten Gorgonenhaupt-Relief in Bath (rechts). Diese Gorgo – ganz unverkennbar ein keltischer Mann mit der typischen Haar- und Bartmähne – starrt aus dem Giebel eines rein klassischen Tempels: als eindrucksvolles Zeugnis dafür, daß man sich hier am Ende der römischen Welt befindet, nur wenige Meter von der heiligen Quelle entfernt, über die die keltische Göttin Sulis herrschte. Sie mag mit der römischen Minerva verschmolzen sein, doch ihre keltische Herkunft ist hier für die Nachwelt verewigt.

Luftaufnahme des Klosters Skellig
Michael auf einer Felseninsel vor der
Südwestküste Irlands.

Gegenüber: Das Hochkreuz von Moone
in der irischen Grafschaft Kildare.

DIE INSELKELTEN

Es sagte Patrick zu Kieran:
»Geh mir nach Irland voraus . . .
und baue ein Kloster.
Dort soll deine Ehre ewig leben,
dort wirst du auferstehen.«
Irisches Gedicht, 17. Jahrhundert

Nach dem Zerfall des Römischen Reiches nahm die bewegte Geschichte der Kelten eine neue Wende. Wieder drangen Kelten in das Herz Europas vor – doch nicht als Krieger, sondern als Streiter Christi. Missionare aus Irland erweckten im 6. Jahrhundert auf dem Kontinent das Christentum zu neuem Leben, wo es von Germanenhorden ausgelöscht worden war, und brachten ihm später das Mönchstum. Dieser Welle der Erneuerung waren Jahrhunderte ungestörten keltischen Überlebens in den westlichen Randzonen des romanisierten Europa vorausgegangen. In Schottland, Wales, Cornwall, der Bretagne und vor allem in Irland bewahrten sich die Kelten ihre Sprache, ihre Kunst, ihren Geist und ihre Traditionen. Doch blieben sie in ihrer Abgeschiedenheit vom Christentum nicht unberührt. Die christianisierten Kelten dieser Randzonen entwickelten eine eindrucksvolle Kultur, die in ihrem Ausdruck wie in ihrer Kraft unverkennbar keltisch, jedoch von einer neuen religiösen Inbrunst motiviert war. Ihr Einfluß verbreitete sich im ganzen mittelalterlichen Europa, beflügelte die Mönchsbewegung und schenkte mit Artus, Tristan und Parzival den Literaturen vieler Sprachen keltische Stoffe.

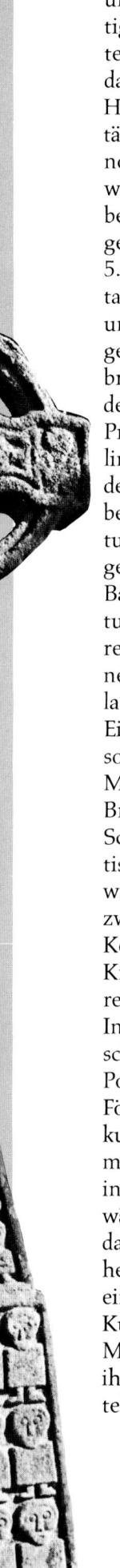

Die Römer hatten Britannien nicht vollständig erobert: Im Norden blieben das Hochland und die Inseln frei, und weite Teile des künftigen Schottland hatten nur gelegentlich unter römischen Feldzügen zu leiden. In Wales, das zwar militärisch ständig in römischer Hand war, wird die Bevölkerung der Gebirgstäler die römische Präsenz kaum wahrgenommen haben, während Devon und Cornwall ebenso außerhalb des römischen Machtbereichs blieben wie das von der See geschützte Irland. Als im späten 4. und frühen 5. Jahrhundert die Herrschaft Roms in Britannien unsicherer wurde, kamen im Norden und Westen die seit vierhundert Jahren aufgestauten Energien der Kelten zum Ausbruch. Pikten aus dem Norden und Skoten aus dem Westen ergossen sich in die römische Provinz, die zum Schutz gegen die Eindringlinge Germanenstämme ins Land rief und in den Küstenniederungen ansiedelte. Damit begann die bis heute fortwirkende Aufspaltung der britannischen Bevölkerung in Angelsachsen und Kelten.

Bald machten sich die Einflüsse des Christentums bemerkbar. Die Kelten waren stets ein religiös empfindendes Volk gewesen, und die neue Religion, die im 5. Jahrhundert nach Irland drang, schlug rasch Wurzeln. Religiöser Eifer und der keltische Drang in die Welt sorgten dafür, daß im Gefolge von Siedlern Missionare nach Wales, Nordengland, in die Bretagne und von dort aus nach Gallien, in die Schweiz und nach Italien gelangten. Die keltische Kirche – streng, individualistisch und wie ein keltischer Stamm organisiert – geriet zwangsläufig mit der römischen Kirche in Konflikt, konnte jedoch mit der ihr eigenen Kraft ihren ausgeprägten Charakter bewahren.

In den Klöstern fand die keltische Leidenschaft für das Auswendiglernen wie für die Poesie und die künstlerische Gestaltung neue Förderer. Die Versdichtung, die Bildhauerkunst, die Metallbearbeitung und die Buchmalerei des 7., 8. und 9. Jahrhunderts standen in der edelsten Tradition keltischer Kunst, während die Freude am Geschichtenerzählen, das Schwelgen im Wunderbaren als Erbe der heidnischen Sagen in die »Heiligenleben« einging. Kurz: Keltischer Geist und keltische Kultur wurden von der frühmittelalterlichen Mönchskirche lebendig erhalten und sollten ihren Teil zur europäischen Kultur des Mittelalters beitragen.

Um die Mitte des 3. Jahrhunderts n. Chr. gerieten die römischen Grenzen in Europa unter wachsenden Druck von Barbarenvölkern aus der nordeuropäischen Ebene. Rom vermochte den aus Bevölkerungswachstum resultierenden Völkerverschiebungen, denen sich schon Caesar entgegengestellt hatte, noch eine Zeitlang durch energische Expansion zu begegnen. Doch bis zur Regierungszeit Hadrians (117–138) hatte das Reich seine Grenzen erreicht: Sie wurden formalisiert und befestigt. Von der Notwendigkeit befreit, sich gegen die römische Aggression zur Wehr zu setzen, konnten die Völkerschaften Nordeuropas nun ihrerseits Feldzüge organisieren. Eine Zeit-

Die Legenden um den heiligen Brendan wurden im Mittelalter sehr populär. Viele Geschichten sind in sie eingeflossen, von denen die älteste auf das 6. Jahrhundert zurückgeht. Mit seinen Gefährten fuhr der Heilige in einem *Curragh* über das Westmeer und besuchte, von einem

wundertätigen Jüngling geleitet und mit herrlichen Speisen bewirtet, zahlreiche Inseln. Dieser wundersamen *Navigatio Brendani* entnahmen im 18. und 19. Jahrhundert einige Phantasten, der heilige Brendan habe Amerika erreicht.

EREIGNISSE AM WESTRAND EUROPAS

Im 3. und 2. Jahrtausend v. Chr. gab es in Irland eine reiche Jungsteinzeit- und Bronzezeitkultur, die über die Landschaft verstreute Megalithdenkmäler wie diesen Dolmen (Ballina) hinterlassen hat.

Rechts: Britannische Küstenfestungen in einer Manuskriptillustration. Die Befestigungen wurden im späten 3. Jahrhundert von den Römern zur Abwehr germanischer Seeräuber errichtet und blieben bis ins 5. Jahrhundert in Gebrauch. Diese Titelseite einer karolingischen Kopie der *Notitia Dignitatum* aus dem 5. Jahrhundert zeigt sie unter dem Kommando des »Grafen der sächsischen Küste«.

lang blieb Rom Herr der Lage, doch allmählich gewannen die Barbaren das Übergewicht. In der Dekade von 250 bis 260 mußte ein stattliches Gebiet nördlich der Rhein-Main-Linie aufgegeben werden. Wenig später ging die Provinz Dakien verloren.

Der erste größere Rückschlag kam um 260, als die germanischen Alemannen die Befestigungen am Rhein durchbrachen und plündernd durch Gallien bis zum Mittelmeer zogen. Sie wurden zwar bald vertrieben, doch sollte sich die Geschichte sechzehn Jahre später wiederholen. Diesmal hatte die Barbareninvasion weit größere Ausmaße. Franken überquerten den Niederrhein und verwüsteten Nordgallien; Alemannen ergossen sich über den Oberrhein nach Burgund und Mittelfrankreich; andere Stämme griffen die Schweiz und Bayern an. Rasches Eingreifen Roms stellte die Lage wieder her, und die Grenzbefestigungen wurden für den nächsten Ansturm geflickt.

Das vergleichsweise isolierte Britannien blieb von diesen Ereignissen nicht unberührt.

Franken und Sachsen hatten sich auf die Seeräuberei verlegt und suchten die Nordseeküste und den englischen Kanal heim. Um die Insel zu schützen, wurden die Küstenbefestigungen zu beiden Seiten des Kanals verstärkt, und Feldzüge zur Bekämpfung der Piraten scheinen gewisse Erfolge gebracht zu haben. Einige Jahrzehnte lang herrschte ein unsicherer Friede, bis um die Mitte des 4. Jahrhunderts die Alemannen erneut in Nordgallien wüteten. Die Lage verschlechterte sich zusehends, als neue Völkerschaften gegen das Römische Reich anstürmten: Westgoten, Ost-

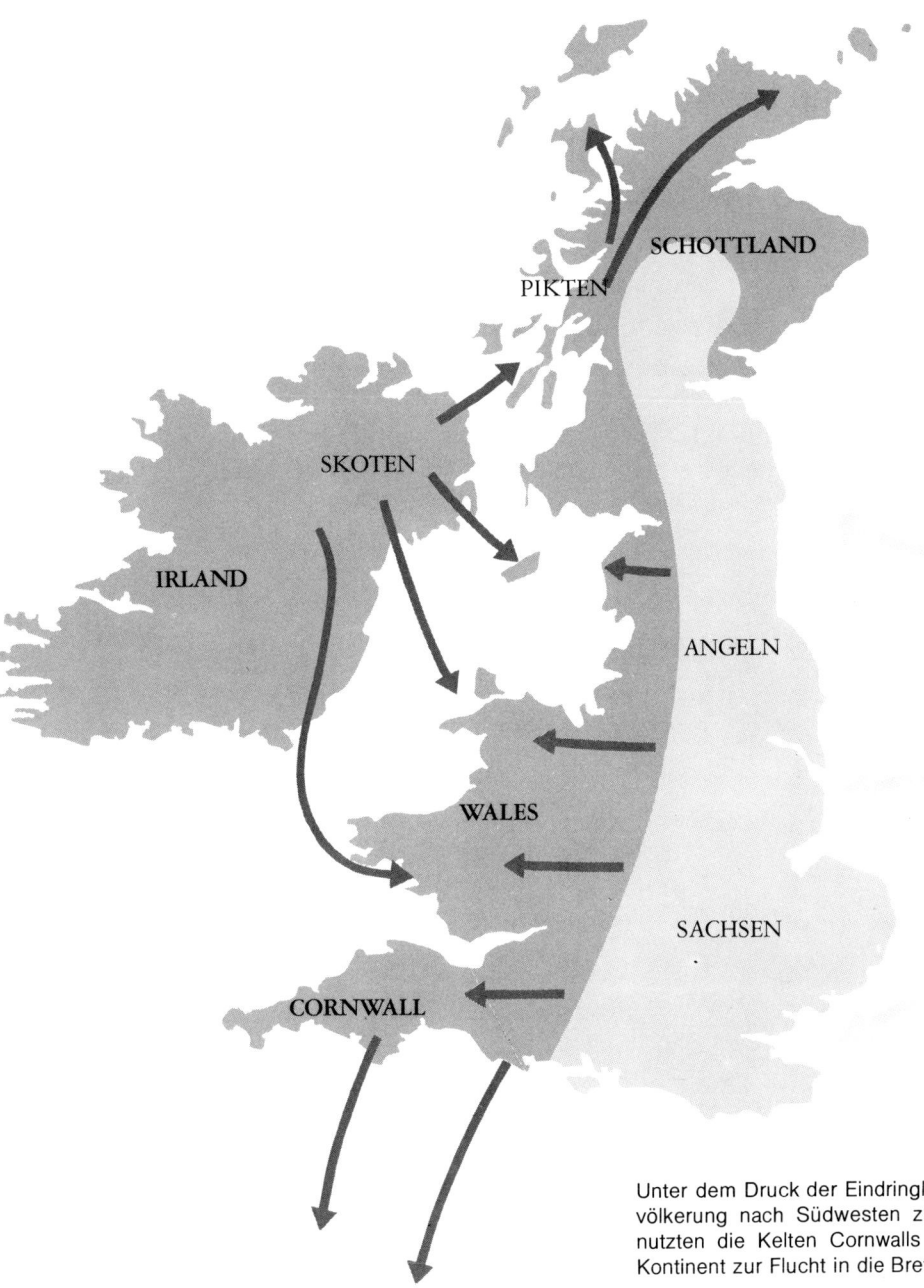

SCHOTTLAND

PIKTEN

SKOTEN

IRLAND

ANGELN

WALES

SACHSEN

CORNWALL

Unter dem Druck der Eindringlinge wich die keltische Bevölkerung nach Südwesten zurück. Um 450 schließlich nutzten die Kelten Cornwalls ihre engen Kontakte zum Kontinent zur Flucht in die Bretagne.

Die Feinde des römischen Britannien kamen aus allen Himmelsrichtungen zu Lande und zur See. Der erste große Angriff, von klassischen Autoren als »Barbarenverschwörung« bezeichnet, fand 367 statt und stürzte die Provinz ins Chaos. Die Periode der Völkerverschiebungen, die das römische Britannien in ein angelsächsisches Land verwandelten, dauerte von kurz nach 350 bis etwa 450.

SKOTEN
Als Scotti wurden die Stämme Nordirlands bezeichnet, von denen viele zur Westküste des künftigen Schottland und nach Nordwales zogen. Andere Irenverbände ließen sich in Südwales und Cornwall nieder.

PIKTEN
Die keltischen und vorkeltischen Stämme Schottlands wurden den Römern als Picti – »die bemalten Leute« – bekannt. Im 4. und frühen 5. Jahrhundert stellten sie eine ständige Bedrohung der Nordgrenze dar.

SACHSEN, ANGELN UND JÜTEN
Beda Venerabilis, der über die germanische Besiedlung Englands schrieb (731), erwähnt diese drei Stämme, die archäologisch nicht leicht auseinanderzuhalten sind. Vermutlich haben zur Zeit der Wanderungen Siedler aus allen Küstenregionen von Dänemark bis Nordfrankreich zur germanischen Besiedlung Britanniens beigetragen.

Oben: Die germanischen Eindringlinge, kriegerische Stämme, waren den Kelten der vorrömischen Epoche nicht unähnlich. Detail am Helm aus Sutton Hoo (frühes 7. Jahrhundert n. Chr.)

Umseitig (S. 164–165): Der Westrand der keltischen Welt, die Klippen von Moher, an denen sich die Wellen des Atlantiks brechen.

goten und Vandalen. Unfähig sie abzuwehren, ließen nacheinander mehrere Kaiser Germanenverbände ins Reich ein und verpflichteten sie als Bundesgenossen – doch die Flut der Invasionen war nicht mehr einzudämmen. Im Dezember 406 überquerten riesige Vandalen-, Alanen- und Lugierhorden den gefrorenen Rhein bei Mainz und zogen durch Gallien und Spanien, während Burgunder ins Elsaß eindrangen und die Westgoten sich in Narbonensis niederlassen durften. Das römische Gallien zerfiel schließlich in der ersten Hälfte des 5. Jahrhunderts.
Britannien erging es nicht besser. Im Jahr 367 fielen Sachsen, Franken, Pikten (aus Schottland) und Attakotter (von den Hebriden) gemeinsam in die Provinz ein und verheerten das Land im Süden bis zur Themse. Die rö-

mische Provinzverwaltung gewann, wenngleich schwer erschüttert, noch einmal die Oberhand. Dann, im frühen 5. Jahrhundert, änderte sich der Charakter der Germaneneinfälle. Bis jetzt hatte es sich um einzelne Überfälle und begrenzte Landnahme unter strenger römischer Kontrolle gehandelt. Nun begann die unkontrollierte Ansiedlung – Sachsen, Franken, Jüten und Angeln überschwemmten den Süden und Osten der Provinz und vernichteten die römisch-britannische Kultur. Unterdessen setzten die Bewohner Irlands – das vom römischen Zwischenspiel wie von den germanischen Eindringlingen unberührt geblieben war – entlang der englischen und walisischen Westküste weitere Völkerverschiebungen in Gang, die die Wirren der Epoche noch steigerten.

Einheimische und Eindringlinge

Für die Britischen Inseln war das 5. Jahrhundert eine Zeit tiefgreifender, oft gewaltsamer Veränderungen. Die römische Provinz blieb nominell bis 410 unter römischer Herrschaft: In jenem Jahr verzichtete Kaiser Honorius formell auf die Herrschaft über die Provinz und teilte den Bewohnern der Städte in seinem berühmt gewordenen Brief mit, daß sie in Zukunft selbst für ihren Schutz sorgen müßten. Was dann geschah, ist im Detail unklar, doch scheint es, daß nach dem Zusammenbruch der Zentralgewalt und der Wirtschaftsordnung das Land in eine Reihe von selbständigen Königsherrschaften zerfiel. Die Hauptgefahr dieser frühen Jahre ging von den Pikten aus, die weite Teile Schottlands bewohnten und schon 367 an dem verheerenden Überfall auf die römische Provinz teilgenommen hatten. Um sich vor den Piktenüberfällen zu schützen, beschlossen die Briten, Sachsen zu Hilfe zu rufen, die – vermutlich als Gegenleistung für Siedlungsgebiete in Ostengland – die Angreifer aus dem Norden vertreiben sollten. Mit diesem Beschluß folgten die Briten lediglich einer allgemein üblichen Politik, wie sie seit mindestens einem Jahrhundert im ganzen Römischen Reich praktiziert worden war. Was dann geschah, schilderte wenig später der britische Geschichtsschreiber Gildas: »Die auf die Insel gerufenen Barbaren ließen sich mit Vorräten versorgen, als wären sie Soldaten . . . und im Begriff, großes Ungemach für ihre gütigen Gastgeber auf sich zu nehmen.« Nach einiger Zeit führten sie Klage, daß »ihre monatlichen Zuteilungen

nicht ausreichend seien . . . und erklärten, daß sie, wenn man nicht mehr Großzügigkeit walten lasse, den Vertrag brechen und die ganze Insel verwüsten würden«. Die Sachsen machten ihre Drohung bald wahr und verwüsteten Stadt und Land, »bis nahezu die ganze Insel in Flammen stand und rote, wilde Zungen das Westmeer leckten«. Die Briten flohen zum Teil in die Berge und Wälder des Westens, andere entkamen über den Kanal in die Bretagne; allmählich verebbte der Aufruhr, und die Sachsen zogen sich wieder nach Ostengland zurück.

Nun folgte eine Periode britischen Widerstandes gegen die Germanen, der um 500 in einer siegreichen Schlacht am Mons Badonicus kulminierte. Danach herrschte zwischen Angelsachsen und Briten ein unsicherer Friede, doch das urbane Leben gehörte der Vergangenheit an: Die Städte, »verlassen und zerstört, liegen verödet, denn obwohl die Kriege mit den Fremden vorüber sind, nehmen die inneren Kämpfe kein Ende« (Gildas). Das hört sich ganz so an, als ob die britische Gesellschaft in den Zustand der Stammeskriege zurückverfallen wäre, den die Römer bei ihrer Ankunft fünfhundert Jahre zuvor angetroffen hatten. Im Jahre 549 wurde die Bevölkerung von einer schweren Seuche dezimiert. Nun begann das unaufhaltsame Vordringen der angelsächsischen Siedler gen Westen. Nach der Schlacht von Dyrham nördlich von Bath 577 nahmen sie die alten römischen Städte Bath, Cirencester und Gloucester. Damit hatten sie die Grenzen von Wales und Dumnonia (Cornwall) erreicht, wo die britisch-keltische Kultur noch immer lebendig war.

Während die Ostküste Britanniens die Ausbreitung der Angelsachsen erlebte, wurde die Westküste von Irland her besiedelt. Der Irenansturm, der gegen Ende des 4. Jahrhunderts in vollem Gange war, reichte bis in das 5. Jahrhundert hinein. Die Römer hatten die Irische See niemals ganz beherrscht, und als die Macht Roms zerfiel, waren die nahen Küsten von Schottland, Wales und Cornwall für die Auswanderer ein leicht zu erreichendes Ziel.

Zur intensivsten irischen Besiedlung kam es im walisischen Pembrokeshire (der Region, die unlängst ihren alten Namen Dyfed zurückerhielt). Die Siedler kamen in so stattlicher Zahl aus der Dynastie von Leinster, daß sie ein eigenes Königreich gründen und die irische Sprache durchsetzen konnten. Kleinere Gruppen zogen westwärts den Bri-

weiterer Irenverband nach Anglesey und Nordwestwales.

Ein drittes Auswandererkontingent aus Ulster setzte nach Schottland über (und gab dem Land seinen Namen, denn »Scotti« war die allgemeine Bezeichnung für die fremden Einwanderer). Ihre Siedlung, die sie nördlich des Antoninuswalls an der Westküste gründeten (heute Argyll), konnte sich bald zu dem starken Königreich Dál Riata erheben, das in der Geschichte der Region noch eine bedeutende Rolle spielen sollte. Schließlich kam es noch zur irischen Besiedlung Cornwalls, das sich seine überwiegend keltische Kultur bis zum Beginn des angelsächsischen Vordringens im 9. Jahrhundert bewahrte. Die Ogham-Inschriften der im Südwesten gefundenen Denksteine lassen darauf schließen, daß die irischen Siedler im 5. Jahrhundert aus Südwestwales kamen. Etliche der kornischen Inschriften überliefern dieselben Namen wie die der in Dyfed gefundenen Denksteine.

Die Geschichte der Britischen Inseln im 5. Jahrhundert ist ebenso verwickelt wie – in vielen Bereichen – unklar, doch läßt sich die Neuverteilung der Bevölkerung einigermaßen genau erschließen. Während der Osten allmählich von germanischen Siedlern des Festlands absorbiert wurde, die die römisch-keltische Bevölkerung weitgehend (wenn-

Beispiele für die verschiedenen kulturellen Einflüsse, die auf den Britischen Inseln wirksam wurden:

Links außen: Das Keltenkreuz von Carew in Wales (9. Jahrhundert n. Chr.) ist ein Beleg für den Mischstil, den die keltische Kunst unter dem Einfluß des Christentums hervorbrachte.

Oben: Das Innere eines Broch in Glen Beg bei Glenelg in Schottland. Brochs waren runde Wehrtürme, die, im 1. vor- und nachchristlichen Jahrhundert gebaut, noch mehrere Jahrhunderte in Gebrauch blieben. Sie stellen den Höhepunkt einer traditionellen Form keltischer Architektur dar, die im äußersten Norden Britanniens weit verbreitet ist.

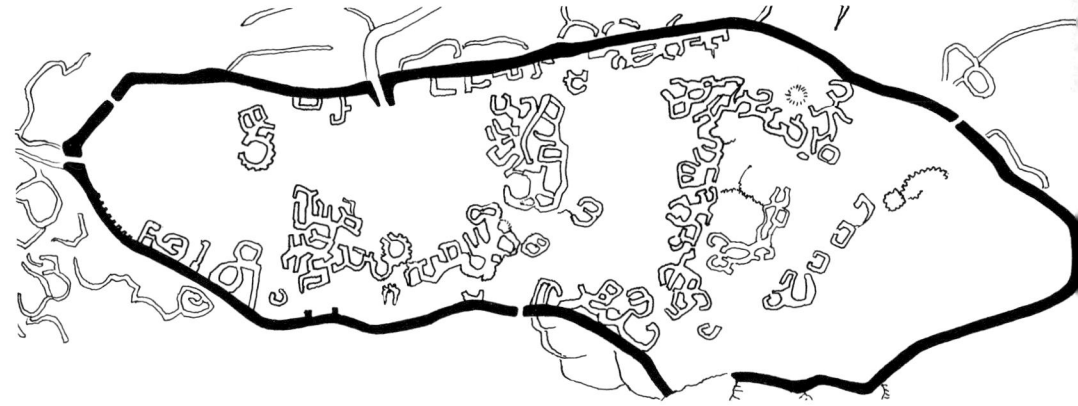

stolkanal entlang und fielen in das römisch-britische Gebiet ein, dessen Bevölkerung sie vertrieben. Ein Verband drang in die zentrale walisische Gebirgsregion vor und gründete in Brecknock ein Königreich. Die Ausbreitung dieser frühen irischen Siedler belegen Inschriften in ihrer Ogham-Schrift, die sich in Pembrokeshire und Carmathenshire, dem Gebiet der dichtesten Besiedlung, häufen, während sie im Südwesten nur verstreut anzutreffen sind. Etwa um dieselbe Zeit zog ein

gleich nicht völlig) verdrängten, wurden die westlichen Halbinseln von Völkerschaften rein keltischer Abstammung aus Irland besiedelt. Zwischen diesen beiden gegensätzlichen Kulturen hielten sich, stets in ihrer Existenz gefährdet, die Nachfahren der römisch-britischen Bevölkerung; in Schottland wiederum, nördlich des Antoninuswalls, konnten die Pikten, im wesentlichen rein keltischen Ursprungs, eine ausgeprägte eigene Kultur bewahren und weiterentwickeln.

Oben: Die walisische Hügelfestung Tre'r Ceiri, die von der einheimischen Bevölkerung noch in der gesamten römischen Epoche bewohnt wurde.

Oben links: Eindringlinge von weit her. Angelsächsische Krieger im Nahkampf. Schatulle aus Fischbein (um 700).

Gegenüber oben: Aus der Hügelfestung South Cadbury stammt dieses getriebene Bronzeblech, das gegen Ende der Latènezeit – zu Beginn der römischen Epoche – entstand: die klassische Version eines Keltenkopfs.

Die Bretagne

Die irische Einwanderung aus dem Westen und das stetige Vordringen angelsächsischer Siedler aus dem Osten erfaßte die alte römisch-keltische Bevölkerung Westbritanniens in einer Art Zangenbewegung. Das Ergebnis war zwingend: Große Teile der Bevölkerung zogen südwärts über den Kanal, um sich auf der Halbinsel Armorica niederzulassen.

Der unmittelbare Anstoß für die Wanderung läßt sich nicht mehr erschließen. Gildas deutet an, es sei die Revolte der sächsischen Söldner gewesen, denn in seiner Beschreibung der von ihnen ausgelösten Britenflucht schildert er, wie etliche von ihnen »mit lauten Klagen über das Meer setzten«. Zwar erwähnt er Armorica nicht, doch daß die Flüchtlinge diese Richtung nahmen, erscheint einigermaßen zwangsläufig. Außerdem waren ja Devon und Cornwall im 5. Jahrhundert auch das Ziel der irischen Einwanderer, so daß kaum bezweifelt werden kann, daß der Druck der Neuankömmlinge auf das Land die Flucht der Briten noch forcierte.

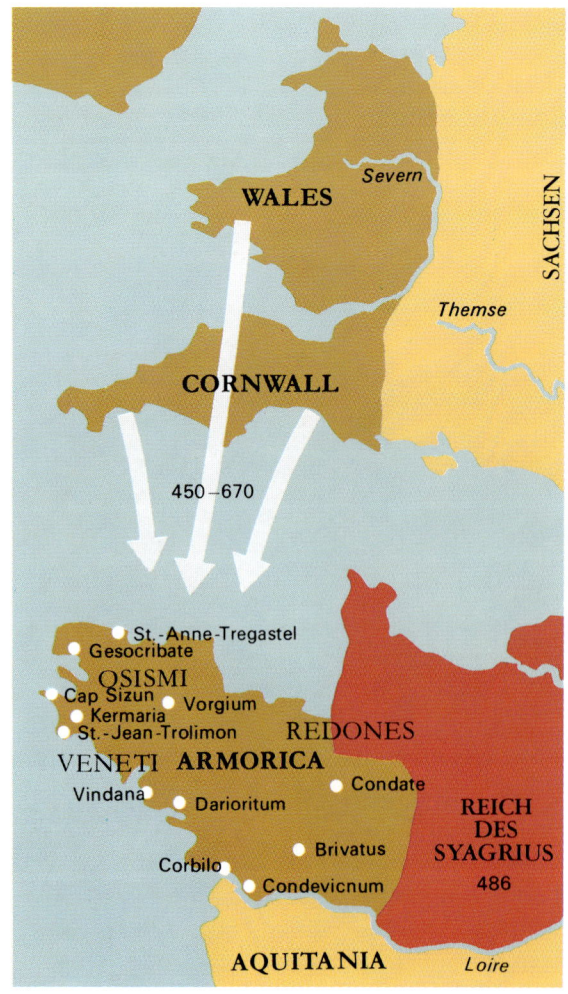

Die Kontakte zwischen Armorica und Westbritannien lassen sich bis ins 3. Jahrtausend v. Chr. zurückverfolgen. Um die Mitte des 2. Jahrtausends verband ein dichtes Handelsnetz die beiden Länder miteinander. In dieser Periode entwickelten die Megalithdenkmäler beider Länder eine gewisse Ähnlichkeit.

Die Südwanderung scheint sehr umfangreich gewesen zu sein. Weite Teile Devons wurden entvölkert, und das Land stand den angelsächsischen Siedlern offen, die es in Besitz nahmen und ihm geographische Namen in ihrer eigenen Sprache gaben. Den planmäßigen Verlauf dieses großen Exodus können wir Prokopios von Caesarea entnehmen, der im 6. Jahrhundert schildert, wie jährlich große Britenscharen, die jeweils von eigenen Königen geführt wurden, ins Land der Franken zogen, wo sie in schwach bevölkerten Regionen angesiedelt wurden. Man ist versucht, diese Wanderung als planmäßige Ansiedlung britischer Söldner zu deuten, die dem zerfallenden gallo-römischen Staat als Verbündete gegen sächsische Eindringlinge dienen sollten. Mit anderen Worten, die britische Besiedlung Armoricas könnte zu Anfang durchaus der kon-

trollierten Ansiedlung germanischer Stämme in Ostengland zur Abwehr der Pikten geglichen haben.

Armorica befand sich zu dieser Zeit in nahezu ständiger Rebellion gegen die römische Zentralgewalt. Die erste Revolte fand 409 statt, als die Einheimischen, »vom Beispiel der Inselbriten ermutigt, das römische Joch abgeworfen hatten« (Zosimus). Einige Jahrzehnte später werden sie als »wankelmütiges und unbotmäßiges Volk« bezeichnet, das stets zur Rebellion bereit sei und Widerstandsbewegungen anzettele. In dieses Land, das vor Unzufriedenheit und Unbotmäßigkeit gärte, von Sachsen bedroht wurde und an Entvölkerung litt, zogen die britischen Siedler, um sich eine neue Existenz zu schaffen. Die Einwanderungen setzten sich bis ins 6. Jahrhundert fort, an dessen Ende aus Armorica (oder »Gallia Ulte-

rior«, wie es in der *Gallischen Chronik* heißt) Britannia Minor – die Bretagne wurde. Die gallo-römische Sprache war einer dem Kornischen sehr ähnlichen Form des Keltischen gewichen, und die Halbinsel sollte als Teil der keltischen Welt jahrhundertelang in Frankreich ein Eigenleben führen. Es war, als ob die Uhr um fünfhundert Jahre in die Dekaden vor Caesar zurückgedreht worden wäre:

Die Veneter sind der mächtigste Stamm an dieser Küste. Denn sie besitzen die meisten Schiffe . . . und haben, da in dem stürmischen, weiten und offenen Meer nur wenige Häfen zur Verfügung stehen, die sie selbst in der Hand haben, fast alle dortigen Seefahrer abgabenpflichtig gemacht.
Caesar, *Der Gallische Krieg*

Zur Zeit Caesars bestanden zwischen den Stämmen der beiden Halbinseln lebhafte Kontakte, und in beiden Regionen wurden »Klippenfestungen« – befestigte Umfriedungen auf vorspringenden Klippen – als Fluchtburgen gebaut.

Oben: Die bretonische Klippenfestung am Kap Sizun.

Das alte Irland: Der Hintergrund

Während Britannien die Erschütterungen der römischen Invasion und später der germanischen Einwanderungen durchlitt, konnte das weitgehend isolierte Irland seine keltische Tradition unbehelligt bewahren. Die große Prosa-Sage *Táin Bó Cuailnge* (»Der Viehraub von Cooley«) enthält einige Hinweise auf die politische Organisation der Insel in den ersten nachchristlichen Jahrhunderten. Zu dieser Zeit war Irland in die vier Königreiche *Ulaid* (Ulster), *Connachta* (Connacht), *Laigin* (Leinster) und *Mumu* (Munster) aufgeteilt. Ulster wurde von Conchobar macNessa regiert, der seinen Hof in Emain Macha hatte, das rivalisierende Connacht von der Königin Medb, deren Festung auf dem Hügel Cruachain lag. Die beiden anderen Königreiche waren zu dieser Zeit relativ unbedeutend. Die Gesellschaft hatte mit der keltischen des vorrömischen Europa vieles gemeinsam: die Beutezüge, die Kopfjägerei, die Kriegführung mit dem Streitwagen sowie die hemmungslose Prahlsucht und die Unfähigkeit, sich in größeren Gruppen für das Gemeinwohl einzusetzen.

In der Periode, die auf die Zeit der *Táin* folgt, tritt im mittelirischen Meath eine neue Dynastie in Erscheinung, deren königliche Residenz auf dem Hügel Tara lag. Als Gründer der

war. Die Söhne Nialls – die Uí Néill – dehnten ihre Macht rasch über den größten Teil des übrigen Nordirland aus; die folgenschwerste Veränderung war die Annexion und Zerstückelung des alten Königreichs Ulaid (Ulster), das sich von Antrim bis Donegal erstreckte. Dieser Prozeß fand um die Mitte des 5. Jahrhunderts statt. Zunächst wurden die Airgialla im mittleren Ulster unterworfen und der alte Königssitz Emain Macha genommen. Wenig später, um 428, folgte die Eroberung Donegals, und zwei Söhne Nialls teilten sich die neuen Gebiete, die sie von Ailech aus regier-

Die *Sheela-na-gig* (oben) verkörpert die irische Zeugungsgöttin. Megalithgräber in Irland: ein Deckstein des Ganggrabs von New Grange *(links, 3. Jahrtausend v. Chr.).* Aus der heidnischen wie christlichen Eisenzeit finden sich zahlreiche Ringfestungen. Von den Königsresidenzen ist der Hügel Tara *(rechts)* die eindrucksvollste.

Dynastie gilt traditionell Niall Noígiallach (379– ca. 428), dessen Mutter »Cairenn, die schwarzlockige Tochter des Sachell Balb von den Sachsen« vermutlich bei einem Überfall auf das römische Britannien entführt worden

ten. Nialls dritter Sohn trat in Tara die Nachfolge seines Vaters an. Nordirland bestand nun aus zwei Königreichen: dem der nördlichen Uí Néill mit dem Zentrum Ailech und dem der südlichen Uí Néill, die in Tara residierten. Von 506 bis 1036 stellten die beiden Zweige abwechselnd das Oberhaupt der Dynastie.

Während im Norden Ulster erobert wurde, fanden im Süden ständige Kämpfe zwischen den Uí Néill und der angestammten Dynastie von Leinster statt, zu deren Herrschaftsbereich die zentrale Ebene vor dem Emporkommen Nialls gehört hatte. Bis 513 war jedoch der letzte Widerstand gebrochen.

Die Südhälfte Irlands war zu dieser Zeit – nicht zuletzt dank ihren Kontakten zu Gallien, namentlich zu Aquitanien – dem Norden kulturell überlegen. Der ständige Kampf zwischen den Uí Néill und dem Volk von Leinster hatte die Dynastie von Leinster so geschwächt, daß die Dynastie der Eóganachta von Munster, die von ihrer Felsenresidenz Cashel aus wichtige Routen kontrollierte, die Führung des Südens an sich reißen konnte. Trotz zeitweiliger Stammesrivalitäten vermochte das Königreich Munster den Frieden weitgehend zu bewahren, und so gedieh hier die Kultur Irlands. Die panegyrische Dichtung von Munster wurde im späten 6. Jahrhundert niedergeschrieben, und um 600 hatte die Entwicklung einer einheimischen Schriftkultur bereits eingesetzt. Das häufige Vorkommen von Ogham-Inschriften in dieser Region ist ein Indiz für den Standard ihrer aristokratischen Kultur. Bis zur frühchristlichen Zeit hatte sich das alte Irland der *Táin* grundlegend verändert.

Irland bestand nun aus sieben Königreichen: dem jungen Königreich der Uí Néill in Tara, den Reichen Munster und Connacht, den Resten von Leinster sowie drei weiterer Königreichen, die sich aus dem zerschlagenen alten Königreich Ulster entwickelt hatten. Die Königreiche setzten sich aus einer Anzahl von Stämmen *(túatha)* zusammen – insgesamt etwa hundert –, deren Häuptlinge dem regionalen König untertan waren. Die Oberherrschaft über den Süden blieb bei den Eóganachta, während die Uí Néill die Herren des Nordens waren und für den Rest des Jahrtausends als Hochkönige von ganz Irland anerkannt wurden.

Freilich darf man aus dieser Beschreibung der irischen Oberherren nicht auf eine entwickelte sozio-politische Struktur schließen. Die vorhandenen Zeugnisse lassen vielmehr vermuten, daß das frühchristliche Irland nach wie vor ein im wesentlichen keltisches Land war, dessen Gesellschaftsordnung weitgehend der keltischen im vorrömischen Europa entsprach.

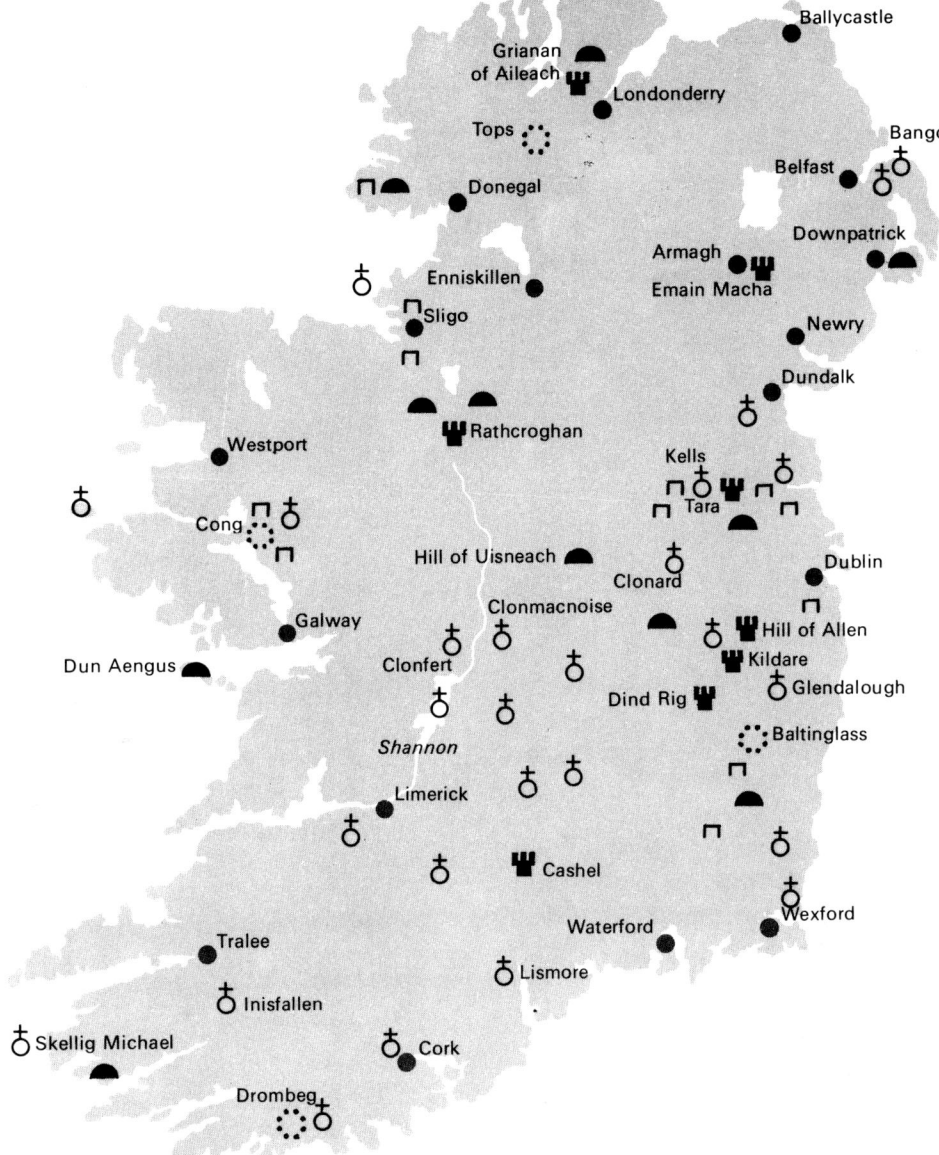

⊓ Megalithgräber

⋮⋮ Keltische Heiligtümer

◗ Hügelfestungen

♜ Zentren königlicher Macht

⚥ Bedeutende Klöster

In der irischen Kunst des 1. Jahrtausends mischen sich heidnisch-keltische Motive und christliche Symbole.

Links: Die mit Email eingelegte Figur eines Mannes im Schneidersitz – eine Haltung, die an die Götter auf dem Kessel von Gundestrup erinnert.

Gegenüber oben: Ein Beispiel für die eindrucksvolle Plastik des 10. Jahrhunderts ist die Gefangennahme Christi, eines der erzählenden Felder auf der Westseite des Muiredach-Kreuzes in Monasterboice (Grafschaft Louth).

171

Das erste sichere Datum der irischen Geschichte ist das Jahr 431 – das Jahr, in dem, gemäß der *Hieronymus-Chronik* Prospers von Aquitanien, Papst Coelestin I. den Bischof Palladius beauftragte, »jenen Iren zu dienen, die an Christus glaubten«. Im Jahr darauf erst, so die *Annalen von Ulster,* traf Patrick in Irland ein. Hier beginnt das Problem: Wenn die Daten stimmen, muß die Bekehrung Irlands zum Christentum schon vor Patricks Ankunft in Irland eingesetzt haben. Zusätzliche Verwirrung stiften die *Annalen*

DER HEILIGE PATRICK UND DIE IRISCHEN MÖNCHE

Eine Fülle irischer Kunstwerke beweist, daß die christlichen Traditionen in den keltischen Randgebieten jahrhundertelang gepflegt wurden. Der Kultstein auf Boa Island im Lough Erne (Grafschaft Fermanagh) ist vermutlich ein Werk des 6. Jahrhunderts.

mit dem Todesjahr Patricks, für das sie drei Daten nennen: 457, 461 und 492 – Anlaß für mannigfaltige Spekulationen. Einige Gelehrte sind der Meinung, es habe zwei Patricks gegeben: den älteren, unter dem Namen Palladius bekannt, der 461 starb, und den jüngeren, den Britannier Patrick, der etwa um diese Zeit in Irland eintraf und 492 starb. Andere sind der Ansicht, daß Patrick vor Palladius kam und 430 starb. Die – von Emotionen nicht freie – Kontroverse wird wohl so bald kein Ende nehmen. Daß Patrick existierte und bei der Verbreitung des Christentums in Irland eine herausragende Rolle spielte, steht außer Frage. Die Aussage der frühen Genealogien und Heiligenleben freilich, daß einige der Gemeinschaften des Südens das Christentum schon vor der Ankunft Patricks praktizierten, erhärtet die These jener, die frühere Missionsaktivitäten annehmen.

Für das Wirken Patricks besitzen wir zwei verläßliche Quellen – zwei Briefe, die, in der Mitte des 5. Jahrhunderts auf Latein geschrieben, der Aussage nach aus der Feder des Heiligen selbst stammen. Einer der Briefe, die

Confessio, enthält viele Details aus seinem frühen Leben. Er sei, so Patrick, im römischen Britannien auf dem Lande aufgewachsen und als Sechzehnjähriger von irischen Eindringlingen als Sklave nach Irland verschleppt worden. Nach sechs Jahren habe er sich, von einer Stimme des Himmels geleitet, zur zweihundert Meilen entfernten Küste durchgeschlagen und dort ein für Gallien bestimmtes Handelsschiff ausfindig gemacht. Nach dreitägiger Überfahrt sei er in Gallien gelandet und habe das Land nach den Überfällen der Barbaren in Schrecken und Verwüstung vorgefunden. Schließlich sei er nach Britannien zu seiner Familie zurückgekehrt, habe jedoch alsbald erneut die Boten des Himmels und die Stimmen der Iren vernommen, die nach ihm riefen: »Wir flehen dich an, frommer Jüngling, komm und wandere wieder unter uns.« Da habe er seine Aufgabe erkannt und sich zum Priester weihen lassen; gegen den Willen der Kirchenobrigkeit sei er nach Irland gezogen, um die heidnischen Iren zu bekehren. Nach der *Confessio* wurde Patrick also gegen Ende des 4. Jahrhunderts geboren, als die rasch zerfallende römische Provinz Britannien den Überfällen irischer Eindringlinge ausgesetzt war. Er war offenbar ein romanisierter, gebildeter junger Britannier, für den die Kirche die naheliegende Berufung darstellte und der daher die Traditionen, das Wissen und die Einstellungen eines Provinzrömers mit nach Irland gebracht haben muß. Es überrascht also nicht, daß die Kirche, die er – zweifellos nach dem Vorbild der britannischen – in Irland gründete, ihrem Ursprung nach rein römisch und episkopal organisiert war.

Da die Mehrzahl der irischen Könige das Christentum bereitwillig annahm, verbreitete sich der neue Glaube nahezu ohne Gewalt, ohne Martyrium. »Zahllose Scharen« bekehrten sich, und die Könige stellten Land für die Errichtung von Kirchen zur Verfügung. Diese frühen Anlagen waren schlichte runde Einfriedungen – ähnlich den Ringfestungen –, die eine Kirche oder ein Bethaus, ein Priesterhaus und eine Küche enthielten. Sie unterstanden Bischöfen und wurden als »Städte« bezeichnet – ein Indiz dafür, daß das Vorbild der irischen Kirche die römische war, die ihre Bischofssitze in den *civitates* hatte. Doch lassen sich bereits in dieser Frühphase die Anfänge des Mönchstums ausmachen, das der »keltischen Kirche« vom 6. Jahrhundert an ihren besonderen Charakter verleihen sollte.

Der Herr wird mit dir sein:
Geh nur immer voran.
Nimm mit dir
meine kleine Glocke,
die stumm bleiben wird,
bis du die Quelle erreichst,
von der wir sprachen.
Doch wenn du zu ihr gelangst,
wird die kleine Glocke
mit heller, süßer
Stimme sprechen:
Dann wirst du die
Quelle erkennen,
und nach zwanzig Jahren
und neun
werde ich dir
an diesen Ort folgen.

St. Patrick, Irische Überlieferung

Die Steinfigur links außen stellt einen Priester mit einem Krummstab und einer Glocke dar, die die Botschaft des Evangeliums symbolisiert (auf White Island im Lough Erne, Grafschaft Fermanagh), das Relief rechts den heiligen Patrick im Bischofsgewand; zu seinen Füßen – wie in den Legenden – eine Schlange (Grabplatte aus dem 15. Jahrhundert).

Die neue Kultur

Patrick versuchte das Unmögliche: einer verstreut lebenden Gemeinschaft mit einer auf dem Stammessystem beruhenden Wirtschaftsordnung jene bischöfliche Verwaltung zu geben, die sich in den urbanisierten Regionen des Römischen Reiches entwickelt hatte. Als Provinzrömer vermochte er sich ein anderes als das römische System nicht vorzustellen. So ist der bemerkenswerteste Aspekt seiner Mission wohl die Tatsache, daß ihr so großer Erfolg beschieden war.

Im 5. und frühen 6. Jahrhundert wandelte sich jedoch die von Patrick eingeführte Kirchenorganisation und paßte sich der irischen Gesellschaft an. Die Diözese als kirchliche Verwaltungseinheit verschwand, und die Bischöfe verloren ihre Organisationsaufgaben. Statt dessen wurden die Klöster zur entscheidenden religiösen Kraft. Abgeschnitten von den großen Christengemeinschaften des Kontinents, entwickelte sich die irische Kirche in relativer Isolation. Die westlichen Schifffahrtswege jedoch verbanden die Länder um die Irische See mit dem Mittelmeerraum. Der Weinhandel blühte weiterhin, und mit dem Wein wurden Feinkeramik und Weinamphoren aus Nordafrika in den Westen der Britischen Inseln eingeführt. Außer solchen Luxusgütern drang auf diesem Weg aber auch die Idee des Klosterlebens nach Norden vor und faßte an der gesamten Atlantikküste Fuß: in Spanien, Aquitanien, Westbritannien und

Irland. Irische Mönche besuchten die westbritannischen Klöster Whithorn in Galloway und St. David in Südwestwales und lernten dort den Wert der Askese kennen. Als sie nach Irland zurückkehrten, bauten sie sich fernab von allen Menschen ihre Zellen, um ihr Leben einsam in Askese und Gebet zu verbringen. St. Enda retirierte nach seiner Rückkehr aus Whithorn auf die unwirtliche Aran-Insel Aran-Mór, wo er und seine Gefährten ein Leben der Bedürfnislosigkeit und Mühsal führten. Eine Welle des Asketismus ging über Irland hin, die das religiöse Leben der Insel veränderte. Irische Mönche scharten sich um die Zellen der Gründer zu großen Gemeinschaften, und die Idee der Klosterfamilie wurde bereitwillig aufgenommen. Der Bischofssitz in Armagh wurde gegen Ende des

5. Jahrhunderts ein Kloster, während die heilige Brigid in Kildare ein gemischtes Kloster für Nonnen und Mönche gründete. In Clonard verwandelte – unter dem Einfluß südwalisischer Mönche – St. Finnian die von Patrick gegründete Kirche in ein Kloster, das bald in ganz Irland berühmt wurde.

Es ist leicht einzusehen, warum die von Patrick eingeführte Bischofskirche so rasch von der »Mönchskirche« abgelöst wurde. Die irische Gesellschaft war nach wie vor keltisch organisiert und beruhte auf dem Stamm *(tú-ath)*, der aus einer Reihe von Sippen bestand. Dieser Gesellschaft war die Bischofskirche urbanen Ursprungs ebenso fremd wie unangemessen; die Klostergemeinschaft dagegen stellte eine Lebensform dar, die sich leicht in die keltische Gesellschaftsordnung integrieren ließ. Die Klostergemeinschaft war ja eine Familie mit dem Abt als Oberhaupt: im Grunde also nichts anderes als die religiöse Version des *túath*, an dessen Spitze ein Häuptling stand. Daher fiel das mediterrane Mönchstum im von Patricks Mission bereits erschlossenen Irland auf fruchtbaren Boden. Ein *Catalogus Sanctorum* aus dem 9. oder 10. Jahrhundert teilte die irischen Heiligen des 5. und 6. Jahrhunderts in drei »Ränge« ein: Den ersten vertrat der heilige Patrick, zum zweiten gehörten alle Heiligen, die die großen Klöster gegründet hatten, und zum dritten jene, »die in der Einsamkeit wohnen und von Kräutern, Wasser und Almosen leben und nichts besitzen«. Wenngleich diese Dreiteilung nicht als chronologische Abfolge verstanden werden darf, tritt die dritte Kategorie erst verhältnismäßig spät in Erscheinung. Das Leben des Einsiedlers, der allem entsagte, war eine Form christlichen Daseins, die, aus Ägypten stammend, über Spanien und Gallien vordrang, im keltischen Westen jedoch besonders weite Verbreitung fand. Für einen Kelten stellte die Zugehörigkeit zur Familie ein wesentliches Element seines Lebensglücks

Der Brauch, an Gräbern oder heiligen Stätten behauene Denksteine zu errichten, wandelte sich allmählich und ließ die spezifische Kunst der irischen Hochkreuze entstehen. Ihr Stil ist deutlich von den komplizierten Ornamenten der Bronze- und Goldschmiede inspiriert. Vermutlich sind die großen Kreuze des 9. und 10. Jahrhunderts Kopien schwerer hölzerner Prozessionskreuze, deren Arme durch Kreisquadranten gestützt wurden – aus ihnen entwickelte sich die so charakteristische Form des irischen Hochkreuzes.

Zu den frühesten Ornamentkreuzen, die auf Südostirland beschränkt sind, gehört das schöne Exemplar auf dem Friedhof von Ahenny *(unten, 3. von rechts)*. Die Buckel und verschlungenen Muster verweisen auf die Tradition der Schmiedekunst, die sie zu kopieren versuchen. Es ist der Stil des 8. Jahrhunderts.

Ein wenig später entstehen die »Bibelkreuze«: Der Schaft des Kreuzes ist nun in rechteckige Felder aufgeteilt, auf denen unterschiedliche Szenen – zuweilen auch nicht-biblische Themen – bildlich dargestellt sind. Die Tradition des gemeißelten Hochkreuzes blieb bis ins 12. Jahrhundert lebendig.

Standsteine und Kreuze, von links nach rechts: Duvillaun, Kilnasaggart, Glendalough, Clonmacnoise, Clonmacnoise, Ahenny, Clonmacnoise, Monasterboice.

Frühchristliche Architektur ist in Irland weitverbreitet anzutreffen. »St. Columbas Haus« *(rechts)*, das 814 einen Holzbau ablöste, gehört zu den besterhaltenen Relikten des Klosters Kells. Die über einen Meter dicken Steinmauern umschließen einen kleinen zellenartigen Raum.

dar. Es war daher nur logisch, daß der Verzicht auf allen weltlichen Besitz auch den Verzicht auf die Freuden des Gemeinschaftslebens bedeutete. So mieden viele junge Männer, die aus dem Ausland nach Irland heimkehrten, die relativ behaglichen Klöster und brachten das größte Opfer: allein in der Wildnis zu leben. Andere brachten dasselbe Opfer – absolute Trennung von der Familie – und suchten die Einsamkeit unter Fremden. Solche Männer, die sich durch das Exil kasteiten, verbreiteten als Missionare die Kunde

skripte, die sie so fleißig auf lateinisch niederschrieben, bekritzelten sie mit bezaubernden Versen, aus denen trotz des lateinischen Metrums der keltische Sinn für die Welt der Natur spricht. Daß sich diese Zentren der Gelehrsamkeit entfalten konnten, verdankten sie nicht zuletzt dem keltischen Erbe, denn die Druiden- und Bardenschulen hatten im heidnischen Irland eine starke Tradition, und die Klöster waren ihre natürlichen Nachfolger. Die frühen Klöster waren bescheidene Anlagen, die sich von großen Gehöften nur wenig unterschieden. In einer Umfriedung aus Wall und Graben lagen die wichtigsten Gebäude: die Kirche oder das Bethaus, die in der Regel aus Holz, gelegentlich aus Stein gebaut waren, die Zellen der Mönche, meist nur schlichte Rundhütten aus mit Lehm beworfenem Flechtwerk, das Gästehaus, das Refektorium und die Schule. Außer den Gebäuden gab es Steindenkmäler verschiedenster Art. Gedenksteine mit Ogham-Inschriften waren, namentlich in Munster, vom 4. bis zum 7. Jahrhundert üblich. Schlichte, roh behauene Steinplatten und Standsteine mit dem eingemeißelten christlichen Symbol Chi-Rho und Monogrammen in griechischen oder lateinischen Buchstaben wurden zur Kennzeichnung von Gräbern immer häufiger verwendet, und der Grabplatte des Klostergründers wurde im Klosterbereich besondere Verehrung zuteil – sie war das eigentliche Ziel der Pilger. Diese Gedenksteine waren vergleichsweise schlicht ausgeführt; erst im 8. Jahrhundert begann man die heiligen Stätten mit den kunstvoll gemeißelten Hochkreuzen zu schmücken. Zusammen mit den schönen Metallarbeiten und prachtvollen Buchmalereien markierten sie den künstlerischen Höhepunkt des Goldenen Zeitalters im frühchristlichen Irland.

Müde ist meine Hand vom
　　　　　　Schreiben,
Es zittert der scharfe Federkiel.
Aus meiner schmal geschnä-
　　belten Feder fließt
Ein dunkler Strom glänzender,
　　blauschwarzer Tinte.
Ein Bronnen gesegneter
　　　　　Gottesweisheit
Entspringt meiner wohl-
geformten, bräunlichen Hand
Und ergießt sich über das
　　　　　　Pergament
Als Tinte des grün-
umsponnenen Stechapfels.
Es wandert meine kleine,
　　tröpfelnde Feder
Über die Fläche der leuchtenden
　　　　　　Bücher,
Ohne Rast für den Reichtum
　　　　　der Großen –
Darum ist meine Hand so
　　müde vom Schreiben.

Irisch, 11. Jahrhundert

In den Schreibstuben der Klöster verwendeten die Mönche viel Zeit auf das Kopieren der Evangelien und anderer Manuskripte, die sie für wertvoll hielten. Die Miniatur aus dem 12. Jahrhundert zeigt den Historiker und Theologen Beda bei der Arbeit.

Gegenüber: Rundtürme wurden erst spät gebaut – zum Teil als Reaktion auf die Wikingerüberfälle. Häufig standen sie isoliert, doch versah man gelegentlich auch Kirchen mit Türmen. Die Kevin's Church von Glendalough stammt aus dem 11. oder 12. Jahrhundert.

von der »keltischen Kirche« in ganz Westeuropa (S. 186–189).
So asketisch die Einsiedler in der Wildnis auch lebten – die Klostergemeinschaften entwickelten sich bald zu Zentren der Bildung und Gelehrsamkeit. Die von ihnen getragene und vermittelte Kultur war eine keltisch-römische Mischung. Die Mönche schrieben lateinisch und kannten sich in der klassischen Literatur aus. Doch in ihrer Kunst dominierte die keltische Kühnheit, und die Ränder der Manu-

In den *scriptoria* der Klöster verbrachten die Schreiber ihre Tage mit dem Kopieren und Illuminieren von Manuskripten. Zu ihren Arbeitsgebieten gehörten religiöse Abhandlungen und Heiligenleben ebenso wie Naturgeschichte und Astronomie sowie – vor allem – die Evangeliare, denen ihre besondere Liebe und Sorgfalt galt. Die Mönche, die auf lateinisch und irisch kopierten, fügten gelegentlich – wohl um die eintönige Arbeit zu unterbrechen – den Texten eigene Randbemerkungen oder selbstgedichtete erfrischende Verse in der Volkssprache hinzu. Ihnen verdanken wir auch das Überleben der alten mündlichen Überlieferungen aus dem heidnischen Irland. Gewissenhaft schrieben sie die Sagen nieder, die sie freilich auch gewissenhaft zensierten und von allzu heidnischen Exzessen befreiten. Mit der Sammlung dieser alten Überlieferun-

BEWAHRER ALTER MYTHEN UND SAGEN

Eines der vollständigsten Manuskripte der berühmten heidnischen Sage *Táin Bó Cuailnge* ist im »Book of Leinster« enthalten, das im 12. Jahrhundert zusammengestellt wurde. Der Leinster-Text stellt eine korrigierte Fassung der Geschichte dar, die etliche Jahrhunderte zuvor erstmalig niedergeschrieben wurde. Einige weitere, weniger vollständige Fassungen sind erhalten.

gen bewahrten die Mönche ein Stück keltischer Vergangenheit aus heidnischer Zeit, das in der alten Welt einzigartig ist.
Ihre Einstellung zu diesen archaischen Überlieferungen spiegelt sich auf amüsante Weise in dem Kommentar, den ein Mönch im 12. Jahrhundert seiner Abschrift der gesamten *Táin Bó Cuailnge* hinzufügte: »Ich, der ich diese Geschichte . . . niedergeschrieben habe, bezweifle viele Dinge . . . Manche sind teuflischer Trug, manche dichterische Erfindung, manche scheinen wahr, andere nicht, und manche dienen der Belustigung von Narren.«

DAS KOPFKISSENGESPRÄCH

Einst, als in der Feste Cruachan das königliche Bett für Ailill und Medb bereitet war, kam es auf dem Kopfkissen zu folgendem Gespräch: »Es ist wahr, was man sagt«, begann Ailill, »die Frau eines reichen Mannes hat es gut.«
»Sehr wahr«, sagte die Frau. »Wie kommst du darauf?«
»Mir ist aufgefallen«, antwortete Ailill, »wieviel besser du es heute hast als an jenem Tag, da ich dich heiratete.«
»Ich hatte es ohne dich sehr gut«, entgegnete Medb.
»Dann habe ich von deinem Reichtum nicht viel gesehen und gehört«, sagte Ailill.
»Außer von deiner persönlichen Habe und den feindlichen Nachbarn, die sich mit ihrer Beute davonmachen.«
»Das ist nicht wahr«, versetzte Medb. »Denn mein Vater war Hochkönig von Irland – Eochaid Feidlech der Standhafte, der Sohn Finns, Enkel Finnomans (. . .). Er hatte sechs Töchter: Derdriu, Ethne, Ele, Clothru, Muguin und mich, Medb, die edelste und stolzeste. Ich übertraf sie an Tugend und Großzügigkeit und Tapferkeit im Kampf. Ich hatte fünfzehnhundert Krieger in meinem königlichen Sold, allesamt Söhne von Verbannten, und dieselbe Zahl einheimischer Freigeborener, und für jeden besoldeten Krieger hatte ich zehn weitere Männer und neun und acht und sieben (. . .). Und das war nur unsere gewöhnliche Hofhaltung.
Mein Vater gab mir eine ganze irische Provinz, diese Provinz, die von Cruachan aus regiert wird, weshalb man mich ›Medb von Cruachan‹ nennt. Und Finn, der König von Leinster, Sohn Rus Ruads, und Coirpre Niafer, ein anderer Sohn Rus Ruads, König von Temair, ließen um mich werben. Conchobar, Sohn Fachtnas, König von Ulster, und Eochaid Bec schickten nach mir, aber ich wollte sie nicht. Denn ich verlangte eine größere Hochzeitsgabe, als je zuvor eine Frau in Irland verlangt hat – die Abwesenheit von Geiz, Neid und Furcht. Hätte ich einen geizigen Mann geheiratet, wäre dies eine schlechte Verbindung gewesen, weil ich voller Tugend und Großzügigkeit bin. Es wäre eine Kränkung für mich, wenn ich großzügiger wäre als mein Gatte, nicht jedoch, wenn wir uns darin glichen. Die Ehe mit einem furchtsamen Mann wäre ebenso ein Fehler, weil ich keiner Schwierigkeit ausweiche. Es ist eine Beleidigung für eine Frau, beherzter zu sein als ihr Mann, nicht jedoch, ihm darin zu gleichen.«
Táin Bó Cuailnge

Die Artussage

Die Artussage, die ihren Ursprung in historischen Ereignissen des 5. Jahrhunderts hat, erfreute sich in späteren Zeiten großer Beliebtheit und diente englischen Königen sogar als Mittel der Propaganda. Im Mittelalter wurden der Sage andere Stoffe hinzugefügt – so zur Ritterzeit die Tafelrunde. Der Mythos vom heiligen Gral könnte sich aus einer älteren Sage entwickelt haben, in der ein magischer Kessel eine Rolle spielte – vielleicht eine schwache Erinnerung an jenen Kessel, der das Attribut des heidnischen Gottes Dagda war.

Oben: Das letzte Abendmahl in einer Miniatur des 12. Jahrhunderts: Denkbar, daß es Bezüge zwischen dem hier abgebildeten, ungewöhnlichen runden Tisch und der Tafelrunde gab, die der Artussage um die Mitte dieses Jahrhunderts hinzugefügt wurde.

Um 1135 schrieb Geoffrey von Monmouth, vermutlich ein Geistlicher walisischer Abstammung, seine *Geschichte der Könige Britanniens* – eine phantasievolle Kompilation, die mit der Besiedlung der Insel durch Brutus, den Urenkel des Aeneas, beginnt und mit der Epoche des Königs Artus endet. Seine Quelle, so behauptet er, sei ein altes Dokument in britischer Sprache gewesen, das er von einem Erzdiakon von Oxford namens Walter erhalten habe. Ob ein solches Dokument je existierte, bleibt ungewiß, klar ist jedoch, daß sich in diesen Phantastereien und Fiktionen Bezüge zu walisischen Klosterschriften und bretonischen Quellen ausmachen lassen.

Geoffreys Werk bildete die Grundlage der reichen Artustradition, die während des ganzen Mittelalters ständig anwuchs und namentlich von den Plantagenet-Königen bewußt gepflegt wurde. Immerhin ließ sich aus ihr eine respektable Herkunft des Herrscherhauses ableiten, und nachdem Artus durch geschickte Manipulationen – darunter eine höchst zweifelhafte mittelalterliche Ausgrabung in Glastonbury – aus dem walisischen Kontext gelöst worden war, konnte sich der englische Monarch einer ebenso illustren Abstammung rühmen wie sein französischer Rivale. Als politisch akzeptable und die schwärmerische Ritterzeit faszinierende Gestalt fand Artus ein ebenso breites wie unkritisches Publikum: Die Zahl seiner Heldentaten wuchs durch das ständige Wiedererzählen immer mehr an.

Dennoch lag all diesen Fiktionen eine Überlieferung zugrunde, die auf das 6. Jahrhundert zurückgeht, als der Name Artus in ganz Westbritannien verehrt wurde. Diese Heldenverehrung ist in der *Geschichte der Briten* belegt – einer Sammlung von Volkssagen und Auszügen aus walisischen Dokumenten, die der walisische Geistliche Nennius im 9. Jahrhundert zusammenstellte. In ihnen erscheint Artus als Heerführer, der um 500 den Sachsen Widerstand leistete und sie wiederholt besiegte. Die Erinnerung an seine Taten ging in die frühe walisische Literatur ein. So wird Artus um 600 in dem Gedicht *Gododdin* erwähnt, und andere frühe Versdichtungen nennen auch seine Gefolgsmänner, seine Verwandten, seine Barden und sein Pferd. Besonders häufig tritt er in der walisischen Sagensammlung *Mabinogion* auf. Die wohl interessanteste Geschichte erzählt von dem Jüngling Culhwch, der, um Owen zur Braut zu gewinnen, eine Reihe phantastischer Taten vollbringen muß und sich dabei von Artus

helfen läßt. Die Schilderung des alles-könnenden Artus atmet die Kraft und das Temperament der irischen Sagen. Wie eng die Beziehung ist, verrät das Auftreten berühmter Gestalten aus der irischen Mythologie wie auch die auffallende Ähnlichkeit zwischen Culhwchs Ankunft am Hof des Artus und der Lugs am Hof des Nuadu in der irischen *Schlacht von Moytura*. Dieser Teil der *Mabinogion* steht eindeutig in derselben umfassenden Tradition wie die frühen irischen Sagen, in denen sich die mythische Welt der heidnisch-keltischen Epoche widerspiegelt.

Aus den verwirrenden Details der Artussage läßt sich zumindest schließen, daß es im späten 5. und frühen 6. Jahrhundert einen Volkshelden (oder mehrere) mit dem Namen Artus gab, der in Westbritannien eine Widerstandsbewegung gegen die Sachsen führte. Seine Heldentaten imponierten so sehr, daß sein Name rasch in die walisischen Überlieferungen einging und – wie in der Geschichte von Culhwch und Owen – mit älteren Sagen

und Mythen verschmolz. Auch die spätere Versdichtung feierte ihn. Als dann Geoffrey von Monmouth nach brauchbarem Stoff für seine *Geschichte der Könige Britanniens* suchte, stand ihm eine Fülle an Material zur Verfügung. Er präsentierte Artus lediglich in zeitgemäßer Gestalt, die dem mittelalterlichen Empfinden zusagte. So schließt das Artusthema letztlich die Kluft zwischen der keltischen Sagentradition und der mittelalterlichen und führt hinüber zur neuzeitlichen romantischen Literatur.

Die Barden

In der frühen irischen Gesellschaft gab es zwei Kategorien von Literaten: die Barden, die Verse zum Lob und zur Unterhaltung ihrer Herren dichteten, und die *filid* – mit der urkeltischen Bedeutung »Seher« –, denen die Pflege der Sagenstoffe oblag. Ihnen wurden magische Kräfte zugeschrieben: So vermochten sie beispielsweise mit Spottgedichten zu verletzen, sogar zu töten. In der *Táin* schickt Medb »die Druiden, die Dichter und die strengen Barden« gegen Fer Diad, damit sie ihn mit »drei Spottgedichten töten und mit drei Schmähungen in seinem Gesicht drei Blasen hervorrufen – Scham, Schande und Schmach«.

Die *filid* und die Barden wurden in besonderen Schulen ausgebildet. Der Unterricht fand ausschließlich mündlich in der Weise statt, daß der Lehrer den Lehrstoff rezitierte und ihn die Schüler im Chor wiederholten. Bezeichnenderweise hat das altirische Verb für »lehren« die Bedeutung »durchsingen«. Nach Abschluß seiner Ausbildung konnte der Barde auf Reisen gehen und sich einen Herrn suchen, den er gegen Entgelt mit seinen Versen rühmte. An der Spitze der Dichterhierarchie stand der *ollam*, der mit seinem vierundzwanzigköpfigen Gefolge wie ein König reiste und auftrat. Niemand hätte einem solchen Mann die Gastfreundschaft verweigern dürfen.

Mit der Ankunft des Christentums büßten die *filid* ihren magischen Rang allmählich ein, doch die Bardentradition und die Bardenschulen blühten weiter. Der Dichterberuf galt nach wie vor als ehrenvoll und erforderte eine lange Ausbildung. Neu war, daß die mit dem Christentum eingeführte Kenntnis des Lateinischen und der lateinischen Versmaße die Dichtung beeinflußte und eine Form silbenzählender Lyrik entstehen ließ. Die traditionellen Barden- und *filid*-Schulen bestanden noch im 10. Jahrhundert. Aus dieser Zeit sind einige Abhandlungen zur Metrik überliefert, die Vorschriften für die Verwendung der verschiedenen Versmaße enthalten und die Bereiche der Heldenliteratur nennen, die in jedem der zwölf Lehrjahre studiert werden mußten. Die Länge der Ausbildungszeit läßt unwillkürlich an die zwanzigjährige Ausbildung der Druiden denken, die Caesar erwähnt.

Das 12. Jahrhundert erlebte noch einmal eine Hochblüte der irischen Bardenschulen, und in dieser Zeit entstand auch ein großer Teil der besten welschen Dichtung. Diese poetische Renaissance in Wales könnte durchaus der Schirmherrschaft des walisischen Königs Gruffud ap Cynan zuzuschreiben sein, der seine Jugend in Irland verbrachte und bei seiner Rückkehr ins heimatliche Gwynedd möglicherweise irische Dichter und Musiker in seinem Gefolge hatte. Beide Länder erlebten im 12. Jahrhundert auch die Anfänge einer strengeren Form der Dichtung, die von den Familien der Barden (der Bardenberuf war erblich) sorgsam gehütet wurde und schließlich zur Entstehung stereotyper und glanzlos konventioneller Verse führte. Die Hauptthemen waren die alten: Der Barde rühmte seinen Gönner, dessen Vorfahren und schließlich die Großzügigkeit seines Herrn und seine Tapferkeit in der Schlacht. Die Frische und Originalität der Bardendichtung von einst war in mechanischem Verseschmieden erstarrt. Dennoch überlebten die irischen Bardenschulen bis ins 17. Jahrhundert.

DER KRÜCKSTOCK

Bevor mein Rücken sich krümmte, war ich
stattlich,
Mein Speer führte den Angriff.
Jetzt ist mein Rücken krumm, ich bin schwer,
ich bin elend.

Kleiner Stab von Holz, jetzt ist es Herbst;
Braun ist der Farn, gelb stehen die Stoppeln.
Ich habe verloren, was ich liebe.

Kleiner Stab von Holz, jetzt ist es Winter;
Viel reden die Männer beim Trunke.
Zu meinem Lager kommt keiner.

Kleiner Stab von Holz, jetzt ist es Frühling;
Braun ist der Kuckuck, leuchtend der Wogen
Schaum.
Kein Mädchen liebt mich.

Kleiner Stab von Holz, jetzt ist es Mai;
Rot ist die Furche, es neigt sich das junge
Korn.
Mir wird weh, wenn ich deinen Griff
betrachte.

Kleiner Stab von Holz, o freundlicher Zweig,
Stütze du einen traurigen alten Mann,
Llywarch den Schwätzer.

Dies Blatt hier, der Wind jagt es vor sich
her;
Weh sein Geschick! – Schon alt,
Obgleich erst dieses Jahr geboren.

Was ich in meiner Jugend liebte, heut hasse
ich es:
Ein Weib, einen Fremden, ein junges Pferd –
Fürwahr, ich passe nicht mehr zu ihnen.

Die vier Dinge, die ich stets am meisten
gehaßt,
Sie sind alle zugleich über mich gekommen:
Husten, Alter, Krankheit und Tod.

Ich bin alt, ich bin einsam, ich bin unschön,
und ich friere!
Nach einem Lager in Ehren
Bin ich elend, bin ich zweifach gekrümmt.

Zweifach bin ich gekrümmt, alt, mürrisch
und voll Launen,
Ich bin töricht, ich bin reizbar;
Die mich einst liebten, lieben mich nicht
mehr.

Die Mädchen lieben mich nicht, niemand
besucht mich mehr,
Ich kann nicht mehr umhergehen.
O Tod, weshalb kommst du nicht zu mir?
Weder Schlaf noch Freude kommt zu mir
Nach dem Tod von Llawr und Gwên.
Ich bin reizbar und verwelkt, ich bin alt.
Welsch, 9. Jahrhundert

OSSIANS KLAGE

Kalt ist der Winter, der Sturm hat sich
erhoben,
Der mutige, unbezähmbare Hirsch irrt
umher;
Bitterkalt ist's heute nacht am ganzen Berge,
Laut tönt das Röhren des stattlichen Hirschs.

Das Wild des vielbesuchten Berges von Carn
Wagt nicht, sich auf der Erde auszuruhen;
Gleich ihm auf des eis'gen Echtghas Gipfel
Lauscht der Hirsch dort dem Geheul der
Wölfe.

Ich, mit Caílte und dem braunen Diarmaid
Und dem kühnen, leichtfüßigen Oscar,
Auch wir lauschten dem Geheul der
Wolfsbrut,
Als die Frostnacht sich zu Ende neigte.

In des Felsens ausgebauchter Höhlung
Schläft der braune Hirsch und streckt sich
wohlig,
Gleich als läg er in dem Schoß der Erde,
In der eisig kalten Nacht des Frostes.

Uralt bin ich heute und gebrechlich,
Wenig Menschen leben, die ich kenne;
Einst schwang ich mit starker Hand den
Wurfspeer
In der eisig kalten Morgenfrühe.

Dank sei dir, erhabner Himmelskönig
Und dem Sohne der Jungfrau Maria;
Ganze Heere pflegt ich einst zu schlagen,
Die nun in der kalten Erde ruhen.
Irisch, 13. Jahrhundert

DER BLINDE SÄNGER

Reachtabhra bin ich, der Dichter,
Voller Hoffnung und Liebe;
Mit lichtlosen Augen
Voll Geduld ohne Bitternis.

Westwärts zieh ich auf meiner Pilgerfahrt,
Vom Lichtstrahl meines Herzens geleitet;
Bin ich gleich matt und müde,
Halt ich bis ans Ende meines Weges aus.

Hier stehe ich nun,
Mein Antlitz der Wand zugekehrt,
Wie ich zum Tanz aufspiele
Vor leeren Taschen.
Irisch, frühes 19. Jahrhundert

Umseitig (S. 184–185): Das *Book of Kells* zählt zu den Meisterwerken der frühchristlichen Kunst in Irland. Es wurde vermutlich im frühen 9. Jahrhundert auf Iona geschrieben und illuminiert, jedoch von dort unvollendet in das neue Kloster Kells (Grafschaft Meath) gebracht, wo viele Mönche vor den Normannen Zuflucht suchten. Das Buch, das die vier Evangelien enthält, stellt mit seinen kunstvollen Illuminationen einen Höhepunkt irischer künstlerischer Entwicklung dar. Jedes Evangelium beginnt mit einer Zierseite, die ein Bildnis des Evangelisten zeigt: Die frontale Haltung des heiligen Johannes (S. 185) sowie das Gesicht mit den weitgeöffneten Augen verraten zwar byzantinischen Einfluß, doch offenbart sich der keltische Geist allenthalben im überaus komplizierten kurvolinearen Stil der Illuminationen.

Die Barden der irischen Königshöfe dichteten zahllose Lieder, die später in das Repertoire der mittelalterlichen Troubadoure *(oben)* eingingen. Durch sie wurde keltische Poesie aus dem 8. Jahrhundert überliefert.

ƌ ẽaepᴀſıo

Die ersten Schritte der Missionare

Der Wunsch nach Isolation durch das freiwillige Exil, der die irischen Mönche des 6. Jahrhunderts in die Einsamkeit abgelegener Inseln oder menschenleerer Landstriche trieb, ließ einige Männer über das Meer in die Fremde Britanniens und des Kontinents ziehen. Mit ihnen gelangte nahezu ein Jahrhundert nach der irischen Mission des heiligen Patrick die Strenge des keltischen Christentums in die weitere Welt.

Zu den ersten Missionaren gehörte Columba, ein Prinz aus dem nordirischen Geschlecht der Uí Néill. 563 setzte er mit zwölf Gefährten Segel nach Argyll – wo im Gefolge seiner Mission das Irenreich Dál Riata entstand – und gründete auf der einsamen Insel Iona vor der westschottischen Küste ein Kloster. Iona entwickelte sich rasch zum geistlichen Zentrum der keltischen Kirche in Irland, Schott-

politische Maßnahmen, die den Einfluß und die Schirmherrschaft des neuen geistlichen Zentrums sicherten.

Im frühen 7. Jahrhundert gewährte Iona dem exilierten König Oswald von Northumbria Asyl, und als dieser 634 in sein Reich zurückkehrte, lud er die Mönche von Iona ein, sich in seinem Land niederzulassen. Im Jahr darauf zog der Abt Aidan mit zwölf Schülern nach Northumbria, wo er die Insel Lindisfarne vor der Nordseeküste zum Sitz des neuen Klosters wählte. Lindisfarne und Iona stiegen bald zu bedeutenden Kulturzentren auf, deren Ruf sich in der gesamten zivilisierten Welt verbreitete. In der Stille und relativen Sicherheit ihrer abgelegenen Inseln pflegten sie die keltische Kultur.

Irische Missionare zogen – entweder direkt von Irland oder von Iona aus – in alle Teile

Rekonstruktionszeichnung eines typischen irischen Klosters. Von einer Mauer oder einem Wall umgeben, ähnelten sie weitgehend den zeitgenössischen Gehöften. Das Hauptgebäude war natürlich die Kirche oder Kapelle, von denen es durchaus – je nach Popularität des Klosters – mehr als eine geben konnte. Dazu kamen das Refektorium und das Gästehaus. Die Mönche wohnten in Einzelzellen aus Flechtwerk oder (wie in unserer Zeichnung) mörtellos zusammengefügten Steinen. Die Rundtürme, von denen in

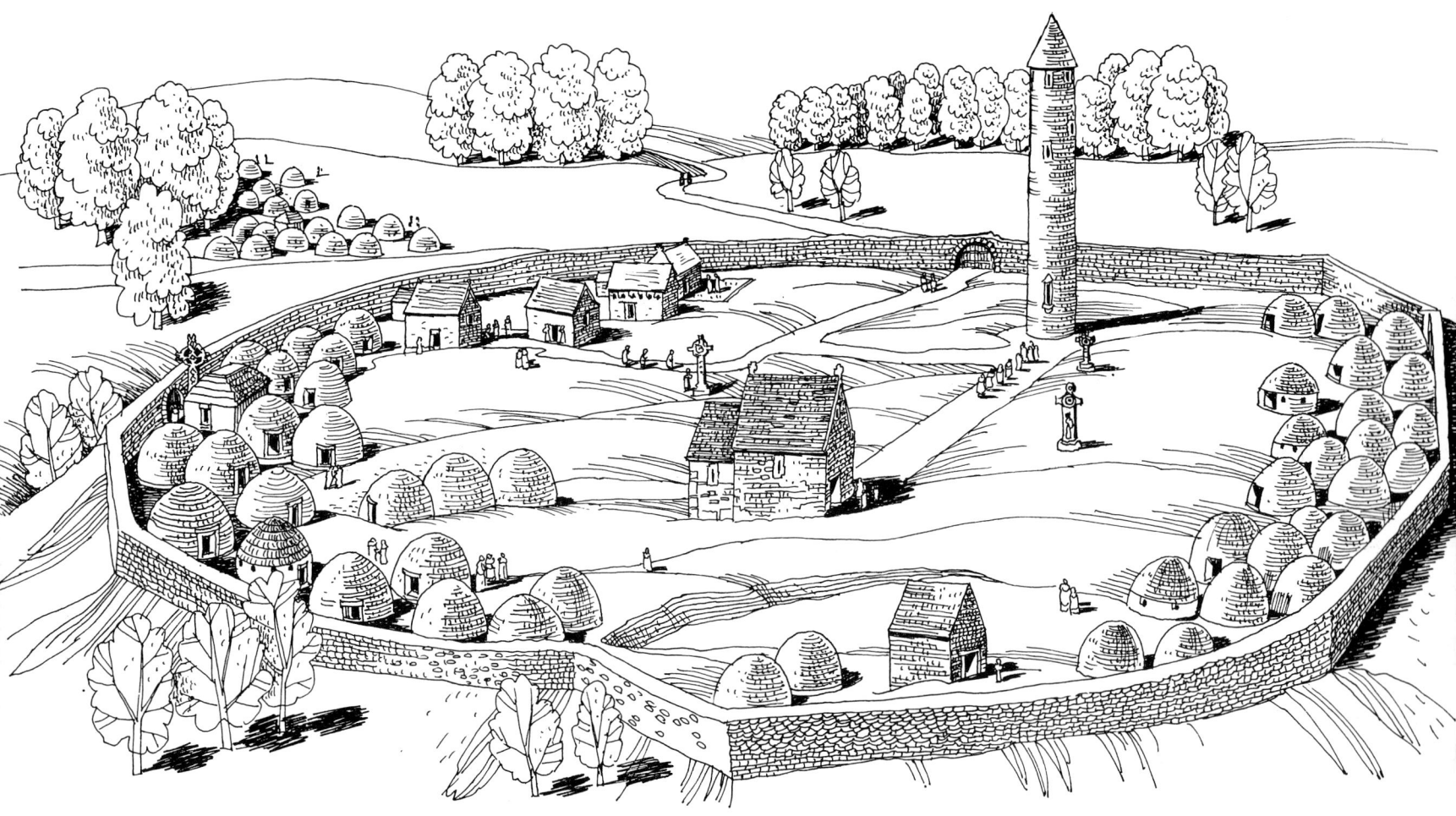

Irland etwa achtzig erhalten sind, waren Glockentürme, die die Mönche zum Gebet riefen, doch dienten sie zur Zeit der Wikingerüberfälle auch der Sicherheit von Mönchen und Klosterschätzen. Die ersten Rundtürme wurden vermutlich im frühen 10. Jahrhundert gebaut.

land und England. Aber es war mehr als das: Es war auch ein politisches Zentrum. In Iona setzte Columba seinen Verwandten Aidan zum König des neuen Staates Dál Riata ein, während er zugleich friedliche Beziehungen zum König der Pikten im Norden herstellte –

Britanniens. Im Norden erreichten sie die Hebriden, segelten weiter bis zu den Orkney- und Shetland-Inseln und drangen sogar bis Island vor. Bis zum 7. Jahrhundert war die keltische Kirche in allen Regionen der Britischen Inseln bekannt.

Das Kloster St. Brigid in Kildare, im frühen 5. Jahrhundert gegründet, war eine der berühmtesten geistlichen Gemeinschaften Irlands, der Mönche und Nonnen angehörten. Als Pilgerstätte wurde das Kloster reich. Im 7. Jahrhundert wird die Kirche als Gebäude mit vielen Fenstern beschrieben, das durch Schranken – mit Gemälden, Leinenbehängen und reichverzierter Tür geschmückt – in drei Teile aufgeteilt war. Der schöne Turm *(links)* wurde der Anlage im 10. Jahrhundert hinzugefügt.

Der relative Komfort und Reichtum von St. Brigid steht in krassem Gegensatz zum Kloster auf dem nackten, von der See zerklüfteten Felsen Skellig Michael im Atlantik vor der Südwestküste Irlands. Die Gebäude – eine Gruppe

bienenkorbförmiger Zellen und zwei kleine Bethäuser – stehen auf einer Terrasse an der Flanke des Felsens zweihundert Meter über dem Meer. Außerdem gibt es einen winzigen Friedhof, dessen Grabplatten rohe Inschriften tragen, und geschützte Gärtchen, in denen man dem Boden ein paar Kräuter und Gemüse abzuringen versuchte.

ST. COLUMBANUS

ST. FRIDOLIN

ST. KILIAN

ST. BONIFATIUS

Jesus sei Dank,
ein fremdes Land
habe ich erreicht.
Ich will ans Ufer gehen –
Herr Jesus, gütiges Herz,
führ mich an einen guten Ort,
damit ich meinen lieben
Christus und Maria, die
jungfräuliche Blume,
anbeten kann.
Ich bin an Land gegangen
und von der Reise müde.

Die irische Missionsbewegung in Britannien war nur Teil eines viel umfassenderen Phänomens. Im 6. Jahrhundert setzten zahlreiche Missionare nach Gallien über, zogen ins Rheingebiet, in die Schweiz und nach Italien. Einige von ihnen, wie der heilige Gallus, suchten vor allem die Einsamkeit der Schweizer Berge. Anderen lag die Heidenbekehrung

St. Columbanus — Um 540 in Leinster geboren, war er Mitglied des Comgall-Klosters in Bangor (Grafschaft Down). Mit zwölf Gefährten begab er sich um 590 auf den Kontinent, reiste durch Westgallien und ließ sich in Burgund nieder, wo er die Klöster Luxeuil und Fontaine gründete. Des Landes verwiesen, zog er über Austrien in die Schweiz und hielt sich eine Zeitlang unweit von Bregenz auf. Schließlich reiste er über die Alpen in die Lombardei und gründete dort das Kloster Bobbio.

St. Fridolin — Gründete im 6. Jahrhundert auf seinen Missionsreisen ein Kloster und eine Kirche auf der Rheininsel Säckingen. Er wird noch heute als Schutzpatron des Schweizer Kantons Glarus verehrt.

St. Kilian — Der irische Wanderbischof Kilian wurde wegen seines Wirkens in Ostfranken als »Apostel Frankens« bezeichnet. Im Jahr 697 erlitt er den Märtyrertod in Würzburg.

DIE RÜCKKKEHR ZUM KONTINENT

St. Columba — Als Prinz aus dem Geschlecht der Uí Néill hätte Columba König werden können, wählte jedoch die Kirche. Er zog nach Argyll (Westschottland), das im Gefolge seiner Mission von Nordiren besiedelt wurde, und gründete auf der Insel Iona ein Kloster, das sich bald großes Ansehen erwarb. Bis zu seinem Tod im Jahr 597 diente Columba dem Kloster als Priester und Abt.

Maria, Mutter und Jungfrau,
wenn du ein Haus
oder eine Wohnung hast
nicht weit von hier,
dann führe mich dorthin,
denn ich möchte mir so gern
neben Mariens Haus
eine Kapelle bauen.

Kornisch, 15. Jahrhundert

und Klostergründung am Herzen – Columbanus etwa, der um 590 in Gallien landete und das berühmte Kloster Luxeuil gründete. Es konnte nicht ausbleiben, daß der missionarische Eifer dieser Männer Konflikte mit der weltlichen Macht heraufbeschwor. Columbanus machte sich die burgundische Königin Brunichild zur Feindin, die ihn des Landes verwies. Unverzagt zog der Missionar über die Alpen und traf 612 in Norditalien ein, wo er 614 in der Lombardei ein weiteres Kloster – Bobbio – gründete.

Die Energie und das Sendungsbewußtsein dieser Männer, die weder große Entfernungen noch politisch unsichere Regionen scheuten, erstaunen noch heute; doch ihr Glaubensernst trug sie, und ihr strenges Beispiel bekehrte Heiden wie Christen zu ihren anspruchsvollen Normen und asketischen Forderungen.

St. Cuthbert — Der um 634 geborene Cuthbert verbrachte seine Jugend als Schafhirt in England. Um 651 trat er in das schottische Kloster Melrose ein; später schloß er sich der von Iona aus gegründeten Gemeinschaft auf Lindisfarne an, deren Abt er wurde. Von hier aus unternahm er Missionsreisen durch Northumberland, predigte das Evangelium und bekehrte die Heiden.

St. Bonifatius — Der um 675 geborene Westsachse studierte in den Klöstern von Exeter und Nursling, wo er unter den Einfluß der von Canterbury ausgehenden Lehre geriet. Sein erster kurzer Missionsbesuch galt Friesland (716–717). Ihm folgten zwanzig Jahre der Missionsarbeit in Deutschland.

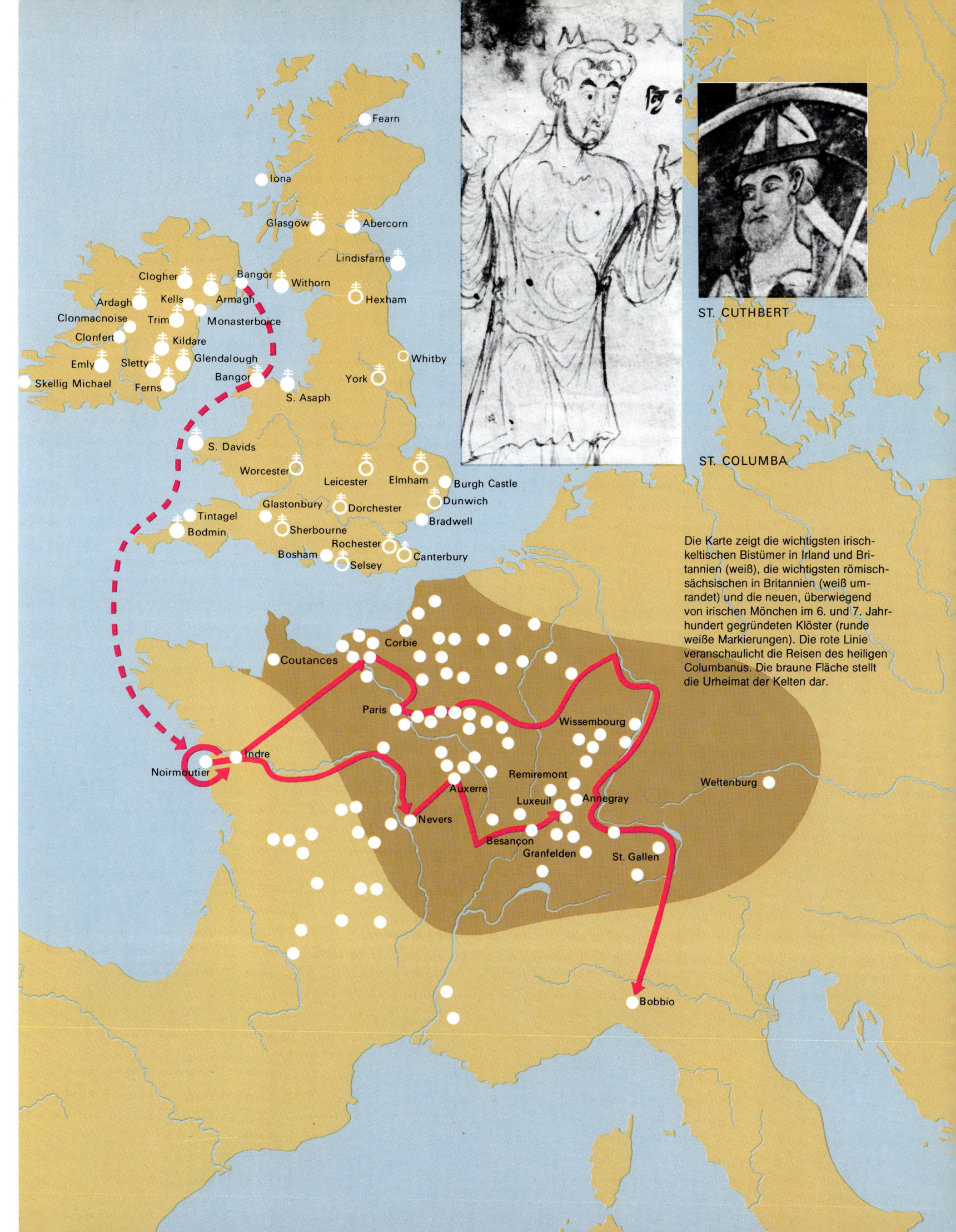

Fearn

Iona

Glasgow   Abercorn

Lindisfarne

Clogher   Bangor   Withorn
Ardagh   Kells   Armagh   Hexham
Clonmacnoise   Monasterboice
Clonfert   Trim
Emly   Kildare   Whitby
Sletty   Glendalough
Skellig Michael   Bangor   York
Ferns   S. Asaph

S. Davids

Worcester   Elmham   Burgh Castle
Leicester   Dunwich
Glastonbury   Dorchester
Tintagel   Bradwell
Bodmin   Sherbourne
Bosham   Rochester
Selsey   Canterbury

ST. CUTHBERT

ST. COLUMBA

Corbie

Coutances

Die Karte zeigt die wichtigsten irisch-
keltischen Bistümer in Irland und Britannien (weiß), die wichtigsten römisch-
sächsischen in Britannien (weiß um-
randet) und die neuen, überwiegend
von irischen Mönchen im 6. und 7. Jahrhundert gegründeten Klöster (runde
weiße Markierungen). Die rote Linie
veranschaulicht die Reisen des heiligen
Columbanus. Die braune Fläche stellt
die Urheimat der Kelten dar.

Paris   Wissembourg

Remiremont   Weltenburg
Indre
Noirmoutier   Auxerre   Luxeuil   Annegray

Nevers   Besançon
Granfelden   St. Gallen

Bobbio

Helden Gottes

Die Ostfranken und die Bewohner Thüringens wurden von St. Kilian bekehrt, der 697 in Würzburg den Märtyrertod starb.

Unten: Das Martyrium des heiligen Kilian. Miniatur aus dem 9. Jahrhundert, Württembergische Landesbibliothek, Stuttgart.

Seite 191 links: Die französische Buchmalerei aus dem frühen 12. Jahrhundert weckt Erinnerungen an die den Germanen heilige Donar-Eiche, die Bonifatius 724 bei Geismar in Hessen fällte, um die überlegene Macht des Christengotts zu demonstrieren.

In einer Gesellschaft wie der keltischen, die sich an Geschichten von Helden- und Wundertaten begeisterte, konnte es nicht ausbleiben, daß die Taten der frühen Missionare in den Klöstern aufgezeichnet und immer wieder erzählt wurden. So wie in heidnischer Zeit die Kühnheit der Häuptlinge junge Männer zu Heldentaten angespornt hatte, wurden die Heiligen und ihr Wirken zu Vorbildern ihrer Schüler. Auf diese Weise entstand im 7. Jahrhundert eine stattliche Sammlung von Lebensbeschreibungen der irischen Heiligen. Sie dienten mannigfaltigen Zwecken: zum einen natürlich der Erziehung und Erbauung, zum anderen aber auch als wirksames Propagandamittel – besonders in einer Zeit, da sich die keltische Kirche mit der Kirche Roms in Konflikt befand (S. 192–193). Überdies mußte ein Kloster, wenn es Geltung erlangen wollte, dafür sorgen, daß die Taten seines Gründers weit und breit bekannt wurden.

Die frühen Heiligenleben entwickelten sich letztlich aus einer literarischen Form, deren frühestes Beispiel die Apostelgeschichte darstellt. Später wurden sie nach dem Muster der Grabrede verfaßt. Bis zum späten 4. Jahrhundert hatte sich in Europa die Form der Erzählung herausgebildet, und als im 7. Jahrhundert Murchiu das früheste erhaltene *Leben des heiligen Patrick* schrieb, merkte er in seiner Einleitung an, daß er eine neue Form verwende, die früher in diesem Jahrhundert in Irland eingeführt worden sei. Das klassische Heiligenleben dagegen stellt Adamnáns *Leben des heiligen Columba* dar. Es ist in drei Teile gegliedert: die Prophezeiungen des Heiligen, seine Wundertaten und seine Visionen. Um 685 entstanden, ist sein Aufbau jedoch bereits altmodisch, denn der neue erzählende Stil der Biographie hatte sich bereits durchgesetzt.

Die Heiligenleben, in denen sich Legende und Wahrheit, Wunschdenken und nüchterner Wirklichkeitssinn mischten, wurden zur Unterhaltung wie zur Erbauung begierig gelesen. Obwohl sie die Geschichte der irischen Missionsbewegung nur in groben Umrissen überliefern, sind sie heute als Spiegelbild der Ziele und Bestrebungen der frühen keltischen Christengemeinschaften von unschätzbarem Wert.

ST. COLUMBAS ABSCHIED

Wie schön ist's auf dem Hügel von Édar,
Vor der Fahrt über den weißhaarigen
Ozean,
Wenn die Woge gegen sein Antlitz brandet,
Gegen sein kahles Ufer und seinen Strand.
Wie schön ist's auf dem Hügel von Édar,
Bei der Heimkehr übers weißbusige Meer,
Wenn man in seinem kleinen Schifflein
Zu der wild umwogten Küste rudert.
Rasch fliegt mein Schifflein dahin,
Das Heck gegen Daire gerichtet.
Wehe, daß ich nun hinüber muß,
Nach Schottland, mit seinen ragenden
Gipfeln.

Mein Fuß ruht in meinem melodischen
Schifflein,
Mein Herz ist traurig und tränenvoll;
Wie schwach ist ein führerloser Mann,
Wie blind ist ein Mensch, der Weisheit bar.
Ich weiß ein graues Auge,
Das rückwärts gen Irland schaut;
Ich werde es nimmermehr sehen,
Nicht Irlands Männer noch Frauen.
Mein Blick schweift über die Salzflut
Von meinen festen Eichenplanken aus;
Manche Träne quillt aus meinem hellen
grauen Auge,
Wie ich nach Erin zurückblicke.
Mein Sinn weilt in Irland,
Beim See von Leibhinn, bei Líne,
Beim Lande, wo die Ulter wohnen,
Beim sanften Munster und bei Meath . . .
Sangeskundig sind Irlands Priester und
seine Vöglein,
Sanft seine Jünglinge, weise seine Alten,
Berühmt sind seine Männer, herrlich
anzuschauen,
Berühmt sind seine Frauen, lieblich zu
freien.

Meine Grüße send ich nach dem Westen,
Ach, mein Herz ist in der Brust zersprungen;
Wenn ein jäher Tod mich überfiele,
Ist's aus Sehnsucht nach dem Volk der
Gälen . . .

Irisch, 12. Jahrhundert

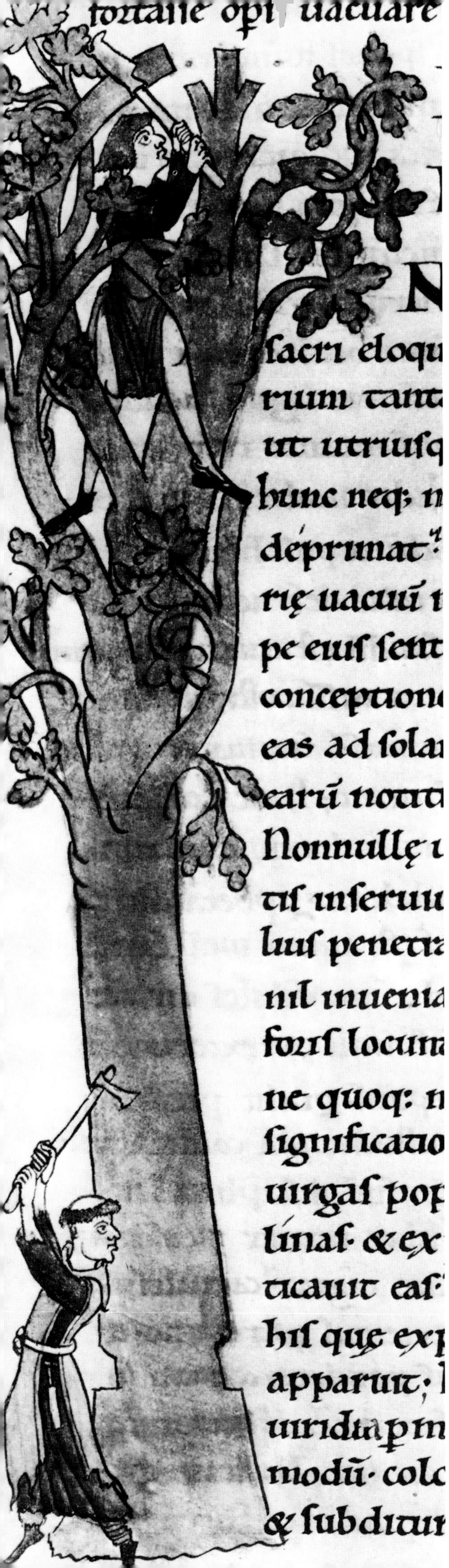

DIE WIEDERERWECKUNG BRESALS, SOHN DES DIARMAID

Bresal, der Sohn des Königs Diarmaid, bereitete seinem Vater Diarmaid, dem Sohn des Diarmaid Cerbhall, ein großes Festmahl, und nichts fehlte für dieses Festmahl außer einer Kuh mit fetter Leber. Bresal erfuhr, daß eine Nonne mit Namen Luchair in Cell Elgraighe auf den Feldern von Kells eine solche Kuh besaß; und Bresal ging, um sie zu kaufen, und bot sieben Kühe und einen Stier dafür. Die Nonne aber gab sie nicht her, und Bresal nahm die Kuh mit Gewalt und gab in Kells das Festmahl für seinen Vater. Während sie sich trinkend vergnügten, kam die Nonne weinend zum König und beklagte sich über Bresal. »Mein Sohn, du hast unrecht getan«, sagte der König, »die Kuh zu rauben, als die Nonne in der Kirche war, und in mein königliches Angesicht zu fliehen, denn es ist kein ererbter Brauch, was du getan hast. Für deine Untat werde ich dich hinrichten lassen müssen.« Und Bresal wurde hingerichtet. Da wandte sich Diarmaid an Colum Cille [St. Columba]: »Gibt es etwas, womit ich meine Tat wiedergutmachen kann?« »Ja«, sagte Colum Cille, »geh zu dem alten Mönch Begán von Ulster, der auf der Insel wohnt.« »Ich traue mich nicht zu ihm«, sagte der König. »Dann gehe ich mit dir«, sagte Colum Cille. Als sie ankamen, sahen sie Begán, der, in einen durchnäßten Mantel gehüllt, aus Steinen eine Mauer baute und zugleich betete. Als Begán Diarmaid erblickte, sagte er: »Unter die Erde mit dir, Sohnesmörder!« Und der König versank bis zu den Knien im Boden. »Der Schutz ist nicht von Dauer, Begán«, sagte Colum Cille, »denn der König ist zu dir gekommen, um Vergebung zu erflehen und dich zu bitten, daß du seinen Sohn wiederauferweckst.« Da hob Begán die rechte Hand und betete dreimal, um Bresal, den Sohn Diarmaids, aufzuerwecken. Mit jedem Gebet holte er fünfzig Bresals aus der Hölle, und Bresal, der Sohn Diarmaids, kam nach dem letzten Gebet mit der letzten Schar.

Irisch, 12. Jahrhundert (?)

Du Sohn des lebendigen
Gottes, alter ewiger König,
Ich wünsche mir eine
verborgene kleine Hütte
in der Wildnis, darin zu
wohnen.
Eine graue Lerche soll heiter
in der Nähe singen
Über einem klaren Teich,
in dem ich meine Sünden
abwaschen kann durch die
Gnade des heiligen Geistes.
Ganz nah auf allen Seiten
ein schöner Wald,
Ein Aufenthalt und Schutz
für vielstimmige Vögel.

Irisch, 10. Jahrhundert

Die Klostertradition der keltischen Kirche in Europa wurde bald von anderen Formen religiöser Gemeinschaften überstrahlt, die sich auf dem Kontinent entwickelten – Benediktiner, Zisterzienser, Karmeliter, Franziskaner und Dominikaner. Die Medaillons aus einem französischen Stundenbuch des 15. Jahrhunderts zeigen *(von links nach rechts)* Benediktiner, Karmeliter, Franziskaner.
Der Benediktinerorden wurde in der Mitte des 6. Jahrhunderts von Benedikt von Nursia in Italien gegründet. Die Zisterzienser waren ein reformierter Benediktinerorden, der seinen Namen von dem 1098 in Burgund gegründeten Kloster Cîteaux ableitete. Die Ordensbrüder, die in der mittelalterlichen Kirche eine herausragende Rolle spielten, glaubten, daß sie, statt sich in Klöstern zu isolieren, außerhalb des Klosters predigen und wirken müßten; damit unterschieden sich ihre Auffassungen grundlegend von denen der frühen irischen Mönche.

Die Kirche im Konflikt mit Rom

Hinter der Osterkontroverse verbarg sich ein tiefgreifenderer Zwist als nur der um die Berechnung des Datums. In der keltischen Kirche war das Fest der Auferstehung auch die Zeit, in der der Mensch das göttliche Licht herbeisehnte (symbolisiert durch den heiligen Christophorus, Jerpoint Abbey in Kilkenny, *oben links*). In der römischen Kirche galt das Fest einzig der Auferstehung Christi, die exakt auf den dritten Tag nach der Kreuzigung datiert werden mußte (*oben rechts:* »Auferstehung« von Verrocchio). Die Osterkontroverse war also letztlich ein Kampf der Lehrmeinungen.

Der einzelne wird ein Träger Christi, das heißt, ein Träger des Sonnengeistes; nicht bloß ein Empfangender, sondern einer, der ihn aufnimmt und ausstrahlt, so wie der Vollmond das Licht der Sonne reflektiert. Damit wird der einzelne ein Träger Christi, ein Christophorus.

R. Steiner

Die Einsiedlerzellen auf Skellig Michael *(oben)* symbolisieren das keltische Klostertum: kleine Gemeinschaften, Askese und Autonomie. Jedes Kloster war unabhängig und unterstand einzig seinem Abt. Zwar gab es in der keltischen Kirche Bischöfe, doch keine bischöfliche Verwaltung. Die römische Kirche dagegen, die Ende des 6. Jahrhunderts von Augustinus in Britannien wiedereingeführt wurde, war zentral organisiert und unterstand den Bischöfen, die über beträchtliche Regionen herrschten.

Die Ansiedlung der Sachsen in Ostengland im frühen 5. Jahrhundert erstickte das Christentum, das in römischer Zeit eingeführt worden war. Es überlebte nur im Westen der Insel, wo die keltische Kirche, nachdem sie sich in Irland durchgesetzt hatte, einen ausgeprägt eigenen Charakter entwickelte. Unterdessen wirkte und blühte die römische Kirche in den übrigen Teilen Europas, ohne an den Ereignissen im Westen Anteil zu nehmen.

Im Jahr 596 beschloß dann Papst Gregor, den Angelsachsen eine Mission zu schicken. Zu ihrem Leiter bestimmte er den Bischof Augustinus, der sich ob der Ehre zunächst zierte, schließlich aber doch 597 in Kent landete. König Ethelbert (dessen Frau Christin war) empfing ihn und gestattete ihm, in Canterbury zu leben und zu lehren. Innerhalb weniger Monate war auch der König bekehrt. Im Jahr 601 traf eine zweite Mission mit einem Sendschreiben des Papstes ein, das Augustinus zum Erzbischof erklärte, und drei Jahre später konnten nach der Bekehrung des ostsächsischen Königs Bischöfe in Rochester und London eingesetzt werden. Als Augustinus wenig später starb, begann freilich der Eifer der frühen angelsächsischen Kirche zu erlahmen.

In anderen Regionen Englands hatte die römische Kirche mehr Erfolg. Von York aus konnte der Priester Paulinus die römische Kirche in Yorkshire und Northumberland kraftvoll durchsetzen, und vierzig Jahre nach der Landung des Augustinus in Kent waren die meisten Angelsachsen – bis auf einige Enklaven im Süden – dem römischen Christentum zugeführt.

In Northumberland trafen die beiden mächtigen Kirchen – die römische und die keltische – aufeinander. Dort hatte die römische Mission unter der Schirmherrschaft König Edwins zwar erfolgreich wirken können, doch mit seinem Tod war alles verloren. Der neue König Oswald holte Mönche des keltischen Klosters Iona ins Land, die in seinem Reich das von ihm bevorzugte keltische Christentum predigen sollten. Sie waren es, die das Kloster auf Lindisfarne gründeten und das keltische Christentum bis weit nach Northumbria hineintrugen. Da in York die römische Kirche durch Paulinus fest etabliert war, konnte es nicht ausbleiben, daß die beiden so unterschiedlichen Kirchen schließlich miteinander in Konflikt gerieten.

Rom hatte die Stärke der keltischen Kirche weit unterschätzt. Papst Gregor beantwortete eine der Fragen, die ihm Augustinus in bezug auf die keltische Kirche gestellt hatte, mit den Worten: »Wir vertrauen sie alle deiner Obhut an, auf daß die Unwissenden belehrt, die Schwachen durch Überzeugung gestärkt und die Verderbten durch moralischen Einfluß gebessert werden.«

Wenn dies wirklich Gregors Worte waren, beweisen sie eine gründliche Verkennung der Situation. Zwar traf Augustinus zweimal mit den keltischen Bischöfen zusammen, erreichte jedoch nichts. Die keltische Kirche war nach der langen Zeit der Isolation zu selbständig, und ihre Lehre deckte sich nicht mehr mit der Roms. Keine der beiden Kirchen konnte es sich jedoch leisten, die andere zu ignorieren: Die Macht Roms beruhte auf der zentralisierten Amtskirche mit dem Papst an der Spitze, die Stärke der keltischen Kirche auf ihrem missionarischen Eifer.

Der Streit entzündete sich schließlich an untergeordneten Fragen: der Berechnung des Osterdatums, der Taufe und der Form der Tonsur. Daß die beiden Kirchen für ihre Kraftprobe diese Streitpunkte wählten, erweckt fast den Eindruck, als hätten sie den Kampf in alter keltischer Manier austragen wollen: Um eine Feldschlacht zu vermeiden, die beide Gegner nicht wünschten, wurde die Entscheidung durch einen Zweikampf herbeigeführt. Die Analogie mag ein wenig kühn sein, hat aber einiges für sich.

Der Streit um das Osterfest hatte komplizierte Ursachen. Um das Datum des Osterfestes zu bestimmen, mußten bestimmte Berechnungen, die auf dem Mondkalender beruhten, auf das Sonnenjahr abgestimmt werden, wozu man verschiedene Zeitzyklen von 8, 11, 19 oder 84 Jahren heranzog. Die keltische Kirche stützte sich auf den 84-Jahre-Zyklus, der 314 auf dem Konzil von Arles anerkannt worden war. Die Alexandrier bevorzugten jedoch den genaueren 19-Jahre-Zyklus, der um die Mitte des 5. Jahrhunderts von Papst Leo I. und allen römischen Kirchen übernommen wurde. Die keltische Kirche befand sich also nicht mehr im Einklang mit Rom. Das Problem wurde in den dreißiger Jahren des 6. Jahrhunderts des langen und breiten erörtert, bis sich die südirische Kirche schließlich Rom unterwarf. Die nordirische Kirche, Iona und der Norden Schottlands beharrten auf der alten Ordnung. Daraus ergaben sich mitunter absurde Situationen: In Northumberland feierte König Oswald, der der keltischen Kirche angehörte, Ostern, während seine römisch-christliche Gemahlin noch fastete.

Der Streit wurde schließlich im Herbst 663 auf einem Konzil in Whitby entschieden. Wenngleich nur die Osterfrage debattiert wurde, müssen die anderen, unausgesprochenen Differenzen das Verhandlungsklima mitbestimmt haben. Die römische Seite, von dem eloquenten Bischof Wilfrid vertreten, obsiegte, doch sollte es noch viele Generationen dauern, bis die beiden Kirchen zu einer Einheit zusammenwuchsen.

Mit der Übernahme der römischen Methode zur Berechnung des Osterdatums durch die keltische Kirche begann die Vorherrschaft der römischen,

während die keltische Kirche ihre Individualität allmählich einbüßte. Ostern wurde nun nach dem römischen System berechnet (wie in dem hier abgebildeten Osterdiagramm des Mönchs Byrthferth aus dem Jahr 1011), und langsam kamen die beiden Kirchen einander näher.

Der Papst – hier Gregor I. –, das Haupt der römischen Amtskirche, wurde nun auch zum symbolischen Haupt der keltischen Kirche.

Links: Das Kreuz von Dysert O'Dea aus dem 12. Jahrhundert bezeugt eindrucksvoll den Einfluß Roms auf die irische Kultur. Während das Kreuz ganz in irischer Tradition steht, verrät der über seinem Stellvertreter auf Erden stehende Christus römischen Symbolismus.

Im späten 11. Jahrhundert ließ sich eine Gruppe irischer Mönche bei Regensburg nieder. Zunächst lebten sie in ihren traditionellen Zellen, doch nach dem Tod ihres Abts gründeten sie nach der Regel des heiligen Benedikt ein neues Kloster – das erste irische Benediktinerkloster auf dem Kontinent.

Ein Brennpunkt mittelalterlicher Kultur

Zu den Gefährten des heiligen Columbanus gehörte auch der heilige Gallus. Die beiden Männer verließen um 590 das Kloster St. Comgall im nordirischen Bangor, um ihre Wanderschaft durch Westeuropa anzutreten. Mit ihrer freimütigen Parteinahme in der Osterkontroverse und ihren rigorosen Forderungen nach strenger Disziplin machten sie sich Feinde am burgundischen Hof und mußten nach Austrien in die Gegend des heutigen Bregenz ausweichen, wo sie sich trennten. Columbanus zog in die Lombardei und gründete dort das Kloster Bobbio, während Gallus sich südlich des Bodensees als Einsiedler niederließ. Er starb dort um 645. Die Nachwelt ehrte den berühmten Heiligen 720 mit dem Bau eines Klosters an seinem Grab, das bald – mit seiner reichen Bibliothek – zu einer der

Schlüssel zum St. Galler Klosterplan (9. Jahrhundert):

1. Gebäude für Bedienstete und Ställe für Schafe, Schweine, Ziegen, Pferde, Kühe

2. Küche für Gäste und Gästehaus

3. Türme: St. Gabriel und St. Michael

4. Westliches und östliches Paradies (Vorhallen)

5. Küche

6. Werkstätten (Küferei, Töpferei, Brauerei, Bäckerei, Mühle, Presse)

7. Refektorium

8. Kreuzgang

9. Keller

10. Krankenrevier und Arzt

11. Novizenhaus

Die Bibliothek von St. Gallen enthält einen Plan, der, um 820 gezeichnet, den Grundriß eines Benediktinerklosters darstellt *(rechts)*. Die Abbildung links, ein Kupferstich aus dem 18. Jahrhundert, zeigt das zeitgenössische Kloster St. Gallen. Die Anlage wurde von der Stiftskirche mit den beiden großen Westtürmen beherrscht. Im Süden lag der Kreuzgang mit angrenzendem Refektorium und Dormitorium. Weiter südlich befanden sich die Wirtschaftsgebäude und Werkstätten; im Westen erstreckte sich die klösterliche Landwirtschaft.

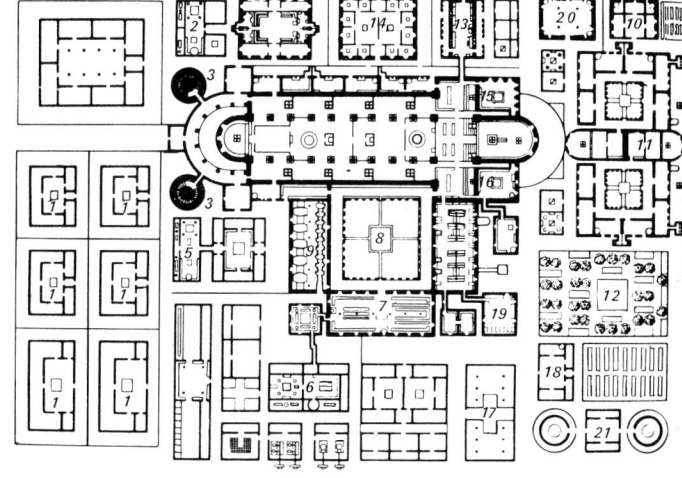

bedeutendsten Stätten der Gelehrsamkeit in Europa wurde. St. Gallen lag – wie auch Bobbio – unweit der alten *via barbaresca*, auf der nun Pilgerscharen nach Rom zogen. Natürlich kehrten sie in den Klöstern am Wege ein, nicht zuletzt der Bibliotheken wegen, während die Mönche gern Besucher empfingen, um von deren Gelehrsamkeit zu profitieren und Neuigkeiten aus der Außenwelt zu erfahren. Auf diese Weise wurden Klöster wie St. Gallen zu kulturellen Brennpunkten Europas. Im 6. Jahrhundert zogen zahlreiche irische Pilger in geordneten Scharen durch Europa – vielleicht ein Ausdruck ihrer angeborenen Liebe zur Wanderschaft, die ihre keltischen Ahnen so entscheidend geprägt hatte.

12. Friedhof

13. Haus des Abts

14. Schule

15. Schreibstube

16. Sakristei

17. Scheune und Dreschboden

18. Gärtner

19. Bäder

20. Aderlaßhaus

21. Hühner, Haus des Geflügelpflegers, Gänse, Abort

Die Welt hat sie gestürzt
und der Wind sie verweht wie Asche –
Alexander, Caesar und alle,
die ihnen anvertraut waren.

Irische Fischer legen zum Fang ab: eine
Szene, die sich im Verlauf der Jahrhunderte wenig geändert hat.

Gegenüber: Der berühmte »Kalvarien-
berg« von St. Thégonnec in der Bretagne

DIE KELTEN HEUTE

Grasüberwachsen ist Tara,
und sieh, was aus Troja geworden ist.
Und die Engländer –
vielleicht werden
auch sie verschwinden.
Irisches Gedicht eines unbekannten Verfassers, 17./18. Jahrhundert

In der Welt des ausgehenden 20. Jahrhunderts stellen die Kelten eine Minderheit dar – eine Gruppe von Minderheiten, die über verschiedene Nationen verstreut sind. Vom Altertum bis in die Gegenwart sind sie von den Stürmen der internationalen Politik hierhin und dorthin getrieben worden. Doch zeugt der Ausdruck »keltische Randvölker«, mit dem man sie heute bezeichnet, auch von der Zersplitterung der Kelten und ihrer Unfähigkeit zur Staatsbildung.

Bedeutet die »keltische Renaissance« mehr als nur Nostalgie, die keltische Identität mehr als nur Rhetorik und Wunschdenken? Die Kelten von heute können auf die Sprachen ihrer Vorfahren verweisen: das Gälische, Irische, Welsche und Bretonische, Sprachen, die von Dichtern und Gelehrten wiederbelebt wurden und heute von vielen täglich gesprochen werden. Ein anderer Ausdruck keltischen Lebens heute – wiederum im kulturellen Bereich – ist das Fortleben des Brauchtums: Trachten, Musik, Folklore, alte keltische Ortsnamen und Familientraditionen, die auf die alten Sippen zurückgehen. Doch die Kelten beziehen ihre Identität nicht nur aus Sprache und Brauchtum. Sie mögen in Frankreich und Britannien eine Randgruppe und in den Vereinigten Staaten eine verstreute Minderheit sein – in Irland bilden sie eine Nation. Welches Schicksal den Separatistenbewegungen in den einzelnen Staaten auch beschieden sein mag – das 20. Jahrhundert hat immerhin ein Beispiel keltischer Erneuerung erlebt, das politische Realität geworden ist.

Der Wunsch eines Volkes, sich als Einheit zu betrachten und sich durch Namen und Brauchtum von anderen Gruppen zu unterscheiden, ist ein zutiefst menschliches Bedürfnis. Mochten die Griechen die Barbaren Mitteleuropas unterschiedslos als Keltoi bezeichnen – die Kelten empfanden sich als Angehörige kleinerer Gruppen, die jeweils eigene Namen hatten. Es ist höchst unwahrscheinlich, daß sich die einzelnen Stämme als Teil einer größeren ethnischen Gesamtheit verstanden. Das Erstarken und die Ausdehnung des Römischen Reiches, die Wirren der Völkerwanderung und die Entstehung des modernen Europa gingen über die Kelten hinweg und brachten neue Staaten hervor. So verleibte sich Frankreich im 16. Jahrhundert die Bretagne ein, während Britannien zwischen 1536 und 1801 durch verschiedene »Acts of Union« nominell zu einer Nation wurde.

Diese Staatenbildungen stellten jedoch im wesentlichen nur politische Vereinigungen dar. Die keltischen Minderheiten Irlands, Schottlands, Wales' und der Bretagne blieben sich ihrer Eigenart bewußt und haben seit dem späten 18. Jahrhundert danach gestrebt, sich ihre Individualität zu bewahren: zunächst, indem sie ihre Sprachen und Bräuche vor dem Aussterben retteten, und dann, in neuerer Zeit, durch ihren immer lauteren Ruf nach politischer Unabhängigkeit. Wie die politische Unabhängigkeit wirtschaftlich realisiert werden könnte, ist eine höchst umstrittene Frage. Ein vereintes und befriedetes Irland wäre gewiß lebensfähig, doch würde kaum jemand behaupten wollen, daß ein freies Cornwall für sich existieren könnte. Wiederherstellung historischer Rechte, Selbstbestimmung und lokale Autonomie sind im letzten Jahrhundert zum entscheidenden politischen Problem geworden. Gelegentlich wird es durch Exzesse des revolutionären Extremismus kompliziert, häufiger jedoch durch aufgesetzte Nostalgie im Dienst des Tourismus bagatellisiert. Dahinter aber lebt die menschliche Sehnsucht nach Identität mit einer hinreichend großen Gruppe, die sich durch eine gemeinsame Kultur, Sprache und Geschichte auszeichnet. Gerade in den keltischen Randvölkern Europas reichen diese Wurzeln – nach zweitausend Jahren politischer Umwälzungen noch immer lebendig – am weitesten in die Vergangenheit zurück. Es ist daher kaum verwunderlich, daß der Ruf nach Wiederherstellung historischer Rechte besonders ein keltischer ist.

In den Gebirgs- und Inselregionen Schottlands, Wales', Cornwalls und der Bretagne hat sich die keltische Kultur trotz jahrhundertelanger Kulturübertragung durch Wikinger, Normannen und in neuerer Zeit durch Engländer und Franzosen lebendig erhalten. Warum diese Inseln und Halbinseln soviel von ihrer ursprünglichen Kultur bewahren konnten, läßt sich weitgehend durch ihre Geographie erklären: Sie sind abgelegen, schwer zugänglich, unwirtlich und leicht zu verteidigen. Die in den meisten Teilen dieser Regionen sehr alte Grundschicht besteht überwiegend aus Erstarrungsgestein, so daß der Boden wesentlich unfruchtbarer ist als der der weiter östlich gelegenen Gebiete. Über-

DIE ANGESTAMMTE HEIMAT

Ausgedehnte Gebiete der »keltischen« Länder liegen abseits der Zivilisationszentren. Große landwirtschaftliche Güter sind nach wie vor relativ selten anzutreffen; in der Regel wird das Land von Großfamilien bewirtschaftet, die inmitten ihrer Felder auf den zahllosen Gehöften leben, mit denen die Landschaft gesprenkelt ist. Das Landschaftsbild in Wales oder Cornwall erinnert immer noch stark an die Siedlungsform der vorrömischen Eisenzeit.

dies bedingt die Höhe dieser europäischen Randzone sowie ihre exponierte Lage zum Atlantik beträchtliche Niederschläge, die sich auf Boden und Landschaft ausgewirkt haben. Wenngleich leichte Klimaveränderungen in den letzten drei Jahrtausenden einige einst bewirtschaftete Regionen für den Menschen unattraktiv gemacht haben und im schottischen Hochland die Bauern durch gezielte Belästigungen von ihrem Land vertrieben worden sind, waren die keltischen Randzonen zu keiner Zeit dicht besiedelt oder landwirtschaftlich besonders produktiv. Aus diesem Grunde waren die Römer an ihnen wenig interessiert. Zwar bauten sie einige Straßen, und in den zugänglicheren Teilen der von ihnen eroberten Gebiete entwickelten sich kleine Provinzstädte, doch solange sich die verstreut lebende Bevölkerung fügte und regelmäßig Bodenschätze lieferte, überließ man sie sich selbst. Das Land war nicht fruchtbar genug, um Spekulanten anzulocken. Auch in den nachrömischen Jahrhunderten änderte sich daran nichts, und erst nach der Vereinigung mit England und Frankreich hat man die Randzonen von Osten her zu kolonisieren versucht.

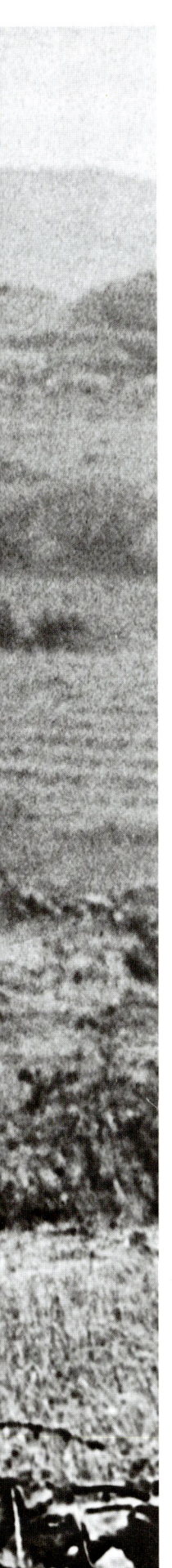

Die Gebiete, die ihren keltischen Charakter teilweise behielten, liegen am äußersten Westrand Europas: Halbinseln und Inseln, die vom Atlantik umspült werden. Durch ihre Abgeschiedenheit blieben diese Regionen weitgehend vor den Unruhen der Völkerverschiebungen im frühen Mittelalter bewahrt.

IRLAND

1801 wurde Irland formal mit den übrigen Britischen Inseln vereint. Nach schweren Unruhen und Aufständen errang 1921 Südirland (Eire) die Unabhängigkeit, während Nordirland Teil des Vereinigten Königreichs blieb. Bevölkerung: Nordirland 1,54 Millionen, Eire 2,98 Millionen. Gälisch wird verbreitet gesprochen, besonders im Westen.

SCHOTTLAND

Schottland wurde 1707 mit England und Wales vereinigt. Die Schottische Nationale Partei (SNP) setzt sich für die Autonomie Schottlands ein, wird jedoch von der Mehrheit der Bevölkerung nicht unterstützt. Bevölkerung: 5,18 Millionen, von denen 1,8 Prozent das Gälische beherrschen. (1971 gab es 338 Menschen, die ausschließlich Gälisch sprachen.)

INSEL MAN

Obwohl seit dem 14. Jahrhundert zu England gehörig, besitzt die Insel eine eigene Verfassung, ein eigenes Parlament (Tynwald) und eigenes Landrecht. Bevölkerung: 0,05 Millionen, von denen 1961 noch 165 Menschen Manx sprachen.

WALES

Wales wurde 1543 mit England vereint und ist seither Teil des Vereinigten Königreichs. Die Walisische Nationalistische Partei (Plaid Cymru) tritt für die Trennung vom Königreich ein, doch stimmte das Volk 1979 mit großer Mehrheit gegen die Autonomie. Bevölkerung: 2,64 Millionen, von denen 0,51 Millionen das Welsche beherrschen. 1971 sprachen 32725 Menschen ausschließlich Welsch.

CORNWALL

Cornwall wurde erst im 10. Jahrhundert von den Angelsachsen unterworfen. Trotz sporadischer nationalistischer Ausbrüche gibt es kein ernsthaftes Streben nach Unabhängigkeit. Bevölkerung: 0,38 Millionen. Kornisch ist eine tote Sprache, doch gibt es Ansätze für eine akademische Wiederbelebung.

BRETAGNE

Die Bretagne wurde 1532 Teil Frankreichs. Separatistenbewegungen, namentlich die FLB (Front pour la Libération de la Bretagne), setzen sich für die Selbstverwaltung ein, doch mit wenig Erfolg. Bevölkerung (Basse Bretagne): 1,5 Millionen, von denen knapp die Hälfte das Bretonische beherrscht.

Der Bevölkerungsanteil, den die »keltischen Länder« stellen, ist gering – knapp 14 Prozent der Bevölkerung Großbritanniens und Frankreichs; von dieser Zahl ist vermutlich weniger als die Hälfte nichtkeltischer Herkunft. Die keltischen Sprachen werden von knapp vier Millionen Menschen gesprochen.

HIGHLANDS

Edinburgh ●

SCHOTTLAND

NORDIRLAND

Belfast ●

ISLE OF MAN

Galway ●

Dublin ●

IRLAND

WALES

ENGLAND

Cardiff ●

London ●

CORNWALL

BRETAGNE

Rennes ●

FRANKREICH

Wer sind die Kelten von heute?

In den keltischen Ländern stößt man noch heute auf uralte ungebrochene Traditionen. Die Steinwälle und Häuser der kargen, abgeschiedenen Aran-Inseln *(rechts)* sind Jahrhunderte alt, und die Parzellierung des Bodens wie die Atmosphäre der Landschaft scheint seit dem frühen Mittelalter unverändert.

Noch immer begegnen uns in den keltischen Randgebieten traditionelle Bräuche, doch sind sie im Aussterben begriffen, sofern sie nicht von nationalen Bewegungen oder vom Tourismus am Leben erhalten werden. Oft läßt sich das echte Überleben von Traditionen nur schwer von deren künstlicher Wiederbelebung unterscheiden.

Die Trachten dieser bretonischen Frauen sind ebenso echte Tradition wie die bretonischen Dudelsäcke – die »traditionelle« Musik freilich ist zur politischen Waffe geworden.

Die Bevölkerungen der keltischen Randgebiete stellen natürlich ethnische Mischungen dar. Wales, Cornwall und die Bretagne waren einer gewissen Romanisierung ausgesetzt. In Ostirland führte die Besiedlung durch die Wikinger ein neues Element ein, während sich der anglo-normannische bzw. normannisch-französische Einschlag in allen Regionen nachweisen läßt. Dennoch ist die große Masse der Bevölkerung keltischen Ursprungs. Sie umfaßt 13 bis 14 Millionen Menschen – eine stattliche Zahl im Vergleich zu den 46 Millionen Einwohnern Englands und den 50 Millionen des übrigen Frankreich.

Die individuellen Merkmale der einzelnen keltischen Völker machen nicht nur ihre Identität aus, sondern verweisen auch auf das historische Erbe. Mit dem Erwachen des Nationalismus wurden in allen keltischen Län-

dern Volksbräuche vor dem Aussterben gerettet und sorgsam gepflegt, um ein neues Volksbewußtsein zu schaffen. In Wales etwa entwickelte sich im 18. Jahrhundert ein lebhaftes Interesse an walisischer Kultur. 1771 wurde die »Society of the Gwyneddigion« gegründet, die sich der Pflege der walisischen Literatur verschrieben hatte. Durch ihre Veröffentlichungen konnte sie zwar vieles vor dem Untergang bewahren, jedoch nicht verhindern, daß authentisches Material mit romantischen Fälschungen durchsetzt wurde. Auch das 1789 wiedereingeführte »Eisteddfod« (ein jährlicher Bardenwettbewerb) leidet noch heute an diesem Makel: Um der Veranstaltung einen besonders romantischen Anstrich zu geben, wurde eine pseudodruidische Scharade ins Programm aufgenommen. Teilnehmer und Publikum werden stets auf ihr

Die Wirtschaft läßt sich nicht so leicht vor den nationalistischen Karren spannen. Bretonische Fischer versorgen die französischen Märkte wie eh und je.

keltisches Erbe verwiesen: So galt eines der im Eisteddfod von 1858 gestellten Themen der Eroberung Roms durch den Keltenfürsten Brennus.

Im schottischen Hochland und auf den schottischen Inseln lassen sich noch heute Relikte der keltischen Gesellschaftsordnung ausmachen – vor allem im Clansystem, dem ein nicht geringer Prozentsatz der Bevölkerung unbeirrt anhängt. Die Organisation des Clans mit dem »Laird« an der Spitze hat mit der des keltischen Stammes vieles gemeinsam, und in den unverbrüchlichen Treuebindungen wie erbitterten Blutfehden zwischen den Clans des 17. und 18. Jahrhunderts spiegeln sich deutlich frühere keltische Lebensformen. Ebenso in den »Highland games«, zu denen sich die Hochlandbevölkerung seit alters her einmal jährlich einfindet, um ihre Kräfte im Hammerwerfen und Schleudern des *caber* (Kiefernstamm) zu messen; Dudelsack- und Tanzwettbewerbe gehören natürlich zum Programm. Diese Veranstaltung hat ihre Wurzeln in der Geschichte: Einst traf man sich, um die Götter zu verehren und politische Entscheidungen zu treffen. Geblieben ist das Spektakel, an dem sich Touristen wie nationale Schwärmer ergötzen.

Die keltischen Randvölker zeichnen sich durch charakteristische Eigenschaften aus: die Iren durch ihre tiefe Religiosität, die Waliser durch ihre Liebe zu Musik und Dichtung, die schottischen Hochlandbewohner durch ihre abweisende Reserviertheit – Eigenschaften, die häufig zugespitzt karikiert wurden, jedoch nicht wegzudebattieren sind.

Feierabend: Junge irische Dörfler in typischer Pose. Ein Zeichen der Zeit, denn viele Teile Irlands leiden unter Frauenmangel.

Das Vieh, in keltischer Zeit Grundlage von gesellschaftlichem Rang und Wohlstand, stellt heute ein wichtiges Produkt für den Export dar.

Die »Highland games« in Schottland: Besonders beliebt ist bei den Touristen das Schleudern des *caber*.

Sprache

Oben: Handschrift eines Gallorömers am Boden eines Keramikgefäßes aus dem 1. Jahrhundert n. Chr.

Ogham war eine Art Zeichenschrift, die in den Ländern um die Irische See für Inschriften auf Stein und Holz benutzt wurde. Die Kante des aufrechtstehenden Blocks bildete eine Grundlinie, zu deren Seiten Gruppen von Strichen und Punkten jeweils einen Buchstaben vertraten. Dieses Beispiel stammt aus Bellaqueeney auf der Insel Man.

Die heute von den keltischen Völkern gesprochenen Sprachen lassen sich in zwei Gruppen unterteilen: das Brythonische (oder P-Keltische) und das Goidelische (oder Q-Keltische). Das Brythonische wird als P-Keltisch bezeichnet, weil das Q hier als Konsonant P erscheint, während es im Goidelischen Q geblieben ist. Zu den goidelischen Sprachzweigen zählen das Irische, Gälische und das Manx, während das Welsche, Kornische und Bretonische dem brythonischen Zweig angehören. Diese Verteilung ist das Ergebnis der Wanderungen im 5. und 6. Jahrhundert. Davor wurde das Brythonische in Britannien, das Goidelische in Irland gesprochen. Die Ostwanderung der Iren trug das Goidelische in die westlichen Teile Schottlands, wo es als das Gälische weiterlebte, sowie auf die Insel Man, während das Brythonische in Wales und Cornwall in Gebrauch blieb und durch die Völkerverschiebungen des 5. und 6. Jahrhunderts von Devon und Cornwall in die Bretagne gelangte.

Die irische Form des Keltischen wurde nach den Eroberungen durch die Wikinger, Normannen und Engländer erst im 16. Jahrhundert allmählich durch das Englische abgelöst. In Schottland hatte dieser Prozeß schon früher eingesetzt. Auf der Insel Man wurde noch im 17. Jahrhundert verbreitet das mittlerweile ausgestorbene Manx gesprochen. In Cornwall erlosch das Keltische im 18. Jahrhundert, hat aber in der Bretagne überlebt. Heute beherrscht dort noch die Hälfte der Bevölkerung das Bretonische. In Westirland kann man das Keltische häufig hören, in Ulster dagegen kaum, während in Schottland 15 Prozent der Bevölkerung, die sich vor allem auf die Hebriden konzentrieren, Gälisch sprechen. In Wales dagegen sprechen immerhin 26 Prozent der Bevölkerung Welsch, und das walisische Sprachgesetz von 1967, das die Gleichberechtigung von Welsch und Englisch dekretierte, hat dafür gesorgt, daß die keltische Sprache zumindest in einer Region der keltischen Welt das Eindringen fremder Sprachen überleben wird.

Artikel 2

Das Staatsgebiet umfaßt die gesamte Insel Irland, die irischen Inseln und Hoheitsgewässer.

Artikel 3

Bis zur Wiederherstellung des Staatsgebiets und unbeschadet des durch die Verfassung begründeten Rechts von Parlament und Regierung, die Jurisdiktion über das Gesamtgebiet auszuüben, werden die von diesem Parlament erlassenen Gesetze denselben Geltungs- und Anwendungsbereich und dieselbe exterritoriale Wirkung haben wie die Gesetze des Irischen Freistaats.

Links: Eine piktische Inschrift in sächsischer Runenschrift auf dem Sockel eines Gedenksteins aus dem 5. Jahrhundert (Picts' Museum in Arbroath, Grafschaft Angus). Sie enthält den Namen Drosten Voret Forcus, der Rest ist unlesbar.

Text gegenüber: Die ersten drei Artikel der Verfassung Irlands *(Bunreacht na hÉireann).* Die Verfassung wurde am 1. Juli 1937 verkündet und trat am Ende dieses Jahres in Kraft.

Unten: Seite eines walisischen Manuskripts aus dem späten 13. Jahrhundert *(White Book of Rhyddech).*

AN NÁISIÚN

Airteagal 1

Deimhníonn náisiún na hÉireann leis seo a gceart do-shannta, do-chlaoite, ceannasach chun cibé cineál Rialtais is rogha leo féin do bhunú, chun a gcaidreamh le náisiúnaibh eile do chinneadh, agus chun a saol polaitíochta is geilleagair is saíochta do chur ar aghaidh do réir dhúchais is gnás a sinsear.

Airteagal 2

Is é oileán na hÉireann go hiomlán, maille lena oileáin agus a fharraigí teorann, na críocha náisiúnta.

Airteagal 3

Go dtí go ndéantar athchomhlánú ar na críochaibh náisiúnta, agus gan dochar do cheart na Párlaiminte is an Rialtais a bunaítear leis an mBunreacht so chun dlínse d'oibriú insna críochaibh náisiúnta uile, bainfidh na dlithe achtófar ag an bPárlaimint sin leis an límistéir céanna lenar bhain dlithe Shaorstát Éireann, agus beidh an éifeacht chéanna acu taobh amuigh den límistéir sin a bhí ag dlithibh Shaorstát Éireann.

DIE NATION

Artikel 1

Das irische Volk erklärt hiermit sein unveräußerliches, unantastbares und souveränes Recht, seine eigene Regierungsform zu wählen, seine Beziehungen zu anderen Staaten selbst zu bestimmen und sein politisches, wirtschaftliches und kulturelles Leben seiner Eigenart und seinen Traditionen gemäß zu entfalten.

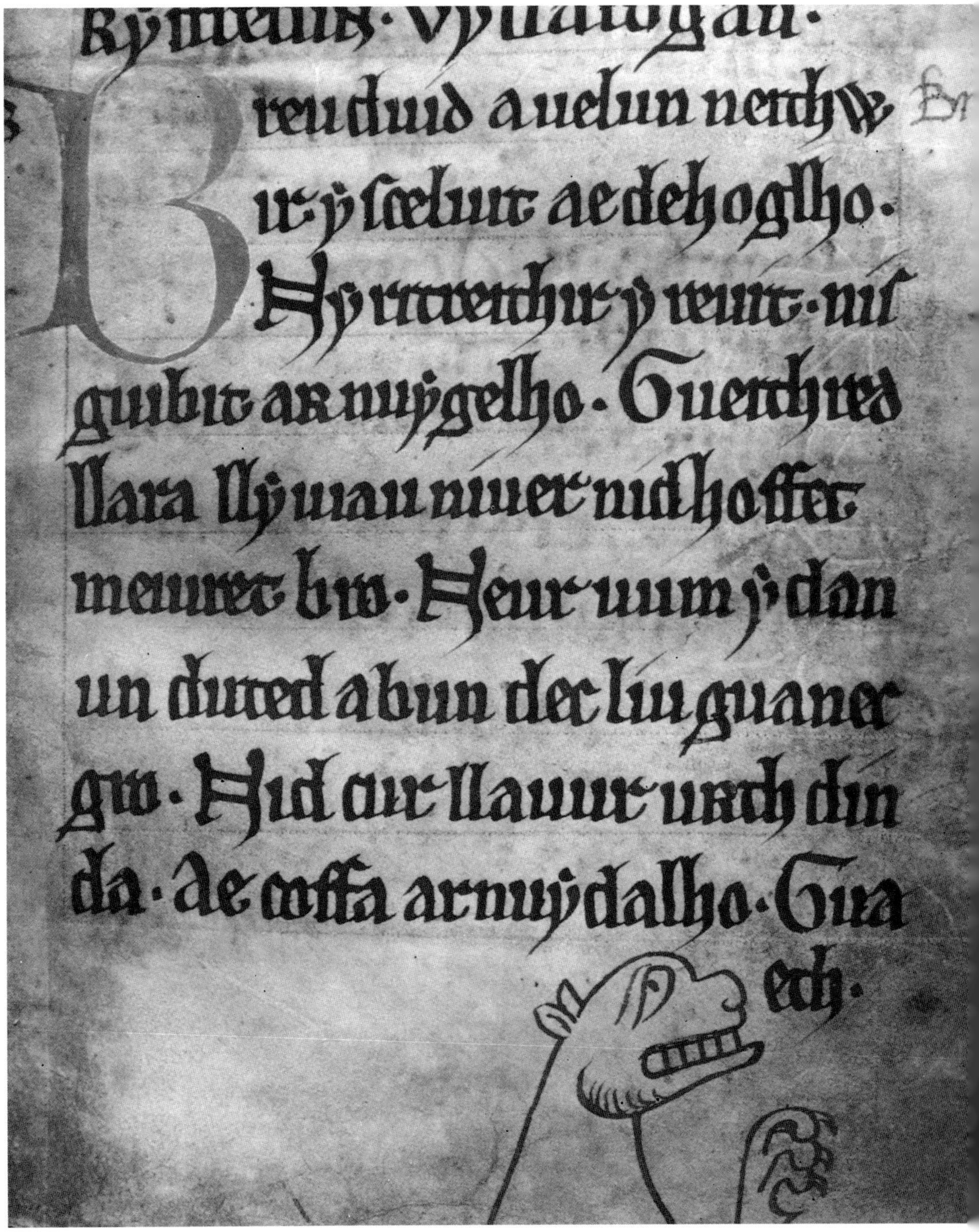

Literatur

Die großen literarischen Überlieferungen Irlands und Wales' haben zahlreiche Schriftsteller der letzten dreihundert Jahre zutiefst beeindruckt. In dem Gedicht des Iren Patrick Kavanagh (rechts außen zitiert) findet sich eine Erklärung: Der Dichter lebt vom Mythos – ohne ihn wird sein Werk steril. Der keltische Westen hat Generationen von bedeutenden Autoren hervorgebracht, die alle, bewußt oder unbewußt, aus den Quellen der keltischen Vergangenheit geschöpft haben.

In Schottland ging die literarische Erneuerung mit einem erbitterten Patriotismus Hand in Hand, doch blieben die führenden Literaten – Macpherson, Burns, Scott – überzeugte Unionisten. Ihnen lieferte der »edle« Hochlandbewohner, der sich verzweifelt an die Relikte seiner keltischen Lebensweise klammerte, vor allem literarische Inspiration. In Schottland hatte nur wenig keltische Literatur überlebt (woran auch die zweifelhaften Bemühungen Macphersons nichts zu ändern vermochten), und dieser Umstand sowie das rasche Aussterben des Gälischen bieten eine

Tradition Irlands (und in geringerem Umfang auch der Wales'), haben Schottland und die Bretagne zur modernen Literatur wenig beigetragen. Dies mag darauf zurückzuführen sein, daß die Mythologien in Vergessenheit geraten waren, bevor das Zeitalter der Aufklärung der europäischen Kultur neue Impulse brachte. Die Verbindung zur Vergangenheit war tot, und es blieb nur die Klage. In Irland und Wales aber sorgte im 18. und 19. Jahrhundert die bewußte Pflege kulturel-

Die Bindeglieder zwischen alter keltischer Literatur und der Literatur der Neuzeit sind nur schwach. Die bewußte Wiederbelebung im 18. Jahrhundert bewahrte zwar echte keltische Dichtung vor dem Untergang, doch provozierte sie auch Fälschungen. So waren die *Ossian-Dichtungen* James Macphersons (1765), von diesem als Übersetzungen gälischer Dichtungen des Barden Ossian ausgegeben, im wesentlichen Macphersons eigenes Werk.

JAMES
MACPHERSON

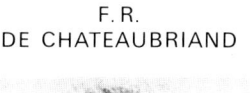
F. R.
DE CHATEAUBRIAND

LADY
AUGUSTA GREGORY

J. M. SYNGE

W. B. YEATS

Dennoch wurde der gefälschte *Ossian* international berühmt: Chateaubriand schätzte ihn, Herder übersetzte ihn ins Deutsche, Goethe nahm Ossian-Gesänge in seinen *Werther* auf; der ungarische Dichter Sándor Petöfi wurde von ihm inspiriert und benutzte das Bild des Kelten als Symbol der Freiheit. Die irische Literatur wurde (im ausgehenden 19. Jahrhundert) gewissenhafter gepflegt – etwa durch Lady Gregorys schöne englische Übersetzung des *Cuchulain von Muirthemne.*

Erklärung dafür, warum das Erwachen des Nationalismus keine Impulse zur Erneuerung der literarischen Tradition auslöste.

Ähnliches gilt auch für die Bretagne. Die brutale Unterdrückung der bretonischen Sprache durch die Franzosen vernichtete die Reste keltischen Geistes, die das Mittelalter überlebt haben mochten. So blieb Chateaubriand – von Macphersons »Übersetzungen« keltischer Dichtung und Rousseaus Mythos vom edlen Wilden inspiriert – nur melancholisches Grübeln über die Vergangenheit. Er stand allein, inspirierte einige wenige, ohne jedoch eine neue Tradition begründen zu können. Verglichen mit der bedeutenden literarischen

ler Traditionen für Kontinuität. Die 1771 gegründete »Society of the Gwyneddigion« mag in ihrem Wiederbelebungseifer etliche Fehlleistungen hervorgerufen haben, doch stellte sie zweifellos ein Sammelbecken für die Bemühungen zur Rettung des Welschen und zur Förderung der walisischen Literatur dar. In Wales geriet die literarische Erneuerung in den Sog nostalgischer Altertümelei – in Irland nahm sie einen anderen Weg. Seit Swift war die irische Literatur bissig, politisch, wirkungskräftig, doch erst nach Gründung der »Gälischen Liga« im Jahr 1893, die sich der Erhaltung der irischen Sprache und der Bewahrung irischen Brauchtums widmete, wurde sie mündig. 1899 gründeten Lady Augusta Gregory, W. B. Yeats und Edward Martyn das »Irish Literary Theatre«, und wenig später eröffnete Lady Gregory mit Yeats und Synge in Dublin das »Abbey Theatre«.

Das Klima der Erneuerung ermutigte um die Jahrhundertwende zahlreiche junge Schriftsteller, vermochte freilich James Joyce nicht in Irland zu halten: Fern der engstirnigen Zensur der irischen katholischen Kirche suchte er in Paris, Triest und Zürich eine ihm gemäßere Heimat. Es ist schmerzlich, festhalten zu müssen, daß die originellsten Schriftsteller des modernen Irland bis vor kurzem die Freiheit zur Entfaltung ihrer Kreativität im Exil suchen mußten.

Natürlich muß man fragen, was – wenn überhaupt etwas – die keltische Tradition zu den Werken neuerer Schriftsteller beigetragen hat. Drei Überlieferungsstränge lassen sich unterscheiden: die Satire, die Sage und die Sprache selbst. Die Satire wurde schon im 18. Jahrhundert von Jonathan Swift vollendet, dem anglikanischen Priester und Dichter,

Vernichtender konnte man die damalige englische Haltung Irland gegenüber sowie den pseudoökonomischen Unfug, der als Politik ausgegeben wurde, nicht geißeln. Es war eindringlichste, kühnste Satire, die einem keltischen Barden zur Ehre gereicht hätte. Diese Tradition sollte in Grenzen von Shaw fortgeführt werden, doch waren seine Zielscheiben – Moral und Sitten der Londoner Gesellschaft – gefahrloser anzuvisieren.

Die Liebe zur Sage offenbart sich am deutlichsten in den Romanwerken James Joyces, besonders in dem 1939 veröffentlichten Epos *Finnegans Wake*.

Es ist wohl nicht zu kühn, in den beiden Hauptgestalten – dem Dubliner Gastwirt, der »Jedermann« ist, und seiner Frau, dem Weib schlechthin, das auch als der irische Fluß Liffey erscheint – jenen Hang zur Abstraktion zu sehen, der einem Kelten sehr vertraut gewesen wäre.

Schließlich müssen wir noch auf die sprachliche Tradition hinweisen, besonders auf die keltische Liebe zur Alliteration. Man ver-

. . . Ich wuchs heran
ohne Pflege, und nun
wird der Boden sauer,
muß neu belebt werden
von einer Kraft,
die nicht die meine ist.
Gewaltige Helden,
die große Taten tun –
nicht in dieser Welt.

Patrick Kavanagh,
»Ein persönliches Problem«

G.B. SHAW

DOUGLAS HYDE

DYLAN THOMAS

JAMES JOYCE

SAMUEL BECKETT

der mit ätzender Schärfe gegen die Bigotterie seiner Zeit anschrieb. Als Beispiel sei ein Abschnitt aus seinem geistreich-bissigen Essay »Bescheidener Vorschlag« zitiert.

Man hat mir versichert . . ., daß ein gesundes, gutgenährtes Kind im Alter von einem Jahr eine überaus wohlschmeckende, nahrhafte und bekömmliche Speise ist, ob gedünstet, geröstet, gebacken oder gekocht . . . Darum unterbreite ich bescheidenst der Öffentlichkeit den Vorschlag, daß von den hundertzwanzigtausend bereits errechneten Kindern . . . hunderttausend im Alter von einem Jahr den Personen von Rang und Vermögen zum Kauf angeboten werden sollen.

gleiche den Klang des welschen Verses aus dem 11. Jahrhundert

Ar gad gad grendde, ar gyrd gryd graendde
Ac am Dâl Maelfre mil fanieri
mit der 1954 veröffentlichten Schilderung: *Es ist Frühling, mondlose Nacht in der kleinen Stadt, sternlos und bibelschwarz, die Kopfpflasterstraßen still, und der geduckte Liebespärchen- und Kaninchenwald humpelt unsichtbar hinab zur schlehenschwarzen, zähen, schwarzen, krähenschwarzen fischerbootschaukelnden See . . .* (Deutsch von Erich Fried) Ihr Autor, Dylan Thomas, beherrschte das Welsche nicht, sein Geist aber war durch und durch keltisch.

Eine solche Wanderung,
wie sie sich gegenwärtig
über die Küsten der
Vereinigten Staaten ergießt,
hat es in der Welt noch
nicht gegeben . . . In einer
einzigen Woche haben wir
Tag für Tag Scharen in
der Größe eines gotischen
Heers in den Schoß unserer
Gesellschaft aufgenommen.

Democratic Review, 1852

DIE LETZTE WANDERUNG

Der Sonnenuntergang über dem
Atlantik – am Westsaum Europas –
muß die Menschen zu allen Zeiten
fasziniert haben. Die Vorstellung, daß
jenseits des Ozeans ein verheißungs-
volles Land zu finden sei, spiegelte
sich bereits in der *Navigatio Brendani*.
Als diese Vorstellung zur Gewißheit
geworden war, verließen Hunderttausende von Kelten ihre Heimat, um ihr
Glück in Amerika zu suchen.

Die *Navigatio Brendani*, die legendäre Seereise des heiligen Brendan von Irland nach
Westen auf den Atlantik hinaus in das Ver-
heißene Land, antizipierte in mancher Weise
symbolisch das, was kommen sollte.

Als gegen Ende des 15. Jahrhunderts Amerika
entdeckt wurde, eröffnete sich der Welt
gleichsam eine neue Dimension. Menschen,
die durch politische oder religiöse Verfolgung
bedroht wurden, fanden nun in den neuen
Ländern jenseits des Ozeans eine Zuflucht. Es
war der Ausweg für Hunderttausende von
Kelten, die sich in den folgenden vier Jahrhunderten auf die letzte Wanderung begaben.
Zu den frühesten Ursachen des keltischen Exodus zählte die religiöse Verfolgung. In England hatte der Bürgerkrieg die Puritaner an
die Macht gebracht, doch nach der Wiederherstellung der Monarchie im Jahr 1660
wurde ihre Position zunehmend unhaltbar,
namentlich in Wales, wo es nur wenige der in
England mäßigend wirkenden Presbyterianer

gab. Innerhalb von zwei Jahren (1660–1661)
wurden 39 puritanische Geistliche aus ihren
Pfarrbezirken vertrieben. So scharte John
Miles seine Gemeinde um sich und wanderte
mit ihr nach Amerika aus, wo er in Massa-
chusetts die Stadt Swanzey gründete. Wenig
später hatten andere Religionsgemeinschaften unter der Ungnade der Krone zu leiden.
Im Jahr 1677 galt die Verfolgung den Quä-
kern, die eingekerkert und sogar mit dem
Feuertod bedroht wurden. Als 1681 William
Penn vom englischen König ein Gebiet am
Delaware als Besitz übertragen wurde, kauften ihm die verfolgten Quäker 40 000 Morgen
Land ab, in das sie im folgenden Jahr auswan-
derten. 1683 flohen arminianische Baptisten
aus Radnorshire in die Randbezirke von Phil-
adelphia, und später, im Jahr 1701, schlossen
sich ihnen calvinistische Baptisten an, die je-

doch bald den Delaware abwärts in ein neues Gebiet zogen. Der Exodus aus Europa hatte eine doppelte Wirkung: Die Religionsgemeinschaften in Europa hatten so viele ihrer aktiven jungen Männer eingebüßt, daß sie verkümmerten und schließlich ausstarben, während etwa die walisische Gemeinschaft in Pennsylvania zu einer solchen Größe anwuchs, daß es sich im frühen 18. Jahrhundert sogar kommerziell lohnte, Bücher in welscher Sprache zu veröffentlichen.

Im 19. Jahrhundert trieb nicht religiöse Verfolgung, sondern vor allem wirtschaftliche Not die Menschen zum Auswandern. Nirgendwo tritt dies deutlicher zutage als im Irland der Jahrhundertmitte. In den vierzig Jahren seit der Vereinigung mit England im Jahr 1801 bis zur Volkszählung von 1841 war die Bevölkerung Irlands von fünf Millionen auf über acht Millionen angewachsen. Das Land vermochte die Menschen kaum noch zu ernähren, und je mehr die Bevölkerung zunahm, desto sichtbarer wurde das Elend. Dann kam es in drei aufeinanderfolgenden Jahren – 1845, 1846 und 1847 – zu Kartoffelmißernten. Da die Kartoffel das Hauptnahrungsmittel der Iren darstellte, waren Hunger und Not die Folge, die nur durch Massenauswanderungen gelindert werden konnte. Allein während der »großen Hungersnot« starb etwa eine Million Menschen, und eine gleich große Zahl wanderte aus – überwiegend nach Amerika, so daß die Bevölkerung um 25 Prozent schrumpfte. Wenngleich man der englischen Regierung mit vollem Recht vorwerfen kann, daß sie es versäumte, die desolate Wirtschaft Irlands zu verbessern, hätte doch keine Maßnahme die Hungersnot und ihre Folgen verhindern können.

Der irische Exodus nach Amerika beschränkte sich keineswegs auf die Jahre der Hungersnot. Schon in den Dekaden zuvor waren Iren ausgewandert, und in den Jahren von 1841 bis 1860 flohen 1,75 Millionen Menschen das Land. Danach – bis etwa 1940 – sanken die Zahlen allmählich. Insgesamt nahm Amerika in knapp 120 Jahren fast fünf Millionen irische Kelten auf.

In Schottland war die Situation eine andere: Bis etwa 1680 hatte sich das Land eines wachsenden Wohlstandes erfreut, doch setzte danach ein wirtschaftlicher Rückgang ein, der durch eine Reihe schlechter Ernten noch beschleunigt wurde. Angesichts der allgemeinen wirtschaftlichen Lage sahen viele Schotten im Beispiel der Engländer einen Ausweg aus den Schwierigkeiten: die Gründung von Kolonien im Ausland. Schon früher in diesem Jahrhundert hatten sich zahlreiche Schotten an englischen Handelsunternehmungen beteiligt – jetzt aber waren sie ganz auf die eigene Sache bedacht. Angeregt von William Paterson, beschlossen sie, in Darién, unweit der heutigen Mündung des Panamakanals, eine Kolonie zu gründen. Da die englische Regierung den Kolonisten ihre Unterstützung verweigerte und die Spanier erbitterten Widerstand leisteten, war das Unternehmen zum Scheitern verurteilt.

Die Unbilden der langen Seereise sowie die im Land grassierenden Fieberkrankheiten kosteten Tausende von Menschenleben. Das

Die Einwanderer entstammten überwiegend den unteren Gesellschaftsschichten der Alten Welt und hofften, sich ihr Brot als Land- und Hilfsarbeiter verdienen zu können. Viele von ihnen flohen vor religiöser Verfolgung oder Hungersnot. Oft erreichten sie die Neue Welt jedoch in einer Form der

Abenteuer endete mit einem Bankrott, der Schottland schwer erschütterte.

Wenige Jahre nach dem Darién-Fiasko wurde 1707 Schottland mit England und Wales vereinigt. Während der Unruhen, die nun folgten und die in den beiden großen Aufständen von 1715 und 1746 kulminierten, richtete sich die englische Repression zunehmend gegen die keltische Gesellschaftsordnung des Hochlands. Die Clan-Chiefs wurden der »erblichen

Versklavung, da sich viele Auswanderer den Schiffskapitänen verkaufen mußten, um ihre Überfahrt bezahlen zu können. Die Auswanderung war stets ein Wagnis: Im 18. Jahrhundert starb auf den überfüllten, unhygienischen Schiffen ein Drittel der Auswanderer. Bei der Ankunft wurden die Verträge, mit denen sich die »Sklaven« zu vier bis sieben Jahren Arbeit verpflichtet hatten, an den Meistbietenden versteigert. Erst im 19. Jahrhundert besserten sich die Bedingungen für die Einwanderer.

Gerichtsbarkeit« beraubt, ihre Gefolgsleute entwaffnet, und das Tragen des Kilts – Symbol des Clanwesens – wurde verboten. Noch perfider ging die »Gesellschaft zur Verbreitung christlichen Wissens« zu Werke, die mit ihren im ganzen Hochland gegründeten Schulen der gälischen Sprache den Todesstoß versetzte. Die Erschütterungen, die durch diese raschen gesellschaftlichen Veränderungen ausgelöst wurden, sowie die Folgen der Abholzungen im Hochland ließen die Zahlen

Die Vertreibung der irischen Pacht-
bauern, die nach der Hungersnot von
1845 bis 1847 immer größere Ausmaße
annahm, verstärkte die Scharen der
irischen Auswanderer. Um die Pacht-
bauern vor Wucherzinsen und Kündi-
gungen zu schützen, gründete Michael
Davitt 1879 die Land-Liga. Diese versuchte durch Massenversammlungen

und gesellschaftliche Ächtung Guts-
besitzer, Güterverwalter und all jene
öffentlich anzuprangern, die durch
Vertreibung der Pächter freigewordenes
Land pachteten. (Das Wort »Boykott«
leitet sich übrigens von einem solchen
Güterverwalter – Charles C. Boycott –
her, der 1880 von der Land-Liga geächtet
wurde.) Die Land-Liga verdankte ihren
Erfolg zum Teil der finanziellen Unterstützung durch irische Amerikaner.

jener Schotten anwachsen, die in der Auswanderung nach Amerika den einzigen Ausweg sahen.

Auf den Orkney-Inseln, fern von den politischen Erschütterungen, die Schottland heimsuchten, kam es zu einer Auswanderung anderer Art. 1670 erhielt die Hudson Bay Company von Karl II. die Handels- und Hoheitsrechte über das Rupertsland, ein riesiges Gebiet im Bereich der Hudson Bay. Ihren Bedarf an Arbeitskräften deckte die Gesellschaft aus der Bevölkerung der Orkney-Inseln, da Stromness auf Mainland in der Regel der letzte Hafen war, den die Handelsschiffe der Gesellschaft vor dem Überqueren des Atlantiks anliefen. 1702 wurde Kapitän Grimmington angewiesen, auf den Orkney-Inseln ein Dutzend geeigneter Männer anzuwerben. Auch in der Folgezeit waren die Zahlen niemals hoch, und um 1800 arbeiteten nur 416 Männer von den Orkney-Inseln in Kanada.

Der Umstand jedoch, daß sie vier Fünftel aller Company-Angestellten ausmachten, vermittelt eine Vorstellung von der kulturellen Wirkung. Danach wurden jährlich etwa siebzig Männer angeworben, die sich vertraglich für fünf oder zehn Jahre verpflichteten. Die meisten blieben und gründeten Siedlungen in Manitoba, Saskatchewan und Alberta. Noch heute sind in diesen kanadischen Provinzen vertraute Ortsnamen wie Scapa, Stromness und Kirkwall anzutreffen. Wenngleich die Company-Schiffe die Inseln seit 1891 nicht mehr anliefen, setzten sich die Auswanderungen bis 1950 fort und ließen die bereits recht stattlichen Orkney-Gemeinschaften in Kanada weiter anwachsen.

Die Männer, die Stromness auf den Schiffen der Gesellschaft verließen, waren Handwerker und Spezialisten – Maurer, Bootsbauer, Seeleute –, Männer, wie sie in den Handelsstationen gebraucht wurden. Die Industriegebiete der Ostküste forderten andere Qualifikationen, die weder die Seeleute von den Orkney-Inseln noch die Bauern aus dem agrarischen Irland mitbrachten, sich jedoch in den Kohlenrevieren von Südwales rasch entwickelten. Hier hatten nach 1837 George Crane und David Thomas eine Technik entwickelt, die zum Schmelzen von Eisenerz Anthrazit verwendete. Das neue Verfahren erweckte sogleich die Aufmerksamkeit der amerikanischen Gesellschaft, in deren Besitz sich die großen Anthrazitlager Pennsylvanias befanden, und 1839 siedelte Thomas nach

Rechts: Eine Familie um 1900 auf der
Fähre zum Ellis Island im Hafen von
New York, der amerikanischen Einreise-
kontrollstelle. Seit 1840 stieg die Zahl
der einwandernden Kelten – Waliser,
Schotten und vor allem Iren – rapide an.

Für viele Einwanderer war die Seereise über den Ozean in die Neue Welt keineswegs die letzte große Reise. Wenngleich Iren und andere Keltengruppen dazu neigten, sich in den Städten der amerikanischen Ostküste niederzulassen, drangen Tausende andere mit den mittlerweile legendären Wagentrecks weit in den Westen vor. Einwanderer keltischer Herkunft leisteten einen eindrucksvollen Beitrag zur industriellen Entwicklung und Vorherrschaft Amerikas. Der in Schottland geborene Erfinder Alexander Graham Bell entwickelte das erste praktisch verwendbare Telefon. Samuel Milton

A. G. BELL

S. M. JONES

A. CARNEGIE

H. LAUDER

J. M. CURLEY

J. F. KENNEDY

Pennsylvania über, um dort die amerikanische Anthrazit-Eisen-Industrie aufzubauen. Natürlich nahmen zahlreiche südwalisische Bergleute die Chance wahr, ihr Glück in der Neuen Welt zu versuchen. In den späteren Dekaden des 19. Jahrhunderts folgten ihnen andere Facharbeiter, darunter die Verzinner aus dem Bezirk von Swansea.

In amerikanischer Sicht stellten die riesigen Einwandererscharen ein schweres Problem dar. Im Jahr 1840 trafen 84000 Einwanderer ein, überwiegend Iren und Deutsche, 1854 waren es 428000. Die Integration einer so gewaltigen Zahl von Ausländern war mit immensen Schwierigkeiten verbunden. Alteingesessene befürchteten Überfremdung, und da die Mehrzahl der Einwanderer katholisch war, machte sich ein Antikatholizismus breit. Der Einfluß des Papstes wurde als Bedrohung der bürgerlichen Errungenschaften und der republikanischen Regierungsform empfunden. Noch gravierender waren die Probleme in den überfüllten Städten, in denen es ohnehin zu wenig Arbeitsplätze gab. Der Widerstand konzentrierte sich bald in der »Know-Nothing«- bzw. »Native America«-Bewegung. Freilich engagierten sich nur wenige Männer von Format für deren reaktionäre Ziele – Amerika war ja traditionell die Zuflucht der Armen und Unterdrückten Europas –, so daß die Bewegung schließlich scheiterte.

Die weitaus stärkste keltische Minderheit in

Amerika war die irische. Gemeinsame Herkunft und Religion sowie die Ablehnung durch die Alteingesessenen schweißten die Iren zusammen und ließen eine politische Lobby entstehen, die zu übersehen sich keine Regierung leisten konnte (oder kann).

In den achtziger Jahren des 19. Jahrhunderts apostrophierte die Äußerung eines britischen Innenministers, die irischen Rebellen befänden sich nun außer Reichweite der britischen Regierung, die neue politische Realität. Und

Den Hauptzustrom von Briten und Iren erlebten die Vereinigten Staaten zwischen 1840 und 1925. Während von 1820 bis 1840 nur eine knappe halbe Million einreiste, wuchs die Zahl in den folgenden zwanzig Jahren auf 2,4 Millionen an. Der Zustrom blieb mit etwa einer Million pro Dekade bis 1900 konstant. Die Karte zeigt die Hauptzentren der Einwanderungen aus Schottland, Wales und Cornwall (Regionen sind braun wiedergegeben, Städte als Quadrate) sowie Irland (Regionen sind schwarz umrissen, Städte als Kreise gekennzeichnet).

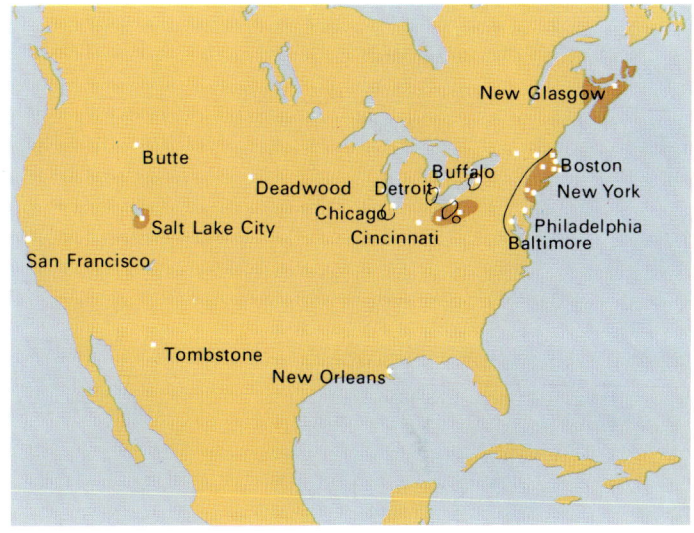

Jones initiierte mit dem von ihm im Ölgeschäft gemachten Vermögen die Reform der industriellen Arbeitsbedingungen und führte im ausgehenden 19. Jahrhundert den Achtstundentag und Mindestlöhne für seine Angestellten ein. Andrew Carnegie, schottischer Herkunft, war von 1873 bis 1901 die Schlüsselfigur der amerikanischen Stahlindustrie. Mit seinem großen Vermögen förderte er viele kulturelle und wissenschaftliche Institutionen. Als Beispiel für den »keltischen« Beitrag zum amerikanischen Showbusiness sei Harry Lauder genannt. J. M. Curley wurde zum Symbol für den Aufstieg der Iren aus dem Proletariat in politische

als vierzig Jahre später Lloyd George seine Irland-Politik formulierte, konnte er nicht mehr umhin, die Meinung der New Yorker Iren zur Kenntnis zu nehmen.

Stellungen. John F. Kennedy, der 35. Präsident der Vereinigten Staaten, war irischer Abstammung und der erste römisch-katholische Inhaber dieses Amtes.

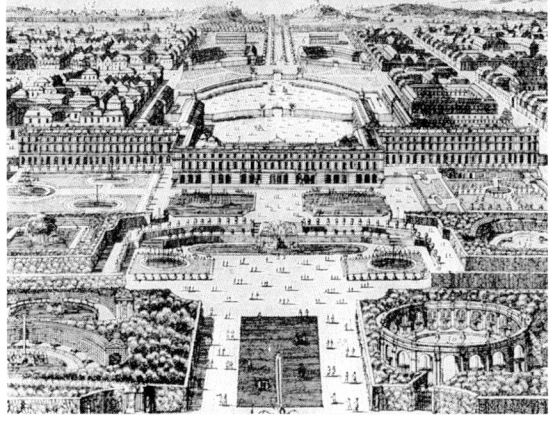

Keltischen Separatistenbewegungen
stehen Versuche der Zentralregierungen
gegenüber, den besonderen Interessen
der Minderheiten gerecht zu werden.
Aus Protest gegen solche Bestrebungen
legten bretonische Separatisten am
26. Juni 1978 im Schloß von Versailles
eine Bombe, deren Explosion erheblichen Schaden verursachte.

DER RUF
NACH FREIHEIT

In Nordirland sind 33 Prozent der Bevölkerung Katholiken, die durch die Politik
der protestantischen Mehrheit wirtschaftlich stets benachteiligt und unterdrückt worden sind. Die Bürgerrechtsbewegung der sechziger Jahre bemühte
sich um die Beseitigung der Ungerech-
tigkeiten durch die Einführung von
Bürgerrechten für alle. Als im August
1969 das Katholikenviertel von Derry
der Polizei den Zutritt verwehrte, kam es
zu blutigen Auseinandersetzungen, mit
denen eine neue Ära der Gewalt herauf-
zog.

Jedes keltische Land hat seine eigene Geschichte, die sein politisches Klima wie seine
politischen Zielsetzungen mitbestimmt hat,
doch alle stehen heute an der Schwelle zu einer gewissen Unabhängigkeit.
Als erstes Land wurde 1532 die Bretagne
durch den Vertrag von Vannes ihrem größeren Nachbarn – Frankreich – angegliedert,
wenig später nach einer Reihe von Parla-
mentsbeschlüssen zwischen 1536 und 1543
Wales mit Britannien vereint. Schottland
folgte nach der Act of Union im Jahr 1707, Irland am 1. Januar 1801.
In Irland polarisierten sich pro- und antibri-
tische Haltung: Die Katholiken forderten die
Aufhebung der Union und Selbstverwaltung,
während die Protestanten die Union befür-
worteten. 1913 schließlich sah es ganz so aus,
als ob eine Gesetzesvorlage zur Selbstverwaltung vom britischen Parlament angenommen
werden würde. Die protestantische Mehrheit
von Ulster reagierte mit der Gründung von
paramilitärischen Freiwilligenverbänden, um
der »Bürgerarmee« der Katholiken entgegen-
wirken zu können. Am Ostersonntag 1916
erhob sich die »Irisch-Republikanische Bru-
derschaft« und proklamierte die irische Republik, doch die britischen Truppen schlugen
den Aufstand mit rücksichtsloser Härte nieder. Alle fünfzehn Rebellenführer wurden
vor ein Kriegsgericht gestellt und hingerichtet.
Der Aufstand war ein Wendepunkt: Von der
Härte des britischen Vorgehens entsetzt, un-

terstützten nun auch die Gemäßigten die Re-
publikaner. Bei den Unterhauswahlen im Dezember 1918 gewann der reorganisierte Sinn
Fein 73 von 107 irischen Sitzen, doch statt
seine Abgeordneten nach Westminster zu
schicken, gründete er eine eigene republika-
nische Partei – die Dail Eireann –, deren erster Schritt die Bestätigung der 1916 prokla-
mierten Republik war. »Der Abzug der
britischen Besatzung aus unserem Land« war
ihr vordringliches Ziel, das sie in den folgenden zweieinhalb Jahren mit Hilfe der
»Irisch-Republikanischen Armee« (IRA) zu
erreichen suchte. Die britischen Repressionen
und Vergeltungsaktionen provozierten allenthalben Aufruhr. Den meisten Beobachtern war klar, daß die einzige Lösung in einer
Teilung lag, da der protestantische Norden
auf der Union mit Britannien beharrte. Nach
langwierigen Verhandlungen im Jahr 1921
wurde der Anglo-Irische Vertrag unterzeich-
net, der die Gründung eines »Irischen Freistaats« im Süden vorsah. Für viele Iren – auch
für die IRA – war der Kompromiß untragbar,
und es folgte eine Periode des Bürgerkriegs,
die bis zum Mai 1923 anhielt. Aus den Massa-
kern und Repressalien erstand am Ende doch
eine reife Nation: Eire. Bis 1969 sollte die Situation unverändert bleiben – Eire, ein freier
Staat, nahezu rein katholisch, und Ulster,
vorwiegend protestantisch, das im Vereinten
Königreich verbleiben wollte: Die Spannungen wie die Instabilität der Lage waren nur
allzu offenkundig.
Verglichen mit Irland, zeichneten sich die nationalistischen Bestrebungen in Schottland
und Wales durch Mäßigung und Zurückhal-
tung aus. Das walisische Nationalgefühl konzentrierte sich im 18. und 19. Jahrhundert auf
die Wiederbelebung der walisischen Kultur;
diese Bestrebungen ließen einerseits die Na-
tionalbibliothek, das Nationalmuseum und
die Universität von Wales und andererseits so
gemütvolle Traditionen wie das Eisteddfod
mit der aufgesetzten Druidennostalgie entstehen. Als 1886 die Bewegung »Junges
Wales« (Cymru Fedd) mit dem Ziel gegründet
wurde, das Engagement der Liberalen Partei
für die walisischen Angelegenheiten zu gewinnen, schienen die Dinge eine politische
Richtung zu nehmen. Da es der Bewegung jedoch an einer starken Führung ebenso mangelte wie an einem politischen Konzept, zerfiel sie rasch wieder. Erst 1925 erhielt der
Nationalismus mit der Gründung der Walisischen Nationalistischen Partei (Plaid Cymru)
ein politisches Gesicht: Sie wollte Wales zu

Das Problem der Autonomie reduziert sich letztlich auf die Frage, ob eine Region, die nach Unabhängigkeit strebt, wirtschaftlich lebensfähig ist. Eire mit seiner produktiven Landwirtschaft hat sich als lebensfähig erwiesen, doch sind die Voraussetzungen in anderen Regionen weniger günstig. Die walisische Kohle- und Stahlindustrie ist rückläufig oder hat zumindest eine zeitweilige Rezession zu verzeichnen, die zu Grubenschließungen führte. Die Öl- und Gasvorkommen der Nordsee bringen Schottland einen wirtschaftlichen Aufschwung, der manchen Schotten die Trennung von England vorteilhaft erscheinen läßt.

Links: Die Schlackenhalde im walisischen Ffestiniog.

Die keltischen Regionen unterstreichen ihren Wunsch nach Unabhängigkeit durch eigene Fahnen und Embleme. *Oben:* Die Fahne Cornwalls, die irische Harfe und – auf einer Demonstration mitgeführt – die bretonische Fahne.

einem selbständigen Land innerhalb des Commonwealth machen. Die ständige Agitation für die Selbstverwaltung zeitigte schließlich Wirkung. 1951 wurde ein Ministerium für walisische Angelegenheiten geschaffen und 1964 ein Minister für Wales ernannt; damit war auf konstitutionellem Weg der Grundstein für die Anerkennung einer walisischen Nation gelegt. Unterdessen war auch der kulturelle Nationalismus erstarkt, namentlich seit der Gründung der Walisischen Sprachgesellschaft 1963, die sich die Gleichberechtigung der welschen Sprache mit der englischen zum Ziel gesetzt hatte. Nach der Wahl des Jahres 1967 konnte die Plaid Cymru zum erstenmal Abgeordnete nach Westminster schicken.

In Schottland schlossen sich 1928 die vielen nationalistischen Gruppen, die nach den Unruhen des 19. Jahrhunderts entstanden waren, zur Nationalen Partei für Schottland zusammen, um sich für die Selbstverwaltung einzusetzen. Weitere Zusammenschlüsse führten 1934 zur Gründung der Schottischen Nationalpartei, die jedoch erst im Lauf der sechziger Jahre aus der politischen Anonymität hervortrat: 1962 hatte sie knapp 2000 Mitglieder, 1968 waren es über 100000.

Es wäre jedoch ein großer Irrtum, zu glauben, der Friede könne einfach durch Ausschaltung von Gewalt erreicht werden. Jene, die diesen Standpunkt vertreten, sind dazu verurteilt, die Geschichte zu wiederholen. Die Schwierigkeiten, die wir heute in Nordirland erleben, sind im Verlauf der letzten sechzig Jahre in nahezu jedem Jahrzehnt aufgetreten. Können wir daraus nicht lernen? Der Schaden für Nordirland ist groß. Er läßt sich nicht einfach an der Zahl der Todesopfer und dem Leid ermessen, wenngleich die Tragödie erschreckende Ausmaße angenommen hat. Auch nicht an den Sachschäden, an der Verbitterung, die aus dem Bürgerkrieg erwächst. Der Schaden trifft das gesamte Gefüge der nordirischen Gesellschaft.

John Lynch auf dem Jahresparteitag der Fianna Fail, 18. Februar 1978

Im letzten Jahrzehnt haben die Aktivitäten der Separatistenbewegungen in allen keltischen Ländern zugenommen. Zu den alten Bemühungen um die Bewahrung der kulturellen Eigenart ist die politische Aktion getreten, die vom Protest bis zum Terrorismus reicht. Von den 1889 Menschen, die bis 1979 in Nordirland getötet wurden, waren 1396 Zivilpersonen, die übrigen Angehörige des Militärs und der Polizei, während in England durch Bombenanschläge der IRA 61 Zivilisten ums Leben kamen.

Gegenüber: Beerdigung eines IRA-Freiwilligen.

In der Bretagne ist der Nationalismus eng mit dem Wunsch nach Erhaltung der bretonischen Sprache verknüpft: *Hep Brezboney, Breizh ebet* – »Ohne Bretonisch keine Bretagne«. Freilich war die im 18. und 19. Jahrhundert erzwungene *francisation* der Bretagne so durchgreifend, daß eine Loslösung von Frankreich höchst unrealistisch erscheint. Die FLB *(Front pour la Libération de la Bretagne)* agitiert jedoch für dieses Ziel, während die PDG *(Le Poing dans la Gueule)*, eine radikale Gruppe mit engen Kontakten zur IRA, »einen Kampf bis aufs Messer gegen den französischen Staat« fordert. Eine politische Kraft stellt bislang keine der beiden Gruppen dar.

Das letzte Jahrzehnt hat eine Intensivierung der separatistischen Tendenzen erlebt. In Nordirland entwickelte die Bürgerrechtsbewegung der sechziger Jahre mit der Unterstützung der IRA und linksgerichteter Aktivisten einen revolutionären Fanatismus, der bei der protestantischen Mehrheit einen ebenso heftigen Widerstand provozierte. Seit den blutigen Kämpfen zwischen Katholiken und Protestanten im Katholikenviertel von Derry im August 1969 sind britische Truppen in Nordirland stationiert, die der Konfessionskämpfe Herr zu werden versuchen, doch der Kampf zwischen Protestanten und Katholiken wie die Forderungen nach Abzug der englischen Truppen und einem vereinten, von Britannien völlig losgelösten Irland nehmen kein Ende.

In Schottland haben die Unabhängigkeitsbestrebungen seit der Entdeckung des Nordseeöls Auftrieb erhalten. Von der Autarkie Schottlands überzeugt, haben einige Nationalisten die Loslösung von England gefordert. Da jedoch die Bewohner der Orkney- und Shetland-Inseln, vor deren Küsten das meiste Öl lagert, Teil Großbritanniens bleiben wollen, scheint die wirtschaftliche Lebensfähigkeit eines »Freien Schottland« fraglich. Die Waliser sind sich ihrer wirtschaftlichen Abhängigkeit vom Vereinigten Königreich bewußt. In diesem Licht müssen wir die Ergebnisse der beiden Volksentscheide interpretieren, mit denen im März 1979 Schottland und Wales eine gewisse politische Autonomie angeboten wurde. Die überwältigende Mehrheit der Waliser lehnte den Vorschlag ab, während er von einem Drittel der schottischen Stimmberechtigten befürwortet wurde. Es bleibt abzuwarten, wie die nächsten Schritte zur Wiedererschaffung eigenständiger keltischer Nationen aussehen werden.

Die Kelten
im Rückblick

Unter dem Einfluß, den die Kelten aus Etrurien, Makedonien und Massalia empfingen, entwickelten sie einen eigenen Stil, der so ausgeprägt ist, daß die westeuropäischen Archäologen unserer Zeit auf Grund der ans Licht gekommenen Relikte der keltischen Kultur den Verlauf und die Ausdehnung der keltischen Wanderungen erschließen konnten.

Arnold J. Toynbee

Zwei Dinge sind es, sagt der alte Cato, auf welche die Gallier Wert legen: auf die Gloire und den Esprit. Die Kelten haben alle Staaten des Altertums erschüttert, aber gegründet haben sie keinen von dauerndem Bestand, und schon jene oberflächliche Weise, in der sie sich festsetzten in den neugewonnenen Landschaften, nicht minder ihr Verzichten auf Seefahrt und Meerherrschaft, auf das neuerlich mit vielem Recht hingewiesen wird, beweist, wozu die Geschichte sie nicht bestimmt hat. Sie waren schlechte Bürger, aber gute Reisläufer und vortreffliche Untertanen; die Römer haben sie mit derselben Leichtigkeit sich unterworfen, wie sie die Kleinasiaten bezwangen. Die nationale Geschichte der Gallier geht mit Vercingetorix' Tode so gut zu Ende wie die der Vorderasiaten mit dem Tode Mithridates'.

Theodor Mommsen

Das Keltische insgesamt ist eine Grundsubstanz Europas, die sehr früh, schon um 1000 vor der Zeitrechnung, gebildet wurde, um ab 500 zur größten Ausprägung zu kommen. Dabei soll die Rolle der später überschichtenden Germanen nicht unterschätzt werden. Sie verklammerten ebenfalls dieses Stück Europa. Aber die keltische Grundierung war schon vorher gegeben.
So ist das Europäische ohne das Keltische nicht zu denken. Auch wenn das Keltische in seinem ehemaligen Raum nicht mehr zu Tage tritt, müssen wir anerkennen: Es ist eine Grundsubstanz Geschichte machender westeuropäischer Völker.

Hermann Noelle

Die Kelten haben etwas zustande gebracht, was es sonst nirgends in der antiken Kunst gibt, nämlich Dekors, die meistens nichts darstellen, die sich nur auf das genau berechnete Spiel der geschwungenen Linie gründen, in den Raum zu übertragen und sie darin zu entwickeln. Es ist dies die schönste Frucht ihrer Reifezeit. An der Reliefkunst, die wir behelfsweise plastisch nennen, sind Modellierung, Skulptur und Ziselierung gleichermaßen beteiligt. Besonders auf den Britischen Inseln sind die Reliefs von einer Weichheit, die auf Polierung schließen läßt, und sie zeigen Schrägen, die an Sanddünen mit ihren Schatten und geschwungenen Gratlinien erinnern. Und unauffälliger Wechsel der Ebenen ist aller Umwandlung, aller Bildung von plastischem

Volumen günstig. Dieser Bereich zwischen dem gravierten Strich und der aufgeblähten Linie, zwischen dem geometrischen kurvolinearen Ornament und dem Reliefmotiv ist die eigentliche Domäne der Kelten gewesen.

Paul-Marie Duval

Der erstaunlichste Zug der frühmittelalterlichen keltischen Literaturen – besonders erstaunlich, wenn man sie mit anderen zeitgenössischen Literaturen Europas vergleicht – ist die Kraft ihrer lebhaften Phantasie und die Frische des Ausdrucks, als ob jeder Dichter, mit einem hohen Maß an Vorstellungskraft begabt, die Welt für sich neu entdeckt hätte. Wo andere mittelalterliche Literaturen konventionell, ja abgedroschen sind, zeichnet sich die frühe keltische Literatur durch große Originalität aus. Dies gilt nicht für die Gattung, die sich bei den keltischen Völkern selbst großer Beliebtheit erfreute – die offizielle »Barden«-dichtung, wenngleich auch in ihr die nicht zu unterdrückende Lebhaftigkeit keltischen Denkens zum Durchbruch kommt. Glücklicherweise entstanden neben der Bardendichtung andere Formen der Poesie, und in ihnen vor allem finden sich die erwähnten Qualitäten.

Kenneth H. Jackson

Die alten Kelten hinterließen der europäischen Kultur mehr als ihre Sprache, Literatur und plastische Kunst: Sie vererbten ihr auch eine Sensibilität und eine Form des Denkens, die über die Jahrhunderte hinweg in einem fortlaufenden Dialog mit den verschiedenen Manifestationen der klassischen Tradition die Oberstimme geblieben ist. Diese beiden geistigen Strömungen widersprechen einander nur scheinbar: Es sind zwei unterschiedliche Formen des Denkens und des Ausdrucks, die einander bis zu einem gewissen Grad ergänzen. Die Geschichte der Beziehungen zwischen der keltischen Kunst der jüngeren Eisenzeit und der zeitgenössischen mediterranen Kunst illustriert dies besonders deutlich.
Die Authentizität und die Besonderheit der alten keltischen Welt nicht anzuerkennen, heißt die Wurzeln eines dialektischen Prozesses leugnen, der im Verlauf der Epochen mit bemerkenswerter Dynamik eine europäische Kultur hervorgebracht hat, die ein wesentlicher Bestandteil unseres Erbes ist.

Venceslas Kruta

Was ist von den kriegerischen Unternehmungen geblieben,
die zeitweise die antike Welt erschütterten und die Kelten zur Eroberung
eines Teils von Europa führten, den sie aber durch ein besonderes
Schicksal unter dem Druck der Römer und der Germanen aufgeben
mußten? Nur einer ihrer Staaten wurde wiedergeboren,
nämlich Irland. Alles andere, was sie im Bereich der Politik
durchzusetzen versuchten, gehört zu den größten Mißerfolgen
in der Geschichte Alteuropas. Dieses Abenteuer, bestehend aus
blutigen Niederlagen und glänzendem, aber nur vorübergehendem
Wiederaufstieg und ständigem Hader,
spiegelt die Gemütslage von Gemeinschaften wider,
die nicht geeignet gewesen sind, zu einem Staatsbegriff zu gelangen,
geborene Rebellen gegen jede starre Ordnung.
Und doch war die Rolle der Kelten in der Vergangenheit groß.
Von ihrer Bedeutung sind auch ihre Gegner voll überzeugt gewesen . . .

Im Laufe ihrer bewegten Geschichte, die aus Eintagserfolgen
und blutigen Niederlagen bestand, verkörpern die Kelten trotz der
Unzulänglichkeiten, die sie daran hinderten, ein Reich zu schaffen,
einen wirksamen Sauerteig der europäischen Kultur.
Ihre kontrastreiche, in Erfindung und Technik hochentwickelte Kunst –
rational wie auch irrational ein Antipode der klassischen –
ist ein wesentlicher Beitrag zur Entstehung der europäischen Kunst.
Von dem, was von den Kelten erhalten blieb,
sind die Werke der Bildhauerei und der dekorativen Kunst
noch heute die sprechendsten und lebendigsten Zeugnisse jener
Kulturgemeinschaft, welche diese ruhelosen Völkerschaften einte.

Raymond Lantier

So zieht mählich hervor ein jedes das
Fließen der Zeiten,
allen zunutz, und Verstand bringt es in
die Reiche des Lichtes.
Denn sie sahen im Geiste sich eins aus dem
andern erhellen,
bis in den Künsten sie kamen zum höchsten
Punkt der Vollendung.

Lucrez

Quellen der Zitate

Die freistehenden Zitate wurden folgenden Werken entnommen:

Aristoteles, *Nikomachische Ethik* (zitiert auf S. 29). Übersetzt von Franz Dirlmeier, Darmstadt 1956.
– *Eudemische Ethik* (zitiert auf S. 29). Übersetzt von Franz Dirlmeier, Darmstadt 1962.
Caesar, *Der Gallische Krieg* (zitiert auf S. 29, 48, 75, 108, 110, 126, 144, 146, 152, 168, 169). Übersetzt von Georg Dorminger, München 1966.
Diodoros Siculus, *Geschichtsbibliothek* (zitiert auf S. 5, 38, 50, 57, 82, 83, 96). Übersetzt von Adolf Wahrmund, Berlin-Stuttgart 1855–1914.
Livius, *Römische Geschichte* (zitiert auf S. 83, 128, 131, 132). Übersetzt von F. D. Gerlach, Berlin-Stuttgart 1855–1917.
Lucanus, *Der Bürgerkrieg* (zitiert auf S. 88). Übersetzt von Wilhelm Ehlers, München 1973.
Lucrez, *Welt aus Atomen* (zitiert auf S. 9, 11, 112, 217). Übersetzt von Karl Büchner, Stuttgart 1973.
Plutarch, *Große Griechen und Römer* (zitiert auf S. 141). Übersetzt von Konrad Ziegler, Zürich-Stuttgart 1965.
Pokorny, Julius, *Altkeltische Dichtungen* (zitiert auf S. 176, 183, 190, 191). Bern 1944.
Polybios, *Geschichte* (zitiert auf S. 58). Übersetzt von Hans Drechsler, Zürich-München 1978.
Strabo, *Erdbeschreibung* (zitiert auf S. 28, 29, 56, 67, 94, 108). Übersetzt von A. Forbiger, Berlin-Stuttgart 1855–1911.
Sueton, *Leben der Cäsaren* (zitiert auf S. 126). Übersetzt von André Lambert, Zürich-Stuttgart, 1955.
Tacitus, *Agricola* (zitiert auf S. 29). Übersetzt von Robert Feger, Stuttgart 1973.
– *Annalen* (zitiert auf S. 108). Übersetzt von August Horneffer, Stuttgart 1955.
– *Historien* (zitiert auf S. 29, 155, 156, 157). Übersetzt von Walter Sontheimer, Stuttgart 1955.
Táin Bó Cuailnge (zitiert auf S. 70, 77, 178, übersetzt von Ingrid Lebe). Nach: *The Táin.* Translated from the Irish Epic by Thomas Kinsella, Oxford 1969.
Trogus, Pompeius, *Weltgeschichte von den Anfängen bis Augustus.* Im Auszug des Justin (zitiert auf S. 137). Übersetzt von Otto Seel, Zürich-München 1972.

Bibliographie

Allgemeines

Allen, D.: *An Introduction to Celtic Coins.* London 1978.
Cunliffe, B.: *Iron Age Communities in Britain.* 2nd. ed. London 1978.
Daicoviciu, C., Condurachi, E.: *Rumänien* (Archäologia Mundi). Genf 1972.
Dillon, M., Chadwick, N.: *The Celtic Realms.* London 1967.
Duval, P.-M.: *Paris Antique des origines au 3e siècle.* Paris 1961.
– und Kruta, V. (Hg.): *Les mouvements celtiques du 5e au 1er siècle avant notre ère.* Paris 1978.
Filip, J.: *Die keltische Zivilisation und ihr Erbe.* Prag 1961.
– (Hg.) *The Celts in Central Europe.* Scékesfehérvar 1975.
– *Enzyklopädisches Handbuch zur Ur- und Frühgeschichte Europas.* 2 Bde. Stuttgart 1966–1969.
Forrer, R.: *Keltische Numismaten der Rhein- und Donaulande.* Straßburg 1908.
Hatt, J.-J.: *Kelten und Gallo-Romanen* (Archäologia Mundi). Genf 1970.
Herm, G.: *Die Kelten. Das Volk, das aus dem Dunkeln kam.* Düsseldorf 1975.
Hubert, H.: *Les Celtes depuis l'époque de La Tène et la civilisation celtique.* Paris 1974.

Kraft, G.: *Beiträge zur Kenntnis der Urnenfelderkultur in Süddeutschland.* Bonn 1927.
Kruta, V., Lessing, E.: *Die Kelten.* Freiburg-Basel-Wien 1979.
Lantier, R.: *Die Kelten* (Historia Mundi). München 1965.
Moreau, J.: *Die Welt der Kelten.* Stuttgart 1958.
Nash, D.: *Settlement and Coinage in Central Gaul, ca. 200–50 B. C.* Oxford 1978.
Pobé, M., Roubier, J.: *Kelten – Römer.* Olten 1971.
Powell, T. G. E.: *Die Kelten.* Köln 1959.
Raftery, J. (Hg.): *Die Kelten.* Cork 1967.
Ross, A.: *Everyday Life of the Pagan Celts.* London 1970.
Szabó, M.: *The Celtic Heritage in Hungary.* Budapest 1971.
Todorović, J.: *Kelti u Jugoistočno j Europi.* Belgrad 1974.
– *Skordisci: Istorija i Kultura.* Belgrad 1974.
Wyss, R.: *Der Schatzfund von Erstfeld.* Zürich 1975.

Keltische Gesellschaft

Cunliffe, B., Rowley, T.: *Lowland Iron Age Communities in Europe.* Oxford 1978.
– *Oppida: The Beginnings of Urbanization in Barbarian Europe.* Oxford 1976.
Duval, P.-M.: *Gallien. Leben und Kultur in römischer Zeit.* Stuttgart 1979.
– und Kruta, V.: *L'Habitat et la nécropole à l'âge du fer en Europe occidentale et centrale.* Paris 1975.
Hallstätter Archäologische Gesellschaft: *Hallstatt: Kultur und Natur einer 4000jährigen Salzstätte.* 2 Bde. Hallstatt 1953–1954.
Jacobi, G.: *Werkzeug und Gerät aus dem Oppidum von Manching.* Wiesbaden 1974.
Jacobsthal, P.: *Early Celtic Art.* Oxford 1944.
Joffroy, R.: *La tombe princière de Vix* (Monuments et Mémoires de la Fondation Eugène Piot, vol. 47). Paris 1968.
Kimmig, W.: *Die Heuneburg an der oberen Donau.* Stuttgart 1968.
Krämer, W., Schubert, F.: *Die Ausgrabungen in Manching 1955–1961.* Wiesbaden 1974.
Markale, J.: *Les Celtes et la civilisation celtique.* Paris 1970.
– *La femme celte: Mythe et sociologie.* Paris 1973.
Megaw, J. V. S.: *Art of the European Iron Age.* Bath 1970.
Noelle, H.: *Die Kelten und ihre Stadt Manching.* Pfaffenhofen 1974.
Normand, B.: *L'age du fer en Basse Alsace.* Straßburg 1973.
Norton-Taylor, D.: *The Celts.* Amsterdam 1975.
Penninger, E.: *Der Dürrnberg bei Hallein.* 2 Bde. München 1972.
Piggott, S.: *Ancient Europe from the Beginnings of Agriculture to Classical Antiquity.* Edinburgh 1965.
Reden, S. v.: *Die Megalith-Kulturen. Zeugnisse einer verschollenen Urkultur.* Köln 1978.
Spindler, K.: *Der Magdalenenberg bei Villingen.* Stuttgart 1976.
Vasic, R.: *The Chronology of the Early Iron Age in Serbia.* Oxford 1977.
Wheeler, R. E. M., Richardson, K. M.: *Hill-forts in Northern France.* London 1957.

Religion und Mysterium

Behrens, G.: *Germanische und gallische Götter in römischem Gewand.* Mainz 1954.
Duval, P.-M.: *Les Dieux de la Gaule.* Paris 1976.
Le Roux Guyonvarch, F.: *Keltische Religion.* In: Handbuch der Religionsgeschichte, Bd. 1. Göttingen 1971.
MacCana, P.: *Celtic Mythology.* London 1970.
Ross, A.: *Pagan Celtic Britain.* London 1967.
Sharkey, J.: *Celtic Mysteries: The Ancient Religion.* London 1975.
Sjoestedt, M.-L.: *Dieux et héros des Celtes.* Paris 1940.

Der Genius der Kelten

Chadwick, N.: *The Druids.* Cardiff 1966.
Duval, P.-M.: *Die Kelten.* München 1978.
– und Hawkes, C.: *Celtic Art in Ancient Europe.* London 1976.
Jacobsthal, P.: *Early Celtic Art.* Oxford 1944.

Jenny, W. A. v.: *Keltische Metallarbeiten.* Berlin 1935.
Lengyel, L.: *Das geheime Wissen der Kelten. Enträtsel aus druidisch-keltischer Symbolik.* Freiburg i. Br. 1976.
Piggott, S.: *The Druids.* London 1968.
Szabó, M., Petres, E.: *Eastern Celtic Art.* Scékesfehérvar 1974.
Varagnac, A., Fabre, G.: *L'art gaulois.* Paris 1964.

Das Schicksal der Kelten

Birley, A.: *Life in Roman Britain.* London 1968.
de Beer, G.: *Hannibal. The Struggle for Power in the Mediterranean.* London 1969.
Ebel, C.: *Transalpine Gaul. The Emergence of a Roman Province.* Leiden 1976.
Grant, M.: *Caesar. Genie, Diktator, Gentleman.* Hamburg 1970.
Le Gall, J.: *Alésia, archéologie et histoire.* Paris 1973.
Schlette, F.: *Kelten zwischen Alesia und Pergamon.* Leipzig 1976.
Stähelin, F.: *Die Geschichte der kleinasiatischen Galater.* Berlin 1907.
Todorović, J.: *Skordisci.* Novi Sad-Belgrad 1974.

Die Inselkelten

Alcock, L.: *Camelot. Die Festung des König Artus.* Berg. Gladbach 1974.
Bieler, L.: *Irland. Wegbereiter des Mittelalters.* Olten 1961.
Bowen, G. G.: *The Settlements of the Celtic Saints in Wales.* Cardiff 1954.
Chadwick, N.: *Early Brittany.* Cardiff 1969.
de Paor, M., de Paor, L.: *Early Christian Ireland.* London 1960.
Dillon, M.: *Early Irish Literature.* Chicago 1948.
– *Early Irish Society.* Dublin 1954.
– *Irish Sagas.* Cork 1970.
Gsaenger, H.: *Irland, Insel Abels.* 2 Bde. Freiburg i. Br. 1969–1970.
Hibert, C.: *The Search for King Arthur.* New York 1977.
Jackson, K. J.: *A Celtic Miscellany.* London 1951.
– *The Oldest Irish Tradition: A Window on the Iron Age.* Cambridge 1964.
Kinsella, T.: *The Táin.* London 1970.
Laing, L.: *Late Celtic Britain and Ireland ca. 400–1200 A. D.* London 1975.
Los, C.: *Die altirische Kirche.* Stuttgart 1954.
Markale, J.: *L'épopée celtique en Bretagne.* Paris 1975.
– *La tradition celtique en Bretagne armoricaine.* Paris 1975.
O'Rahilly, T. F.: *Early Irish History and Mythology.* Dublin 1946.
Pokorny, J.: *Altkeltische Dichtungen.* Bern 1944.
Rhys, J.: *Celtic Folklore, Welsh and Manx.* Vol. 1. Oxford 1901.
Severin, T.: *The Brendan Voyage.* London 1978.
Thomas, C.: *Britain and Ireland in Early Christian Times, A. D. 400–800.* New York 1975.
Thurneisen, R.: *Die irische Helden- und Königssage.* Halle 1921.
Weisweiler, J.: *Kultur der irischen Heldenzeit.* Berlin 1945.

Die Kelten heute

Greene, D.: *The Irish Language.* Reprinted Cork 1977.
Howarth, H.: *The Irish Writers, 1880–1940.* New York 1959.
Hyde, D.: *A Literary History of Ireland from Earliest Time to the Present Day.* London 1899.
Jones, M. A.: *Destination America.* New York 1976.
MacLiammoir, M.: *Ireland.* London 1977.
Marzio, P. C. (Hg.): *A Nation of Nations: The People who Came to America.* (Smithsonian Institution) New York 1976.
Rother, F., Rother, A.: *Die Bretagne. Im Land der Dolmen, Menhire und Calvaires.* Köln 1978.
Smith, E., Cook, O.: *Scotland.* London 1967.
Uris, L., Uris, J.: *Ireland: A Terrible Beauty.* New York 1976.
Ziegler, W.: *Irland. Kunst, Kultur und Landschaft.* Köln 1979.

Verzeichnis der Abbildungen und Bildquellen

Abkürzungen
F: Foto
Jh.: Jahrhundert
Jt.: Jahrtausend
Fol.: Folio
Ms.: Manuskript
v.: Verso
r.: Recto

2 Göttin mit Helm. Bronze. Kerguilly en Dinéault (Finistère, Frankreich). 1. Jh. n. Chr. Musée de Bretagne, Rennes.
4 Detail einer bronzenen Röhrenkanne. Dürrnberg (Österreich). Spätes 5.–frühes 4. Jh. v. Chr. Salzburger Museum Carolino-Augusteum, Salzburg.
6 Keltenkrieger in der Schlacht. Bronze. Rom (Italien). Spätes 3. Jh. v. Chr. Staatliche Museen, Berlin.
7 Keltenkrieger. Relief. Detail eines Silberkessels. Gundestrup (Himmerland, Dänemark). Mitte 1. Jh. v. Chr.–3. Jh. n. Chr. (Datierung umstritten). National-museet Kopenhagen.
9 Statuette einer Göttin. Ton. Cîrna (Rumänien). Ca. 1500 v. Chr. Muzeul de Istorie al R. S. R., Bukarest. F: Erich Lessing/Magnum.
10–11 Landschaft. F.: Hanspeter Renner.
12 Rinder. Detail eines Siegelabdrucks. Mesopotamien (Irak). Spätes 5. Jt. v. Chr. Musée du Louvre, Paris. F.: Hirmer Foto-archiv.
13 Meierei. Fries. Tell al-Ubaid, Mesopotamien (Irak). 4. Jt. v. Chr. Museum von Bagdad. F.: Georg Gerster.
14 *Oben*: Stonehenge. Ruinen einer megalithischen Kultanlage. Wiltshire (England). Ca. 2500 v. Chr. F: Aerial Photography, University of Cambridge.
Mitte links: Aschenurne aus Singen (Deutschland). Ca. 1200 v. Chr. Badisches Landes-museum, Karlsruhe.
Mitte rechts: Aschenurne aus Ihringen (Baden-Württemberg, Deutschland). Ca. 1200 v. Chr. Museum für Urgeschichte, Freiburg i. Br.
Unten links: Glockenbecher. Goodmanham (Humberside, England). Ca. 2000 v. Chr. British Museum, London.
15 *Oben rechts*: Gürtelplatte. Bronze. Langstrup (Seeland, Dänemark). 15.–14. Jh. v. Chr. Nationalmuseet, Kopenhagen.
Mitte rechts: Jungsteinzeitliche Axtklingen. Auvernier (Schweiz). Schweizerisches Landes-museum, Zürich.
16 *Links*: Reiter. Dekor einer Bronzeaxt. Hallstatt (Österreich). 600 v. Chr. Naturhistorisches Museum, Prähistorisches Abteilung, Wien.
Mitte: Bronzeeimer. Hallstatt (Österreich). 7.–6. Jh. v. Chr. British Museum, London.
Rechts: Bronzefigur. Idrija (Jugoslawien). 8.–5. Jh. v. Chr. Naturhistorisches Museum, Prähistorische Abteilung, Wien.
17 *Oben*: Hallstatt (Österreich). Gemälde von Isidor Engl. Natur-historisches Museum, Prähistorische Abteilung, Wien.
Unten, von links nach rechts: Detail eines Armreifs. Gold.

Reinheim (Saarland, Deutschland). Spätes 5.–frühes 4. Jh. v. Chr. Landesmuseum für Vor- und Frühgeschichte, Saarbrücken. F: Staatliches Konservatoramt.
Eiserne Speerspitze. La Tène, Marin-Epagnier (Schweiz). Ca. 250–120 v. Chr. Schweizerisches Landesmuseum, Zürich. F: Aus René Wyss, *Funde der jüngeren Eisenzeit,* Bern 1957.
Detail eines Wagenknaufs. Bronze und Email. Themse, Brentford (England). Spätes 3. Jh. v. Chr. Museum of London.
Detail einer Fibel in Gestalt eines Menschenkopfs. Bronze. Oberwittighausen (Franken, Deutschland). Spätes 5.–frühes 4. Jh. v. Chr. Badisches Landesmuseum, Karlsruhe.
20–21 Hügelfestung Old Oswestry (England). F: Aerial Photography, University of Oxford.
22 Bestattungsbräuche. Friedhof von Hallstatt (Österreich). Gemälde von Isidor Engl. Naturhistorisches Museum, Prähistorische Abteilung, Wien.
23 *Oben, von links nach rechts:* (Alle aus dem Musée des Antiquités Nationales, St. Germain-en-Laye)
Terrakottagefäß mit Muscheldekor. Thuisy (Marne, Frankreich).
Keramikgefäß. Bergères-les-Vertuses (Marne, Frankreich).
Gefäß mit Ritzdekor. Prunay (Marne, Frankreich).
Gefäß mit gemaltem Dekor. Tourbe (Somme, Frankreich).
Rechts, von oben nach unten: Ring aus Edingen (Deutschland). Zeichnung von Franz Coray nach G. Kraft.
Spange und Nadel. Aus einem Grab bei Egg (Schweiz). 1200–800 v. Chr. Schweizerisches Landesmuseum, Zürich.
24 *Oben:* Tierornament. Detail einer bronzenen Situla. Este (Italien). 4. Jh. v. Chr. Museo Nazionale Atestino, Este.
25 *Oben links:* Reiter. Detail des Kessels von Gundestrup. S. S. 7.
Rechts, von oben nach unten: Eiserne Speerspitze mit kurzer Tülle. La Tène, Marin-Epagnier (Schweiz). 250–120 v. Chr. Schweizerisches Landesmuseum, Zürich. F: Aus René Wyss, *Funde der jüngeren Eisenzeit,* Bern 1957.
Eiserne Speerspitze mit langer Tülle. La Tène. S. oben.
Eisernes Hiebschwert. Grandson (Schweiz). 8. Jh. v. Chr. Schweizerisches Landesmuseum, Zürich.
Kampfszenen auf einer Schwertscheide aus Hallstatt. Nachzeichnung (beschädigtes Original im Naturhistorischen Museum, Wien). F: Römisch-Germanisches Zentralmuseum, Mainz.
Eiserne Speerspitze mit langer Klinge. La Tène, Marin-Epagnier. 250–120 v. Chr. S. oben (eiserne Speerspitze).
Eiserne Speerspitze mit schmaler Klinge. La Tène, Marin-Epagnier. 250–120 v. Chr. S. oben (eiserne Speerspitze).
26 *Oben links:* Gallische Münze mit Löwe. Silber. Ca. 2. Jh. v. Chr. Bibliothèque Nationale, Cabinet des Medailles, Paris.
Oben rechts: Münze der gallischen Redonen mit Reiter. Gold. Ca. 1. Jh. v. Chr. S. oben *(oben links).*
Unten links: Musikant. Bronzestatuette. Neuvy-en-Sullias (Loiret, Frankreich). 1. Jh. n. Chr. Musée Historique et Archéologique de l'Orléanais, Orléans. F: Jaques.
Unten rechts: Druide. Bronzestatuette. Neuvy-en-Sullias (Loiret, Frankreich). 1. Jh. n. Chr. S. oben *(unten links).*
27 Obelisk. Sandstein. Pfalzfeld (Rheinpfalz, Deutschland). 4. Jh. v. Chr. Rheinisches Landesmuseum, Bonn. F: SCALA.
Oben links: Römische Münze mit gallischer Kampfausrüstung. Denar. Ca. 48 v. Chr. British Museum, Department of Coins and Medals, London.
Oben rechts: Münze der gallischen Aulerker-Cenomanen mit bekränztem Kopf. Gold. Ca. 1. Jh. v. Chr. Bibliothèque Nationale, Cabinet des Medailles, Paris.
Unten rechts: Figur eines tanzenden Mädchens. Bronze. Neuvy-en-Sullias (Loiret, Frankreich). 1. Jh. n. Chr. Musée Historique et Archéologique de l'Orléanais, Orléans. F: Jaques.
28 *Oben rechts:* Mittelalterlicher Schreiber. Miniatur. Bibliothèque Nationale, Paris. F: Giraudon.
Mitte links: Vergil zwischen zwei Musen. Mosaik. Sousse (Tunesien). Museum Tunis. F: Giraudon.
Unten Mitte: Herodot. Marmorbüste. Benha (Ägypten). 2. Jh. n. Chr. Metropolitan Museum of Art, Stiftung von George F. Baker, 1891, New York.
29 *Von oben nach unten:* Strabo. Aus Theret, *Les Vrais Portraits et Vies des Hommes Illustres,* 1584. F: Radio Times Hulton Picture Library.
Julius Caesar. Marmorbüste. Museo Nazionale, Neapel. F: Alinari.
Plinius d. Ä. Stich. Bibliothèque Nationale, Paris. F: Lauros-Giraudon.
Poseidonios. Büste. Museo Nazionale, Neapel. F: Alinari.
30 *Oben rechts:* Königin Medb (?). Detail des Kessels von Gundestrup. S. S. 7.
Mitte: Kolophon zum Matthäusevangelium. Ausschnitt. The Durham Gospel Fragment I. Ms. A. II. 10. fol. 3v. Durham Dean and Chapter Library. F: Mit freundlicher Genehmigung des Dean and Chapter of Durham Cathedral.
31 Das Book of Durrow. Ms. fol. 3v., 7. Jh. n. Chr. Trinity College, Dublin. F: Mit freundlicher Genehmigung des Board of Trinity College, The Green Studio.
32 Rosmerta und Merkur. Gallorömische Plastik. Musée des Antiquités Nationales, St. Germain-en-Laye.
33 *Mitte oben:* Keltische Münze mit Lanzenträger. Silber. Ungarn. Ca. 1. Jh. v. Chr. Nationalmuseum, Budapest. F: Erich Lessing/Magnum.
Unten: Dekor eines Schwertgriffs. Bronze. Châtillon-sur-Indre (Indre, Frankreich). 1. Jh. v. Chr. Musée Archéologique Thomas Dobrée, Nantes.
34 *Mitte rechts:* Skythischer Reiter. Detail eines Halsrings. Kul'-Oba (Krim, UdSSR). 4. Jh. v. Chr. Eremitage, Leningrad.
Unten links: Bronzehydria. Grächwil (Schweiz). 6. Jh. v. Chr. Historisches Museum, Bern. F: Schweizerisches Landesmuseum, Zürich.
35 *Mitte oben:* Grabkammer im Hohmichele bei Hundersingen (Baden-Württemberg, Deutschland). Rekonstruktionszeichnung. F: Mit freundlicher Genehmigung des Instituts für Vor- und Frühgeschichte der Universität Tübingen.
Unten, von links nach rechts:
– Dolch in der Scheide.
– Dolch. Eisen und Bronze.
– Scheide, Rückseite.
Magdalenenberg bei Villingen (Baden-Württemberg, Deutschland). Ca. 6. Jh. v. Chr. F: Institut für Ur- und Frühgeschichte der Universität Erlangen-Nürnberg.
36 *Oben rechts:* Grundriß der Grabstätte von Vix. Châtillon-sur-Seine (Côte d'Or, Frankreich). Aus *Monuments et Mémoires,* publié par l'Académie des Inscriptions et Belles-Lettres. Fondation Eugène Piot. Presses Universitaires de France, Paris 1954. Tome 48e. Fascicule 1.
Mitte links: Bronzekrater von Vix (Côte d'Or, Frankreich). Spätes 6. Jh. v. Chr. Musée Archéologique, Châtillon-sur-Seine. F: Lauros-Giraudon.
Mitte rechts: Detail des Kraters von Vix. S. oben.
37 *Mitte oben:* Heuneburg bei Hundersingen (Baden-Württemberg, Deutschland). F: Institut für Vor- und Frühgeschichte der Universität Tübingen.
Unten rechts: Rekonstruktionszeichnung der Heuneburg. Franz Coray nach W. Kimmig.
38 Weintransport. Relief aus Cabrières-d'Aygues (Vaucluse, Frankreich). Musée Calvet, Avignon.
41 St. Gotthard-Paß (Schweiz). F: Erich Lessing/Magnum.
42 Keltische Feuerstelle. Latèneperiode. Rekonstruktion. Freilichtmuseum Asparn an der Zaya (Österreich). F: Mit freundlicher Genehmigung des Niederösterreichischen Landesmuseums, Museum für Urgeschichte Asparn an der Zaya.
43 Keltisches Festmahl. Rekonstruktionszeichnung von Mark Adrian. Aus Arnold Jaggi, *Helvetier, Römer, Alamannen*..., Bern 1962.
44 *Oben:* Silberne Phalere. Villa Vecchia, Manerbio sul Mella (Italien). 1. Jh. v. Chr. Museo Civico Romano, Brescia. F: Rapuzzi.
Mitte links: Frauenkopf. Detail einer Statue. 1. Jh. v. oder n. Chr. Musée de Bourges. F: G. Franceschi/Zodiaque.
45 Jünglingskopf. Bronze. Prilly (Schweiz). 1. Jh. n. Chr. Historisches Museum, Bern.
46 *Oben links:* Kleine Männermaske. Bronze. Welwyn (Hertfordshire, England). 1. Jh. v. Chr. British Museum, London.
Mitte links: Bronzene Gürtelschnalle. Hölzelsau (Österreich). Frühes 4. Jh. v. Chr. Prähistorische Staatssammlung, Museum für Vor- und Frühgeschichte, München.
Unten links: Textilfragment. Hohmichele bei Hundersingen (Baden-Württemberg, Deutschland). Frühes 6. Jh. v. Chr. Römisch-Germanisches Zentralmuseum, Mainz.
Rechts: Keltische Kleidung. Rekonstruktionszeichnung von Franz Coray.
47 *Oben links:* Goldener Armreif. Waldalgesheim (Rheinpfalz, Deutschland). 4. Jh. v. Chr. Rheinisches Landesmuseum, Bonn.
Oben rechts: Silberner Torques mit Eisenkern. Trichtingen (Baden-Württemberg, Deutschland). 2. Jh. v. Chr. Württembergisches Landesmuseum, Stuttgart.
Mitte, von links nach rechts: Silberne Fibel. Schoßhalde, Bern (Schweiz). 4. Jh. v. Chr. Historisches Museum, Bern.
Bronzefibel. Oberwittighausen (Baden-Württemberg, Deutschland). Spätes 5.–frühes 4. Jh. v. Chr. Badisches Landesmuseum, Karlsruhe.
Bronzefibel. Conflans (Aube, Frankreich). 3. Jh. n. Chr. Musée des Beaux-Arts et Archéologique, Troyes. F: Jean Bienaimé.
Zwei goldene Armreife. Erstfeld (Schweiz). 4. Jh. v. Chr. Schweizerisches Landesmuseum, Zürich.
Mitte, unten rechts: Kurzschwert aus Hallstatt (Österreich). Zeichnung von Friedrich Simony. Aus F. Simony, *Die Altertümer vom Hallstätter Salzberg und dessen Umgebung,* Wien 1851.
Unten, von links nach rechts: Schottisches Tuch. F: Archiv des Verlags.
Gallier. Kalksteinfigur. Auxerre (Yonne, Frankreich). 2.–3. Jh. n. Chr. Musée Archéologique, Auxerre.
Helvetier. Ziegelantefix. Vindonissa (Schweiz). Spätes 1. Jh. n. Chr. Vindonissa-Museum, Brugg. F: C. Holliger.
Frauenkopf mit Torques. Ziegelantefix. Vindonissa (Schweiz). Spätes 1. Jh. n. Chr. Vindonissa-Museum, Brugg. F: C. Holliger.
48 *Oben rechts:* Drei Muttergöttinnen. Relief. Vertillum (Côte d'Or, Frankreich). Musée Archéologique, Châtillon-sur-Seine. F: Jean Roubier.
Unten links: Münze der Andevaker. Goldstater. Bibliothèque Nationale, Cabinet des Medailles, Paris.
Unten rechts: Mutter-Göttin. Ausschnitt. S. *oben rechts.*
Drei Gestalten in Mänteln. Relief. Housesteads (Northumberland, England). 3. Jh. n. Chr. F: Department of the Environment, Crown Copyright.
50 Das Weiße Pferd. Uffington (Berkshire, England). Ca. 1. Jh. v. Chr. F: A. Howarth, Daily Telegraph Colour Library.
51 Gallo-römische Plastik aus Portieux (Vosges, Frankreich): Mitte 3. Jh. n. Chr. Musée Départemental des Vosges, Epinal. F: J.-C. Voegtlé, © 1979 Copyright by SPADEM, Paris, und Cosmopress, Genf.
52 *Oben links:* Epona. Relief. Kalkstein. Altbachtal (Rheinland-Pfalz, Deutschland). Frühes 3. Jh. n. Chr. Rheinisches Landesmuseum, Trier.
Oben rechts: Reitergott. Relief. Whitecombe Farm (Dorset, England). F: National Monuments Record.
Mitte links: Gallischer Pferdehändler. Grabsteinrelief. Musée Archéologique, Dijon.
Unten links: Fohlen. Bronze. Catalaunum, Châlons-sur-Marne (Frankreich). Musée Municipal, Châlons-sur-Marne. F: Jean Roubier.
Unten rechts: Fohlen. Bronze. Aventicum (Schweiz). Kunsthistorisches Museum, Genf. F: Jean Roubier.
53 *Münzen, von links nach rechts und oben nach unten:*
Münze der Uneller. Gold. Cotentin (Normandie, Frankreich). Frühes 2. Jh. n. Chr.
Münze der Parisier. Gold. Frühes 1. Jh. n. Chr.
Münze der Atrebaten. Gold. 1. Jh. n. Chr.
Münze aus der Jura-Region. Gold. 1. Jh. n. Chr.
Alle vier Bibliothèque Nationale, Cabinet des Médailles, Paris.
Münze aus Transsilvanien (Rumänien). Silber. Mitte 3. Jh. v. Chr. British Museum, London.
Unten: Kultwagen. Bronze. Mérida (Spanien). 2.–1. Jh. v. Chr. Musée des Antiquités Nationales, St. Germain-en-Laye.
54 *Oben rechts:* Münze mit Wagenlenker. Silber. 1. Jh. v. Chr. British Museum, London.
Unten links: Von Pferden gezogener Wagen. Ton. Pitigliano (Italien). 9. Jh. v. Chr. Römisch-Germanisches Zentralmuseum, Mainz.
55 *Oben:* Münze mit Wagenlenker. Silber. 1. Jh. v. Chr. British Museum, London.
Unten links: Münze der Turonen. Gold. 150–121 v. Chr. Bibliothèque Nationale, Cabinet des Médailles, Paris.
Unten rechts: Rekonstruktion eines Streitwagens aus Llyn Cerrig Bach (Anglesey, England) National Museum of Wales, Cardiff.
56 Keltenkrieger mit Trompeten. Detail des Kessels von Gundestrup. S. S. 7.
57 *Von links nach rechts:* Kelte mit Schild. Kalksteinplastik. Mondragon (Vaucluse, Frankreich). Musée Calvet, Avignon. F: G. Franceschi/Zodiaque.
Mit Email oder Glas eingelegter Bronzeschild. River Witham bei Washingborough (Lincolnshire, England). 3.–2. Jh. v. Chr. British Museum, London.
Rekonstruierter gallischer Schild. Horath (Rheinland-Pfalz, Deutschland). Rheinisches Landesmuseum, Trier.
Mit Glas eingelegter Bronzeschild. Themse bei Battersea (Middlesex, England). 1. Jh. n. Chr. British Museum, London.
58 *Oben, von links nach rechts:* Schwert aus Hallstatt (Österreich). Eisen und Bronze. 6. Jh. v. Chr. Naturhistorisches Museum, Prähistorische Abteilung, Wien. F: Schweizerisches Landesmuseum.
Eisenschwert mit Bronzegriff. Gefunden bei Mainz (Deutschland). Mittelrheinisches Landesmuseum, Mainz.
Dolch und Scheide. Bronze. Römerhügel, Ludwigsburg (Baden-Württemberg, Deutschland). 7.–6. Jh. v. Chr. Württembergisches Landesmuseum, Stuttgart.
Bronzene Dolchscheide. Hallstatt (Österreich). Zeichnung von Friedrich Simony. Aus F. Simony, *Die Altertümer vom Hallstätter Salzberg und dessen Umgebung,* Wien 1851.
Latène-Scheide. Burthorpe (Yorkshire, England). 1. Jh. v. Chr. British Museum, London.
Eiserne Speerspitze mit langer Tülle. La Tène, Marin-Epagnier (Schweiz). Ca. 250–120 v. Chr. Schweizerisches Landesmuseum, Zürich. Aus René Wyss, *Funde der jüngeren Eisenzeit,* Bern 1957.
Lanzenspitze. Bronze. Talhau, Hundersingen (Baden-Württemberg, Deutschland). Württembergisches Landesmuseum, Stuttgart.
Zweischneidiger Dolch mit Bronzegriff. Hallstatt (Österreich). Zeichnung von Friedrich Simony, aus *Die Altertümer vom Hallstätter Salzberg*... (S. oben).
Meißel. Hallstatt (Österreich). Zeichnung von Friedrich Simony, aus *Die Altertümer vom Hallstätter Salzberg*... (S. oben).
Eisenschwert. Ferme Rouge, La Quenique (Court-St.-Etienne,

Belgien). 5. Jh. v. Chr. Musée Royaux d'Art et d'Histoire, Brüssel.
Mitte links: Reiter. Detail eines bronzenen Kultwagens. Strettweg (Österreich). 7. Jh. v. Chr. Landesmuseum Joanneum, Graz. F: Foto Fürböck.

59 *Oben, von links nach rechts:* Bronzehelm. Filottrano bei Ancona (Italien). 4. Jh. v. Chr. Museo Nazionale, Ancona. F: Soprintendenza Archeologica delle Marche.
Helm. Eisen und Bronze. Amfreville (Eure, Frankreich). Spätes 4. Jh. v. Chr. Musée du Louvre, Paris. F: Giraudon.
Eisenhelm. Giubiasco (Schweiz). 2. Jh. v. Chr. Schweizerisches Landesmuseum, Zürich.
Konisch geformter Helm. Bronze. La Gorge-Meillet (Frankreich). Ca. 450–300 v. Chr. Musée des Antiquités Nationales, St. Germain-en-Laye. F: Lauros-Giraudon.
Eisenhelm mit Bronze- und Korallendekor. Canosa di Puglia (Italien). Spätes 4. Jh. v. Chr. Staatliche Museen, Berlin. F: Bildarchiv Preußischer Kulturbesitz.
Mit Bronze überzogener Eisenhelm. Umbrien (Italien). Spätes 4. Jh. v. Chr. Staatliche Museen, Berlin. F: Bildarchiv Preußischer Kulturbesitz.
Unten: Eisenhelm mit bronzener Zier. Ciumeşti (Rumänien). 3. Jh. v. Chr. Muzuel de Istorie al R. S. R., Bukarest.

60 *Oben links:* Bienenkorbförmige Steinbehausung. Vorkeltisch. Plateau des Claparèdes (Vaucluse, Frankreich). F: Jean Roubier.
Oben rechts: Keltisches Haus. Latènezeit, ca. 100 v. Chr. Rekonstruktion. Freilichtmuseum, Museum für Urgeschichte, Asparn an der Zaya. F: Foto Nechuta, mit freundlicher Genehmigung der Niederösterreichischen Landesregierung.
Unten links: Plan eines Gehöfts. Little Woodbury (Wiltshire, England). Franz Coray nach Gerhard Bersu.

61 *Oben:* Keltisches Haus. Hallstattzeit. Rekonstruktion. Freilichtmuseum, Museum für Urgeschichte, Asparn an der Zaya. F: Foto Nechuta, mit freundlicher Genehmigung der Niederösterreichischen Landesregierung.
Mitte: Befestigungen von Burgenrain (Schweiz). Rekonstruktionszeichnung. Franz Coray nach A. Müller.
Unten: Die Befestigungen des Wittnauer Horns (Schweiz). Zeichnung von Franz Coray.

62 Hügelfestung Maiden Castle (Dorset, England). F: Aerial Photography, University of Cambridge.

62–63 Fort Dùn Aengus auf der Araninsel Inishmore (Irland). F: John Bulmer.

63 *Rechts:* Festungstore. Hügelfestung Danebury (Hampshire, England). Plan von Franz Coray nach B. Cunliffe.

64 Teil eines Murus Gallicus. Rekonstruktionszeichnung. Franz Coray nach H. Noelle.

65 *Oben:* Haupttor des Oppidums Manching (Bayern, Deutschland). Rekonstruktionszeichnung nach D. D. A. Simpson und Stuart Piggott.
Unten: Luftaufnahme des Oppidums Manching. F: Archivbild Deutsches Archäologisches Institut.

66 Jagdgott. Statue aus La Celle-Mont-Saint-Jean (Sarthe, Frankreich). Musée des Antiquités Nationales, St. Germain-en-Laye.

67 Ansicht von La Tène bei Marin-Epagnier (Schweiz). F: Robert Tobler.

68 Muttergöttinnen. Galloromisches Relief. Alesia (Frankreich). Musée Archéologique, Dijon. F: Pamir.

69 Stele mit Januskopf. Kalkstein. Holzgerlingen (Baden-Württemberg, Deutschland). Württembergisches Landesmuseum, Stuttgart.

70 Drei Muttergöttinnen. Steingravur. Burgund (Frankreich). Musée des Antiquités Nationales, St. Germain-en-Laye.

71 Dreiköpfiger Gott. Terrakotta. Detail einer Vase aus Bavay (Frankreich). 2. Jh. n. Chr. Bibliothèque Nationale, Paris.

72 *Links:* Gott mit Strahlenkranz. Armagh (Nordirland). Ulster Museum, Belfast.
Rechts: Sheela-na-gig, keltische Fruchtbarkeitsgöttin. Relief. Detail eines Kragstücks. Church of St. Mary and St. David, Kilpeck (Herefordshire, England). F: National Monuments Record.

73 Gott mit Hirschgeweih. Detail des Kessels von Gundestrup. S. S. 7.
Rechts: Dis Pater. Bronze. Prémeaux (Côte d'Or, Frankreich). Musée des Beaux-Arts, Beaune.

74 *Oben rechts:* Reitergott. Bronze. Willingham Fen (England). 2. Jh. n. Chr. Cambridge Museum of Archaeology and Ethnology, Cambridge.
Unten links: Taranis mit den Attributen des Jupiter. Bronze. Gallo-römische Statuette. Le Châtelet (Haute-Marne, Frankreich). Musée des Antiquités Nationales, St. Germain-en-Laye.

75 *Links:* Dis Pater. Bronze. Gallo-römische Statuette. Visp (Schweiz). Musée d'Art et d'Histoire, Genf.
Rechts: Esus. Kalksteinrelief. Trier (Deutschland). 1. Jh. n. Chr. Rheinisches Landesmuseum, Trier.

76 *Oben:* Epona. Gallo-römische Statuette. Alesia (Frankreich). Musée Alésia, Alise-Sainte-Reine. F: Jean Roubier.
Unten links: Ebergott aus Euffigneix (Haute-Marne, Frankreich). Kalkstein. Gallorömische Zeit. Musée des Antiquités Nationales, St. Germain-en-Laye. F: Jean Roubier.
Unten rechts: Muttergöttin mit Obst und Laub. Relief. Caerwent, Monmouth (Wales, England). Ca. 1–2. Jh. n. Chr. National Museum of Wales, Cardiff.

77 *Oben:* Esus fällt den Weidenbaum. Relief. Paris (Frankreich). 1. Jh. n. Chr. Musée de Cluny, Paris. F: Jean Roubier.
Unten, von links nach rechts: Gott im Schneidersitz. Bronze und Email. Bouray-sur-Juine (Essone, Frankreich). Spätes 1. Jh. v. Chr.–frühes 1. Jh. n. Chr. Musée des Antiquités Nationales, St. Germain-en-Laye.
Jagdgott. Touget (Gers, Frankreich). 1.–2. Jh. n. Chr. Musée des Antiquités Nationales, St. Germain-en-Laye.
Gehörnter Gott aus Burgh-by-Sands (Cumberland, England). Relief. F: Robert Hogg.
Schlangengöttin. Römisches Altarrelief. Church of all Saints, Ilkley (Yorkshire, England). F: National Monuments Record.
Gott mit Torques. Kalkstein. Rodez (Aveyron, Frankreich). Musée Fenailles, Rodez. F: G. Franceschi/Zodiaque.

78–79 Detail eines Kultwagens. Bronze. Strettweg (Österreich). 7. Jh. v. Chr. Landesmuseum Joanneum, Graz. F: Erich Lessing/Magnum.

80 *Oben:* Bärengöttin Artio. Bronze. Muri (Schweiz). 2.–3. Jh. n. Chr. Historisches Museum, Bern.
Mitte, von links nach rechts: Stier. Bronze. Lillebonne (Frankreich). Gallo-römische Zeit. Musée Départemental, Rouen.
Pferd. Bronze. Freisen (Saarland, Deutschland). 4. Jh. v. Chr. Rheinisches Landesmuseum, Trier.
Hund. Bronze. Moudon (Schweiz). Historisches Museum, Bern.

81 *Oben rechts:* Vogelgott Abraxas. Relief. Nyon (Schweiz). Gallo-römische Zeit. Historisches Museum, Bern.
Unten: Eber. Bronze. Neuvy-en-Sullias (Loiret, Frankreich). 1. Jh. n. Chr. Musée Historique et Archéologique de l'Orléanais, Orléans. F: Jaques.

82 Drei Ausschnitte aus dem Portikus-Pfeiler des Tempels von Roquepertuse (Bouches-du-Rhône, Frankreich). 1. Jh. v. Chr. Musée Borély, Marseille.
Links: F: Belzeaux-Rapho.
Mitte und rechts: F: Lauros-Giraudon.

83 Säule mit stilisierten Menschenköpfen aus dem Tempel von Entremont (Bouches-du-Rhône, Frankreich). 2. Jh. v. Chr. Dépôt des fouilles, Entremont. F: Centre Camille Jullian, Université de Provence.

84 *Oben:* Höhleneingang in den »Dame Jouanne«-Hügeln. Larchant (Seine-et-Marne, Frankreich). Aus Marie E. P. König, *Am Anfang der Kultur,* Berlin 1973.
Mitte: Portal der Kirchenruine von Dysert O'Dea (Irland). F: Arnold Hintze.

85 Portal der Klosterkirche von Clonfert (Irland). F: Arnold Hintze.

86 *Oben rechts:* Gruppe von vier Köpfen. Kalkstein. Entremont (Bouches-du-Rhône, Frankreich). 3.–2. Jh. v. Chr. Musée Granet, Aix-en-Provence.
Mitte, von links nach rechts: Frauenkopf. Detail eines Bronzekessels. Kraghede (Dänemark). Ca. 1. Jh. v. Chr. Nationalmuseet, Kopenhagen.
Kopf eines Mannes. Bronzebeschlag einer Holzkanne. Dürrnberg (Österreich). Ca. 400 v. Chr. Keltenmuseum, Hallein.
Männliche Gottheit. Detail des Pfalzfelder Obelisken. S. S. 27.
Unten links: Münze der Parisier. Gold. Frühes 1. Jh. v. Chr. Bibliothèque Nationale, Cabinet des Médailles, Paris.
Unten rechts: Fragment eines Steinkopfs. Sandstein. Heidelberg (Deutschland). Spätes 5.–frühes 4. Jh. v. Chr. Badisches Landesmuseum, Karlsruhe.

87 *Oben rechts:* Bronzescheibe. Irland. 1.–2. Jh. n. Chr. British Museum, London.
Mitte links: Doppelkopf. Kalkstein. Roquepertuse (Bouches-du-Rhône, Frankreich). 3. Jh. v. Chr. Musée Borély, Marseille.
Mitte rechts: Gott mit drei Gesichtern. Reims (Frankreich). Gallo-römische Zeit. F: Schweizerisches Landesmuseum, Zürich.
Unten, von links nach rechts: Männliche Maske. Bronze. Montsérié (Hautes-Pyrénées, Frankreich). 3.–2. Jh. v. Chr. Musée Massey, Tarbes. F: YAN.
Steinkopf. Mšecké Žehrovice bei Prag (Tschechoslowakei). Ca. 150 v. Chr. Nationalmuseum, Prag. F: SCALA.
Frauenkopf. Detail einer Statue. 1. Jh. v. oder n. Chr. Musée de Bourges. F: G. Franceschi/Zodiaque.
Kopf eines Gottes. Kessel von Gundestrup. S. S. 7.

88–89 Seine-Quellen. Saint-Germain, Source de la Seine (Côte d'Or, Frankreich). F: Erich Lessing/Magnum.

89 *Oben rechts:* Wassergöttin Coventina mit zwei Nymphen. Relief. Museum of Antiquities, New-castle-upon-Tyre.

90 *Oben rechts:* Wassergöttin Coventina. Relief. Detail einer Stele. Carrawburgh (Northumberland, England). Ca. 2.–3. Jh. n. Chr. Museum of Antiquities, Newcastle-upon-Tyne.
Mitte links: Blindes Mädchen. Votivgabe. Gallo-römische Steinplastik. Heiligtum der Seine-Quellen (Côte d'Or, Frankreich). Musée Archéologique, Dijon.
Mitte rechts: Hölzernes Bein. Votivgabe. Heiligtum der Seine-Quellen. S. oben. Ca. 1. Jh. n. Chr.

91 *Von links nach rechts:* (Sofern nicht anders angegeben, alle aus: Heiligtum der Seine-Quellen [Côte d'Or, Frankreich]. Musée Archéologique, Dijon.)
Votivrelief eines Gottes in kurzem Rock. Wilsford (Lincolnshire, England). F: Society of Antiquaries of London.
Hölzernes Exvoto aus Montboux (Loiret, Frankreich). Ca. 1. Jh. n. Chr. Musée Historique et Archéologique de l'Orléanais, Orléans. F: Jaques.
Kalksteinfigur eines Pilgers. Exvoto. Ca. 1. Jh. n. Chr.
Figur eines Mannes. Hölzernes Exvoto. Ca. 1. Jh. n. Chr.
Bronzene Votivstatuette der Minerva. Ehl bei Straßburg (Frankreich). 2. Jh. n. Chr. Musée Archéologique, Straßburg.
Weibliche Statue. Hölzernes Exvoto. 1. Jh. n. Chr.
Figur eines Pilgers, der ein Opfer trägt. Exvoto. Ca. 1. Jh. n. Chr.

92 *Links:* Bronzeterrier aus der Coventina-Quelle. Carrawburgh (Northumberland, England). Museum of Antiquities, Newcastle-upon-Tyne.
Rechts: Schacht von Holzhausen (Deutschland). Aus *Kölner Römer Illustrierte* Nr. 2, 1975, hg. von Historische Museen der Stadt Köln.

93 *Oben, von links nach rechts:* Keltische Schächte. Zeichnungen von Franz Coray nach K. Schwartz.
- Schacht in der Vendée (Frankreich).
- Schacht in der Vendée.
- Nordschacht von Holzhausen (Deutschland).
- Südwestschacht von Holzhausen.
- Nordwestschacht von Holzhausen.

Unten Mitte: Terrakottagefäß mit Menschenkopf. Coventina-Quelle, Carrawburgh (Northumberland, England). Museum of Antiquities, Newcastle-upon-Tyne.

94 *Oben:* Römisch-keltischer Tempel. Rekonstruktionszeichnung von Franz Coray nach Wheeler.
Mitte: Cromlech von Castlerigg, Keswick (Cumberland, England). F: Edwin Smith.
Unten: Diagramm eines eisenzeitlichen Tempels. Heathrow (Middlesex, England). Franz Coray nach B. Cunliffe.

95 *Oben:* Römisch-keltischer Tempel, 4. Jh. Lydney Park (Gloucestershire, England). Rekonstruktionszeichnung von Franz Coray nach Wheeler.
Unten: Keltischer heiliger Hain. Rekonstruktionszeichnung von Franz Coray.

96 Rad. Rekonstruktion eines Latène-Originals. Schweizerisches Landesmuseum, Zürich.

97 *Oben:* Bronzeplatte eines Pferdegeschirrs. London (England). 1. Jh. n. Chr. British Museum, London. F: Erich Lessing/Magnum.
Mitte: Rückseite eines Spiegels. Desborough (Northamptonshire, England). 1. Jh. n. Chr. British Museum, London. Zeichnung Franz Coray.
Unten: Emailliertes Dekor eines Pferdegeschirrs. British Museum, London. F: Erich Lessing/Magnum.

98 Fibel in Gestalt eines Hahns. Bronze und Koralle. Reinheim (Saarland, Deutschland). Spätes 5.–frühes 4. Jh. v. Chr. Landesmuseum für Vor- und Frühgeschichte, Saarbrücken. F: Römisch-Germanisches Zentralmuseum, Mainz.

99 Rückseite eines dekorierten Spiegels. Bronze. Old Warden (Bedfordshire, England). Frühes 1. Jh. n. Chr. Bedford Museum, Bedford.

100 *Links:* Figur eines tanzenden Mädchens. Rückansicht. S. S. 27.
Rechts: Figur eines tanzenden Mädchens. Vorderansicht. S. S. 27.

101 *Oben rechts:* Figur eines Jongleurs. Bronze. Neuvy-en-Sullias (Loiret, Frankreich). 1. Jh. n. Chr. Musée Historique et Archéologique de l'Orléanais, Orléans. F: Jaques.
Unten, von links nach rechts: (Alle aus Neuvy-en-Sullias, Loiret, Frankreich. Musée Historique et Archéologique de l'Orléanais, Orléans. F: Jaques.)
Figur eines tanzenden Mädchens. Rückansicht. Bronze. 1. Jh. n. Chr.
Figur eines tanzenden Mädchens. Vorderansicht. S. oben.
Figur eines tanzenden Mannes. Bronze. 1. Jh. n. Chr.
Figur eines Musikanten. Bronze. 1. Jh. n. Chr.

102 Bronzeblatt. La Tène. Marin-Epagnier (Schweiz). 3.–2. Jh. v. Chr. Musée Cantonal d'Archéologie, Neuchâtel.

103 Ausschnitt eines gehämmerten Bronzeschilds. Mit rotem Email eingelegt. Themse bei Battersea (Middlesex, England). Frühes 1. Jh. n. Chr. British Museum, London.

104 *Oben links:* Schale mit durchbrochenen Goldbeschlägen. Schwarzenbach (Rheinland-Pfalz, Deutschland). Spätes 5.–frühes 4. Jh. v. Chr. Antikenmuseum, Staatliche Museen, Berlin. F: Isolde Luckert, Bildarchiv Preußischer Kulturbesitz.
Oben rechts: Oberteil einer bronzenen Schnabelkanne. Basse-Yutz (Moselle, Frankreich). Frühes 4. Jh. v. Chr. British Museum, London.
Mitte: Torques aus Goldsilber. Snettisham (Norfolk, England). Mitte 1. Jh. v. Chr. British Museum, London.
Unten: Goldbeschlag. Fragment. Eygenbilsen (Belgien). Spätes 5.–frühes 4. Jh. v. Chr. Musée Royaux d'Art et d'Histoire, Brüssel.

105 Kopf eines im Schneidersitz sitzenden Gottes. S. S. 77.

107 Tarasque. Kalksteinplastik. Noves (Bouches-du-Rhône, Frankreich). 2. Jh. v. Chr. Musée Calvet, Avignon.

109 Der »Große Gott«. Detail des Kessels von Gundestrup. S. S. 7.

110–111 Bronzekalender. Coligny (Ain, Frankreich). Spätes 1. Jh. v. Chr. Musée de la Civilisation Gallo-Romaine, Lyon.

112 Schmiedegott Vulcanus. Römisch-britannisches Relief. F: Brian Brake.

113 Zwei Männer mit Speichenrad. Detail einer Schwertscheide aus Eisen und Bronze. Hallstatt (Österreich). Ca. 400 v. Chr. Naturhistorisches Museum, Prähistorische Abteilung, Wien.

114 Warenzeichens eines Schmieds. Detail einer latènezeitlichen Schwertklinge. Bronze. Port (Schweiz). Schweizerisches Landesmuseum, Zürich.

115 *Links:* Salzbergbau. Rekonstruktionszeichnung von Mark Adrian.
Rechts: Kupferabbau durch Feuersetzen in Mühlbach-Bischofshofen (Österreich). Zeichnung von Franz Coray nach J. G. D. Clark.

116 Stellmacher bei der Arbeit. Stich von J. F. Bénard. 17. Jh. F: Archiv des Verlags.

117 *Oben rechts:* Gegossene Bronzeräder eines Kultwagens aus Trebnitz (Schlesien). Lithographie von M. A. Meyn. Aus *Zeitschrift für Ethnologie,* Bd. 5, Berlin 1873.
Links außen: Gott mit Rad, Altar und Füllhorn. Relief. Carlisle (England). F: Robert Hogg.
Mitte: Rekonstruktion eines Kultwagens. Dejbjerg (Dänemark). Nationalmuseet, Kopenhagen.
Unten rechts: Fässer. Reliefausschnitt. S. S. 38.

118 *Oben links:* Leichenwagen aus Ohnenheim (Elsaß, Frankreich). Rekonstruktionszeichnung.
Unten: Bronzener Nabenbeschlag des Wagens von Vix (Burgund, Frankreich). Ca. 500 v. Chr. Beide aus *Monuments et Mémoires,* Fondation Eugène Piot, Tome 48e. Presses Universitaires de France, Paris 1954.

119 Kultwagen. Bronze. Glasinac (Bosnien, Jugoslawien). Hallstattperiode, ca. 700–500 v. Chr. Naturhistorisches Museum, Prähistorische Abteilung, Wien.

120 *Links außen:* Pflugszene, nach der Felszeichnung von Bedolina, Val Camonica (Italien). Zeichnung von R. Lunz.

120–121 Pflugschare der späten Latèneperiode. Zeichnungen von Franz Coray nach G. Jacobi.
Von links nach rechts:
– aus Dornburg (Deutschland)
– aus Unterach am Attersee (Österreich)
– aus Dünsberg (Deutschland)
– aus Unterach am Attersee (Österreich)
– aus Idrija (Jugoslawien)
– aus Mukačevo (UdSSR)

121 *Oben links:* Schottischer Kleinpächter mit Fußpflug. F: C. Curwen.
Mitte rechts: Moderner Pflug. F: Gebrüder Ott AG Maschinenfabrik.

122 *Oben rechts:* Beschlag in Form eines Pferdekopfes. Bronze. Stanwick (Yorkshire, England). 1. Jh. n. Chr. British Museum, London.
Mittlere Reihe, von links nach rechts:
Achsnagel. Eisen und Bronze, emailliert. King's Langley (Hertfordshire, England). Frühes 1. Jh. n. Chr. British Museum, London.
Detail einer Pferdetrense. Bronze. Attymon (Galway, Irland). National Museum of Ireland, Dublin.
Wagenbeschlag. Bronze. Waldalgesheim (Rheinland-Pfalz, Deutschland). Spätes 4. Jh. v. Chr. Rheinisches Landesmuseum, Bonn.
Phalere. Bronze auf Eisen. Hořovičky (Böhmen, Tschechoslowakei). Spätes 5.–frühes 4. Jh. v. Chr. Národní Museum, Prag.
Ausschnitt aus einem Bronzeschild. Themse bei Wandsworth (England). 3.–2. Jh. v. Chr. British Museum, London. F: Erich Lessing/Magnum.
Unten rechts: Pferdegeschirr der Hallstattzeit. Rekonstruktionszeichnung von Franz Coray nach D. D. A. Simpson und Stuart Piggott.

123 *Links außen:* Silberne Phalere. Villa Vecchia, Manerbio sul Mella (Italien). 1. Jh. v. Chr. Museo Civico Romano, Brescia. F: Rapuzzi.
Oben rechts: Rekonstruiertes Pferdegeschirr nach in La Tène gefundenen Fragmenten. Rekonstruktion von E. Vogt. Schweizerisches Landesmuseum, Zürich.
Mitte rechts: Detail eines Pferdegeschirrbeschlags. Emaillierte Bronze. Santon (Norfolk, England). 1. Jh. n. Chr. Cambridge Museum of Archaeology and Ethnology, Cambridge.
Unten rechts: Ausschnitt einer Pferdegeschirrplatte. Bronze und Email. Polden Hill (Somersetshire, England). 1. Jh. n. Chr. British Museum, London.

124 Werkzeuge aus der Latèneperiode. Rekonstruktionen. Museum für Urgeschichte, Asparn a. d. Zaya. F: Erich Lessing/Magnum.

124–125 *Untere Reihe, von links nach rechts:*
(Sofern nicht anders angegeben, alle im Schweizerischen Landesmuseum, Zürich.)
Pinzette. La Tène, Marin Epagnier (Schweiz). Musée Cantonal d'Archéologie, Neuchâtel.
Bügelschere. La Tène, Marin-Epagnier. Musée Cantonal d'Archéologie, Neuchâtel.
Fischspeer. La Tène, Marin-Epagnier.
Zwei Messer. La Tène, Marin Epagnier.
Zwei Schneidewerkzeuge. La Tène, Marin-Epagnier.
Feile. La Tène, Marin-Epagnier.
Ahle. La Tène, Marin-Epagnier.
Nadel. La Tène, Marin-Epagnier.
Stichel. La Tène, Marin-Epagnier.
Keilhaue. La Tène, Marin Epagnier. Musée Cantonal d'Archéologie, Neuchâtel.
Säge. La Tène, Marin-Epagnier.
Schneidewerkzeug. La Tène, Marin Epagnier.
Spitzhaken. Port bei Bern.
Baummesser. La Tène, Marin Epagnier.
Baummesser. Port bei Bern.
Stichel. Port bei Bern.
Zwei Breithacken. Giubiasco (Schweiz).

125 *Oben:* Darstellungen von Frauen. Ritzdekor auf Keramik aus Sopron (Ungarn). 6. Jh. v. Chr. Zeichnung von Franz Coray nach einer Kopie im Museum für Urgeschichte, Asparn an der Zaya.
Oben Mitte: Trense. La Tène, Marin Epagnier (Schweiz). Musée Cantonal d'Archéologie, Neuchâtel.
Oben rechts: Moderne Trense. F: Ursula Perret.

126 Reiter und zwei Fußkrieger im Kampf. Gürtelplatte aus St. Margarethen (Österreich). Hallstattperiode. Naturhistorisches Museum, Prähistorische Abteilung, Wien.

127 *Oben:* Kopf eines Galliers. Denar. Rom, ca. 48 v. Chr. Collection ESR, Zürich. F: Leonard von Matt.
Unten: Prätorianer. Reliefdetail. Frühes 2. Jh. n. Chr. Musée du Louvre, Paris. F: Réunion des Musées Nationaux.

128 Kämpfende Reiter. Gürtelplatte aus Vače (Jugoslawien). Hallstattperiode. Naturhistorisches Museum, Prähistorische Abteilung, Wien.

129 *Oben rechts:* Krieger. Steinstele aus Hirschlanden (Baden-Württemberg, Deutschland). F: Landesdenkmalamt Baden-Württemberg.
Unten rechts: Grabhügel in Hirschlanden (Deutschland). F: Landesdenkmalamt Baden-Württemberg.

131 Keltiberischer Krieger. Relief aus Osuna (Spanien), 1. Jh. v. Chr. Museo de Arqueología Nacional, Madrid.

132 *Links:* Krieger. Kalksteinbüste. Grézan (Gard, Frankreich). Musée Archéologique, Nîmes.
Rechts: Etruskischer Krieger. Bronze. Cagli (Italien). 2. Jh. v. Chr. Museo Nazionale di Villa Giulia, Rom. F: Leonard von Matt.

133 Servianische Mauer, Rom, in der Nähe des Hauptbahnhofs. 6. Jh. v. Chr., wiederaufgebaut im 4. Jh. v. Chr. F: Fototeca Unione.

134–135 Etruskischer und keltischer Krieger im Kampf. Kalksteinrelief. Detail eines Grabsteins aus Bologna (Italien). 5.–4. Jh. v. Chr. Museo Civico di Bologna. F: Leonard von Matt.

136 Kopf Alexanders d. Gr. Tetradrachmon aus Pergamon (Kleinasien). Ca. 297–281 v. Chr. British Museum, London.
Mitte: Makedonischer Schild mit Panskopf. Münze des Antigonos Gonatas. Tetradrachmon. 277–239 v. Chr. British Museum, London.

137 Tempel der Athena. Delphi (Griechenland). Ca. 400 v. Chr. F: Erich Lessing/Magnum.

138 Münze Eumenes' II. von Pergamon. Tetradrachmon. 197–159 v. Chr. British Museum, London.

139 Kampf der Giganten. Detail des Großen Zeusaltars aus Pergamon (Kleinasien). 180–160 v. Chr. Staatliche Museen, Berlin. F: Bildarchiv Preußischer Kulturbesitz.

140 *Von oben nach unten:*
Scipio Aemilianus. Bronzebüste. Musée du Louvre, Paris. F: Giraudon.
Hannibal. Silbermünze aus Karthago. 220 v. Chr. British Museum, London.
Gaius Marius. Büste. Museo Pio Clementino, Vatikan. F: Alinari.

141 Wotan. Relief. Detail eines Grabsteins. Hornhausen (Deutschland). 7.–8. Jh. n. Chr. Landesmuseum für Vorgeschichte Halle/S. F: Bildarchiv Marburg.

142 Bronzener Eber. Báta (Ungarn). 1. Jh. v. oder n. Chr. Magyar Nemzeti Múzeum. F: Erich Lessing/Magnum.

143 *Links:* Relikte zweier Tempel in der Festung Sarmizegetusa (Rumänien). F: Roger Wilson.
Rechts, von oben nach unten:
Keltische Silbermünze. Tetradrachmon aus Dakien (Rumänien).
Keltische Kopie eines silbernen Tetradrachmons Philipps II. von Makedonien. Untere Donau.
Keltische Billonmünze. Tetradrachmon aus Dakien (Rumänien). Alle drei im Schweizerischen Landesmuseum, Zürich.

144–145 Niederlage einer römischen Armee. Gemälde von Charles Gleyre. 19. Jh. Musée des Beaux-Arts, Lausanne. F: André Held.

146 Julius Caesar. Denar. Rom, 44 v. Chr. Collection ESR, Zürich. F: Leonard von Matt.

147 Julius Caesar. Marmorstatue. Senatorenpalast, Rom. F: Leonard von Matt.

148 Auswanderung der Helvetier. Zeichnung von Mark Adrian. Aus Arnold Jaggi, *Helvetier, Römer, Alamannen . . .,* Bern 1962.

149 Defensivtaktik Cottas. Stich in einer Ausgabe von Caesars »Gallischem Krieg« aus dem 18. Jh. F: Radio Times Hulton Picture Library.

150 Statue des Ambiorix. Tongern (Belgien). F: Studio Christiaens.

150–151 Vercingetorix. Münze der Arverner. Goldstater. Bibliothèque Nationale, Cabinet des Médailles, Paris.

152 *Links außen:* Gallischer Krieger. Kalksteinstatue. Vachères (Basses-Alpes, Frankreich). Spätes 1. Jh. v. Chr. Musée Calvet, Avignon. F: Roger-Viollet.
Mitte: Umrisse der Belagerungswerke von Alesia (Frankreich). Aus B. Cunliffe, *Rom und sein Weltreich,* Bergisch Gladbach 1979.

153 *Oben:* Römische Befestigung während der Belagerung von Alesia. Rekonstruktion in Originalgröße im *Archéodrome* (Beaune) an der Schnellstraße Paris-Lyon. F: Philippe Katz, Musée Archéologique de Dijon.
Mitte: Luftaufnahme von Alesia (Frankreich). F: Photothèque française.
Unten: S. oben.

154 *Von oben nach unten:*
Claudius I. Römischer Kaiser. Aureus. Rom (Italien). 41–42 n. Chr. Collection ESR, Zürich. F: Leonard von Matt.
Hadrianswall. England. F: Brian Brake.
Hadrian. Römischer Kaiser. Sesterze. Rom. (Italien). 119–138 n. Chr. Collection ESR, Zürich. F: Leonard von Matt.

155 *Oben links:* Besiegte Britannier. Relief auf einem Meilenstein aus Bridgeness am Antoninuswall (Schottland). Mitte 2. Jh. n. Chr. F: National Museum of Antiquities of Scotland, Edinburgh.
Unten rechts: Sesterze. Rom (Italien). Ca. 143–144 n. Chr. British Museum, London.

156 *Links nach rechts:* Waffenschmied. Grabsteinrelief. Original im Musée de Sens, Kopie im Musée des Antiquités Nationales, St. Germain-en-Laye. F: G. Franceschi, exklusiv Editions Arthaud, Paris.
Häusliche Szene. Grabsteinrelief. Neumagen (Rheinland-Pfalz, Deutschland). 2.–3. Jh. n. Chr. Rheinisches Landesmuseum, Trier.
Wirtshausszene. Grabsteinrelief. S. oben.

157 *Oben links:* Hermes. Welschbillig (Rheinland-Pfalz, Deutschland). Spätes 4. Jh. n. Chr. Rheinisches Landesmuseum, Trier.
Oben rechts: Jüngling. Marmorbüste. Musée Lapidaire, Arles. F: Jean Roubier.
Unten links: Tributzahlung. Relief. Neumagen (Rheinland-Pfalz, Deutschland). 2.–3. Jh. n. Chr. Rheinisches Landesmuseum, Trier.
Unten rechts: Walker bei der Arbeit. Grabsteinrelief. Original im Musée de Sens, Kopie im Musée des Antiquités Nationales, St. Germain-en-Laye. F: G. Franceschi, exklusiv Editions Arthaud, Paris.

158 Keltische Waffen. Kalksteinrelief auf dem Bogen von Narbonne (Aude, Frankreich). Musée Régional de l'Histoire de l'Homme, Narbonne.

159 Gorgonenhaupt. Vom Giebel des Sulis-Minerva-Tempels. Bath (Somerset, England). Roman Baths Museum, Bath.

160 Kloster Skellig Michael (Kerry, Irland). F: Ludwig Wüchner.

161 Hochkreuz von Moone (Kildare, Irland). 8.–9. Jh. F: Belzeaux/Zodiaque.

162 *Oben rechts:* St. Brendan. Detail eines Stichs aus dem 16. Jh. F: Mansell Collection.
Unten links: Dolmen von Ballina (Mayo, Irland). F: Wolfgang Fritz.
Unten rechts: Sächsische Küstenbefestigungen. Aus *Notitia Dignitatum,* 1436, nach einer karolingischen Kopie eines Originals aus dem 5. Jh. Ms. Canon Misc. 378, fol. 153v. Bodleian Library, Oxford.

163 Gott mit Hörnerkopfschmuck. Detail eines Helms aus Sutton Hoo (England). Frühes 7. Jh. n. Chr. British Museum, London.

164–165 Die Klippen von Moher (Clare, Irland). F: Wolfgang Fritz.

166 *Oben:* Gesicht. Getriebenes Bronzeblech. Cadbury Castle (England). F: Mit freundlicher Genehmigung von Prof. Leslie Alcock.
Unten links: Hochkreuz bei Carew (Wales). 9. Jh. n. Chr. F: Werner Neumeister.

167 *Oben rechts:* Das Innere eines Broch. Glen Beg bei Glenelg (Schottland). F: Werner Neumeister.
Unten links: Angelsächsische Krieger im Nahkampf. Schatulle aus Fischbein. Ca. 700 n. Chr. British Museum, London.
Unten rechts: Diagramm der Hügelfestung Tre'r Ceiri (Wales, England). Franz Coray nach R. C. A. M.

168–169 Bretonische Klippenfestung. Cap Sizun, Finistère (Frankreich). F: Erich Lessing/Magnum.

170 *Oben rechts:* Gefangennahme Christi. Relief auf der Westseite des Muiredach-Kreuzes. Monasterboice (Louth, Irland). Frühes 10. Jh. n. Chr. F: Wolfgang Fritz.
Oben links: Sheela-na-gig. Relief aus Errigal (Keeroge, Irland). Ulster Museum, Belfast.
Unten links: Spiralmuster auf einem Deckstein des Ganggrabs von New Grange (Meath, Irland). 3. Jt. v. Chr. F: Edwin Smith.
Unten rechts: Hügel Tara, bei Dublin (Meath, Irland). F: Aerial Photography, University of Cambridge.

171 Emaillierter Eimergriff in Form eines sitzenden Mannes. Oseberg (Norwegen). Altertumsmuseum der Universität Oslo.

Register

223